应用型本科汽车类专业系列教材

智能汽车技术

主编　凌永成
参编　王靖岳　崔永刚　王强

机械工业出版社

智能汽车技术涉及人工智能、计算机、网络通信、电子控制（线控技术）等诸多前沿技术领域，是一个跨学科、跨专业的多学科交叉融合的庞杂技术体系，代表着未来汽车技术的发展方向。

　　本书在简要介绍智能汽车的技术分级和发展趋势之后，重点阐述和讲授智能汽车的环境感知、定位导航、网络通信、运动控制和自动驾驶技术，对目前在高端汽车上广泛使用的先进驾驶辅助系统也作了充分的介绍，是一本内容广泛、简明扼要地反映智能汽车新技术、新知识的教材。

　　本书为普通高等院校汽车类专业应用型本科教材，也可作为高等职业技术学院、高等工业专科学校以及职业培训学校的汽车类专业教材，还可作为广大汽车工程技术人员的参考读物。

图书在版编目（CIP）数据

智能汽车技术 / 凌永成主编. —北京：机械工业出版社，2022.8（2025.9 重印）
应用型本科汽车类专业系列教材
ISBN 978-7-111-71527-6

Ⅰ. ①智… Ⅱ. ①凌… Ⅲ. ①智能控制 – 汽车 – 高等学校 – 教材
Ⅳ. ① U46

中国版本图书馆 CIP 数据核字（2022）第 158997 号

机械工业出版社（北京市百万庄大街22号　邮政编码100037）
策划编辑：王　婕　　　　责任编辑：王　婕
责任校对：闫玥红　贾立萍　责任印制：邓　博
北京中科印刷有限公司印刷
2025年9月第1版第3次印刷
184mm×260mm ·18.75 印张·447 千字
标准书号：ISBN 978-7-111-71527-6
定价：85.00 元

电话服务　　　　　　　　网络服务
客服电话：010-88361066　机 工 官 网：www.cmpbook.com
　　　　　010-88379833　机 工 官 博：weibo.com/cmp1952
　　　　　010-68326294　金　书　网：www.golden-book.com
封底无防伪标均为盗版　　机工教育服务网：www.cmpedu.com

前　言

近年来，随着人工智能、机器视觉、深度学习、大数据、云计算等技术的快速发展，并与汽车其他相关技术相融合，极大地促进了汽车技术在智能化、网联化方面的进步，甚至对传统汽车的技术体系产生了颠覆性的影响，衍生出以自动驾驶为突出特点的智能网联汽车技术体系。

智能网联汽车（简称智能汽车）是以车辆为主体和主要节点，融合现代通信和网络技术，使车辆与外部节点实现信息共享和协同控制，以达到安全、有序、高效、节能行驶的新一代车辆系统。

智能汽车（Intelligent Vehicles，IV）技术涉及人工智能、计算机、网络通信和电子控制（线控技术）等诸多前沿技术领域，是一个跨学科、跨专业的多学科交叉融合的庞杂技术体系。传统的车辆工程专业课程体系已经无法适应当前智能汽车技术发展对人才培养的要求，因此，国内各高等院校纷纷开设智能汽车技术课程，以期充实和加强智能汽车技术的普及教育，满足汽车工业发展对智能汽车技术人才的迫切需求。

课程建设，教材先行。教材是教学之本，是教学质量稳步提高的基本保障。为此，我们组织力量，以"理论知识够用即可、重在实践技能培养"为编写原则，结合应用型本科院校汽车类专业人才培养模式和社会需求，编撰了《智能汽车技术》一书。

本书共分7章，在简要介绍智能汽车的技术分级和发展趋势之后，重点阐述和讲授智能汽车的环境感知、定位导航、网络通信、运动控制和自动驾驶技术，对目前在高端汽车上广泛使用的先进驾驶辅助系统（Advanced Driver Assistance System，ADAS）也作了充分的介绍，是一本简明扼要地反映智能汽车新技术、新知识的教材。

本书为普通高等院校汽车类专业应用型本科教材，也可作为高等职业技术学院、高等工业专科学校以及职业培训学校的汽车类专业教材，还可作为广大汽车工程技术人员的参考读物。

依据技术发展脉络和内容衔接关系，本书与机械工业出版社出版、凌永成主编的《车载网络技术》互为姊妹篇，两本教材编写体例一致、内容互相呼应，完整地阐述了现代汽车技术的发展历程和技术演进规律，为学生构建完整的汽车电子学知识体系、拓展具有前瞻性的专业视野进行了有益的探索。

在授课计划方面，建议先行开设车载网络技术课程，然后开设智能汽车技术课程，以收梯次推进、日益精进之效。

本书按照48学时的教学计划编写，理论教学和实验教学的学时安排建议按照下表进行。各学校在选用本书作为教材时，可根据自己的教学大纲适当增、减学时。

智能汽车技术课程学时分配表（建议）

序号	课程内容	理论学时	实验学时	总学时
1	绪论	2	—	2
2	环境感知技术	10	4	14
3	定位导航技术	6	2	8
4	网络通信技术	6	—	6
5	运动控制技术	4	—	4
6	辅助驾驶技术	6	2	8
7	自动驾驶技术	4	—	4
8	结课考核	2	—	2
	学时合计	40	8	48

为进一步强化实践教学，切实培养和提高学生的技术应用能力，本书还配有智能汽车技术实训指导书和作业单。建议将智能汽车技术实训安排在课程结束之后集中进行，实训时间为 1 周。

本书条理清晰、层次分明、语言简练、图文并茂、内容全面、重点突出、详略得当，删除了冗长的理论分析，强化了智能汽车环境感知、定位导航、网络通信、运动控制、辅助驾驶和自动驾驶技术的介绍，教材内容的取舍以充分满足智能汽车技术工程师知识结构的要求为出发点，特别注重理论与实践的紧密结合，内容具有极强的针对性和实用性，旨在开阔学生的专业知识视野，切实培养和提高学生的技术应用能力，是一本具有鲜明特色的实用规划教材。

本书第 1 章由沈阳科技学院王强编写，第 2、3、4、7 章及附录部分由沈阳大学凌永成编写，第 5 章由沈阳工学院崔永刚编写，第 6 章由沈阳理工大学王靖岳编写，全书由凌永成统稿。

百度（中国）有限公司丁小珑、韩久伟、王婉玉等同志从智能汽车技术研发企业对应用型人才技能需求的角度出发，全程参与了书稿写作大纲的拟定工作，使本书能够在教材内容、编写体例、实践能力的培养等方面与企业的实际需求紧密结合，进一步提升和突出了本书的实用性和实战性。

辽宁工业大学汽车与交通工程学院李刚教授作为主审，对全书进行了认真的审阅，并提出了许多宝贵意见，对书稿质量的提升贡献颇多，在此深表谢意！

在编写本书过程中，百度 Apollo 自动驾驶汽车技术架构相关专家和研发人员给予了热情支持，在此对他们表示衷心的感谢！

由于编者水平有限，书中难免存在不足或疏漏之处，恳请广大读者批评指正，以便再版时修订。

为方便选用本书作为教材的任课教师授课，编者还制作了与本书配套的电子课件。有需要的教师可登录机械工业出版社机工教育服务网（http://www.cmpedu.com）下载，或致信编者邮箱 523494082@qq.com 索取，编者会无偿提供。

凌永成

2022 年 7 月

目 录

前言

第1章 绪论 1
1.1 智能汽车及其技术分级 1
1.1.1 智能汽车 1
1.1.2 智能汽车技术分级 3
1.2 智能汽车技术的发展 6
1.2.1 发展智能汽车的意义 6
1.2.2 智能汽车技术发展路线 7
1.3 智能汽车的技术体系 8
1.3.1 环境感知技术 9
1.3.2 决策规划技术 9
1.3.3 集成控制技术 10
1.3.4 测试评价技术 10
1.3.5 无人驾驶技术 11
思考与实训 12

第2章 环境感知技术 13
2.1 环境感知技术简介 13
2.1.1 环境感知对象 13
2.1.2 环境感知方法 14
2.2 智能传感器 18
2.2.1 超声波雷达 18
2.2.2 毫米波雷达 25
2.2.3 激光雷达 34
2.2.4 视觉传感器 48
2.3 传感器融合技术 69
2.3.1 传感器的融合与同步 69
2.3.2 传感器融合原理 70
2.3.3 传感器融合方案 71
2.4 目标识别技术 72
2.4.1 道路识别技术 72
2.4.2 车辆识别技术 83
2.4.3 行人识别技术 86
2.4.4 交通标志识别技术 104
2.4.5 交通信号灯识别技术 114
2.5 人工智能与自动驾驶 117
2.5.1 人工智能技术 117
2.5.2 深度学习技术 121
2.5.3 语义分割技术 124
思考与实训 128

第3章 定位导航技术 129
3.1 定位导航简介 129
3.1.1 定位导航的定义 129
3.1.2 定位导航方法 131
3.1.3 定位导航的精度要求 133
3.2 卫星定位技术 134
3.2.1 全球定位系统 134
3.2.2 差分全球定位系统 139
3.2.3 北斗卫星导航定位系统 ... 141
3.3 惯性导航与航迹推算技术 145
3.3.1 惯性导航技术 145
3.3.2 航迹推算技术 152
3.4 即时定位与地图构建技术 154
3.4.1 视觉SLAM技术 155
3.4.2 激光SLAM技术 159
3.4.3 视觉SLAM与激光SLAM的比较 160
3.5 电子地图技术 161

　　3.5.1　导航电子地图 …………… 161
　　3.5.2　高精电子地图 …………… 162
　3.6　路径规划技术 ……………………… 166
　　3.6.1　环境模型的建立方法 …… 167
　　3.6.2　路径规划的经典算法 …… 168
　　3.6.3　路径规划的智能算法 …… 170
　思考与实训 ……………………………… 171

第4章　网络通信技术 …………… 173

　4.1　车联网简介 ………………………… 173
　　4.1.1　车联网的作用 …………… 173
　　4.1.2　车联网的体系结构 ……… 174
　　4.1.3　车联网的网络构成 ……… 174
　4.2　车载网络技术 ……………………… 175
　　4.2.1　CAN 总线技术 …………… 176
　　4.2.2　LIN 总线技术 …………… 177
　　4.2.3　FlexRay 总线技术 ……… 178
　　4.2.4　车载以太网技术 ………… 179
　4.3　移动自组织网络技术 ……………… 180
　　4.3.1　移动自组织网络的作用 … 180
　　4.3.2　移动自组织网络的特点 … 181
　　4.3.3　移动自组织网络的应用 … 182
　4.4　V2X 通信技术 ……………………… 183
　　4.4.1　V2X 通信的技术流派 …… 183
　　4.4.2　DSRC 通信技术 ………… 187
　　4.4.3　LTE-V 通信技术 ………… 189
　　4.4.4　5G 通信技术 …………… 190
　　4.4.5　V2X 通信的安全风险 …… 191
　　4.4.6　V2X 通信的应用场景 …… 192
　　4.4.7　DSRC 与 C-V2X 的竞争 … 197
　4.5　车路协同技术 ……………………… 198
　　4.5.1　车路协同的作用 ………… 198
　　4.5.2　车路协同的系统架构 …… 199
　　4.5.3　车路协同的应用 ………… 200
　4.6　车路协同技术前瞻 ………………… 201
　　4.6.1　大数据技术 ……………… 201
　　4.6.2　云计算技术 ……………… 203
　　4.6.3　多接入边缘计算技术 …… 205
　思考与实训 ……………………………… 211

第5章　运动控制技术 …………… 212

　5.1　概述 ………………………………… 212
　5.2　线控转向技术 ……………………… 212
　　5.2.1　线控转向系统 …………… 212
　　5.2.2　线控转向系统的组成 …… 213
　　5.2.3　线控转向系统的工作原理　214
　　5.2.4　线控转向系统的特点 …… 216
　5.3　线控制动技术 ……………………… 216
　　5.3.1　线控制动系统 …………… 216
　　5.3.2　电控液压式制动系统 …… 218
　　5.3.3　电控机械式制动系统 …… 222
　5.4　线控节气门技术 …………………… 223
　　5.4.1　线控节气门 ……………… 223
　　5.4.2　线控节气门系统的组成与
　　　　　工作原理 ………………… 224
　　5.4.3　线控节气门的特点 ……… 227
　　5.4.4　纯电动汽车的加速踏板与
　　　　　车速控制 ………………… 227
　5.5　线控换档与线控悬架技术 ………… 231
　　5.5.1　线控换档技术 …………… 231
　　5.5.2　线控悬架技术 …………… 233
　5.6　车辆运动控制 ……………………… 234
　　5.6.1　车辆纵向运动控制 ……… 234
　　5.6.2　车辆横向运动控制 ……… 234
　思考与实训 ……………………………… 235

第6章　辅助驾驶技术 …………… 236

　6.1　先进驾驶辅助系统 ………………… 236
　　6.1.1　基本功能 ………………… 236
　　6.1.2　拓展功能 ………………… 236
　6.2　前向碰撞预警系统 ………………… 238
　　6.2.1　前向碰撞预警系统的作用 …238
　　6.2.2　前向碰撞预警系统的组成 …239
　　6.2.3　前向碰撞预警系统的原理 …240
　6.3　自动紧急制动系统 ………………… 240
　　6.3.1　自动紧急制动系统的作用 …240
　　6.3.2　自动紧急制动系统的组成 …241
　　6.3.3　自动紧急制动系统的原理 …242
　6.4　车道偏离预警系统 ………………… 243

6.4.1　车道偏离预警系统的作用 …243
　　6.4.2　车道偏离预警系统的组成 …243
　　6.4.3　车道偏离预警系统的原理 …244
6.5　车道保持辅助系统 …………245
　　6.5.1　车道保持辅助系统的作用 …245
　　6.5.2　车道保持辅助系统的组成 …246
　　6.5.3　车道保持辅助系统的原理 …246
6.6　自适应巡航控制系统 …………247
　　6.6.1　自适应巡航控制系统的作用 …247
　　6.6.2　自适应巡航控制系统的组成 …249
　　6.6.3　自适应巡航控制系统的原理 …251
6.7　智能泊车辅助系统 …………252
　　6.7.1　智能泊车辅助系统的作用 …252
　　6.7.2　智能泊车辅助系统的组成 …252
　　6.7.3　智能泊车辅助系统的原理 …253

思考与实训 …………………………254

第7章　自动驾驶技术 …………256

7.1　自动驾驶系统 ………………256
　　7.1.1　美国Waymo自动驾驶系统 …256
　　7.1.2　百度Apollo自动驾驶系统 …256
7.2　百度Apollo7.0系统架构………257
　　7.2.1　车辆认证平台 ……………258
　　7.2.2　硬件开发平台 ……………258
　　7.2.3　开源软件平台 ……………265
　　7.2.4　云端服务平台 ……………278

思考与实训 …………………………284

附录　智能汽车技术实训指导书………286

参考文献………………………………289

第 1 章 绪 论

【学习目标】
- 了解发展智能汽车技术的意义。
- 熟悉智能汽车的定义及其技术分级方法。
- 掌握智能汽车的技术体系构成。

1.1 智能汽车及其技术分级

1.1.1 智能汽车

智能汽车（Intelligent Vehicles，IV，图 1-1）是指搭载先进传感系统、决策系统、执行系统，综合运用卫星定位导航、网络通信、大数据、云计算、人工智能等高新技术，具有部分或完全自动驾驶功能，由单纯交通运输工具逐步向智能移动空间转变的新一代汽车。

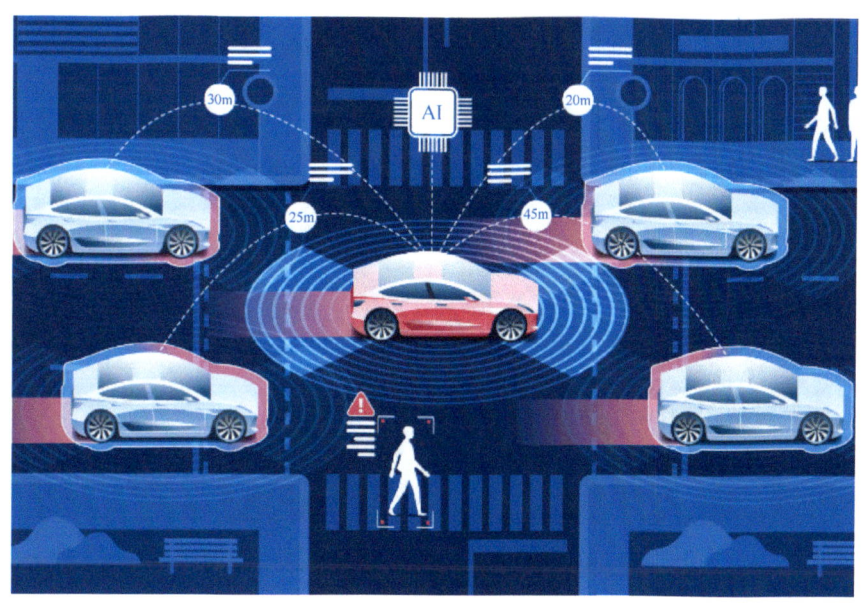

图 1-1 智能汽车

由于智能汽车能够实现车与车、车与路、车与其他交通参与者之间的联网通信、信息共享功能，因此，智能汽车又称智能网联汽车（Intelligent Connected Vehicles，ICV，图 1-2）；由于智能汽车具有部分或完全自动驾驶功能，因此又称自动驾驶汽车（Autonomous vehicles 或 Self-driving automobile，图 1-3）。

图 1-2 智能网联汽车

图 1-3 自动驾驶汽车

  智能汽车是典型的高新技术综合体,是一种跨学科、跨产业领域的新兴汽车技术体系。在不同角度和背景下,人们对智能汽车的理解略有差异,各国对于智能汽车的定义也略有不同,但发展智能汽车的终极目标都是一致的,即可上路安全行驶的无人驾驶汽车。

  智能汽车技术与智能道路技术协同发展,共同推进智能交通系统(Intelligent Traffic System,ITS)的建设和发展。未来的交通,必将是一个"人－车－路"高度协调统一的智能交通体系(图 1-4)。

图 1-4 智能交通体系

1.1.2 智能汽车技术分级

可按照车辆自动化发展历程和自动化水平的不同对智能汽车进行技术分级，不同研究机构对智能汽车的技术分级略有不同。

1. NHTSA 和 SAE 对智能汽车的分级

美国国家道路交通安全管理局（National Highway Traffic Safety Administration，NHTSA）将智能汽车分成 L0~L4 共五个级别。

其中，L0 级别为人工驾驶，无自动控制，车辆完全由驾驶人控制。尽管某些车辆已经具备了安全警示系统（如车辆碰撞预警、驾驶人视野盲区监测等），但 NHTSA 仍将其归为 L0 级别。

L1 级别为驾驶辅助，单一功能自动驾驶，能自动控制车辆的转向、加速或制动，但是不能协同控制转向、加速或制动，仅能提供一个方向上的辅助，即驾驶辅助系统仅能为驾驶人提供车辆纵向控制或横向控制中的某一个方向的辅助控制。

L2 级别为高级驾驶辅助，车辆能够协同控制转向、加速或制动，在特定环境下能够同时解放驾驶人的手和脚。L2 级别的智能汽车在驾驶环境的复杂程度超越其处理能力时，自动驾驶系统会随时退出，主动将车辆的驾驶权力移交给驾驶人。因此，在行车过程中，驾驶人需要始终关注驾驶环境，随时准备接管车辆。

L3 级别为有条件的自动驾驶，车辆能够实现特定场景下的自动驾驶。例如，在驾驶环境简单的高速公路场景，自动驾驶系统可以独立控制车辆，一般情况下无须驾驶人参与。但在某些紧急情况下，仍然需要驾驶人接管车辆，以确保行车安全。L3 级别的智能汽车，其自动驾驶系统能够自主判断是否需要驾驶人接管车辆，并能给驾驶人留出足够的反应时间。

L4 级别为高度自动驾驶，即自动（无人）驾驶。对于 L4 级别的智能汽车，人类（驾驶人或乘员）只需设定目标地址，车辆即可在规定的设计运行范围内自动完成行车任务，

不再需要驾驶人进行接管和操作。L4 级别的智能汽车可以实现真正的自动驾驶,能够在确保安全的前提下,优质高效地完成驾驶任务。

美国汽车工程师协会(Society of Automotive Engineers,SAE)发布的 J3016 是另一种影响力很大的智能汽车技术分级标准。与 NHTSA 分级方式略有不同,SAE 将 NHTSA 分级中的 L4 级别细化为 SAE L4 和 SAE L5 两个级别。

其中,SAE L4 级别的智能汽车具备在特定场景下实现完全自动驾驶的能力,无须驾驶人参与驾驶过程。即便在特殊情况下,自动驾驶系统也能自行解决驾驶问题,无须驾驶人接管车辆;而 SAE L5 级别的智能汽车则具备在所有场景(所有驾驶条件)下实现完全自动驾驶的能力,人类(驾驶人或乘员)可以真正做到高枕无忧。

NHTSA 和 SAE 对智能汽车的技术分级详见表 1-1。

表 1-1 NHTSA 和 SAE 对智能汽车的技术分级

NHTSA 分级	SAE 分级	名称	定义	动态驾驶任务 车辆的横向控制和纵向控制	监控	动态驾驶任务接管	设计运行范围
L0	L0	人工驾驶	完全由人类(驾驶人)进行驾驶操作	驾驶人	驾驶人	驾驶人	无
L1	L1	驾驶辅助	由辅助驾驶系统完成汽车横向或纵向控制中的某一种操作	系统	驾驶人	驾驶人	有条件
L2	L2	高级驾驶辅助	在驾驶人的监控下,辅助驾驶系统能够同时进行汽车横向和纵向控制	系统	驾驶人	驾驶人	有条件
L3	L3	有条件的自动驾驶	在规定的设计运行范围内,由自动驾驶系统监测车辆的运行和控制,必要时由驾驶人接管车辆	系统	系统	必要时由驾驶人接管	有条件
L4	L4	高度自动驾驶	在规定的设计运行范围内,由自动驾驶系统监测车辆的运行和控制,无须驾驶人接管车辆	系统	系统	系统	有条件
L4	L5	完全自动驾驶	在任何场景下,均由自动驾驶系统监测车辆的运行和控制,车辆可以实现高效、优质、安全的自动(无人)驾驶,是智能汽车技术水平的最高境界	系统	系统	系统	无条件,适用于任何场景

其中,相关技术术语的含义如下:

(1)动态驾驶任务 动态驾驶任务(Dynamic Driving Task,DDT)是在道路交通中操作车辆所需的所有实时操作和策略功能,不包括行程安排和目的地、路径选择等战略功能,包括但不限于以下子任务。

1)通过转向控制车辆横向运动(操作)。

2)通过加速和减速控制车辆纵向运动(操作)。

3)通过对目标和事件进行检测、识别、分类、响应准备(操作和策略),监控驾驶环境。

4)对目标、事件响应的执行(操作和策略)。

5)机动规划(策略)。

6）通过照明、鸣笛、信号、手势等（策略）增强醒目性。

其中子任务 3 和 4 统称为对目标、事件的检测与响应（Object and Event Detection and Response，OEDR）。

（2）车辆的横向控制和纵向控制　如图 1-5 所示，车辆的横向运动控制（Lateral Vehicle Motion Control）是指在动态驾驶任务中沿着 Y 轴的实时车辆运动控制；车辆的纵向运动控制（Longitudinal Vehicle Motion Control）是指在动态驾驶任务中沿着 X 轴的实时车辆运动控制。

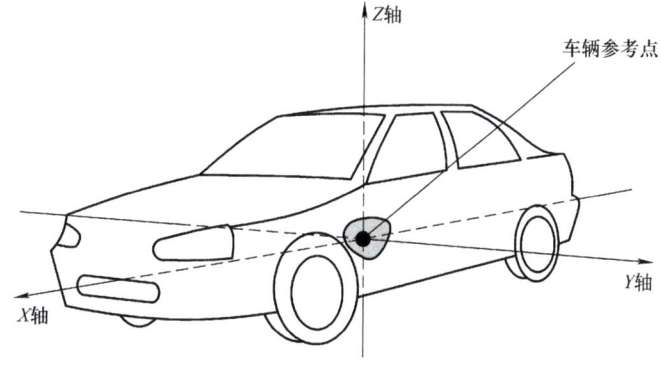

图 1-5　车辆运动参考坐标系

（3）设计运行范围　设计运行范围（Operational Design Domain，ODD）也称设计运行区域，是指设计时确定的智能汽车能够实现驾驶自动化功能所需的条件（包括本车技术条件和外部环境条件），如车速条件、道路条件、交通状况、天气状况和光照状况等。

（4）动态驾驶任务接管　动态驾驶任务接管（Dynamic Driving Task Fallback，DDTF），也称动态驾驶任务后援，是指当发生即将超出设计运行范围、驾驶自动化系统失效或车辆其他系统失效等不满足设计运行条件的情况时，由用户接管或由驾驶自动化系统执行最小风险策略的后备支援行为。

其中，最低风险条件（Minimal Risk Condition，MRC）是一种稳定、停止的状态，当给定的行程不能或不应继续时，用户或驾驶辅助系统可在执行 DDTF 接管后驾驶车辆，以降低碰撞风险，确保行车安全。

2. 中国对智能汽车的分级

我国现行国家标准 GB/T 40429—2021《汽车驾驶自动化分级》基于驾驶自动化系统能够执行动态驾驶任务的程度，根据在执行动态驾驶任务中的角色分配以及有无设计运行范围限制，将智能汽车驾驶自动化技术等级分成 0 级至 5 级，共六个级别，与 SAE 的分类方法基本一致。

驾驶自动化等级与划分要素的关系见表 1-2。

表 1-2　驾驶自动化等级与划分要素的关系

分级	名称	持续的车辆横向和纵向运动控制	对目标、事件的检测与响应	动态驾驶任务后援	设计运行范围
0 级	应急辅助	驾驶人	驾驶人及系统	驾驶人	有限制
1 级	部分驾驶辅助	驾驶人和系统	驾驶人及系统	驾驶人	有限制
2 级	组合驾驶辅助	系统	驾驶人及系统	驾驶人	有限制
3 级	有条件自动驾驶	系统	系统	动态驾驶任务后援用户（执行接管后成为驾驶人）	有限制
4 级	高度自动驾驶	系统	系统	系统	有限制
5 级	完全自动驾驶	系统	系统	系统	无限制[①]

① 排除商业和法规因素等限制

其中，对目标、事件的检测与响应（OEDR）是 DDT 的子任务，包括监控驾驶环境（对对象和事件进行检测、识别、分类，准备按需要做出响应），并对这些对象、事件执行适当的响应（即根据需要完成 DDT 和 / 或 DDTF 接管）。

1.2 智能汽车技术的发展

1.2.1 发展智能汽车的意义

自 1886 年第一辆汽车出现以来，作为高速行走机械，汽车极大地提升了人类的生活品质。但随着汽车保有量的急剧增加，伴随而来的城市道路拥堵、交通事故频发、环境污染加剧等一系列的社会问题，不仅给顺畅出行和城市发展带来了严峻的挑战，也严重制约了经济、社会和环境的可持续发展。

以智能汽车为核心，发展基于网络互联、人工智能、大数据和云计算技术，具有高度智能化的"人－车－路－网－云"一体化的新型智能交通体系是解决上述问题的有效途径。

研究和发展智能汽车技术，构建智能交通系统，具有重要的战略意义：

1. 提升交通安全

据不完全统计，全球每年有 100 多万人死于交通事故，并造成 2000 多亿美元的经济损失。从交通管理部门的调查统计来看，大约有 90% 的交通事故与驾驶人的操作失误有关。研究和发展智能汽车技术，可以有效减少因为驾驶人疲劳、困倦、分神等引发的操作失误，减少交通事故，提升交通安全。

2. 减少交通拥堵

道路建设永远跟不上汽车保有量的增长，"车多路少"的车路矛盾必然导致交通拥堵。特别是在人口众多、经济发展优势明显的大城市，交通拥堵更是"城市病"之一。交通拥堵在严重影响出行体验的同时，也造成了严重的经济损失。

智能汽车可根据实时路况，及时调整和优化行车路线，减少甚至避免交通拥堵的发生。特别是智能汽车的共享化应用，可进一步提高车辆利用率，减少在路车辆总量，显著降低出现交通拥堵的概率。

3. 减轻驾驶负担

智能汽车，特别是能够实现高度自动驾驶的智能汽车，其驾驶任务完全由自动驾驶系统负责，驾驶人不再像驾驶传统汽车那样费心费力，可极大地减轻驾驶人的负担。驾驶人变身为车辆乘员，可以在行车过程中进行办公、娱乐活动，极大地提升行车舒适度。

4. 节约土地资源

随着汽车保有量的不断增长，人们对停车场的需求也在不断提高。大量的土地资源用于建设停车场，会不可避免地造成土地资源浪费。

发展智能汽车，特别是智能汽车的共享化应用，可在一定程度上遏制汽车保有量的增长态势，并充分利用现有的停车场，节约土地资源。

5. 降低环境污染

研究和发展智能汽车技术，可从两个方面降低环境污染：①发展智能汽车，特别是智能汽车的共享化应用，可在一定程度上遏制汽车保有量的增长态势，减少汽车总量，从而降低汽车对环境的污染；②智能汽车对内燃机的控制，比驾驶人对内燃机的控制更为精准，内燃机可长时间工作在对环境友好的工况下,进一步降低了汽车对环境的污染。

6. 促进产业发展

智能汽车作为构建智能交通系统的重要组成部分,是建设智慧城市、营造绿色汽车社会的核心要素之一。研究和发展智能汽车技术,既是汽车产品本身的技术升级,同时也是整个汽车产业链的重塑,必将对整个汽车产业的转型升级、自主创新能力的提升产生不可替代的引领作用。

1.2.2 智能汽车技术发展路线

目前,智能汽车技术发展形成了渐进式和颠覆式两种技术路线。

1. 渐进式发展路线

渐进式发展路线以传统汽车制造商为主导,通过逐步提高汽车智能化水平,沿着辅助驾驶、有条件的自动驾驶、高度自动驾驶和完全自动驾驶的方向分阶段发展。

在辅助驾驶阶段,车辆控制以驾驶人为主,驾驶人掌握最终的驾驶权。辅助驾驶系统协助驾驶人进行车辆驾驶,以降低驾驶人的操作负担。目前已在乘用车上量产的辅助驾驶技术有侧向稳定控制、电动助力转向控制,部分高档车还装有自动泊车、自适应巡航、车道偏离预警系统等辅助驾驶系统。

在有条件的自动驾驶阶段,车辆的智能化水平进一步提高,具有一定的自主决策能力,具备特定工况下的短时托管能力。

在高度自动驾驶阶段和完全自动驾驶阶段,车辆具有高度自主权,汽车可自主决策、规划和控制,可实现复杂工况(如城市工况)的托管能力,甚至完全实现自动驾驶。

2. 颠覆式发展路线

颠覆式发展路线以信息技术(Information Technology,IT)企业为主导,力图突破汽车智能化逐级发展的思路,直接实现车辆的高度/完全自动驾驶。颠覆式发展路线的研发难度大,很难实现一蹴而就,但其研究成果已经很好地用到渐进式发展路线的各个阶段。

美国是该领域研究最早的国家。美国国防部从20世纪80年代就开始资助信息技术企业和研究机构进行颠覆式自动驾驶技术在军事领域的应用研究。谷歌(Google)公司的Waymo自动驾驶系统目前在全球居于领先地位。Waymo公司(原为谷歌子公司,现在已经独立运营)2009年开始研究自动驾驶技术,2010年进行了自动驾驶汽车城市路况测试,2011年获得自动驾驶授权,目前其研发的自动驾驶汽车已经被美国车辆安全监管机构认为符合联邦法律。

百度公司是我国最早布局智能汽车车路协同的信息技术企业之一,目前拥有一系列场景数据积累,为百度布局车路协同、智能交通奠定了基础。

如图1-6所示,基于百度阿波罗(Apollo)自动驾驶平台的自动驾驶汽车已在全国多地开展了商业化运营。

图1-6 基于百度Apollo自动驾驶平台的自动驾驶汽车

渐进式发展路线和颠覆式发展路线体现了传统汽车制造商和信息技术企业关于智能汽车产业化发展的不同理念。信息技术企业试图将一些尖端的信息技术引入汽车领域，为消费者带来更多美好的出行体验，而且通过自上而下的技术辐射，纵向向下衍生低级别的智能驾驶技术；而传统汽车制造商认为，驾驶人对于安全感的需求可能远超 IT 思维的预想，因而采取循序渐进的方式推广智能驾驶技术。

无论哪种技术发展路线，对车辆智能安全辅助功能的研究都已经非常成熟，客观上为自动驾驶搭好了基础技术平台。能够实现自动驾驶的智能汽车代表着未来汽车技术的发展方向。

1.3　智能汽车的技术体系

智能汽车涉及整车零部件、通信、智能交通、高精地图定位等多领域技术，从宏观上看，可将其技术体系划分为"三横两纵"架构模式（图 1-7）。

"三横"指车辆关键技术、信息交互关键技术与基础支撑关键技术；"两纵"指支撑智能汽车发展的车载平台与基础设施。

基础设施包括交通设施、通信网络、大数据平台、定位基站等，将逐步向数字化、智能化、网联化和软件化方向升级，支撑智能汽车发展。

智能汽车的技术架构是一个跨学科、跨领域的庞大复杂的技术体系，通过"端－管－云"配合，实现"人－车－路"协同，将"聪明的车"与"智慧的路"相结合，构建智能交通系统，营造智慧城市，建设人类美好的生活家园。

智能汽车的研发技术体系主要包括环境感知技术、决策规划技术、集成控制技术和测试评价技术四个方面。对于智能自动驾驶汽车，还涉及车辆与环境的信息交互（V2X 通信）问题以及车－路－云协同问题。

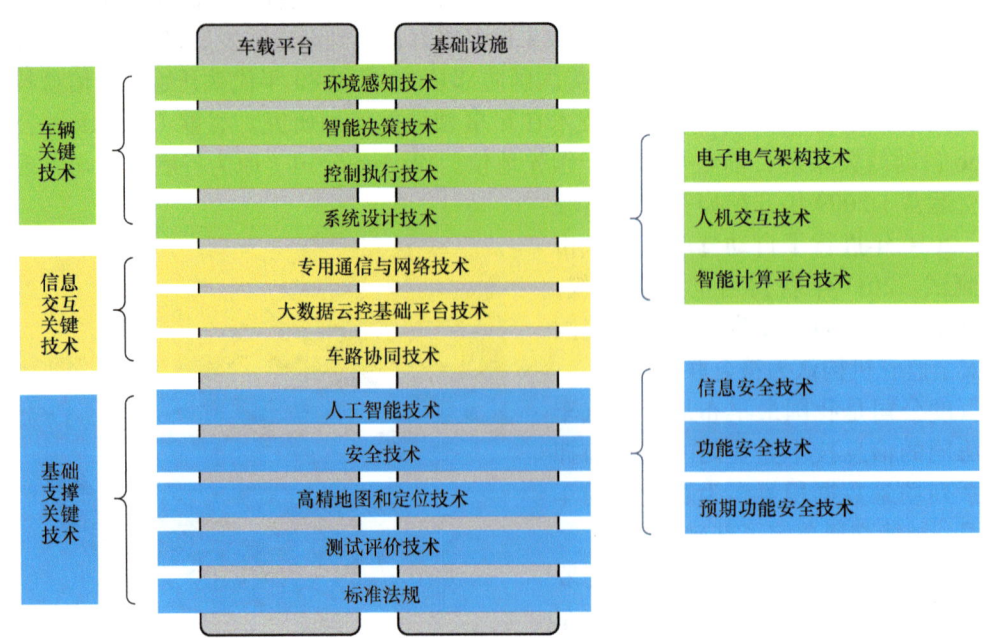

图 1-7　智能汽车的"三横两纵"技术体系

1.3.1 环境感知技术

智能汽车的环境感知模块利用激光雷达、毫米波雷达、视觉传感器、超声波传感器等各种传感器对周围环境进行数据采集与信息处理，以获取当前行驶环境及本车的有关信息。

环境感知技术可以为智能汽车提供道路交通环境、障碍物位置、动态目标运动状态、交通信号标志、自身位置等一系列重要信息，是其他功能模块的基础，是实现辅助驾驶与自动驾驶的前提条件。

但各种传感器的性能各有优劣，单纯使用某一种传感器，无法做到对行车环境的精准感知。为此，可采用多传感器信息融合技术，构建环境感知技术体系，充分发挥各种传感器的技术优势，弥补不足，实现扬长避短、优势互补，最终完成对行车环境的精准感知。

对视觉传感器、毫米波雷达、激光雷达、超声波传感器等进行多传感器信息融合的环境感知技术体系如图1-8所示。

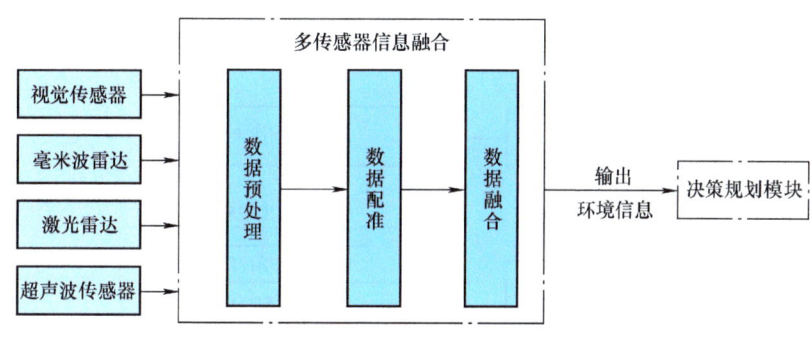

图1-8 环境感知技术体系

1.3.2 决策规划技术

决策规划技术是智能汽车的控制中枢，相当于人类的大脑，其主要作用是依据感知层处理后的信息以及先验地图信息，在满足交通规则、车辆动力学等车辆诸多行驶约束的前提下，生成一条全局最优的车辆运动轨迹。

决策规划层可以分为全局轨迹规划、行驶行为决策和局部轨迹规划三个部分，如图1-9所示。

全局轨迹规划是指，在已知电子地图信息、周边路网信息、宏观交通信息等先验数据的条件下，经过运算和分析，获得满足起始地点和目的地点之间的"行驶距离最短或行驶时间最短（或其他优化目标）的最优路径"的过程。全局轨迹规划一般依据车辆定位信息和电子地图进行，通常只考虑宏观的静态障碍物，而不考虑车道、车道线以及时间戳（Time Stamp）之类的具体信息，其规划周期较长，一般为几分钟到几个小时不等。

行驶行为决策的作用是产生一系列具体的行驶行为来完成全局轨迹规划。一般根据车辆周围的道路、交通、环境信息的变化，动态地（因地制宜、因时而异）

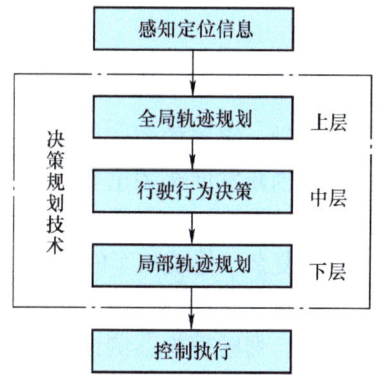

图1-9 决策规划技术体系

进行车辆行驶行为决策（诸如起步、停车、变换车道、跟随前车等）。行驶行为决策的决策周期比较短，一般为几十秒到几分钟不等。

局部轨迹规划的作用是根据行驶行为决策的结果，综合考虑各种车辆性能指标（安全性、操纵稳定性、乘坐舒适性等），在秒级周期内快速规划出一条最优行驶轨迹。局部轨迹规划还可以进一步分为局部路径规划和局部车速规划两部分。局部路径规划用于规划局部最优路径，局部车速规划用于规划局部最优车速。

1.3.3 集成控制技术

集成控制技术主要通过控制车辆驱动、制动、转向、换档等操作，对决策规划层所得到的车辆最优轨迹进行路径和车速跟随，其本质是控制车辆的横向运动和纵向运动来减少车辆实际轨迹和期望轨迹之间的时间误差和空间误差。

典型的智能汽车集成控制执行技术体系如图 1-10 所示。常用的控制技术包括基于最优预瞄的轨迹跟随控制技术、基于模型预测控制理论的轨迹跟随控制技术等。

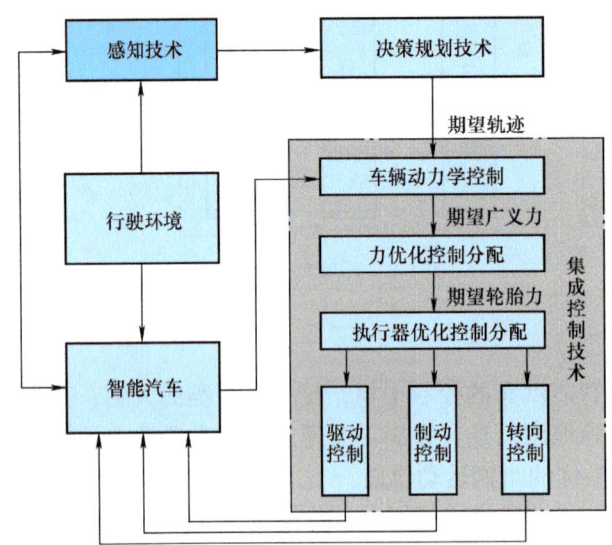

图 1-10　典型的智能汽车集成控制执行技术体系

1.3.4 测试评价技术

科学、完善的测试评价体系对提高智能汽车研发效率，健全技术标准和法律法规，推进产业创新发展至关重要。但智能汽车测试评价对象已从传统的"人-车"二元独立系统转变为"人-车-环境"任务强耦合的多元系统，测试场景及测试任务难以穷尽，评价维度纷繁复杂。传统汽车的测试评价技术已经无法满足智能汽车测试需求。

根据测试的真实性及可靠性，智能汽车测试评价内容可以分为模型在环测试、软件在环测试、驾驶模拟器测试、硬件在环测试、车辆在环测试、封闭试验场测试和公共道路测试等多种类型。

智能汽车的测试评价技术体系如图 1-11 所示。

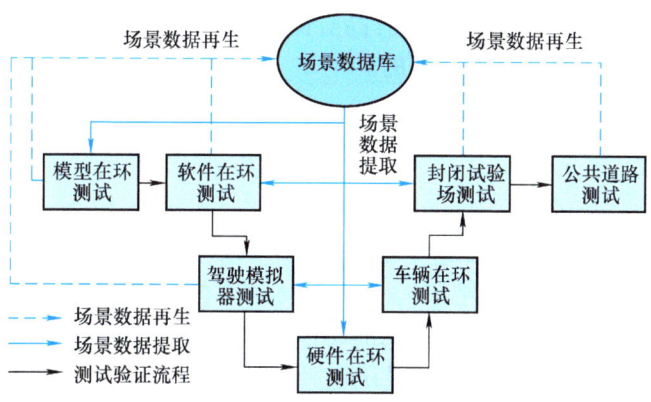

图 1-11 测试评价技术体系

1.3.5 无人驾驶技术

无人驾驶技术也称自动驾驶技术，其架构主要包括环境感知模块、定位模块、人机交互模块、规划决策模块、控制模块和 V2X 模块等，如图 1-12 所示。

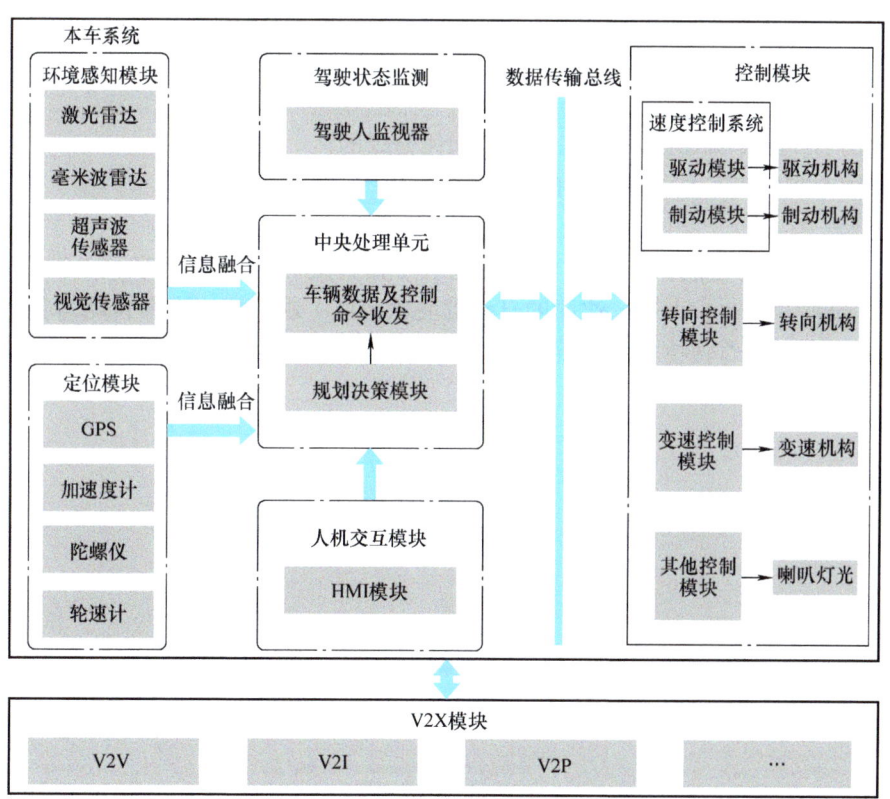

图 1-12 自动（无人）驾驶系统架构

目前，主流的自动驾驶技术体系有美国的 Waymo、百度 Apollo、华为的 Octopus（八爪鱼）等。

尽管不同公司的自动驾驶技术水平有高有低，技术术语的称谓也有很大差别，但其自动驾驶系统的基本架构都是相同或相似的。

思考与实训

1. 选择题

1）所谓智能汽车是指搭载先进传感系统、决策系统、执行系统，综合运用卫星定位导航、网络通信、大数据、云计算、（　　）等高新技术，具有部分或完全自动驾驶功能，由单纯交通运输工具逐步向（　　）转变的新一代汽车。

由于智能汽车能够实现车与车、车与路、车与其他交通参与者之间的联网通信、信息共享功能，因此，智能汽车又称（　　）；由于智能汽车具有部分或完全自动驾驶功能，因此又称（　　）。

  A. 人工智能　　　　　B. 自动驾驶汽车
  C. 智能网联汽车　　　D. 智能移动空间

2）目前，智能汽车技术发展形成了（　　）发展路线和（　　）发展路线两种技术路线。

  A. 封闭式　　　　　B. 渐进式
  C. 开放式　　　　　D. 颠覆式

2. 问答题

1）美国 NHTSA 和 SAE 对智能汽车是如何分级的？
2）中国对智能汽车是如何分级的？

3. 实操题

去你所在城市的智能汽车自动驾驶示范区（如百度 Apollo 在北京、上海、广州、深圳、重庆、长沙、沧州、大连、沈阳的自动驾驶示范区）观摩智能汽车自动驾驶运营情况，加深对智能汽车自动驾驶技术的理解。

第 2 章

环境感知技术

【学习目标】
- 了解人工智能技术在环境感知领域的应用。
- 熟悉智能汽车环境感知技术体系的构成。
- 掌握常用的智能汽车环境感知方法。

2.1 环境感知技术简介

环境感知技术通过安装在智能汽车上的智能传感器或车辆与万物（Vehicle to X，V2X）互联技术，对道路、车辆、行人、交通标志、交通信号灯等进行检测和识别，主要应用于先进驾驶辅助系统（Advanced Driver Assistance System，ADAS）和自动驾驶系统，以确保智能汽车安全、准确到达目的地。

2.1.1 环境感知对象

如图 2-1 所示，智能汽车环境感知对象主要有道路、周边物体、驾驶状态和驾驶环境等。

1. 道路

道路分为结构化道路和非结构化道路，结构化道路识别包括道路边界和各种车道标识线；非结构化道路识别主要是对可行驶路径的检测。

2. 周边物体

周边物体主要包括车辆、行人、地面上可能影响车辆通行和安全行驶的其他移动或静止物体。

图 2-1 智能汽车的环境感知对象

3. 驾驶状态

驾驶状态主要包括驾驶人自身状态、主车自身行驶状态和周边车辆行驶状态。

4. 驾驶环境

驾驶环境主要包括路面状况、道路交通状况、天气状况等。

智能汽车最主要的感知对象有车辆、行人、交通标志、交通信号灯和车道标线等，其中车辆和行人既有运动状态，也有静止状态。对于运动的对象，除了要识别其有无，一般还要对其进行跟踪，并预测其运动趋势。

图 2-2 所示为城市工况下的环境感知对象，主要包括静止目标、运动目标、道路标线、

车道标线、交通信号灯、交通标志等。

不难看出,环境感知的对象有静止的(如道路、静止的障碍物、交通标志和交通信号灯),也有移动的(如车辆、行人和移动的障碍物)。对于移动的目标,不仅要检测,还要对其轨迹(位置)进行追踪,并根据追踪结果,预测该目标下一步的轨迹(位置)。

图 2-2 城市工况下的环境感知对象

2.1.2 环境感知方法

环境感知方法主要通过惯性元件、超声波传感器、毫米波雷达、激光雷达和视觉传感器,结合 V2X 和传感器融合等技术,并配备先进的软件算法,实现对环境的感知。

1. 惯性元件

惯性元件主要是指汽车上的车轮转速传感器、加速度传感器、陀螺仪和转向盘转角传感器等,主要用于感知汽车自身的行驶状态。

2. 超声波传感器

超声波传感器主要用于短距离探测物体,不受光照影响,但测量精度受被测量物体表面形状、材质的影响较大。

3. 毫米波雷达

毫米波雷达可以获取车辆周边环境二维或三维距离信息,通过距离分析识别技术对行驶环境进行感知。毫米波雷达抗干扰能力强,受天气状况和光照的影响小,体积小,传播损失比激光雷达少,但由于行人的反射波较弱,毫米波雷达难以探测行人。

4. 激光雷达

激光雷达可以获取车辆周边环境二维或三维距离信息,通过距离分析识别技术对行驶环境进行感知。激光雷达能够直接获取物体三维距离信息,测量精度高,对光照环境变化不敏感,但它无法感知无距离差异的平面内的目标信息,而且机械式激光雷达体积较大,价格昂贵,不便于车载集成。

5. 视觉传感器

视觉传感器能够获取车辆周边环境二维或三维图像信息，通过图像分析识别技术对行驶环境进行感知。视觉传感器获取的图像信息量大，实时性好，体积小，且传感器功率低、价格低，但易受光照条件影响，三维信息测量精度较低。

6. V2X 通信技术

V2X 通信技术主要包括车辆与车辆（Vehicle to Vehicle，V2V）通信、车辆与路侧基础设施（Vehicle to Infrastructure，V2I）通信、车辆与行人（Vehicle to Pedestrian，V2P）通信、车辆与网络（Vehicle to Networks，V2N）通信，它们采集的信息既可以用于先进驾驶辅助系统，又可以用于自动驾驶系统，特别是在车路协同控制领域具有广阔的应用前景。V2X 通信技术获取的信息来源更为广泛，且不受天气状况和道路环境的影响，可以给驾驶人或自动驾驶系统提供更多的信息，保障车辆的安全行驶。

7. 传感器融合

传感器融合是指运用多种不同传感手段获取车辆周边环境多种不同形式信息，通过多信息融合技术对行驶环境进行感知，如视觉传感器与毫米波雷达、视觉传感器与激光雷达、视觉传感器与超声波传感器的融合等。其优点是能够获取丰富的车辆周边环境信息，具有优良的环境适应能力，有效提高了辅助驾驶可靠性；缺点是系统复杂，成本高。

超声波传感器、毫米波雷达、激光雷达、视觉传感器统称为智能传感器。

图 2-3 所示为奥迪 A8 智能传感器的配置情况。它配置了 1 个 4 线束激光雷达、1 个前视摄像头、4 个鱼眼摄像头、1 个远程毫米波雷达、2 个中程毫米波雷达、12 个超声波传感器（也称超声波雷达），属于 L3 级别的自动驾驶汽车。

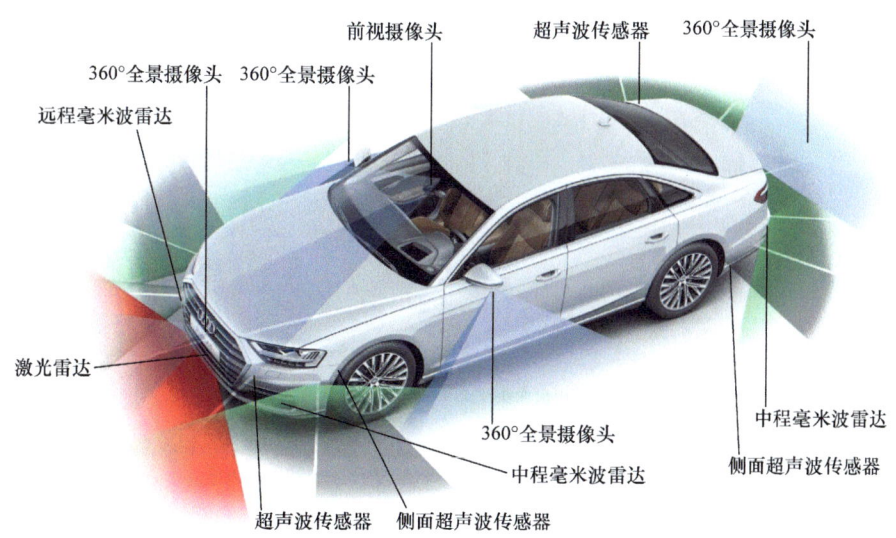

图 2-3 奥迪 A8 智能传感器的配置情况

图 2-4 为沃尔沃（Volvo）与优步（UBER）联合开发的 XC90 自动驾驶汽车智能传感器的配置情况，包括前视摄像头、侧视摄像头、后视摄像头、超声波传感器、毫米波雷达和激光雷达等。

智能汽车技术

图 2-4　沃尔沃 XC90 自动驾驶汽车智能传感器的配置情况

图 2-5 为特斯拉（Tesla）电动汽车智能传感器的配置情况，包括前视三目摄像头、2 个侧前视摄像头、2 个侧后视摄像头、1 个后视摄像头、1 个毫米波雷达和 12 个超声波传感器。侧前视摄像头和侧后视摄像头的覆盖范围互相重叠，确保无盲区。

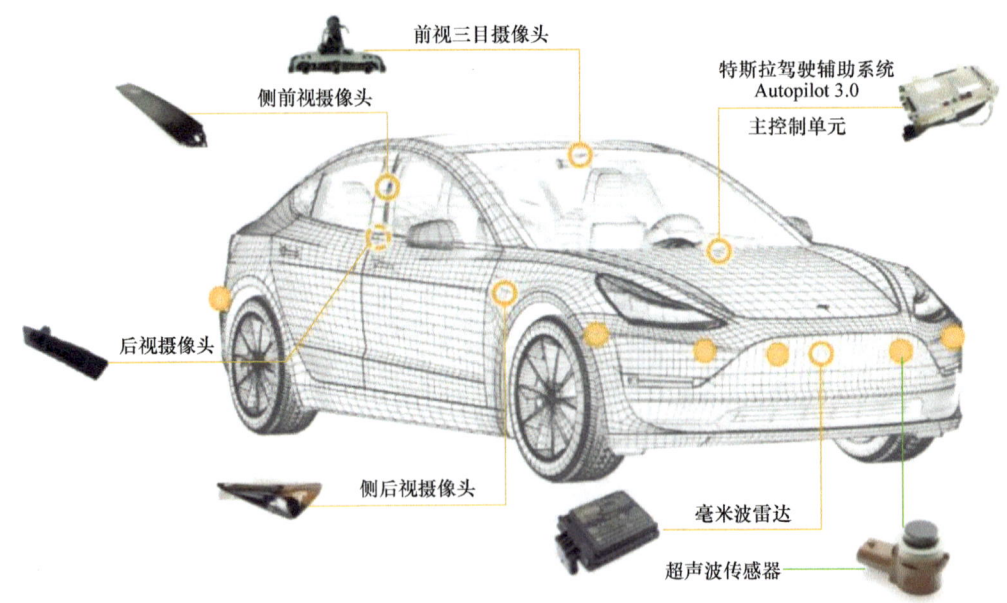

图 2-5　特斯拉电动汽车智能传感器的配置情况

前视三目摄像头分别是鱼眼摄像头、长距离摄像头和中距离摄像头，其探测距离分别为 60m、250m、150m；侧前视摄像头的探测距离为 80m，侧后视摄像头的探测距离为 100m，后视摄像头的探测距离为 50m，毫米波雷达的探测距离为 160m。

图 2-6 所示为美国 Waymo 公司的第 5 代自动驾驶汽车智能传感器的配置情况。

图 2-6　Waymo 公司的第 5 代自动驾驶汽车智能传感器的配置情况

Waymo 第 5 代自动驾驶汽车具有以下特点：

1）自动驾驶系统装备有大量的毫米波雷达、激光雷达、摄像头以及计算 / 控制设备，其传感器及计算 / 控制设备的功能极其强大。

2）自动驾驶系统装备的激光雷达系统的环境识别率更高，识别范围更广。激光雷达系统可以精确地探测车辆周边环境，并将周边环境转化成三维（Three-Dimensional，3D）场景。因此，即便是在没有任何照明的夜晚也能清晰地识读环境信息。

3）车顶安装有 360° 环视激光雷达，最大有效探测范围可达 360m，可以形成车辆周边环境的实时鸟瞰图，骑行者、车辆、行人一览无余。此外，在车顶还安装了 360° 环视摄像头、远程摄像头和 2 个毫米波雷达，对车辆周边环境的探测能力进一步增强。

4）在车身周围安装了多个近距离激光雷达，极大地拓展了探测的视野范围，能检测出正在靠近本车的物体。

5）视觉传感器系统由 29 个摄像头组成，能够为自动驾驶系统提供更高分辨率的图像和更广阔的视野。由于摄像头数量足够多，故相邻的摄像头的视野可以彼此重叠，确保无死角，不会产生盲区。激光雷达、摄像头与清洁、加热系统组装在一起，可以确保传感器全天候工作，不再受天气状况的限制。

6）长距离摄像头和 360° 环视系统可以探测到更远处的景物（如 500m 以外的停车让行标志），能够识别更多的细节，以便自动驾驶系统能够更加详尽地掌握周边环境。此外，布置在车身侧面的摄像头系统还可以与布置在车身两侧的激光雷达配合使用，巨细无遗地掌握车身两侧的环境状态，能够更加准确和及时地识别出正在靠近本车的物体。

7）在车身不同位置安装了 6 个高分辨率的新型毫米波雷达，可以有效追踪静态和动态目标，不仅可以识别远处的细小物体，还能对其进行有效的区分。毫米波雷达、激光雷达和摄像头各展所长、优势互补，既增强了环境探测能力，又显著提高了恶劣天气状态下环境感知系统的可靠性。

不同品牌的智能汽车，其智能传感器的配置和功能各不相同且各具特色。随着汽车电动化、智能化和网联化的发展，智能汽车配置的智能传感器的数量还会逐渐增加，传感器的性能也会越来越高，环境感知系统的探测能力也会越来越强。

2.2 智能传感器

2.2.1 超声波雷达

1. 雷达

雷达是英文 Radar 的音译，是 Radio Detection and Ranging 的缩写，意为"无线电探测和测距"，即通过无线电（电磁波）来探测目标并测定其空间位置（图2-7）。因此，雷达也被称为"无线电定位"。雷达是利用电磁波探测目标的电子设备，雷达发射电磁波对目标进行照射并接收其回波，由此获得目标至电磁波发射点的距离、距离变化率（径向速度）、方位、高度等信息。

图 2-7　雷达通过电磁波来探测目标并测定其空间位置

各种雷达的具体用途和结构不尽相同，但组成是基本一致的。雷达系统通常由以下几部分组成：天线系统、发射机、接收机、信号处理机、伺服系统、同步设备以及人机交互系统等。典型雷达系统的结构框图如图2-8所示。

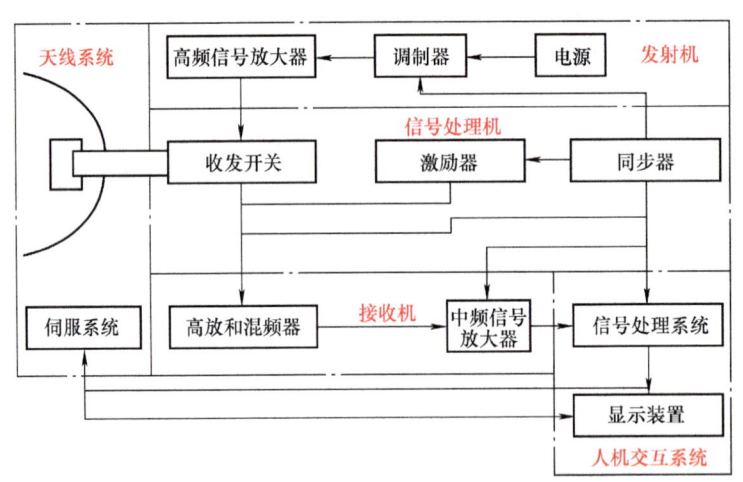

图 2-8　典型雷达系统的结构框图

雷达的优点是在白天和黑夜均能探测远距离目标，且不受雾、云和雨的阻挡，具有全天候、全天时工作的特点，并有一定的穿透能力。因此，雷达不仅成为军事上必不可少的电子装备，而且广泛应用于社会经济发展（如气象预报、资源探测、环境监测等）和科学研究（如天体研究、大气物理、电离层结构研究等）领域。

在智能汽车上，为实现对行车环境的准确感知，大量采用以毫米波雷达和激光雷达为代表的车载雷达。

2. 超声波

声波（图2-9）是一种能够在气体、液体、固体中传播的弹性波。按照振动频率的高低，声波可分为次声波（$f < 20\text{Hz}$）、可闻声波（$20\text{Hz} \leq f \leq 20\text{kHz}$）和超声波（$f > 20\text{kHz}$）三类。可闻声波是人耳能听到的声波，次声波和超声波是人耳听不到的声波。

超声波（Ultrasound）的频段下界超过了人耳听觉能力范围，故名超声波。超声波是一种波长极短的机械波，在空气中波长 λ 一般短于 2cm。它必须依靠介质进行传播，无法存在于真空（如太空）中。

超声波在 20℃ 的空气中，传播速度 $v = 343\text{m/s}$，在液体中传播速度更快，在固体中传播速度最快。

翼手目动物蝙蝠可以以尖叫的方式发出超声波，并利用超声波回声定位方法（图 2-10）在暗夜中畅行无阻，甚至可以在河流中捕食鱼类。

图 2-9　声波

图 2-10　蝙蝠利用超声波回声定位方法捕食

3. 超声波传感器的作用

超声波传感器（Ultrasound Sensor）是利用超声波的特性研制而成的。超声波传感器是在超声波频率范围内将交变的电信号转换成声信号或将外界声场中的声信号转换为电信号的能量转换器件。

超声波传感器在汽车的倒车辅助系统中应用较早（图 2-11），故业界也习惯称超声波传感器为倒车雷达。

图 2-11　超声波传感器应用于倒车辅助系统

4. 超声波传感器的组成

超声波传感器由发射器、接收器、数据存储器以及微控制器（控制电路）等组成。发射器和接收器安装在电路板的同一面上（图 2-12），在有效检测距离内，发射器发射特定频率的超声波（发射波），当遇到被检测物体（亦称障碍物）后，被检测物体表面会反射部分超声波（图 2-13）；接收器接收返回的超声波（反射波，亦称回波），由控制电路的芯片记录超声波的往返时间，即可计算出传感器与目标（被检测物体）之间的距离。不同用途的超声波传感器，内部结构略有差异，但基本结构和工作原理是一致的。

5. 超声波传感器的测距原理

超声波传感器的测距原理如图 2-14 所示。超声波传感器发射器发出的超声波，经传输介质（空气）传到被检测物体表面，经反射后通过介质（空气）传到超声波接收器。测出超声波脉冲从发射到接收所经历的时间，根据超声波在传输介质中的传播速度，即可得到从发射器到障碍物表面之间的距离。

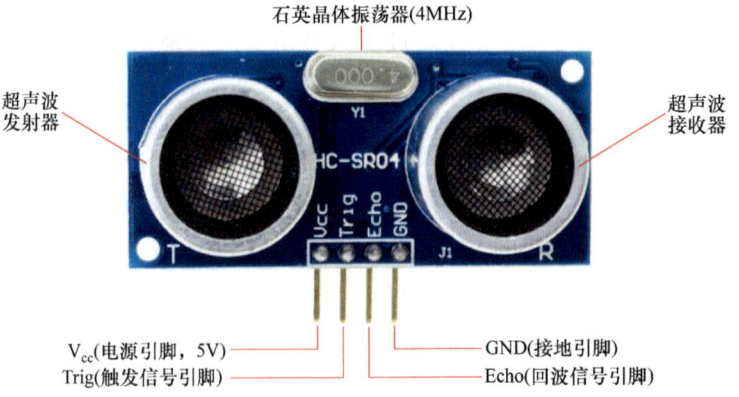

图 2-12　超声波传感器的发射器和接收器

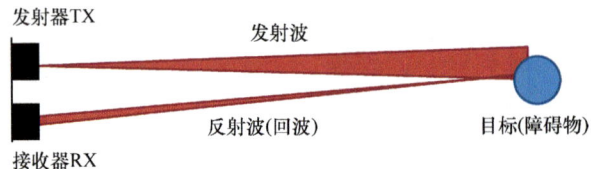

图 2-13　超声波的发射和反射

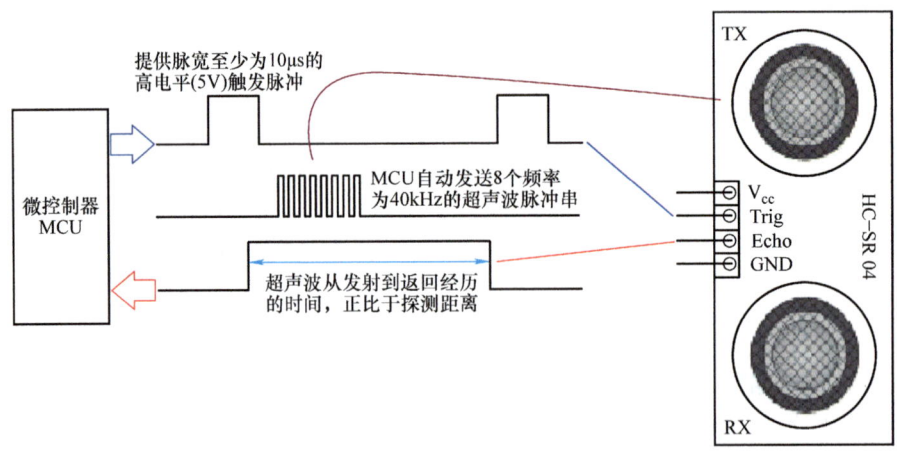

图 2-14　超声波传感器的测距原理

具体测距流程如下：

1）系统上电、完成初始化后，微控制器（Micro Controller Unit，MCU）首先提供触发信号，向 Trig 引脚发射脉宽至少为 10μs 高电平（5V）触发脉冲，使超声波传感器进入测距工作模式。

2）进入测距工作模式后，微控制器（MCU）控制超声波发射器向外发送 8 个 40kHz 超声波脉冲串（也称脉冲序列）。

3）如果超声波传感器前面有障碍物（被检测物体，也称目标），则发射的超声波遇到障碍物后会产生反射超声波（也称回波）。

4）如果有回波信号返回，则传感器的回波信号引脚 Echo 的输出将维持高电平状态（+5V 的方波），如图 2-15 所示。

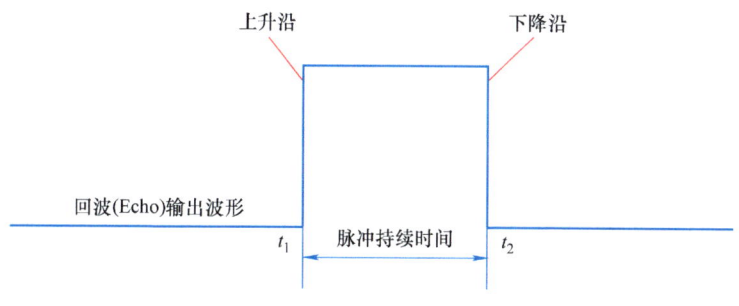

图 2-15　回波脉冲持续时间

回波（Echo）信号引脚输出的高电平波形，起始点为微控制器 MCU 控制超声波发射器向外发送的第 1 个 40kHz 方波脉冲的时刻 t_1，上升沿有效；结束点为超声波接收器接收到第 1 个回波的时刻 t_2，下降沿有效。也就是说，在超声波脉冲从发射到接收所经历的时间 $t = t_2 - t_1$ 这段时间（亦称超声波的飞行时间，Time of Flight，TOF）内，回波信号引脚 Echo 的输出始终保持高电平状态。

5）微控制器 MCU 通过内部计时器读出超声波的飞行时间 TOF，即可利用式（2-1）计算得到超声波传感器载体与障碍物之间的距离，完成测距工作。

$$L = \frac{vt}{2} \tag{2-1}$$

式中　L——超声波传感器载体到被检测物体之间的距离（m）；
　　　v——超声波在传输介质（空气）中的传播速度，$v = 343\text{m/s}$；
　　　t——超声波的飞行时间 TOF（s）。

如果超声波传感器检测到有障碍物，则回波高电平方波脉冲的持续时间（即超声波的飞行时间 TOF）为 150μs～25ms；如果未检测到障碍物，则回波脉冲宽度约为 38ms。

6. 超声波传感器的技术参数

超声波传感器的技术参数主要有探测距离、探测精度、探测角度、工作频率和工作温度等。

（1）探测距离　探测距离取决于其使用的波长和频率；波长越长、频率越低，则其探测距离越大，但探测精度会随之降低。

探测汽车前后障碍物的短距超声波传感器多用于停车辅助系统，业界称其为倒车雷达，英文简称为 UPA（Ultrasonic Park Assist，超声波驻车辅助）传感器。UPA 传感器的探测距离一般为 0.15～3m。

安装在汽车侧面、用于探测侧方障碍物距离的长距超声波传感器，业界称其为自动驻车辅助（Auto Parking Assist）传感器，简称 APA 传感器。APA 传感器的测探测距离一般为 0.30～5.0m。

UPA 传感器与 APA 传感器的适用范畴如图 2-16 所示。

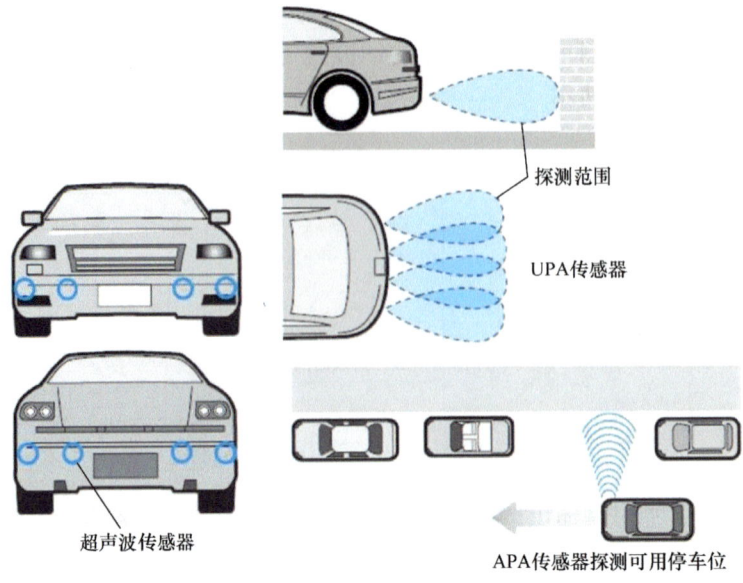

图 2-16 UPA 传感器与 APA 传感器

APA 超声波传感器的探测范围远而窄，常见 APA 传感器最远探测距离为 5m；UPA 传感器的探测范围近而宽，常见的 UPA 传感器探测距离为 3m。不同的探测范围决定了它们不同的分工，故多采用分工合作、密切配合的组合使用方式（图 2-17）。

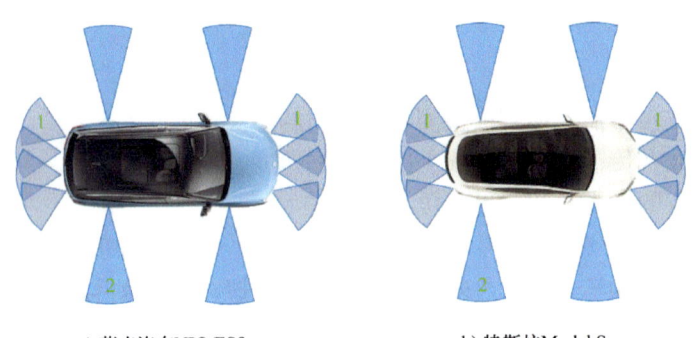

a) 蔚来汽车NIO ES8　　　　　　　　b) 特斯拉Model S

图 2-17 APA 传感器和 UPA 传感器的组合使用（8 个 UPA 传感器 +4 个 APU 传感器）
1—UPA 传感器　2—APA 传感器

（2）探测精度　探测精度是指传感器的探测值与真实值之间的偏差。超声波传感器探测精度主要受被测物体体积、表面形状、表面材料等影响。探测精度越高，感知信息越可靠。超声波传感器的探测精度一般要求在 ±10cm 以内。

（3）探测角度　超声波在传输过程中有一定的指向性，波束的截面类似于椭圆形，因此超声波传感器的探测范围有一定的限度。传感器的探测范围也称视野范围（Field of View，FOV），一般用水平视场角和垂直视场角来表征。

超声波传感器的水平视场角（图 2-18）应不小于左右各 55°±5°；垂直视场角（图 2-19）应不小于上下各 30°±5°。

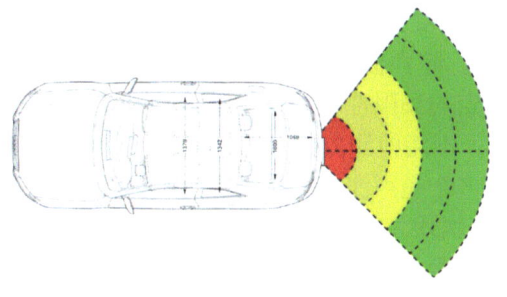
图 2-18　水平视场角

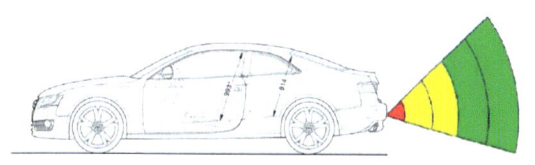
图 2-19　垂直视场角

（4）工作频率　汽车上应用的超声波传感器的工作频率有 40kHz、48kHz 和 58kHz 三种。一般来说，超声波频率越高，则其工作灵敏度也就越高，但水平与垂直方向的探测角度（视场角）就越小。为满足场景需求，一般采用 40kHz 的超声波传感器。将发射频率控制在（40±2）kHz，这样传感器的方向性敏锐，且能避开噪声干扰，有利于提高信噪比。

（5）工作温度　超声波传感器应用广泛，有的应用场景温度很高，有的应用场景温度很低，因此，超声波传感器必须满足工作温度的要求。工作温度一般要求在 -30～80℃ 范围内。

超声波传感器防水、防尘，即使有少量的泥沙遮挡，也不影响其正常工作。

7. 超声波传感器的特点

超声波传感器具有以下优点：

1）超声波传感器的工作频率相对固定，例如汽车上使用的超声波传感器，其工作频率有 40kHz、48kHz 和 58kHz 等。频率不同，探测的范围也不同（图 2-20）。

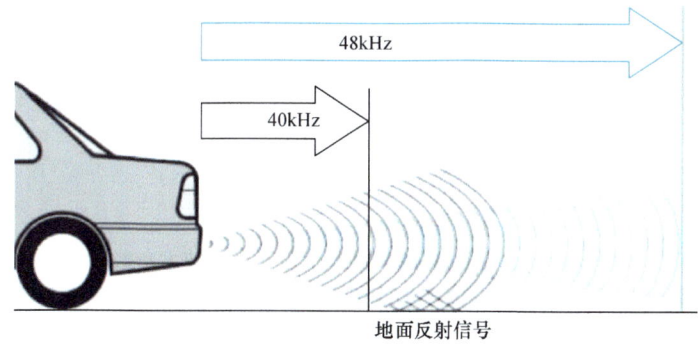

图 2-20　超声波传感器的探测范围

2）超声波传感器结构简单、体积小、成本低、信息处理简单可靠且易于小型化与集成化，并可进行实时控制。

3）超声波传感器灵敏度较高。

4）超声波传感器对雨、雪、雾的穿透力强，抗环境干扰能力强，对天气变化不敏感。

5）超声波传感器对光照和色彩不敏感，可以用于识别透明以及反射性差的物体，还可在室内、黑暗中使用。

超声波传感器具有以下缺点：

1）探测距离短，一般为 3~5m，因此应用范围受到限制。

2）测距速度不如激光雷达和毫米波雷达快。超声波传感器适合于低速状态下使用，在载体运行速度很快的情况下，其测量距离有一定的局限性。

3）超声波有一定的扩散角，只能测量距离，不能检测方位，所以只能在低速时使用，而且必须在汽车的前、后保险杠不同方位上安装多个超声波传感器组合使用。

4）对于低矮、圆锥、过于细小的障碍物或者沟坎，超声波传感器容易漏检。

5）超声波传感器存在盲区。超声波的发射信号和余振信号都会对回波信号造成覆盖或者干扰，因此在小于某一距离后就会丧失探测功能，这就是普通超声波传感器具有盲区的原因之一；若小于这个距离，则系统无法探测到障碍物。对此，比较好的解决办法是在安装超声波传感器的同时安装摄像头。

8. 超声波传感器的产品与应用

目前，产销量较大的超声波传感器制造商有德国博世（Bosch）、法国法雷奥（Valeo）、日本电装（Denso）、中国深圳航盛电子和深圳豪恩等。

德国博世公司生产的超声波传感器如图 2-21 所示，其主要技术参数见表 2-1。博世公司的超声波传感器可用于驻车辅助系统（图 2-22）、侧边距报警系统和侧向辅助系统等。

图 2-21 德国博世公司生产的超声波传感器

图 2-22 超声波传感器用于驻车辅助系统

表 2-1 德国博世公司的超声波传感器技术参数

技术指标	技术参数
最小探测距离	0.15m
最大探测距离	5.5m
目标分辨能力	3~15cm
水平视场角	±70°
垂直视场角	±35°
长宽尺寸	44mm×26mm
总质量	14g
工作温度	-40~85℃
电流消耗	7mA
防护等级	IP64k

2.2.2 毫米波雷达

1. 毫米波

毫米波（Millimeter Wave，mm-wave）是指波长 λ 为 1～10mm 的电磁波（图 2-23），对应的频率范围为 30～300GHz。

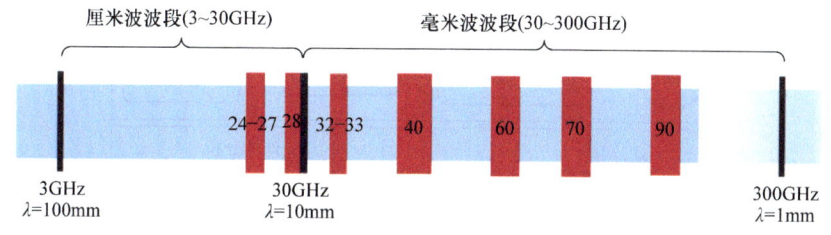

图 2-23　毫米波

2. 毫米波雷达的作用

毫米波雷达（Millimeter Wave Radar）是工作在毫米波频段的雷达。毫米波雷达（图 2-24 和图 2-25）通过发射与接收高频电磁波来探测目标，后端信号处理模块利用回波信号计算出目标的距离、速度和角度等信息。

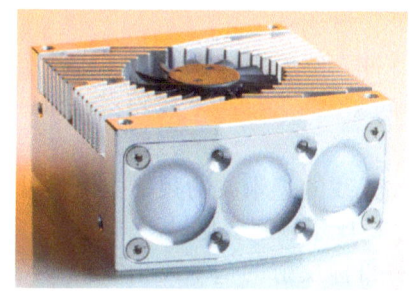

图 2-24　军用毫米波雷达

图 2-25　车用毫米波雷达

毫米波雷达在 5G 通信、卫星遥感、导弹制导、电子对抗等领域有着广泛的应用。近年来随着元器件制造水平的不断提升，电路设计、天线等相关技术日益发展和不断成熟，毫米波雷达在汽车领域的应用也获得了很大的发展。

毫米波雷达是智能汽车环境感知系统的核心传感器之一，主要应用于自适应巡航、前向碰撞预警（图 2-26）、自动紧急制动、变道辅助、前方车辆检测以及行人检测等系统中。

3. 毫米波雷达的组成

如图 2-27 所示，毫米波雷达主要由发射机、接收机、信号处理器及天线组成，发射机通过内置天线向外发射毫米波，接收机接收目标反射信号，经信号处理器处理后快速、准确地获取汽车周围的环境信息，如汽车与其他物体之间的相对距离、相对速度、角度、行驶方向等，然后根据所探知的物体信息进行目标追

图 2-26　毫米波雷达应用于前向碰撞预警系统

踪和识别,进而结合车身动态信息进行数据融合,最终通过算法芯片进行智能处理。

经合理决策后,以声、光及触觉等多种方式告知或警告驾驶人,或及时对汽车的行驶状态做出主动干预,从而确保汽车的行驶安全性和乘坐舒适性,减少事故发生的概率。

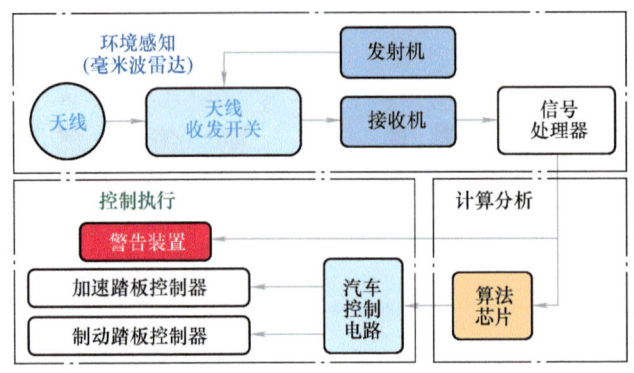

图 2-27　毫米波雷达的组成及车辆干预信号流程

4. 毫米波雷达的探测原理

(1)探测能力　毫米波雷达主要具有三个方面的探测能力:毫米波雷达自身与目标车辆(物体)的距离、方位角和相对径向速度,即测距、测速和测方位角。

1)测距。通过发射器给目标连续发射毫米波脉冲,然后用接收器接收从目标反射回来的毫米波(回波),通过计算毫米波脉冲的飞行时间(往返时间)来求得雷达和目标之间的距离。

2)测速。根据多普勒效应,通过计算返回接收天线的毫米波的频率变化就可以得到目标相对于雷达的运动速度,简单地说就是相对速度正比于频率变化量。

3)测方位角。通过并列的接收天线接收到同一目标反射的毫米波相位差,经计算即可得到目标的方位角。

(2)多普勒效应　毫米波雷达是基于多普勒效应来探测并获得目标信息的。通过发射源向给定目标发射毫米波信号,并分析发射信号频率和反射信号频率之间的差值,就可以精确探测出目标相对于毫米波雷达的距离和速度等信息。

毫米波雷达通过发射模块发射毫米波信号(电磁波),当发射信号遇到固定目标后,经目标反射会产生回波信号,回波信号也是电磁波。回波信号与发射信号的波形相同,但在时间上有差值,后台控制电路根据回波信号与发射信号之间的时间差值,就可以计算出毫米波雷达与固定目标之间的距离,实现测距。

当检测运动目标时,回波信号与发射信号之间既存在时间差,又存在频率差。其频率的差值,称为多普勒频移(Doppler Shift),这种效应称为多普勒效应(Doppler Effect)。多普勒效应是由奥地利数学家、物理学家克里斯蒂安·多普勒(Christian Doppler,图 2-28)于 1842 年发现的。

如图 2-29a 所示,当车辆静止不动、观察者

图 2-28　克里斯蒂安·多普勒

也不动时,站在车后的观察者 A 和站在车前的观察者 B 感受到的车辆发动机运行噪声频率是一致的,也是恒定的。

如图 2-29b 所示,当观察者保持不动,而车辆以速度 v 驶离观察者 A、驶向观察者 B 时,站在车后的观察者 A 和站在车前的观察者 B 感受到的车辆发动机运行噪声频率是有差异的、不恒定的。观察者 A 感受到的车辆发动机运行噪声频率降低、波长增大,称为红移(Red Shift);观察者 B 感受到的车辆发动机运行噪声频率升高、波长减小,称为蓝移(Blue Shift),如图 2-30 所示。车辆的运动速度(波源的速度)越高,所产生的频移效应越大。

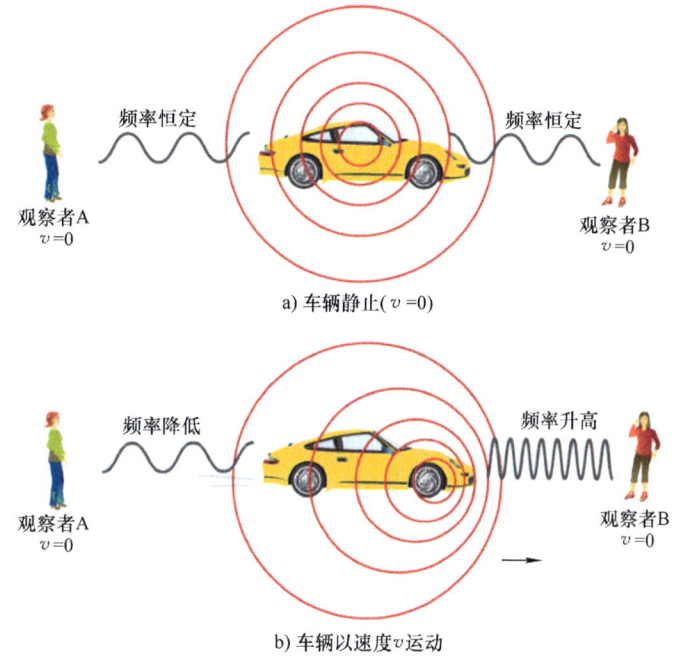

图 2-29 多普勒频移

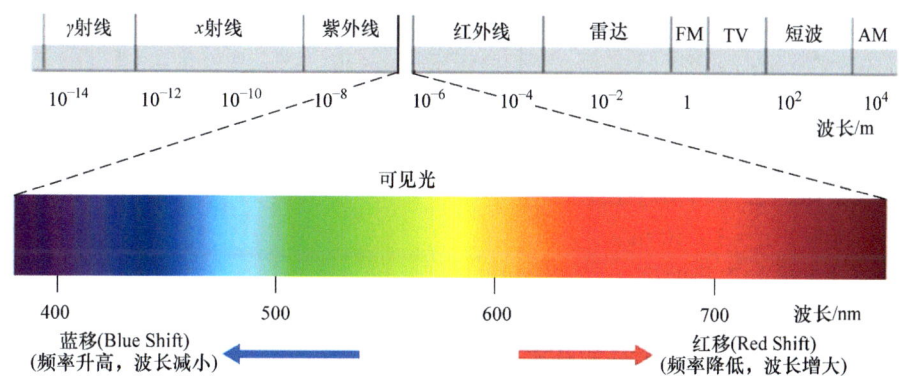

图 2-30 红移(Red Shift)和蓝移(Blue Shift)

因此,根据声波红移(或蓝移)的程度,就可以计算出波源沿着观测方向运动的速度。基于多普勒效应工作的毫米波雷达既可以对移动目标进行测距,又可以对移动目标进行测速。

（3）测距和测速原理　车载毫米波雷达多采用调频连续波（Frequency Modulated Continuous Wave，FMCW）方式工作。调频方式也有多种，常见的有三角波、锯齿波、编码调制或噪声调制等，但以三角波的应用为多。

车载毫米波雷达测距和测速原理如图 2-31 所示。

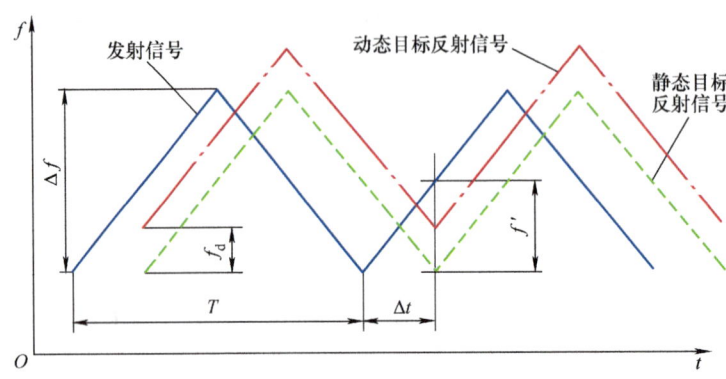

图 2-31　毫米波雷达的测距测速原理

Δf—调频带宽　f_d—多普勒频移　f'—发射信号与反射信号的频率差
T—信号发射周期　Δt—毫米波的飞行时间（发射信号与反射信号的时间间隔）

当发射的连续调频信号遇到前方目标时，会产生与发射信号相比有一定延时的回波，再通过雷达混频器对回波进行混频处理，从而得到车辆与目标的相对距离和相对速度等信息。

毫米波雷达测得的目标相对距离 s、毫米波的飞行时间 Δt 以及毫米波雷达与目标的相对速度 v 分别为：

$$\begin{cases} s = \dfrac{c\Delta t}{2} \\ \Delta t = \dfrac{Tf'}{2\Delta f} \\ v = \dfrac{cf_d}{2f_0} \end{cases} \qquad (2\text{-}2)$$

式中　s——雷达与目标的相对距离（m）；

　　　c——光速，$c = 3 \times 10^8$ m/s；

　　　Δt——毫米波的飞行时间（s）；

　　　T——信号发射周期（s）；

　　　f'——发射信号与反射信号的频率差（Hz）；

　　　Δf——调频带宽（Hz）；

　　　f_d——多普勒频移（Hz）；

　　　f_0——发射信号的中心频率（Hz）；

　　　v——雷达与目标的相对速度（m/s）。

（4）方位角检测原理　毫米雷达探测被检测目标的方位角的原理是：毫米波雷达的发射天线发射出毫米波后，遇到被检测物体，毫米波反射回来，通过毫米波雷达并列的接收天线，利用收到同一检测目标反射回来的毫米波的相位差，就可以计算出被检测目标的方位角。如图2-32所示，毫米波雷达的发射天线TX向被检测目标发射毫米波后，并列的两个接收天线RX1和RX2会分别接收到被检测目标的反射回波。

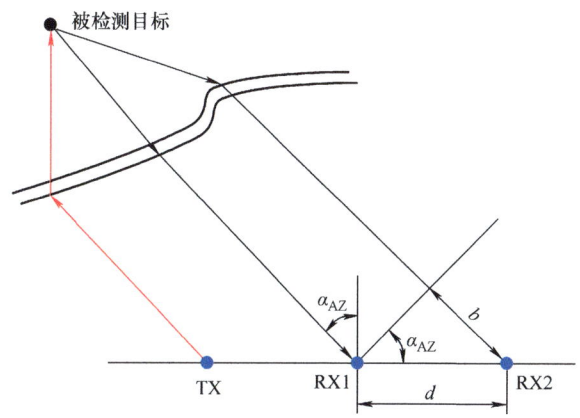

图2-32　毫米波雷达检测目标方位角

利用反三角函数即可得到被检测目标相对于毫米波雷达的方位角α_{AZ}，其计算公式如下：

$$\alpha_{AZ} = \arcsin\left(\frac{\lambda b}{2\pi d}\right) \quad （2-3）$$

式中，d为接收天线RX1与RX2之间的距离；b为接收天线RX1与RX2接收到的反射回波的相位差。

由于毫米波雷达可同时检测目标的位置、相对速度和方位角，加之毫米波雷达有较强的抗干扰能力，可以全天候、全天时稳定工作，因此毫米波雷达已成为智能汽车，特别是自动驾驶汽车核心传感器之一。

5. 毫米波雷达的技术参数

毫米波雷达的主要技术参数有：

（1）最大探测距离　最大探测距离是指毫米波雷达所能检测目标的最大距离。不同型号、不同厂商生产的毫米波雷达，其最大探测距离是不同的。

（2）距离分辨率　距离分辨率是指在规定条件下，毫米波雷达能区分前后临近的两个目标的最小距离间隔，表征毫米波雷达对被检测目标的区分、鉴别能力。

（3）距离灵敏度　距离灵敏度是指单个目标的距离变化时，毫米波雷达可探测的最小绝对变化距离值。

（4）距离测量精度　距离测量精度是指毫米波雷达探测单目标时，目标距离的测量值与其真值之差。测距精度在很大程度上取决于信噪比。

（5）最大探测速度　最大探测速度是指毫米波雷达能够探测的目标的最大运动速度。

（6）速度分辨率　速度分辨率是指毫米波雷达对处于同一位置的两个运动目标的速度

区分能力。

（7）速度灵敏度　速度灵敏度是指单个目标的运动速度发生变化时，毫米波雷达可探测的最小绝对速度变化值。

（8）速度测量精度　速度测量精度是指毫米波雷达探测单个目标时，目标速度的测量值与其真实值之差。

（9）视场角　视场角是指在规定的测试条件和规定的识别率的前提下，毫米波雷达对目标的有效探测范围，分为水平视场角和垂直视场角两个参量。

（10）角度分辨率　角度分辨率是指在规定条件下，毫米波雷达能区分左右临近两个目标的最小角度间隔。

（11）角度灵敏度　角度灵敏度是指单个目标的角度发生变化时，毫米波雷达可探测的最小绝对角度变化值。

（12）角度测量精度　角度测量精度是指毫米波雷达在探测单个目标时，目标角度的测量值与其真实值之差。

（13）识别率　识别率是指毫米波雷达能够正确识别目标的概率。

（14）误检率　误检率是指毫米波雷达将目标识别为一个错误目标的概率。

（15）漏检率　漏检率是指毫米波雷达未能识别目标的比率。

6. 毫米波雷达的类型

（1）按探测距离划分　按探测距离的远近，可将毫米波雷达分为三类：近距离毫米波雷达（Short-Range Radar，SRR）的探测距离一般小于60m，多用于盲点检测、停车辅助和行人检测；中距离毫米波雷达（Middle-Range Radar，MRR）的探测距离一般为100m左右，多用于侧向来车报警和车辆变道辅助；远距离毫米波雷达（Long-Range Radar，LRR）的探测距离一般大于200m，多用于自适应巡航控制。有些雷达制造商只将产品分为近距离雷达和远距离雷达，其具体探测距离应以产品说明书为准。

（2）按使用频段划分　按使用的毫米波频段不同，可将毫米波雷达分为24GHz、60GHz、77GHz和79GHz毫米波雷达等几种。在毫米波雷达领域，主流可用频段为24GHz和77GHz。其中，24GHz毫米波雷达适用于近距离探测，77GHz毫米波雷达适用于中、远距离探测（图2-33）。

工作频率由24GHz过渡到77GHz，毫米波雷达的距离分辨率和探测精度将提高约20倍。例如，24GHz毫米波雷达的距离分辨率为75cm，而77GHz毫米波雷达则提高到4cm，可以更好地探测多个彼此靠近的目标。

（3）按输出参量划分　按输出参量划分，可将毫米波雷达分为3D雷达和4D雷达两大类。

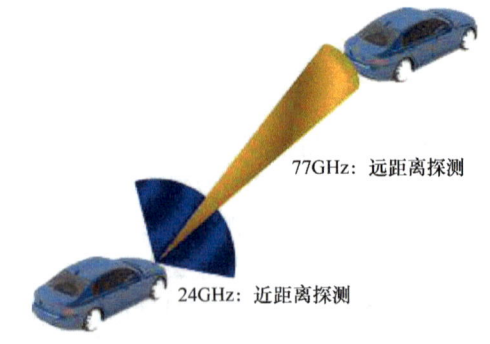

图2-33　24GHz和77GHz毫米波雷达的适用范畴

1）3D雷达。所谓3D雷达，是指其信号天线只在二维方向上排布，因此其对目标的探测只有二维水平坐标（x, y），没有高度信息（z）；再加上通过多普勒效应探测到的物体速度信息v，3D雷达输出量为目标的3个参量——二维水平坐标（x, y）和速度矢量v，故名 3D 雷达。目前，在量产车上应用的毫米波雷达均为 3D 雷达。

2）4D 雷达。所谓 4D 雷达，是指这种雷达在水平与垂直方向上均布置有天线，因此既可以探测出目标的三维立体坐标（x, y, z），还可以探测到物体速度信息 v，其输出量为目标的 4 个参量——三维立体坐标（x, y, z）+ 速度矢量 v，故名 4D 雷达（图 2-34）。

7. 毫米波雷达的特点

毫米波的波长介于微波和厘米波之间，因此毫米波雷达兼有微波雷达和光电雷达的一些优点。同厘米波雷达相比，毫米波雷达具有体积小、质量轻和空间分辨率高的特点；与红外、激光等光学雷达相比，毫米波雷达穿透雾、烟、灰尘的能力强，具有全天候（大雨天除外）全天时工作的特点。

另外，毫米波雷达的抗干扰、反隐身能力也优于其他微波雷达。毫米波雷达能分辨识别很小

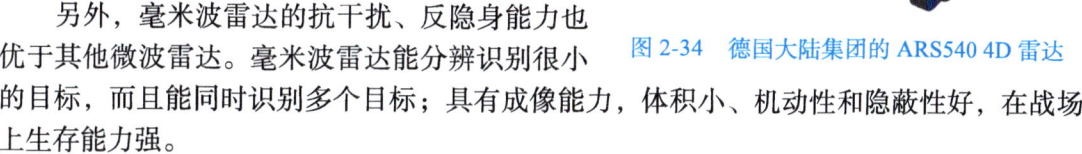

图 2-34　德国大陆集团的 ARS540 4D 雷达

的目标，而且能同时识别多个目标；具有成像能力、体积小、机动性和隐蔽性好，在战场上生存能力强。

毫米波雷达在军事装备（导弹、无人攻击机等）和智能（自动驾驶）汽车领域应用日益广泛。

毫米波雷达具有以下优点：

1）探测距离远，可达 200m 以上。

2）探测性能好，金属电磁反射强，其探测不受色彩与温度的影响。

3）响应速度快，传播速度与光速一样，可以快速地测量出目标的距离、速度和方位角等信息。

4）适应能力强，毫米波具有很强的穿透能力，在雨、雪、大雾等恶劣天气条件下依然可以正常工作。

5）抗低频干扰能力强，毫米波雷达一般工作在高频段，而周围噪声和干扰处于中低频区域，基本上不会影响毫米波雷达的正常工作。因此，毫米波雷达抗低频干扰能力较强。

毫米波雷达具有以下缺点：

1）覆盖区域呈扇形，有探测盲区。

2）无法识别交通标志和交通信号灯。

3）无法识别道路标线。

8. 毫米波雷达的产品与应用

在全球毫米波雷达市场，有"ABCD"四大供应商，分别是瑞典奥托立夫（Autoliv）公司、德国博世（Bosch）公司、德国大陆（Continental）集团以及美国德尔福（Delphi）公司。2015 年，业界又出现一个后起之秀——以生产 4D 雷达著称的美国傲酷（Oculii）雷达公司。

（1）德国大陆集团雷达产品　德国大陆集团的 SRR3-A 雷达（图 2-35）是 24GHz 短距离毫米波雷达，适合作为盲点探测雷达（Blind-Spot Detect Radar）使用。德国大陆集团的 ARS408-21SC1/SC3 77GHz 远距离毫米波雷达如图 2-36 所示。

图 2-35　大陆 SRR3-A 24GHz 毫米波雷达

图 2-36　大陆 ARS4×× 系列 77GHz 毫米波雷达

ARS408 雷达是德国大陆集团 ARS400 系列 77GHz 长距毫米波雷达的高配版，备受汽车和其他工业场景用户的青睐。ARS408-21SC1 的最大探测距离可达 250m，适用于自适应巡航、自动紧急制动、前向碰撞预警等先进辅助驾驶系统（图 2-37），也可满足智能汽车自动驾驶的需要。

图 2-37　大陆 77GHz 远距离毫米波雷达适用于先进辅助驾驶系统

为了满足不同距离范围的探测需要，智能汽车上一般都会安装多个毫米波雷达，将近距离雷达（SRR）、中距离雷达（MRR）和远距离雷达（LRR）组合使用，使其各展所长，达到优势互补的效果。

各种类型的毫米波雷达在智能汽车先进辅助驾驶领域的应用情况见表 2-2。

表 2-2　各种类型的毫米波雷达在智能汽车先进辅助驾驶领域的应用情况

毫米波雷达类型		近距离雷达（SRR）	中距离雷达（MRR）	远距离雷达（LRR）
工作频段		24GHz	77GHz	77GHz
探测距离		小于 60m	100m 左右	大于 200m
应用领域	自适应巡航系统	—	前方	前方
	前向碰撞预警系统	—	前方	前方
	自动紧急制动系统	—	前方	前方
	盲区监测系统	侧方	侧方	—

(续)

毫米波雷达类型		近距离雷达（SRR）	中距离雷达（MRR）	远距离雷达（LRR）
应用领域	自动泊车辅助系统	前方、后方	侧方	—
	变道辅助系统	后方	后方	—
	后向碰撞预警系统	后方	后方	—
	行人检测系统	前方	前方	—
	驻车开门辅助系统	侧方	—	—

其中，24GHz 和 77GHz 毫米波雷达是目前的主流产品，应用极多。由于 77GHz 频段的毫米波雷达体积更小，天线尺寸更短，更容易实现单芯片集成结构，具有更高的速度分辨率和信噪比，输出功率更高且易于控制成本，因此，76~81GHz 频段将是未来全球车载毫米波雷达的主流频段。

（2）美国傲酷公司的雷达产品 2021年3月，傲酷雷达公司推出商用4D成像雷达——EAGLE（鹰）和FALCON（隼）两款雷达产品（图2-38）。利用其人工智能AI算法驱动的虚拟孔径成像软件和市场通用的车规级雷达硬件，傲酷重新定义了毫米波雷达角分辨率和灵敏度。与普通毫米波雷达相比，性能远超但价格接近。

EAGLE 是角分辨率很高的商用4D成像雷达，可在水平120°、垂直30°的宽视场中提供0.5°（水平）×1°（垂直）的角分辨率。EAGLE 可生成每秒几万点的雷达点云图像（图2-39），跟踪350m以上的目标，从而使自动驾驶系统能够在全天候条件下安全、稳健地运行。此外，EAGLE 能够在多种干扰严重的环境下精确跟踪雷达散射截面积（Radar Cross Section，RCS）很小的目标（如行人和摩托车），从而使自动驾驶系统能够在拥挤的城市环境中执行复杂的操作（图2-40）。

a) EAGLE   b) FALCON

图 2-38 4D 雷达 EAGLE 和 FALCON

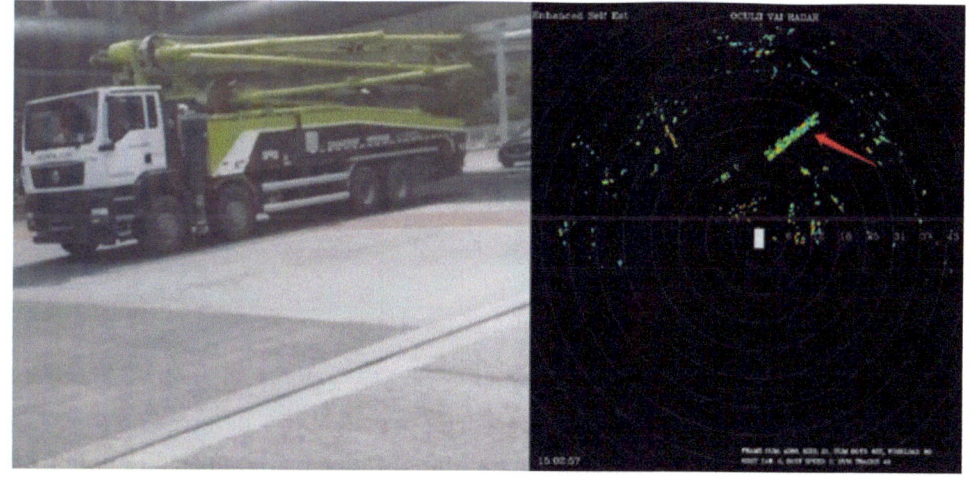

图 2-39 傲酷 EAGLE 4D 成像雷达（车辆长度数据准确无误）

图 2-40　傲酷 EAGLE 4D 成像雷达（商用车、乘用车、电动自行车均可准确探测）

FALCON 是极其小巧的 4D 成像雷达，其外形尺寸仅为 6cm×6cm。FALCON 可在 120° 宽视场角范围中实现 2°（水平）角分辨率，同时可给出目标的高度。四个 FALCON 雷达融合在一起，可提供 360° 全视角探测，探测距离可达 200m。FALCON 建立在单芯片、低功耗、低成本的硬件平台上，功耗低于 2.5W。既可以作为尺寸小巧的角度雷达应用在 ADAS 系统中，也可以用于低功耗的工业机器人场景中。

在行车过程中不同传感器的成像效果对比如图 2-41 所示。图 2-41 的中下部是普通摄像头拍摄的实景照片，右侧是高分辨率 4D 毫米波雷达（最大探测距离不小于 400m）的扫描成像图；左侧是标准的激光雷达（最大探测距离不小于 100m）成像图。

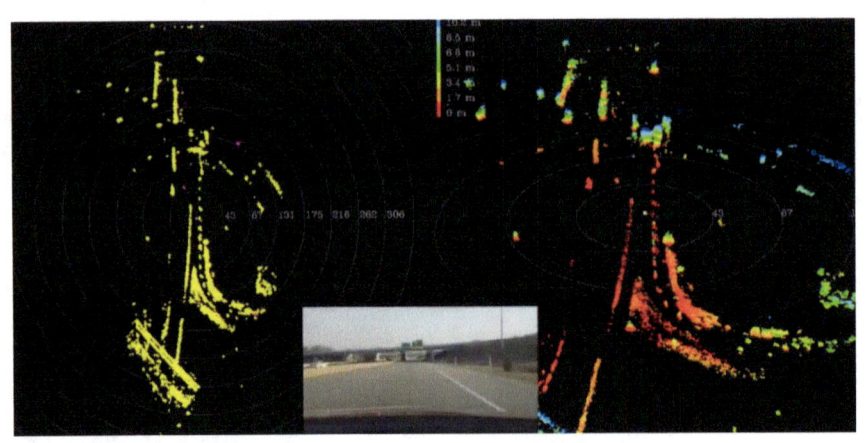

图 2-41　行车过程中不同传感器的成像效果对比

2.2.3　激光雷达

1. 激光

原子中的电子吸收能量后从低能级状态跃变到高能级状态，在受到某种激发（诱导）后再从高能级状态回落到低能级状态时，多余的能量会以光粒子的形式释放出来。这种因为受激而释放出来的光粒子束称为激光（Light Amplification by Stimulated Emission of Radiation，LASER）。简而言之，激光就是原子受激而发出的辐射光。

激光的理论研究起源于物理学家爱因斯坦，英语 LASER 一词于 1964 年 12 月由我国科学家钱学森翻译，确定为"激光"。

（1）激光的特点

1）亮度高。激光是已知的最亮的光源，只有氢弹爆炸瞬间强烈的闪光才能与其相比拟。大功率激光器产生的激光，其亮度比太阳光高出 7～14 个数量级。尽管激光的总能量并不一定很大，但由于能量高度集中，则很容易在某个微小的点上产生高压和几万摄氏度甚至几百万摄氏度的高温——也就是说，尽管总能量不大，但由于能量高度集中，也可以形成泰山压顶、雷霆万钧之势。这种特性使得激光几乎能加工所有材料，激光打孔、激光切割（图 2-42）、激光焊接和激光外科手术就是利用了激光的这一特点。

2）方向性好。普通光源（太阳、白炽灯或荧光灯）向四面八方发光，而激光的发光方向可以限制在小于几个毫弧度的立体角内，这就使得激光在照射方向上的照度提高千万倍。激光准直、导向和测距就是利用激光方向性好这一特点。

图 2-42　激光切割金属材料

3）单色性好。激光是一种电磁波，其颜色取决于波长。常见的激光笔有红光（650～660nm、635nm）、绿光（515～520nm、532nm）、蓝光（445～450nm）和蓝紫光（405nm）等，功率通常为毫瓦级。

普通光源发出的光通常包含着各种波长，是各种颜色光的混合。太阳光包含红、橙、黄、绿、青、蓝、紫七种颜色的可见光及红外线、紫外线等不可见光。而某种激光的波长，只集中在十分狭窄的范围内，如氦氖激光的波长为 632.8nm，其波长变化范围不超过 0.1pm（万分之一纳米）。

波长范围越窄，表现出来的单色性就越好。由于激光的单色性好，为精密度仪器测量和激励某些化学反应等科学实验提供了极为有利的手段。

4）相干性好。光波是由无数光粒子组成的，从激光器中发射出来的光粒子由于共振原理，在波长、频率、偏振方向上都是一致的，这就使得激光具有非常强的干涉力。与普通光源相比，激光的相干性（Coherence）要好得多，因此，激光也被称作相干光（Coherent Light）。

使用激光作为全息摄影（Holography）的光源，也正是利用了激光相干性好这一特点。

（2）激光的应用　鉴于激光具有亮度高、方向性好、单色性好、相干性好这四大特点，激光已经在工业生产、医疗卫生、商业贸易、科学研究、信息通信和武器装备等领域得到了广泛的应用。

智能汽车环境感知系统中使用的激光雷达，就是基于激光方向性好的特点来实现测距的。

2. 激光雷达的作用

激光雷达是激光探测及测距系统（Light Detection and Ranging，LiDAR）的简称。另外，也称 Laser Radar 或 LADAR（Laser Detection and Ranging）。

激光雷达是一种以激光器作为发射光源，采用光电探测技术手段的主动式遥感设备。

激光雷达利用光波频段的电磁波先向目标发射探测信号，然后将其接收到的回波信号与发射信号相比较，从而获得目标的位置（距离、方位和高度）、运动状态（速度、姿态）等信息，实现对目标的探测、跟踪和识别。

激光雷达具有探测距离远、探测精度高、分辨率高的优势，同时具有建立周边环境 3D 模型的能力，但在雨雾、风沙等天气时会受到极大的干扰，甚至无法工作。因此，激光雷达不能作为单独的感知硬件，但激光雷达与毫米波雷达、视觉传感器等进行数据融合，可以获得更全面的周边环境信息，对自动（辅助）驾驶的路径规划和提升行车安全有着极大的帮助。

激光雷达可广泛应用于 ADAS 系统（图 2-43），如自适应巡航控制（ACC）、前车碰撞警示（FCW）及自动紧急制动（AEB）等领域。

3. 激光雷达的组成

激光雷达主要由激光发射、激光接收、信息处理、扫描及控制系统几部分组成，如图 2-44 所示。

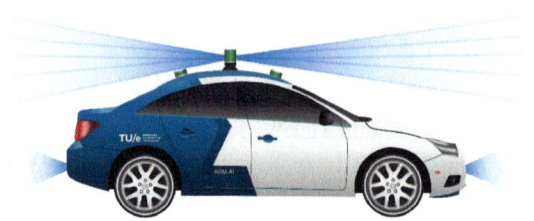

图 2-43 激光雷达广泛应用于 ADAS 系统

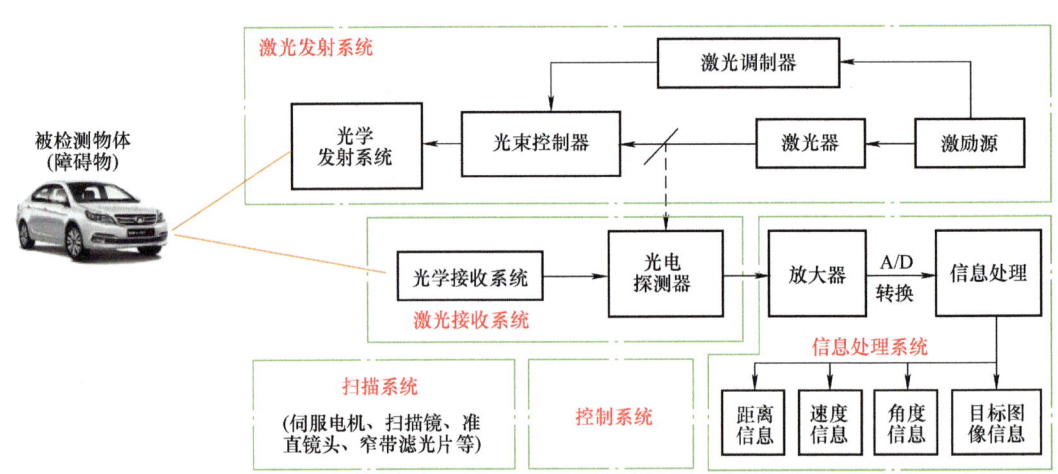

图 2-44 激光雷达的组成

激光发射系统负责向障碍物发射激光，激光经障碍物反射后，由激光接收系统负责接收。

扫描系统通过伺服电机驱动光电探测器产生旋转和俯仰动作，以完成对周边环境的横向 360°全景扫描，并确保有足够的垂直视场角。

信息处理系统及控制系统负责将接收回来的信号进行处理，经过解算之后，得出障碍物的距离、速度、角度和目标图像信息（点云信息）。

在激光雷达系统中，激光器和探测器决定着硬件的技术水平，信号的处理算法决定着软件的技术水平。不同类型的激光雷达，其具体结构可能会略有差异，但基本结构都是相同或相似的。

4. 激光雷达的测距原理

激光雷达和毫米波雷达都是利用回波成像原理来探测障碍物的。两者的区别在于，激光雷达发射的激光是一条直线，以光粒子发射为主要方法，而毫米波雷达发射出去的电磁波是一个锥状的波束。

车用激光雷达常用的测距方法可分为脉冲式激光测距法和相位差式激光测距法两种。

（1）脉冲式激光测距法　如图 2-45 所示，采用脉冲式激光测距法探测障碍物距离时，首先激光发射系统向障碍物发出一个激光脉冲。与此同时，系统内部的计数器开始计数，当接收系统接收到经障碍物反射回来的激光回波脉冲时，计数器停止计数。在此过程中，计数器所记录的时间 Δt，就是激光脉冲从发射到接收所用的时间，也就是激光的往返飞行时间 Δt。

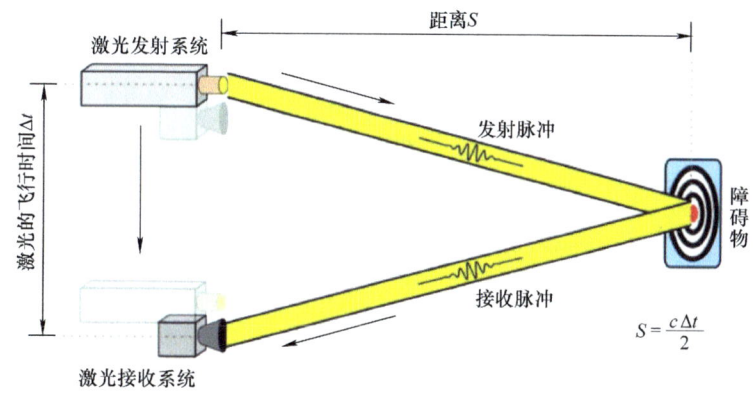

图 2-45　脉冲式激光测距法

由于光速 c 是已知的固定值，所以，只要能精确地测得激光的往返飞行时间 Δt，通过式（2-2），就可以测得激光雷达与障碍物之间的距离 S。

脉冲式激光测距法的发射功率较高，从几瓦到几十瓦不等，最大探测距离可达几十千米，主要用于地形地貌测量、火炮战术前沿测距、导弹运行轨道跟踪、智能汽车激光雷达测距以及人造卫星、地月距离测量等。

脉冲式激光测距法的测距精度取决于激光脉冲的上升沿、接收通道的带宽、探测系统的信噪比和激光飞行时间的计量精度。激光脉冲的上升沿越陡峭、接收通道的带宽越窄（则处理后的激光脉冲宽度越窄）、探测系统的信噪比越高、激光飞行时间的计量精度越高，则激光雷达的测距精度就越高。

（2）相位差式激光测距法　脉冲式激光测距法是利用激光飞行时间来测距的，但由于光速太快，想要直接精确地测量激光的飞行时间，进而实现精确测距，是非常困难的。相位差式激光测距法采用测量发射波与回波相位差的方法来探测距离，巧妙地规避了激光飞行时间难以精确测量这一难题，大大降低了测量难度，实现了精准测距。

相位差式激光测距法的测距原理如下：首先，由激光发射系统向障碍物发出一束经过调制的正弦波（图 2-46）。正弦波作为激光发射波，其工作频率为 f，角频率为 ω。待发射波遇到障碍物并反射回来后，形成反射波（即回波）。激光接收系统接收到反射波后，由信号处理电路对发射波和反射波的相位进行对比，计算出两者的相位差 $\Delta \varphi$。然后再计算出这一相位差所对应的待测距离 S。

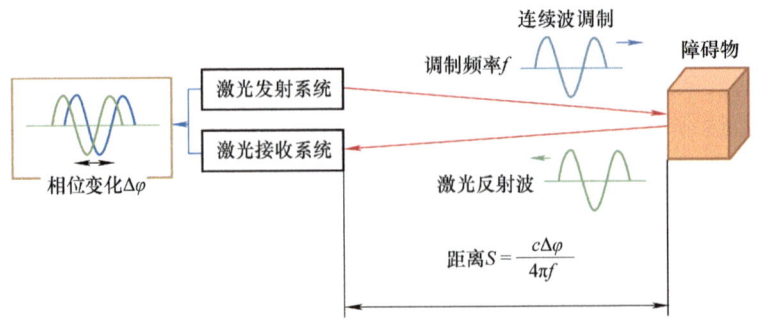

图 2-46　相位式激光测距法

调制后的激光从发射到被接收，往返飞行时间 Δt 为：

$$\Delta t = \frac{\Delta \varphi}{\omega} = \frac{\Delta \varphi}{2\pi f} \tag{2-4}$$

待测距离 S 为

$$S = \frac{c\Delta t}{2} = \frac{c\Delta \varphi}{4\pi f} \tag{2-5}$$

不难看出，相位差式激光测距法是用间接方法测定出激光的往返飞行时间、进而实现精准测距的。因此，在工程领域，通常将其归为间接测量式飞行时间测距法。

在相位差式激光测距法中，发射波的调制频率决定了激光雷达的测距范围和测距精度。发射波的调制频率越高，则测距精度越高，但测距范围随之减小。对于 100m 左右距离的测量，一般将调制频率选在兆赫兹量级。

5. 激光雷达的技术参数

（1）最大探测距离　最大探测距离通常需要标注基于某一个反射率下的测量值，如白色反射体的反射率约为 70%，黑色反射体的反射率为 7%～20%。

（2）距离分辨率　距离分辨率是指激光雷达对两个目标物体可区分的最小距离。

（3）测距精度　测距精度是指激光雷达对同一目标进行重复测量得到的距离值之间的误差。

（4）测量帧频　帧频（Frame Rate）也称帧率，是指每秒钟生成或显示的帧或图像的数量。激光雷达的响应速度越快，成像帧频越高，所得到的点云数据就越多，对环境的描述也就越准确。

（5）数据采样率　数据采样率是指每秒输出的点云数据的数量。数据采样率等于帧率与单幅图像的点云数目的乘积。数据采样率直接影响激光雷达成像的分辨率，数据采样率越高，则激光雷达的成像越清晰。

（6）视场角　视场角是激光雷达的成像范围，一般以垂直视场角和水平视场角进行表征。

（7）角度分辨率　角度分辨率是指雷达扫描的角度分辨率，等于视场角除以该方向所采集的点云数目。

（8）波长　激光波长会影响激光雷达的环境适应性和对人眼的安全性（图2-47）。

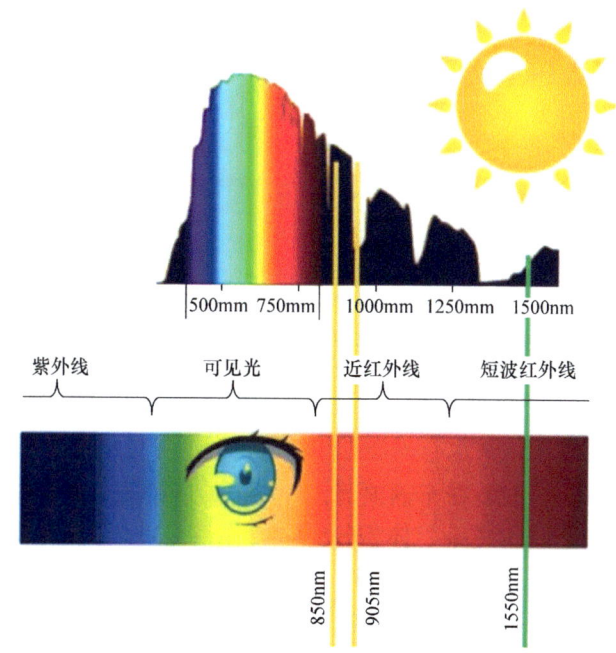

图2-47　不同波长的激光与阳光光谱、人眼可见光光谱的关系

目前，车用激光雷达采用的激光波长有905nm和1550nm两种。其中，905nm是目前市场上大多数企业的选择，如美国威力登（Velodyne）公司和以色列Innoviz公司生产的激光雷达采用的都是905nm的波长。

传统的激光雷达以905nm波长近红外激光为主，该波长激光器件相对成熟，成本较低。但905nm波长过于靠近人眼的可见光谱范围，考虑到人眼安全要求，激光器发射功率受到限制。同时，太阳光中存在较多近红外背景光，传感器的信噪比在物理上受限，最大探测距离一般在150m左右。

1550nm红外激光远离人眼的可见光光谱，使其对人眼的安全性大大提升，可以加大激光发射功率，增加探测距离和点云分辨率，背景光干扰问题相对较小，可以实现远距离探测；同时采用相干探测（Coherent Detection）技术，探测器只对自身发射的激光回波响应，信噪比远高于905nm-ToF激光雷达，最大探测距离可以达到1000m以上，特殊场景下可以达到数千米。但与其适配的激光器件要贵得多，总体成本也更高。美国Luminar公司的雷达产品采用的就是波长为1550nm的激光。

6. 激光雷达的类型

（1）按有无旋转器件划分　可将激光雷达分为机械旋转式激光雷达、混合固态激光雷达和固态激光雷达三大类。

1）机械旋转式激光雷达。机械旋转式激光雷达（图2-48）内部具有控制激光发射角度的旋转机构，通过旋转机构实现横向360°的扫描，通过内部反射镜片角度的调整实现垂直角度的覆盖。

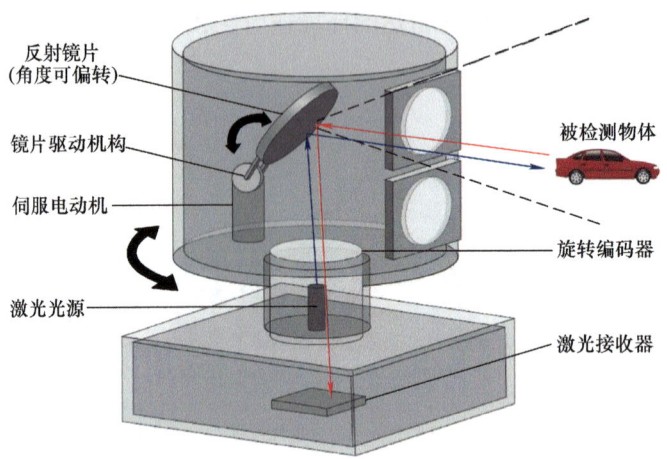

图 2-48　机械旋转式激光雷达

机械旋转式激光雷达一般装在车辆顶部，以不停旋转的方式完成对周边环境的 360° 扫描。机械旋转式激光雷达结构复杂、体积较大、可靠性略差，但探测精度较高、价格相对便宜，目前在自动驾驶汽车上应用较为普遍。

2）混合固态激光雷达。混合固态激光雷达在机械旋转式雷达的基础上做了改进，采用固定激光光源，取消了大体积的旋转机构，代之以内部结构小巧的玻璃镜片旋转的方式或采用双楔形棱镜改变激光光束方向，进而实现多角度的检测，可以采用嵌入式安装，对车身外形影响不大。

混合固态激光雷达常见的结构形式有硅基微机电式、转镜式、振镜+转镜式和旋转透射棱镜式等，其中旋转透射棱镜式混合固态激光雷达性能最佳。

旋转透射棱镜式激光雷达也称为双楔形棱镜激光雷达，内部包括两个楔形棱镜：激光在通过第一个楔形棱镜后发生一次折射（偏转），通过第二个楔形棱镜后再一次发生折射（图 2-49）。控制两面棱镜的相对转速便可以控制激光束的扫描形态。

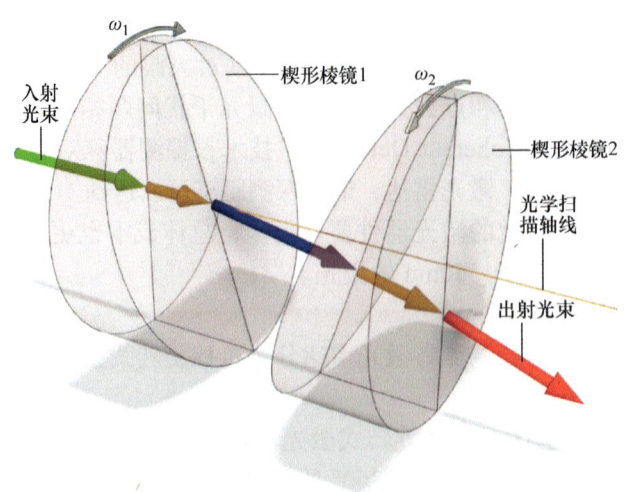

图 2-49　旋转透射棱镜式激光雷达示意图

如图 2-50 所示，旋转透射棱镜式激光雷达累积的扫描图案形状犹如花瓣，中心点扫描次数密集，圆的边缘则相对稀疏，扫描时间越久，则图像信息越丰富。

 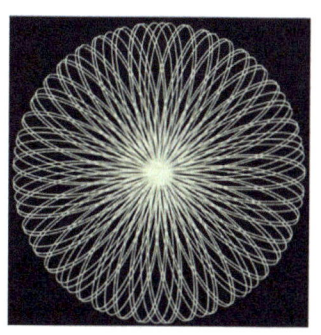

a）持续扫描 0.09s 后的成像效果　　　b）持续扫描 0.5s 后的成像效果

图 2-50　旋转透射棱镜式激光雷达累积的扫描图案形状

但对于高速行驶的汽车来说，留给雷达扫描的时间显然不会太长，因此不可避免地存在中心区域点云密集、两侧点云相对稀疏的情况。因此，在实际应用中，多采用两个激光雷达组合工作，以得到更好的扫描效果。小鹏 P5 就选择在车头两侧各配备一枚旋转透射棱镜式激光雷达，以确保车头前方区域有密集的点云覆盖。

旋转透射棱镜式激光雷达可以通过增加激光线束数量或提高激光发射器的功率来实现高精度与长距离的探测，但其结构仍较复杂。

3）固态激光雷达。固态激光雷达依靠电子部件来控制激光发射角度的变化，内部没有机械旋转器件，故尺寸较小，可安装于车身内部。目前，在固态激光雷达领域，有光学相控阵和快闪两大技术流派。

① 光学相控阵固态激光雷达基于光学相控阵技术（Optical Phased Array，OPA），其工作原理与军事领域使用的微波相控阵固态激光雷达类似，但实现了雷达的小型化，并降低了成本。

如图 2-51 所示，OPA 固态激光雷达基于光栅衍射原理，采用多个光源组成阵列（众多光源排列成一个矩形平板，称为阵列），通过控制阵列中各个阵元（即阵列中的激光发射单元，简称阵元）的电流相位，利用相位差可以使处于不同位置的阵元发射的激光束产生干涉，从而使激光束指向特定的方向。往复控制各个阵元的电流相位差，便可以使主激光束实现对环境的扫描和探测。

OPA 固态雷达精度可以做到毫米级，顺应了未来激光雷达固态化、小型化以及低成本化的趋势，但要求阵列单元尺寸必须不大于半个波长，所以每个阵元的尺寸仅为 500nm 左右，对材料和工艺

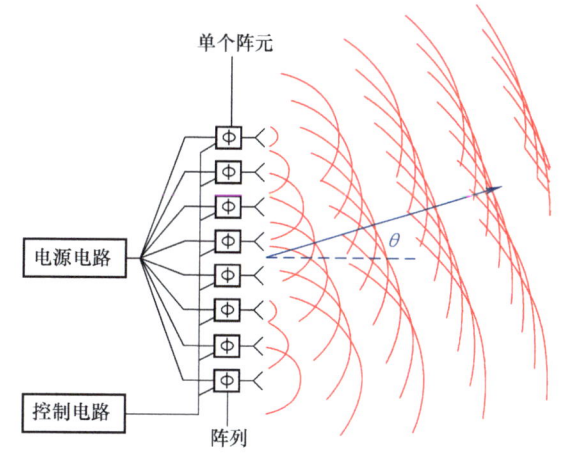

图 2-51　OPA 固态激光雷达工作原理

的要求都极为苛刻。因此制造成本一直居高不下，短时间内难以实现低成本量产。

② 快闪（Flash）固态激光雷达的工作原理与其他类型的雷达完全不同，它不是通过扫描方式工作，而是基于快速闪光原理，即在短时间内直接向前方发射出一大片覆盖探测区域的激光，通过高度灵敏的接收器实现对周围环境图像的绘制。

如图 2-52 所示，Flash 激光雷达的工作原理类似于照相机拍照，但感光元件与普通相机不同，每个像素点可记录光粒子的飞行时间。由于物体具有三维空间属性，照射到物体不同部位的光粒子具有不同的飞行时间，被焦平面探测器阵列探测后，输出的是具有深度信息的三维图像。

根据激光光源的不同，Flash 激光雷达可以分为脉冲式和连续式两种。脉冲式可实现远距离探测（100m 以上），连续式主要用于近距离探测（数十米）。

Flash 激光雷达的优势在于结构简单，可靠性高，使用寿命长，能够快速记录整个场景，避免了扫描过程中目标或雷达自身运动带来的误差，其缺点是探测距离较近。因此，Flash 激光雷达只适用于低速自动驾驶解决方案（如无人外卖车、无人物流车等）。

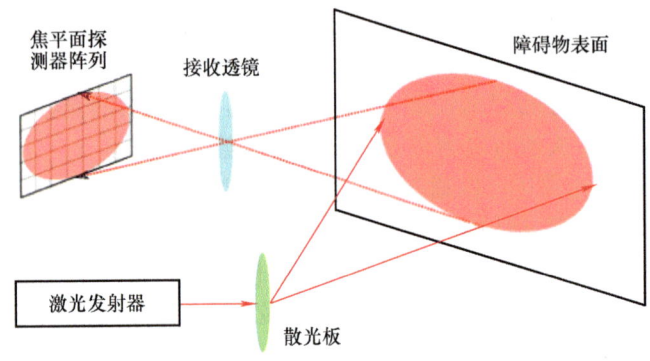

图 2-52　Flash 激光雷达的工作原理

（2）按激光线束的数量划分　按激光线束的数量不同，可将激光雷达分为单线束激光雷达和多线束激光雷达两大类。

1）单线束激光雷达。单线束激光雷达只有一对激光收发器，对周边环境扫描一次，只产生一条激光线束，所获取的点云数据为 2D 数据，只能测量目标物的距离，无法获取环境及目标物的 3D 信息。

单线束激光雷达结构简单、数据处理量少、运行速度快、成本低，可靠性也好，但所获取的点云数据少，对周边环境的描述比较粗略，无法对周边的动态环境做出精准、详尽的描述，一般只适用于静态环境的扫描，多应用于安全防护（如监狱、金库的监控）、地形地貌的测绘等领域，无法满足智能汽车的需要。

2）多线束激光雷达。多线束激光雷达具有多对激光收发器，对周边环境扫描一次，可产生多条激光线束，可以对周边的动态环境做出精准、详尽的描述。

目前，在智能（自动驾驶）汽车领域，常用的多线束激光雷达有 8 线束、16 线束、32 线束、64 线束、128 线束等多种。线束越多，数据点云就越致密，对周边环境的描述也就越详尽具体。但线束越多，数据处理量也就越大，制造成本也就越高。

按照垂直视野范围不同，还可以细分为 2.5D 激光雷达（垂直视野范围较窄，一般不超过 10°）和 3D 激光雷达（垂直视野范围较宽，一般不低于 30°，甚至能达到 52°）。根据垂直视野范围的不同，雷达在车上的安装位置也不同。

如图 2-53 所示的上海禾赛（HESAI）40 线束机械式激光雷达，内装 40 对固装在转子上的激光收发器，通过电机驱动、旋转，以 40 条激光线束对环境进行 360° 横向扫描。

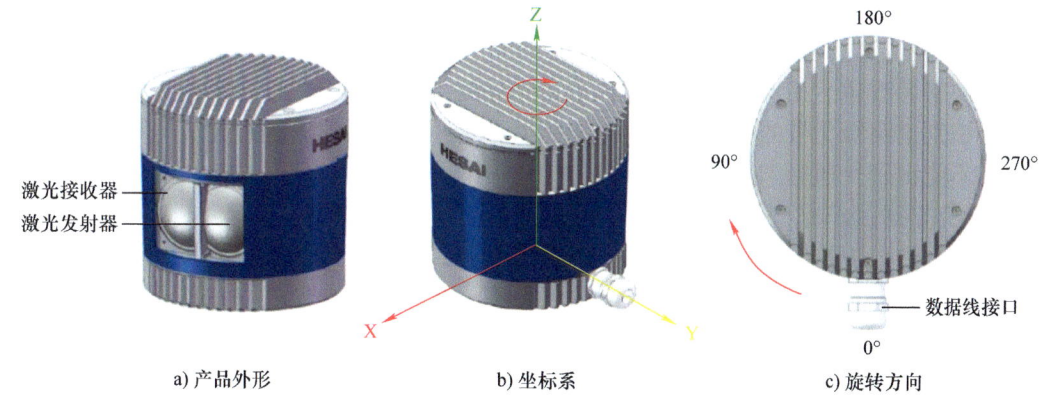

图 2-53　禾赛机械式激光雷达

该雷达的探测距离为 0.3～200m，水平视场角为 360°，垂直视场角为 -16°～7°。线束分布呈现中间密集、上下稀疏的特点（图 2-54）：线束 1～6 相邻两条线束之间的垂直角分辨率为 1°，线束 7～30 相邻两条线束之间的垂直角分辨率为 0.33°，线束 30～40 相邻两条线之间的垂直角分辨率为 1°。

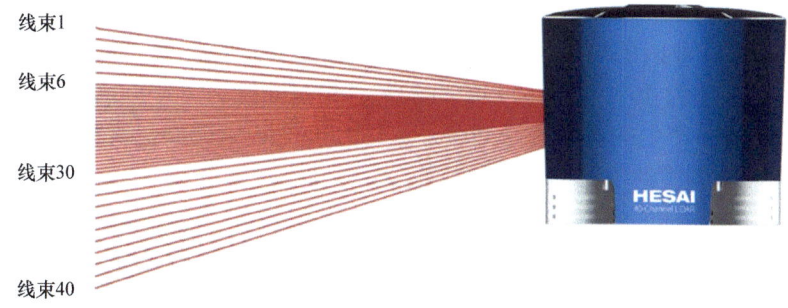

图 2-54　激光雷达的线束分布特点

如此设计激光线束的垂直角分辨率的目的，就是尽可能以较少的线束，实现对路面车辆的精准识别，同时还能确保垂直视野范围足够开阔。

7. 激光雷达的特点

（1）激光雷达的优点

1）分辨率高。激光雷达的距离分辨率可达 0.1m；速度分辨率可达 10m/s 以内；角度分辨率不低于 0.1mrad。mrad 是角度单位 milli-radians（毫弧度）的缩写，1mrad = 0.001 弧度 =0.0573°。1mrad 在距离 1000m 处的高度相当于 1m，即激光雷达的发射波光轴稳定度（Stability of Optical Axis）好，在 100m 处，依然可以区分相距 0.1m 的物体。

2）视野开阔，探测范围广。常用的激光雷达，其测距离都可达到 200m，探测距离超过300m的雷达也在不断涌现。

3）信息丰富。可直接探测目标的距离、角度、反射强度、速度等信息，并生成目标多维度图像，给后续的算法软件提供了丰富的情报信息。

4）可全天候工作。激光雷达属于主动探测，不依赖于外界光照条件或目标本身的辐射特性，白天夜晚均可正常工作。

（2）激光雷达的缺点

1）与毫米波雷达相比，激光雷达体积大（此处指机械旋转式激光雷达），成本高。

2）识别道路绿化带的能力较弱，探测能力亦受雨雾、风沙等恶劣天气的影响。

3）不能识别交通标志和交通信号灯。

8. 激光雷达的产品与应用

（1）美国威力登（Velodyne）激光雷达　美国威力登激光雷达公司本是音响器材领域的佼佼者，2005年开始涉足激光雷达领域。谷歌、百度、优步、福特、通用、奔驰等知名的无人驾驶技术公司，以及四维图新、微软Bing、Here、高德、TomTom等高精地图厂商都采用了Velodyne的激光雷达方案。

1）机械旋转式激光雷达——HDL-64E、HDL-32E、VLP-16。HDL-64E、HDL-32E、VLP-16系列激光雷达（图2-55）属于早期推出的成熟产品，其中，VLP-16为16线束，HDL-32E属于32线束，HDL-64E为64线束产品。

上述产品主要在高精地图、工业机器人、安保领域使用，也适用于智能（自动驾驶）汽车领域。

2）车规级激光雷达——VLP-32C。Velodyne车规级激光雷达——VLP-32C（图2-56）是满足车载雷达性能要求的激光雷达，代号中的32代表32线，C是Club的缩写，代表车载激光雷达俱乐部（业内的一个技术性组织）。VLP-32C的探测距离可达到200m，水平视角360°，垂直可视角为40°，最小分辨率0.333°，出点速度为600000p/s（指激光雷达产生点云的速度，以每秒产生的点云数量来表征，即piont per second，简写为p/s）。其通用版本的尺寸大小和16线雷达VLP-16大致相当。

图2-55　HDL-64E、HDL-32E、VLP-16系列雷达

图2-56　车规级激光雷达——VLP-32C

VLP-32C的优势在于利用矩阵扫描方式取代了之前的等距扫描方式，提升了扫描密度。

目前，福特已在其第三代自动驾驶车型上使用了Velodyne VLP-32C激光雷达。

3）高性能激光雷达——VLS-128。VLS-128 是 128 线激光雷达（图 2-57），其点云数据量更多，更适用于自动驾驶汽车。

与 HDL-64 相比，VLS-128 的尺寸缩小了 70%，探测距离却提高了 1 倍，可以在干燥和潮湿环境下正常工作。利用 VLS-128 可以在 60m 距离内识别人体手指的动作，在 200m 距离时仍可以将人的动作看得一清二楚。

4）ADAS 级固态激光雷达——Velarray。Velarray（图 2-58）是一款可供定制的非旋转式半固态激光雷达，尺寸小巧，可装入车身内部，与整车融为一体，更好地适应 ADAS 系统的需要。Velarray 系列激光雷达具有 8 线、16 线、32 线多个版本，横向视场角为 360°，水平视场角为 60°~120°。

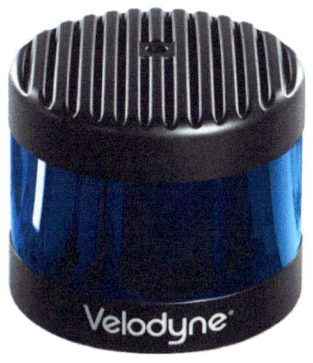

图 2-57　Velodyne VLS-128 激光雷达

Velarray 系列激光雷达还可以在基本版本的基础上，做进一步的功能升级和拓展。

① 加装摄像头，增强目标分类能力。在激光雷达一侧可加装摄像头，形成一款集"点云数据 +RGB 数据 + 摄像头数据融合"的产品，以增强目标分类能力。

② 对激光束进行编码，提高抗干扰性能。在基本型雷达的基础上，对雷达发射出去的激光束进行编码，这样可以保证不会受到其他激光雷达的干扰。

③ "以软控硬，灵活多变"，提升场景适应能力。在雷达硬件不变的前提下，可以通过软件控制激光束的走向、角度甚至某一束激光的能量，以适应不同道路场景的需求。在高速公路场景，将雷达垂直视场角变窄（如从 120° 变为 60°），然后集中激光束观察前方道路情况，使之变身为视场较窄的远程激光雷达；在城市道路场景，则将雷达垂直视场角变宽（如从 60° 变为 120°），使之变身为视场角较宽的近程激光雷达，兼顾探测路面和探测空中目标（如横亘在道路上方的交通信号灯、交通指示牌等）的能力，确保行车安全。

图 2-58　Velodyne 固态激光雷达 Velarray

（2）Quanergy 激光雷达　美国 Quanergy Systems 是一家专注于自动驾驶技术的科技公司，于 2016 年发布全球首款基于光学相控阵（OPA）技术的 S3 系列固态激光雷达（图 2-59），可以达到厘米级精度，具备 30Hz 扫描频率，0.1° 的角分辨率。

S3 系列固态激光雷达可靠性非常高，可以提供超过 100000h 的平均故障间隔时间，而机械式激光雷达的平均值只有数千小时。S3 系列固态激光雷达是专为汽车行业设计的，旨在满足探测物体和避免碰撞方面最严格的汽车法规要求。其面向汽车领域生产的雷达单价约为 500 美元，并能根据需要提供更远的探测距离、更大的垂直视野和更高的数据传输速率。

Quanergy M8 系列固态激光雷达（图 2-60）属于远距离（探测距离超过 200m）激光雷达，探测范围大，精度高，分辨率高。点云输出率可达 420000p/s，能够在动态环境中实现 3D 探测和测绘，并将多个 LiDAR 的数据输出组合成一个统一的点云数据集，适用于追踪复杂环境中的运动目标。

图 2-59　Quanergy S3 系列固态激光雷达

图 2-60　Quanergy M8 系列固态激光雷达

（3）速腾聚创（RoboSense）激光雷达　速腾聚创公司创立于 2014 年，总部位于深圳，作为国内车载激光雷达的头部企业，实力不俗。

RoboSense 激光雷达主要有 16 线的 RS-LiDAR-16（图 2-61）、32 线的 RS-LiDAR-32、128 线的 RS-Ruby 以及 125 线的微机电激光雷达 RS-LiDAR-M1 Simple（图 2-62）等。RoboSense 激光雷达物美价廉，在智能汽车上得到了广泛应用。

图 2-61　RS-LiDAR-16 激光雷达

图 2-62　RS-LiDAR-M1 Simple 激光雷达

除上述适用于自动驾驶的多线束激光雷达之外，为了降低成本，在智能汽车的先进驾驶辅助系统中，采用少线束激光雷达的情况更多。

奥迪 A8 乘用车装备的由法国汽车零部件巨头法雷奥（Valeo）公司生产的 4 线束激光雷达（图 2-63），可以基本满足自适应巡航、车道偏离预警、自动紧急制动以及交通拥堵辅助系统的需要。

多线束激光雷达具有高精度电子地图和定位、障碍物识别、可通行空间检测（图 2-64）、障碍物轨迹预测等功能。

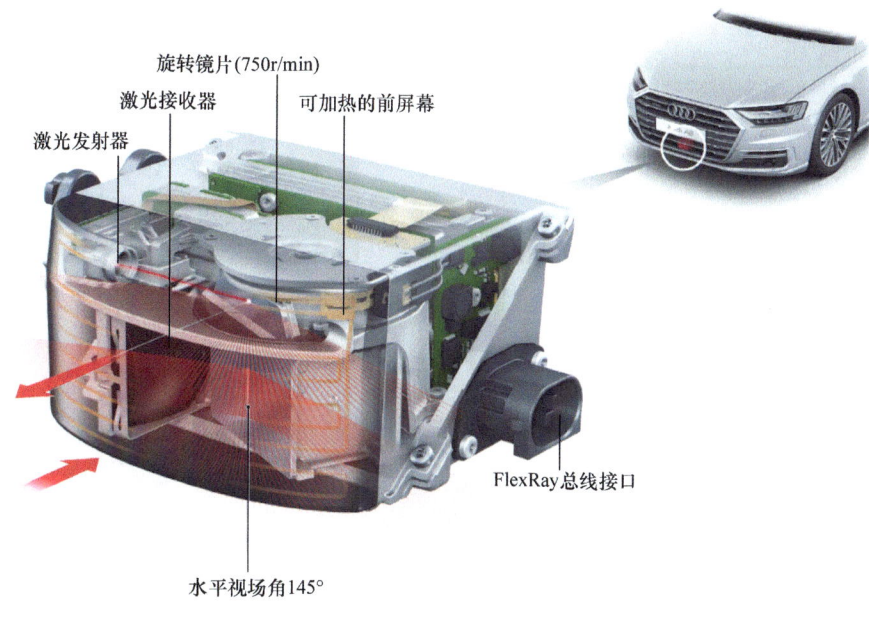

图 2-63 奥迪 A8 的 4 线束激光雷达（Valeo SCALA）

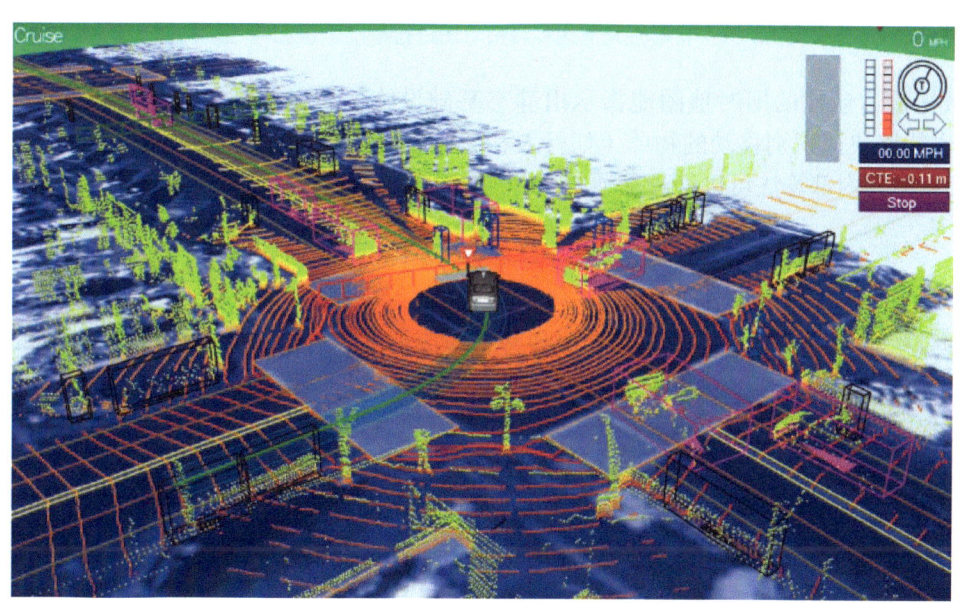

图 2-64 可通行空间检测

L4 级和 L5 级智能汽车使用多线束激光雷达，360°发射激光、360°扫描，获取车辆周围行驶区域的三维点云数据，通过比较连续感知的点云、物体的差异检测其运动，创建一定范围内的 3D 地图，如图 2-65 和图 2-66 所示。

精准定位和路径跟踪必须依靠激光雷达和高精地图，如图 2-67 所示。

图 2-65　多线束激光雷达构建的点云地图（1）

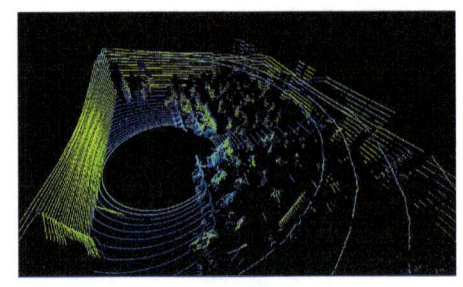

图 2-66　多线束激光雷达构建的点云地图（2）

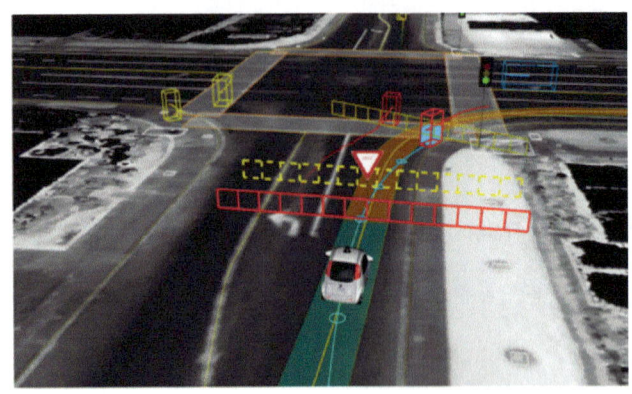

图 2-67　利用激光雷达和高精地图进行精准定位和路径跟踪

激光雷达创建的即时地图能指示出静态基础设施（如电线杆、人行横道和交通信号灯），也能够快速识别移动的物体（如行人和骑行者等）。激光雷达将这些目标识别并进行跟踪，以便其内部算法可以处理交通状况并绘制出安全的可行驶路径。

2.2.4　视觉传感器

1. 视觉传感器的作用

视觉传感器是指利用光学元件和成像装置获取外部环境图像信息的传感器，也可以将其理解为通过对摄像头（或称照相机）拍摄到的图像进行图像处理，对目标进行检测，并输出数据和判断结果的传感器。

视觉传感器在智能汽车上的应用是以摄像头的形式出现的，并搭载先进的人工智能算法，便于目标检测和图像处理。

德国大陆公司的车载视觉传感器——MFC520 单目摄像头（图 2-68）外形小巧（87.3mm×70.4mm×38.4mm），分辨率为 1820×940，水平视场角为 110°，垂直视场角为 45°，内部控制器配置了具备自主学习能力的深度神经网络，不仅能够实现对车辆、行人、交通标志、交通信号灯的检测功能，还具备车辆可行驶区域检测、地图构建和自车定位功能，在智能（自动驾驶）汽车上的应用日益广

图 2-68　德国大陆公司的 MFC520 单目摄像头

泛。

2. 视觉传感器的组成

视觉传感器主要由镜头、图像传感器、模/数转换器、图像处理器和图像存储器等组成（图2-69），其主要功能是获取足够多的供机器视觉系统处理的原始图像。

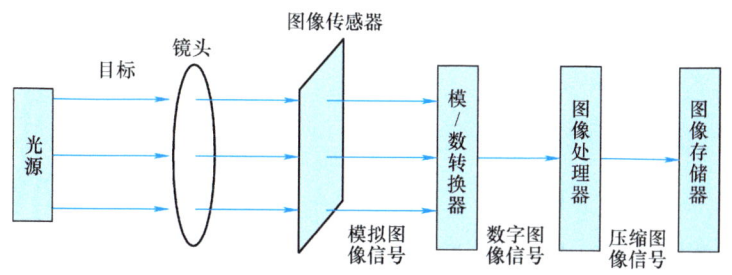

图2-69　视觉传感器的组成

3. 视觉传感器的成像原理

视觉传感器的图像采集单元主要由CCD/CMOS图像传感器、光学系统、照明系统和图像采集卡组成，作用是将光学影像转换成数字信号，并传输给图像处理单元。常用的图像传感器主要有CCD图像传感器和CMOS图像传感器两种。

（1）CCD图像传感器　CCD即电荷耦合器件（Charge-Coupled Devices），是感应光线的电路器件（类似于传统相机的底片），可以将其想象成一颗颗微小的感光粒子，铺满在光学镜头后方，当光线与图像从镜头透过、投影到CCD表面时，CCD就会产生电流，将感应到的内容转换成数据，储存在相机内部的存储器或内置硬盘内。CCD像素数目越多、单一像素尺寸越大，获取的图像就越清晰。

CCD图像传感器（图2-70）由微镜头、滤色片、感光元件三层组成。感光元件由一个光电二极管和控制相邻电荷的存储单元组成。光电管用于捕捉光子，并将光子转化成电子，收集到的光线越强，产生的电子数量就越多，而电子信号越强则越容易被记录且不容易丢失，图像细节则更加丰富。CCD传感器是一种特殊的半导体材料，由大量独立的感光二极管组成，一般按照矩阵形式排列，相当于传统相机的胶卷。

CCD图像传感器具有以下优点：高解析度、高信噪比、高灵敏度、动态范围广、良好的线性特性曲线、大面积感光、低影像失真、体积小、重量轻、不受磁场影响、品质稳定、坚固、不易老化、使用方便及易保养等。

但CCD的缺点也是很突出的：CCD芯片制造工艺复杂，不能与标准的制造工艺兼容；CCD芯片需要的电压高，功耗大，且CCD芯片价格昂贵。

（2）CMOS图像传感器　CMOS是互补金属氧化物半导体（Complementary Metal Oxide Semiconductor）的简称。

CMOS图像传感器（图2-71）的工作原理如下：首先，外界光照射像素阵列，发生光电效应，在像素单元内产生相应的电荷。行选择逻辑单元根据需要，选通相应的行像素单元。行像素单元内的图像信号通过各自所在列的信号总线传输到对应的模拟信号处理单元以及A/D转换器，将模拟图像转换成数字图像信号后输出。

行选择逻辑单元与列选择逻辑单元配合使用可以实现图像的窗口提取功能。模拟信号处理单元的主要功能是对信号进行放大处理，并提高信噪比。

图 2-70　CCD 图像传感器

图 2-71　CMOS 图像传感器

另外，为了获得符合要求的图像数据，芯片中必须包含各种控制电路，如曝光时间控制、自动增益控制等。

为了便于摄像头的应用，还要求该芯片能输出一些时序信号，如同步信号、行起始信号、场起始信号等。

CMOS 图像传感器将图像采集单元和信号处理单元集成到同一块芯片上，适合大规模批量生产，适合如微型照相机、智能手机、视频会议系统、条形码扫描器、传真机、车用摄像系统等领域。

单纯从成像质量上看，CCD 图像传感器优于 CMOS 图像传感器，但 CMOS 图像传感器功耗小（仅为 CCD 的 1/10 左右）、体积小、质量轻、集成度高、价格低，故广受欢迎。

目前，除少数专业摄像机之外，大部分带有摄像头的数字设备（含车载视觉传感器）均使用 CMOS 图像传感器。

4. 视觉传感器的技术参数

视觉传感器的技术参数包括视图像传感器技术参数、相机内部技术参数和相机外部技术参数三部分。

（1）图像传感器技术参数

1）像素。像素（Pixel）是图像传感器的感光最小单元，即构成影像的最小单元。一帧图像画面是由许许多多的亮暗、色彩不同的点所组成的，这些小点称为像素。

图像像素的多少是由 CCD/CMOS 上的光敏元件的数目决定的，一个光敏元件就产生一个像素。因此像素越多，意味着光敏元件越多，相应的制造成本就越高。分辨率用两个数字来表示，如 1024×680，1024 是图像在长度方向上所含的像素点数，680 是图像在宽度方向上所含的像素点数，二者的乘积就是该相机的像素点数。

2）帧率。帧率（Frame Rate）表征单位时间所记录或播放的图像的帧数，连续播放一系列图像就会形成动画效果。根据人眼的视觉暂留原理，当图像的播放速度 >15F/s（帧每秒）时，人眼就感觉不到图像的跳跃变化；当播放速度达到 24~30F/s 时，人眼就感觉不到图像的闪烁变化，而觉得图像如行云流水一般，是连续和流畅的。

图像传感器在处理图像时，帧率越高，则人眼得到的视觉体验就越流畅、越逼真。

3）靶面尺寸。靶面（Target Surface）尺寸是指图像传感器感光部分的大小。一般用 in（英寸。在工业相机领域，成像元件中提到的英寸，不是按 1in=25.4mm 计算的，而是按 1in=16mm 计算的）表示，通常这个数据指的是该图像传感器的对角线长度（如 1/3in）。靶面越大，意味着通光量越大，而靶面越小，则比较容易获得更大的景深。

4）感光度。感光度（Photo-Sensibility）表征传感器对光的敏感度。感光度越高，感光面对光的敏感度就越强。对于拍摄行驶中的车辆而言，感光度尤为重要。

5）信噪比。信噪比（Signal-to-Noise Ratio）是指信号电压与噪声电压的比值，单位为分贝（dB）。常见的摄像头，其信噪比的典型值为 45～55dB，信噪比越大说明对噪声的抑制越好，图像质量也越好。

（2）相机内部参数　相机内部参数是指相机自身固有的性能参数，主要包括焦距、光学中心、图像尺寸和畸变系数等。

1）焦距。如图 2-72 所示，焦距是指相机的透镜中心（光学中心）到光线聚集的焦点（图像传感器）之间的距离，一般用 mm 表示。相机的焦距有可变和不可变之分。可变焦距有一个变化范围，如某相机的焦距为 18～135mm，说明该相机的焦距可在 18～135mm 之间变化。不可变焦距相机的焦距则是一个固定值，无法调整，也不能变化。

相机的焦距与视场角、图像的大小密切相关。焦距决定视场角，也就是能看到的范围。如图 2-73 所示，焦距越长（长焦镜头），视场角越小，相机拍摄到的图像也就越小；焦距越短（广角镜头），视场角越大，相机拍摄到的图像也就越大。对于人眼，双眼的焦距接近 35mm，能看到 64° 的视场；当用单眼的时候，焦距增加至 50mm，只能看到 46° 的视场。

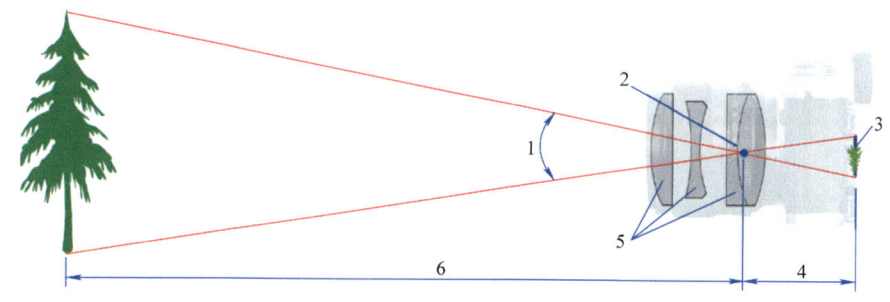

图 2-72　相机的焦距

1—视场角　2—透镜的光学中心　3—焦点（图像传感器上的成像）　4—焦距
5—透镜组件　6—无穷远（透镜的光学中心至非常远处的景物之间的距离）

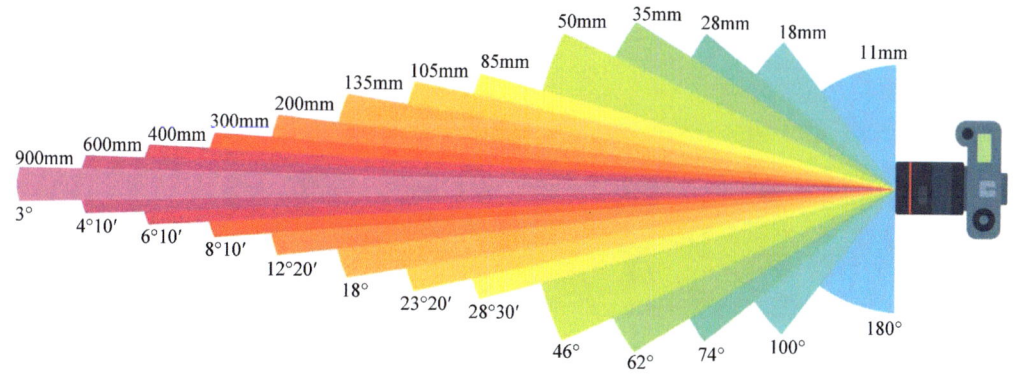

图 2-73　相机的焦距与视场角的关系

2）光学中心。相机的镜头是由多个镜片构成的复杂光学系统，光学系统的功能等价于一个薄透镜，实际上薄透镜是不存在的。如图 2-74 所示，光学中心是这一等价透镜的中心。不同结构的镜头其光学中心位置也不一样，大部分在镜头内的某一位置，但也有在镜头前方或镜头后方的。

3）图像尺寸。图像尺寸是指相机构成的图像的长度和宽度。图像尺寸以厘米（cm）为单位。

4）畸变系数。由于相机的透镜制造精度以及组装工艺偏差导致的图像失真现象，称为图像畸变（Image Distortion）。

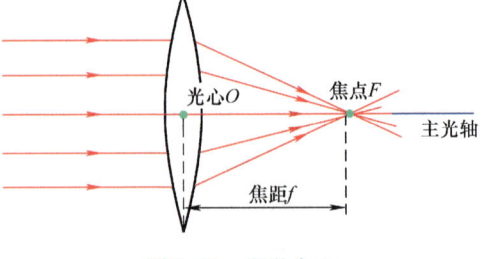

图 2-74　光学中心

相机镜头在成像时，特别是用短焦距镜头拍摄大视场时，容易产生图像畸变。相机得到的实际图像与理想图像的偏差程度，用畸变系数来表征。

相机镜头的畸变分为径向畸变和切向畸变两类，相应地，也将畸变系数分为径向畸变系数和切向畸变系数两类。

径向畸变发生在图像由相机坐标系向物理坐标系转换的过程中，可细分为桶形畸变（Barrel Distortion）和枕形畸变（Pincushion Distortion）两种，如图 2-75 所示。

a）原始图像　　　　b）桶形畸变　　　　c）枕形畸变

图 2-75　径向畸变

导致图像产生切向畸变（图 2-76）的原因是透镜与图像不完全平行，光线穿过透镜之后并没有垂直打在成像平面上。

图像畸变可以用数学方法配合计算机图像处理技术进行校正。

图 2-76　切向畸变

（3）相机外部参数　相机的外部参数是指相机的安装位置，即相机离地高度以及相机相对于车辆坐标系的偏转角度。

1）离地高度。离地高度是指从地面到相机焦点的垂直高度，如图 2-77 所示。

2）偏转角度。相机相对于车辆坐标系的偏转角度有俯仰角、偏航角和横滚角三个参量。如图 2-78 所示，俯仰角（Pitch）用于表征相机绕车辆坐标系的 Y_V 轴的偏转；偏航角（Yaw）用于表征相机绕车辆坐标系的 Z_V 轴的偏转；横滚角（Roll）用于表征相机绕车辆坐标系的 X_V 轴的偏转。需要指出的是，对于 Roll，在航空航天领域习惯称之为横滚角；在车辆工程领域，习惯称之为侧倾角。

图 2-77 相机的离地高度

相机的外部参数可以通过棋盘格标定获得，但需注意标准镜头与鱼眼镜头的差别。

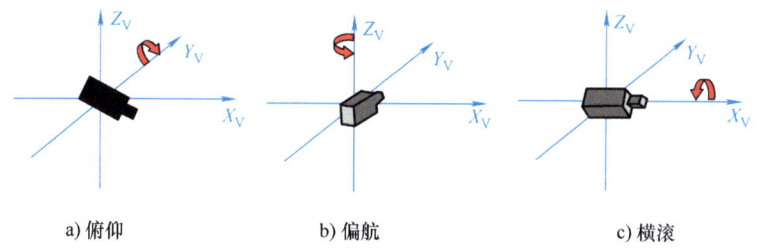

a) 俯仰　　　　b) 偏航　　　　c) 横滚

图 2-78 相机相对于车辆坐标系的偏转

5. 视觉传感器的坐标系及其转换

视觉传感器价格低廉，图像信息丰富，已经成为智能汽车获取周边环境信息的重要技术手段之一，可用于交通标志识别、交通信号灯识别、道路及行人识别领域。视觉传感器的作用是将三维世界里物体（车辆、行人、车道线等）的形状、色彩信息，压缩到一张二维图像上。然后，利用基于视觉传感器的感知算法，从二维图像中提取并还原三维世界里物体的形状、色彩信息，并计算出上述物体与视觉传感器（自车）的相对位置，为智能（自动驾驶）汽车提供精准的环境信息，以便做出科学决策。

与相机投影相关的坐标系有世界坐标系、相机坐标系、图像坐标系、像素坐标系等，如图 2-79 所示。

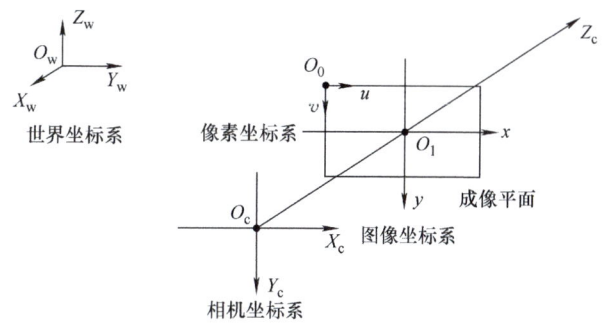

图 2-79 与相机投影相关的坐标系

（1）世界坐标系　如图 2-79 所示，世界坐标系为符合右手定则的三维直角坐标系，属于用户自定义坐标系，可以描述物体的相对空间位置关系以及相机的相对位置。世界坐标系（O_w，X_w，Y_w，Z_w）用于描述视觉传感器的空间位置，各轴的长度单位为 m。

（2）相机坐标系　如图 2-79 所示，以相机的光心 O_c 为原点，以过原点 O_c 并垂直于成像平面的光轴为 Z_c，建立三维相机坐标系（O_c，X_c，Y_c，Z_c），各光轴的长度单位为 m。

（3）图像坐标系　如图 2-79 所示，以光轴与成像平面的交点为原点，建立二维图像坐标系（O_1，x，y），x 轴、y 轴的长度单位为 mm。

（4）像素坐标系　如图 2-79 所示，以成像平面左上角为原点，建立二维像素坐标系（O_0，u，v），u 轴、v 轴的长度单位为像素（Pixel）。

从世界坐标系向相机坐标系转换，涉及旋转运动和平移运动，其转换过程可用旋转矩阵和平移矩阵表达，即

$$\begin{bmatrix} X_c \\ Y_c \\ Z_c \\ 1 \end{bmatrix} = \begin{bmatrix} \boldsymbol{R} & \boldsymbol{T} \\ \boldsymbol{O} & 1 \end{bmatrix} \begin{bmatrix} X_w \\ Y_w \\ Z_w \\ 1 \end{bmatrix} = \boldsymbol{L}_w \begin{bmatrix} X_w \\ Y_w \\ Z_w \\ 1 \end{bmatrix} \qquad (2\text{-}6)$$

式中，$\boldsymbol{R}$ 为 3×3 旋转矩阵；$\boldsymbol{T}$ 为 3×1 平移矩阵；$\boldsymbol{O}=[0,0,0]$；$\boldsymbol{L}_w$ 为 4×4 矩阵。

从相机坐标系向图像坐标系转换，是从三维向二维的转换，属于透视投影关系，其转换过程可用矩阵表达，即

$$Z_c \begin{bmatrix} x \\ y \\ 1 \end{bmatrix} = \begin{bmatrix} f & 0 & 0 & 0 \\ 0 & f & 0 & 0 \\ 0 & 0 & 1 & 0 \end{bmatrix} \begin{bmatrix} X_c \\ Y_c \\ Z_c \\ 1 \end{bmatrix} \qquad (2\text{-}7)$$

式中，f 为相机焦距。

从图像坐标系到像素坐标系的转换，其转换过程可用矩阵表达，即

$$\begin{bmatrix} u \\ v \\ 1 \end{bmatrix} = \begin{bmatrix} \dfrac{1}{dx} & 0 & u_0 \\ 0 & \dfrac{1}{dy} & v_0 \\ 0 & 0 & 1 \end{bmatrix} \begin{bmatrix} x \\ y \\ 1 \end{bmatrix} \qquad (2\text{-}8)$$

式中，u_0、v_0 为图像坐标系原点在像素坐标系中的坐标值；dx 和 dy 表示每一列和每一行分别代表多少毫米，即 1pixel = dx mm。

将任意一点从世界坐标系转换到像素坐标系，其转换过程可用矩阵表达，即

$$Z_c \begin{bmatrix} u \\ v \\ 1 \end{bmatrix} = \begin{bmatrix} \dfrac{1}{dx} & 0 & u_0 \\ 0 & \dfrac{1}{dy} & v_0 \\ 0 & 0 & 1 \end{bmatrix} \begin{bmatrix} f & 0 & 0 & 0 \\ 0 & f & 0 & 0 \\ 0 & 0 & 1 & 0 \end{bmatrix} \begin{bmatrix} R & T \\ O & 1 \end{bmatrix} \begin{bmatrix} X_w \\ Y_w \\ Z_w \\ 1 \end{bmatrix} = \begin{bmatrix} f_x & 0 & u_0 & 0 \\ 0 & f_y & v_0 & 0 \\ 0 & 0 & 1 & 0 \end{bmatrix} \begin{bmatrix} R & T \\ O & 1 \end{bmatrix} \begin{bmatrix} X_w \\ Y_w \\ Z_w \\ 1 \end{bmatrix} \quad (2\text{-}9)$$

式中，最右边的第一个矩阵是相机的内部参数；第二个矩阵是相机的外部参数。这些参数可以通过标定工作获取。

相机的焦距、像素尺寸、成像中心的位置称为相机内部参数，用于确定相机从三维空间到二维图像的投影关系。在实际应用中，还会涉及相机的图像畸变系数等参数。在智能汽车自动驾驶应用中，虽然相机的内部参数不会发生变化，但在使用相机之前仍然需要事先做好标定工作。

相机的拍摄过程，可以抽象成从三维立体相机坐标系映射到二维平面图像坐标系，然后再映射到像素坐标系的过程。

图像感知算法则是上述过程的逆过程，通过二维图像反推，计算出物体在三维相机坐标系中的位置，即物体与相机（自车）之间的距离。

如果需要获取物体在世界坐标系中的具体位置，则需要进一步确定相机在世界坐标系中的位置，这一位置称为相机的外部参数。也就是说，相机的外部参数是指相机坐标系与世界坐标系之间的相对位置关系。在智能汽车的自动驾驶过程中，需要一系列的标定和定位工作来确定相机的外部参数，这一工作过程称为相机的标定。

6. 相机的标定

在使用相机（摄像头）之前，需要对其进行标定，否则无法保证相机获取的数据与车辆自身的位置信息具有一一对应的关系，也无助于实现自动驾驶。在机器视觉领域，相机的标定是一个非常关键的环节，标定准确与否，直接影响机器视觉系统能否实现精准定位，能否实现对目标物体的精准计算。

相机的标定可以使用标定图像（如棋盘格）估算相机的内部参数和外部参数，以便配置单目相机模型。

利用棋盘格对相机的外部参数进行估算之前，必须先从相机中捕获棋盘格的图像，并使用与估算内部参数相同的棋盘模式。

如图 2-80 所示，棋盘坐标系主要用于相机的标定。在棋盘坐标系中，坐标原点位于棋盘左上角的棋盘格的右下角，X_P 轴指向右方，Y_P 轴指向下方。每个棋盘格的棋盘角代表坐标系中的一个点。如原点的坐标为（0，0）；原点右侧的棋盘角，其坐标为（1，0）；原点下方的棋盘角，其坐标为（0，1）。

棋盘格的高度和宽度用格数来表征，如图 2-81 所示。

车辆坐标系如图 2-82 所示，X_V 轴指向车辆正前方，Y_V 轴指向车辆前进方向的正左方。从正面看，原点位于道路表面，位于摄像头的焦点下方。当放置棋盘格时，X_P 轴和 Y_P 轴必须与车辆 X_V 轴和 Y_V 轴对齐。

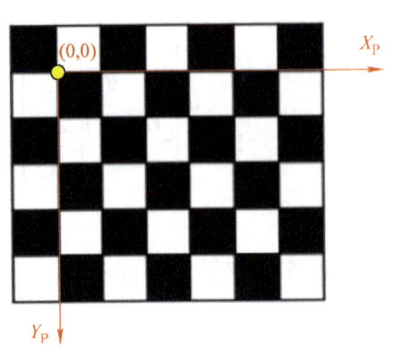

图 2-80 棋盘坐标系

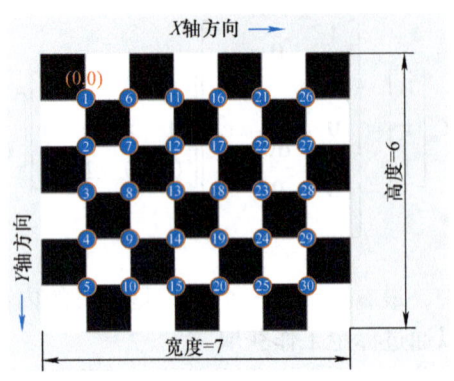

图 2-81 棋盘格的高度和宽度

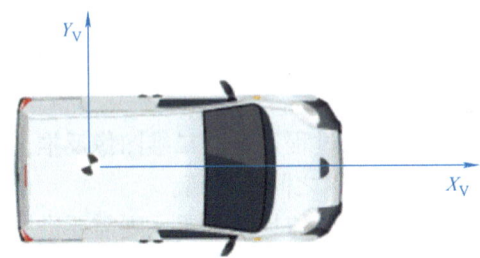

图 2-82 车辆坐标系

（1）水平方向标定 如图 2-83 所示，在水平方向上，要确保棋盘格与路面平行。可将棋盘格放置在车辆的前、后、左、右，完成水平方向的标定。

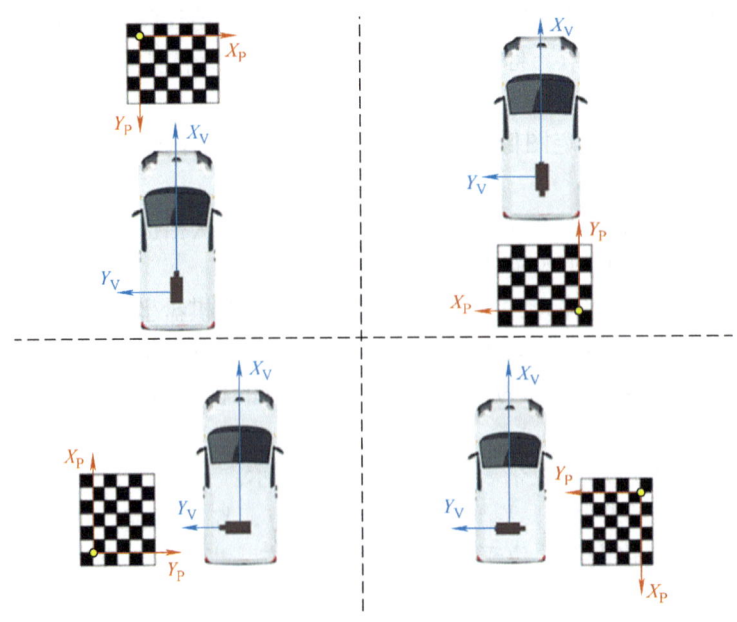

图 2-83 水平方向的标定

（2）垂直方向标定　如图 2-84 所示，在垂直方向上，要确保棋盘格与路面垂直，可将棋盘格放置在车辆的前、后、左、右，完成垂直方向的标定。

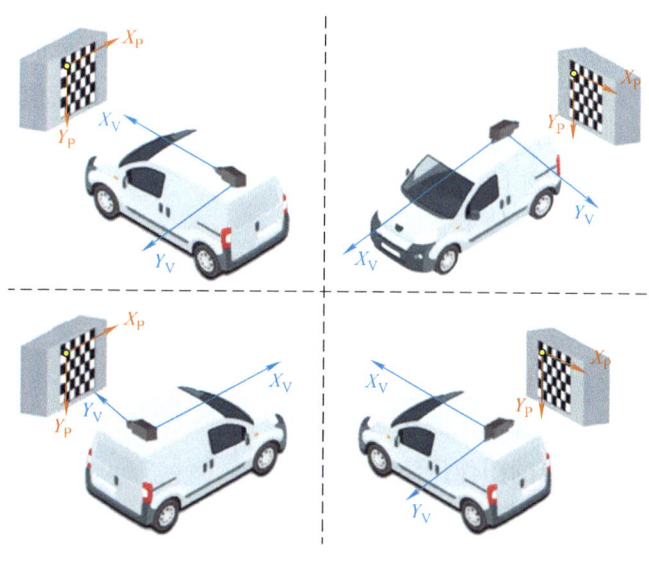

图 2-84　垂直方向标定

7. 视觉传感器的环境感知流程

视觉传感器的环境感知流程一般包括图像采集、图像预处理、图像特征提取、图像模式识别和结果输出等环节。识别对象和采用的识别手段不同，具体的环境感知流程也会略有差异。下面以先进辅助驾驶系统的车道偏离预警功能为例，介绍视觉传感器（摄像头）的环境（车道线）感知流程。

（1）图像采集　图像采集主要是通过相机采集图像（如果是模拟信号，则需先把模拟信号转为数字信号），并将数字图像以规范的格式表现出来。根据具体研究对象和应用要求，尽可能选择性价比高的摄像头完成图像采集任务。

车道线的原始彩色图像如图 2-85 所示。

（2）图像预处理　图像预处理的内容很多，需要结合实际需要采取不同的处理措施。

1）图像灰度化处理。视觉传感器采集的原始图像是包含有红（Red）、绿（Green）、蓝（Blue）三原色的彩色图像。如果对彩色图像直接处理，则需要对每个像素点的 RGB 色彩信息分量进行逐一分析，工作量太大，计算时间长，对存储器的容量要求高，图像信息处理的实时性也难以保证。

图 2-85　车道线的原始彩色图像

为减少工作量，可对彩色图像进行灰度化处理，将其转化为灰度图像。灰度图像是一种所有像素的色值均相等（即 R=G=B）的特殊的彩色图像，其中 R=G=B 的具体数值称为灰度值。在灰度图中，每个像素点的色彩信息只有一个变量（即灰度值，其数值范围在 0～255 之间），同时，灰度图像与彩色图像一样，都可以完整地反映物体的色度、亮度的分布及特征。

因此，将彩色图像进行灰度化处理，将其转化为灰度图像，然后再对灰度图像进行处理，计算量大为减少，处理速度也更快捷，数据处理的实时性得以保证。

在图像处理技术中，常用的图像灰度化处理方法有分量法、最大值法、平均值法等。车道线的灰度图如图 2-86 所示。

2）图像压缩。对图像进行压缩，可以减少描述图像信息的数据量，以便节省图像传输处理时间，并减少对存储器容量的占用。对图像的压缩处理应在尽量不失真的前提下进行。

在图像处理技术中，常用的图像压缩方法有基于傅里叶变换的图像压缩算法、基于离散余弦变换的图像压缩算法、基于小波变换的图像压缩算法、基于数论变换的图像压缩算法以及基于神经网络的图像压缩算法等。

3）图像增强和图像复原。图像增强的目的是改善图像的视觉效果或使图像更适合于人

图 2-86　车道线的灰度图

或机器的分析处理。通过图像增强可以减少图像噪声，提高目标与背景的对比度，也可以强调或抑制图像中的某些细节，例如，消除照片中的划痕，改善光照不均匀的图像，突出目标的边缘等。

根据处理的空域不同，可以将图像增强分为空域法和频域法，前者直接在图像的空间域（或图像空间）中对像素进行处理，后者在图像的变换域（即频域）内间接处理，然后经逆变换获得增强图像。空域增强可以分为点处理和区处理，频域增强可以分为低通滤波、高通滤波、带通滤波和同态滤波等方法。

基于空间域的图像增强算法又可以分为空域的变换增强算法、空域的滤波增强算法以及空域的色彩增强算法等；基于变换域的图像增强算法可以分为频域的平滑增强算法、频域的锐化增强算法以及频域的色彩增强算法等。

在图像处理技术中，常用的图像增强处理方式包括灰度变换、直方图修正、图像锐化、噪声去除、几何畸变校正、频域滤波和色彩增强等。由于图像增强与感兴趣的物体特性、观察者的习惯和处理目的密切相关，尽管处理方式多种多样，但它带有很强的针对性。

图像复原技术主要是针对成像过程中图像质量的"退化"现象提出来的。所谓图像质量的"退化"，是指成像系统受到各种不利因素的影响（如成像系统的散焦、设备与物体间存在相对运动或者是器材的固有缺陷等），导致图像的质量未能达到理想要求。

图像复原和图像增强存在类似之处，都是为了提高图像的整体质量。但图像复原技术是通过去模糊函数去除图像中的模糊部分，以还原图像的本来面目。

图像复原过程可视为图像退化的逆向过程，其基本思路是先建立退化的数学模型，然后根据该模型对退化图像进行拟合。

增强处理之后的车道线图像如图 2-87 所示。

4）图像分割。图像分割就是把图像划分为若干个特定的、具有独特性质的区域并提取出感兴趣目标的技术和过程。图像分割是图像处理和图像分析的关键步骤之一。

常用的图像分割方法主要有阈值分割法、区域分割法、边缘分割法、特定理论分割法等。

（3）图像特征提取　为了实现对图像中特定目标的识别，要在图像分割的基础上，提取出能够反映目标特性的某些具体特征，并对这些特征进行计算、测量、分类，以便于计算机根据特征值进行图像的分类和识别。

在图像处理过程中，常用的识别特征有边缘特征、图像幅度特征、直观性特征、图像统计特征等。

图 2-87　增强处理之后的车道线图像

1）边缘特征。图像的边缘特征往往体现了图像属性的变化，主要包括照明场景的变化、深度上的不连续性、表面方向的不连续性、物体属性的变化等。因此，图像边缘包含有大量信息（如物体的形状、纹理等），不仅可以反映图像局部的不连续性，还可以根据图像边缘的特点将图像划分为不同的区域。

在图像处理和机器视觉检测过程中，往往只对图像中的某些能体现物体结构属性的信息感兴趣。因此，对图像进行边缘特征检测能保留图像的重要信息，并摈弃不相关的信息，大大减少后续处理的计算工作量。

在图像处理过程中，常用的图像边缘检测算子有 Canny 算子、Roberts 算子和 Prewitt 算子等。

不同检测算子的边缘检测结果如图 2-88 所示。

a）灰度图　　　　　　　　　　　　b）Canny算子检测结果

c）Roberts算子检测结果　　　　　　d）Prewitt算子检测结果

图 2-88　不同检测算子的边缘检测结果

2）图像幅度特征。图像像素灰度值、RGB、HSI 和频谱值等表征的图像幅度特征是图像的基本特征。

3）直观性特征。图像的边沿、轮廓、纹理和区域等，都属于图像灰度的直观特征。图像直观特征的物理意义比较明确，也易于提取，可以针对具体问题设计相应的提取算法。

4）图像统计特征。图像的统计特征主要有直方图特征、统计性特征（如均值、方差、能量、熵值等）、描述像素相关性的统计特征（如自相关系数、协方差等）。

5）图像几何特征。图像几何特征主要有面积、周长、分散度、伸长度、曲线的斜率和曲率、凸凹性、拓扑特性等。

6）图像变换系数特征。常用的图像变换系数有傅里叶变换系数、Hough 变换系数、小波变换系数、Gabor 变换系数、Hadamard 系数、K-L 变换系数等。

此外，还有一些其他可用于描述图像的特征，如纹理特征、几何结构特征等。

（4）图像模式识别　图像模式识别的方法很多，按照图像识别过程中提取的特征对象不同，可分为基于形状特征的识别技术、基于色彩特征的识别技术以及基于纹理特征的识别技术等。

依据模式特征的选择和判别、决策方法不同，可将图像模式识别划分为统计模式（决策理论）识别方法、句法（结构）模式识别方法、模糊模式识别方法和神经网络模式识别方法等。

为了减少图像识别的计算量，一般要对图像中感兴趣的区域进行划分。车道线图像的划分如图 2-89 所示，区域 A 和区域 B 构成感兴趣区域。其中，区域 A 为近视野区域，大约占道路区域的 3/4；区域 B 为远视野区域，大约占道路区域的 1/4；区域 C 为视野的尽头。

采用基于形状的识别技术，对车道线的识别结果如图 2-90 所示。

图 2-89　车道线图像的划分

图 2-90　对车道线的识别结果

（5）结果输出　经过上述处理过程，完成对车道线的识别之后，将识别结果（识别结果以各种数据的形式来体现）传输给自车（或附近其他车辆）的控制系统，以便执行相应的控制功能。

如图 2-91 所示，将车道线识别结果输出给车道偏离预警系统，预警系统即可以此为依据，对自车偏离车道的情况进行实时监测，并及时发出预警信息，确保行车安全。

图 2-91 车道偏离预警系统

8. 视觉传感器的特点

视觉传感器具有以下特点：

1）视觉传感器输出的信息量极为丰富，尤其是彩色图像，不仅包含有视野内目标的距离信息，而且还有该目标的色彩、纹理、深度和形状等信息。

2）视觉传感器在视野范围内可同时实现道路检测、车辆检测、行人检测、交通标志检测、交通信号灯检测等，信息获取量大，且可同时实现多任务检测。即便有多辆汽车同时行驶在道路上，也不会彼此干扰。

3）视觉传感器与相应的软件配合，可实现在获取周边环境信息的同时，完成自身定位并构建环境地图，即实现视觉 SLAM（Simultaneous Localization And Mapping，即时定位与地图构建）。

4）视觉传感器获取的是实时场景信息，不依赖先验知识，具有较强的适应环境的能力。

5）视觉传感器与机器学习、深度学习等人工智能算法融合，可获得更好的环境感知效果，有助于提高智能（自动驾驶）汽车的行驶安全性。

随着技术的进步，视觉传感器的感知距离会越来越远，对环境的感知和识别能力会越来越强，其性能指标会越来越接近远距离毫米波雷达。同时，视觉传感器还具备成本和图像识别方面的技术优势。

9. 视觉传感器的类型

在智能汽车上，视觉传感器是以摄像头（或称相机）的形式出现的，常用的有单目、双目、三目、鱼眼摄像头以及红外线热成像摄像头。

（1）单目摄像头 单目摄像头（Monocular Camera）只有一个摄像头，价格低廉。通过摄像头拍摄的平面图像来感知和判断周边环境，识别车辆、路标、行人等固定物体和移动目标，是目前汽车视觉传感器的主流解决方案。

但是单目摄像头依靠复杂算法进行测距，准确度较低。它无法识别没有明确轮廓的目标，且识别置信率与外部光线照明条件密切相关。受制于成本因素，单目摄像头一般都没有自学习功能。近期也有某些产品（如德国大陆公司的 MFC520 单目摄像头，图 2-68）增加了深度自学习能力，但价格也随之上涨。

（2）双目摄像头　双目摄像头（Stereo camera，图 2-92）具有两个摄像头，通过模仿人眼的功能实现对物体距离和尺寸的感知，进而感知周边环境，可通过视觉差和立体匹配计算距离，实现精准测距。

在智能汽车上，双目摄像头的应用较为普遍。

（3）三目摄像头　三目摄像头（Trinocular camera，图 2-93）具有三个摄像头，可通过三个摄像头覆盖不同范围的场景，解决了摄像头无法切换焦距的问题。相比于单目摄像头和双目摄像头，三目摄像头拥有更好的视野广度和更高的探测精度。

但三目摄像头由于信息量大，对芯片的数据处理能力要求高，且成本相对较高。

图 2-92　双目摄像头

图 2-93　沃尔沃智能汽车的三目摄像头

（4）鱼眼摄像头　上述的单目、双目、三目摄像头是从摄像头的数量上区分的，而鱼眼摄像头则是从镜头的视角和焦距来定义的。

依据摄像头中光学镜头的视角和焦距不同，可将光学镜头分为标准镜头、广角镜头和长焦镜头等，详见表 2-3。

表 2-3　光学镜头的类别

镜头类型			特征描述
变焦镜头			在一定范围内可以变换焦距，从而得到不同宽窄的视场角，不同大小的影像和不同景物范围的镜头
定焦镜头	标准镜头		视角在 40°~45° 之间，焦距长度与底片对角线长度基本相等
	广角镜头	普通广角镜头	镜头焦距小于底片对角线长度的镜头称为广角镜头，普通广角镜头视角在 90° 以内
		超广角镜头	视角在 90°~180° 之间
		鱼眼镜头	视角超过 180°
	长焦镜头	中长焦镜头	中长焦镜头亦称远摄镜头，焦距比底片对角线要大得多，可以把远处的景物拍得较大，视角在 20° 左右
		长焦镜头	视角在 10° 左右
		超长焦镜头	视角在 8° 以内

广角摄像头是一种焦距短于标准镜头、视角大于标准镜头的摄像头。普通广角镜头的 35mm 等效焦距一般为 38~24mm，视角为 60~90°；超广角镜头的 35mm 等效焦距为 20~13mm，视角为 90~180°。广角摄像头的镜头焦距很短，视角较宽，而景深却很深，比较适合拍摄较大场景的照片，如建筑、风景等题材。

鱼眼摄像头（Fish-eye camera）是一种 35mm 等效焦距约在 6~16mm 之间的短焦距、极端的超广角摄像头，其视角大于 180°，常见的有 190°、200°、235°（图 2-94）、280° 等。

为使镜头达到最大的摄影视角,这种摄影镜头的前镜片直径很短且呈抛物面状向镜头前部凸出,与鱼的眼睛颇为相似,故名"鱼眼镜头"。

鱼眼镜头是定焦镜头中的一种看得不够远但视野范围很大的镜头,多用于安防监控系统中。在获取更大视野范围的同时,鱼眼镜头成像的畸变也更大。

在智能(自动驾驶)汽车的环境感知技术中,为实现对相邻车道及车辆周边近距离范围内的行人、非机动车的实时监测,往往采用广角摄像头执行这一任务。但在实际应用中,多采用超广角摄像头甚至鱼眼摄像头(图 2-95)。

图 2-94　235° 超广角鱼眼摄像头

图 2-95　车载鱼眼摄像头

通过多个鱼眼摄像头,可以实现车辆周边环境的全面监控,故又称之为环视摄像头。环视摄像头可以实现 360° 无死角的环境监测和感知,在安保领域应用广泛。典型的环视摄像头产品——霸博(Bubl)如图 2-96 所示,内置 4 个 190° 视角的摄像头,其图像相互重叠的视场范围可确保对周围空间的完全覆盖。

(5)红外线热成像摄像头　红外线热成像技术是利用各种探测器来接收物体发出的红外线辐射热,再进行光电信息处理,最后以数字、信号、图像等方式显示出来,用于探测、观察和研究各种物体的一门综合性技术。

红外线热成像技术可在伸手不见五指的黑夜或浓雾中探测目标,是绝佳的夜视技术。

图 2-96　环视摄像头

红外线,又称红外辐射,是指波长为 0.78 ~ 1000μm 的电磁波(图 2-97)。其中波长为 0.78 ~ 1.5μm 部分称为近红外线,波长为 1.5 ~ 10μm 部分称为中红外线,波长为 10 ~ 1000μm 部分称为远红外线。而波长为 2.0 ~ 1000μm 部分,也称为热红外线。

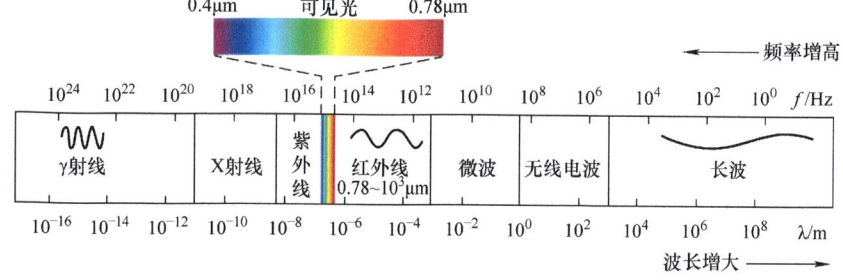

图 2-97　电磁波谱和红外光谱

红外线辐射是自然界中存在的一种电磁波辐射。任何物体在常规环境下都会产生自身的分子和原子的无规则运动，并不停地辐射出热红外能量。分子和原子的运动越剧烈，辐射的能量越大；反之，辐射的能量越小。

红外热成像技术是一种被动红外夜视技术。自然界中一切温度高于绝对零度（-273℃）的物体，每时每刻都辐射出红外线，同时这种红外线辐射都载有物体的特征信息，这就为利用红外技术判别各种被测目标的温度高低和热分布场提供了客观条件。

利用这一特性，通过光电红外线探测器将物体发热部位辐射的功率信号转换成电信号后，成像装置就可以一一对应地模拟出物体表面温度的空间分布，最后经系统处理，形成热图像视频信号，传至显示屏幕上，即可得到与物体表面热分布相对应的热像图，即红外热图像。

红外线热成像系统通常由光学系统、探测器、信号处理器和显示器等组成，如图 2-98 所示。

图 2-98　红外线热成像系统的组成

在智能汽车上，红外线热成像摄像头（Thermal Infrared Camera，图 2-99）多用于构建夜视（Night-Vision）系统，以弥补夜间在前照灯使用近光灯时的照明不足，进一步提高车辆的行驶安全性（图 2-100）。

图 2-99　红外线热成像摄像头

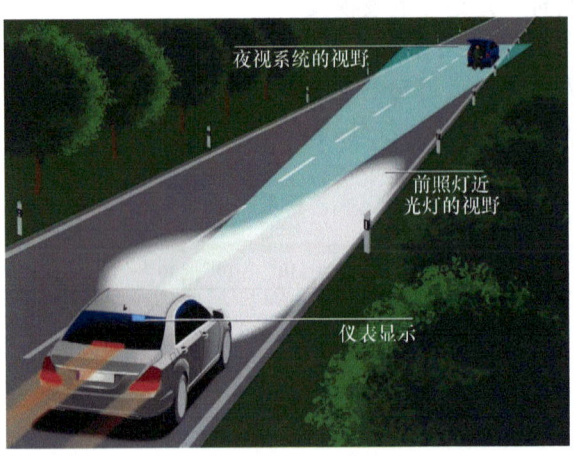

图 2-100　奔驰 S 级乘用车的夜视系统辅助系统

10. 视觉传感器的产品与应用

视觉感知系统主要以摄像头为传感器输入，经过一系列计算和处理对周围环境信息进行精准感知，并将距离、速度、方向等多重信息进行汇总融合，辅助系统进行精准预判。道路交通的感知功能主要包括动态目标（车辆、行人）检测、静态物体（交通标志）识别、可行驶区域分割等。因此，视觉感知的重要性尤为突出。

（1）视觉传感器产品　车载视觉传感器主要由镜头组、CMOS 传感器、模组组件、DSP 等部件组成。目前，全球车载摄像头头部企业包括松下（Panasonic）、法雷奥（Valeo）和富士通（Fujitsu）等。

国内车载视觉传感器厂商主要有同致电子、豪恩科技、智华电子等，但总体上规模仍然较小。

德国大陆集团 MFC500 系列多功能单目摄像头既适用于先进驾驶辅助系统，又可满足自动驾驶要求。该系列产品具有 800 万像素的高图像分辨率和 125° 的视场角，能够更早地检测到交叉路口的交通参与者（机动车、自行车、行人等）。此外，MFC500 系列还具备机器学习和神经网络等尖端技术，属于车载视觉传感器中性价比非常高的产品。

（2）视觉传感器的应用　目前，视觉传感器主要应用于车道偏离预警、车道保持辅助、前向碰撞预警、行人碰撞预警、盲区监测、交通标志识别、交通信号灯识别、自动泊车辅助、全景泊车和驾驶人疲劳预警等系统，详见表 2-4。

表 2-4　视觉传感器在智能汽车上的应用

ADAS 系统	使用的摄像头	基本功能
车道偏离预警系统	前视	当前视摄像头检测到车辆即将偏离车道线时，发出预警信息
车道保持辅助系统	前视	当前视摄像头检测到车辆即将偏离车道线时，发出预警信息；若驾驶人不作为，则主动介入，纠正车辆的行驶方向
前向碰撞预警系统	前视	当前视摄像头检测到自车与前车的距离小于安全车距时，及时发出预警信息
行人碰撞预警系统	前视	当前视摄像头检测到车辆与前方的行人有发生碰撞的危险时，及时发出预警信息
盲区监测系统	侧视	利用侧视摄像头将车外后视镜盲区的影像显示在驾驶舱内
交通标志识别系统	前视、侧视	利用前视和侧视摄像头识别前方和两侧的交通标志
交通信号灯识别系统	前视	利用前视摄像头识别前方的交通信号灯
自动泊车辅助系统	后视	利用后视摄像头将车尾影像显示在驾驶舱内
全景泊车系统	前视、侧视、后视	利用图像拼接技术将摄像头采集到的影像组合成车辆周边的全景图
驾驶人疲劳预警系统	内置	利用内置摄像头检测驾驶人是否疲劳，并及时发出预警信息

视觉传感器在智能汽车上的布置如图 2-101 所示。

智能汽车技术

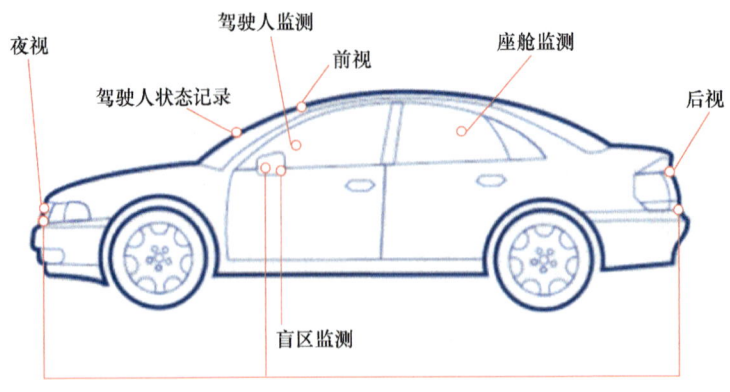

图 2-101　视觉传感器在智能汽车上的布置

典型的视觉传感器配置方案见表 2-5。

表 2-5　典型的视觉传感器配置方案

车型	摄像头数量	前置摄像头	侧前视摄像头	侧后视摄像头	后置摄像头
奔驰 S 级	7 个	双目摄像头组件	2 个，位于后视镜	无	1 个
小鹏 P7	14 个	三目摄像头组件	4 个，位于后视镜	2 个，位于翼子板	1 个
特斯拉	8 个	三目摄像头组件	2 个，位于 B 柱	2 个，位于翼子板	1 个

从表 2-5 可见，奔驰 S 级采用双目立体摄像头技术方案是其突出特点。相比于单目摄像头，双目摄像头可以计算当前目标在 X、Y、Z 轴坐标下的运动情况，判断、检测目标的姿态及目标类型，获得更为丰富和准确的动态环境信息。

小鹏 P7 使用了 14 个摄像头（图 2-102），这一技术方案的最大优势是可拓展性强。前期方案在设计时需要提高硬件成本，但由于控制系统具备软件在线更新（Over The Air，OTA）功能，其辅助驾驶系统具有非常好的兼容性和可拓展性。通过这一技术方案，小鹏 P7 实现了具有较好体验的 L2 辅助驾驶功能，包括极具特色的高速自主导航驾驶（Navigation Guided Pilot，NGP）和停车场记忆泊车功能等。

图 2-102　小鹏 P7 的环境感知方案

特斯拉的 8 个摄像头均与行车系统相关，这与其一直宣传的不依靠激光雷达、纯视觉的自动驾驶方案是有较大关联的，特斯拉技术方案的最大优势就是性价比高，以非常低的成本实现了 L2 辅助驾驶功能。

如今大部分车辆搭载的视觉传感器方案都来自于 Mobileye。Mobileye 是以色列一家致力于汽车辅助驾驶技术研发的机器视觉系统公司（目前已被美国 Intel 公司收购）。单纯从名字上看，就可以了解其发展理念——Mobileye= Automobile+eye= 汽车之眼，即为车辆提供视觉感知系统。

目前，全球已超过 6000 万辆汽车安装了 Mobileye 先进驾驶辅助系统（ADAS）。奥迪、宝马、通用、本田、现代/起亚、日产、大众等全球各大汽车制造商在上百个车型中采用了 Mobileye 先进驾驶辅助系统。

2021 年 4 月，Mobileye 的自动驾驶系统 Mobileye Drive 实现了商业化应用。

Mobileye 的单目视觉先进驾驶辅助系统（图 2-103）占领了超过 70% 的市场份额。Mobileye 提供芯片搭载系统和计算机视觉算法运行驾驶辅助系统（DAS）客户端功能，如车道偏离预警（LDW）、基于雷达视觉融合的车辆探测、前部碰撞预警（FCW）、车距监测（HMW）、行人探测、智能前照灯控制（IHC）、交通标志识别（TSR）、仅视觉自适应巡航控制（ACC）等。

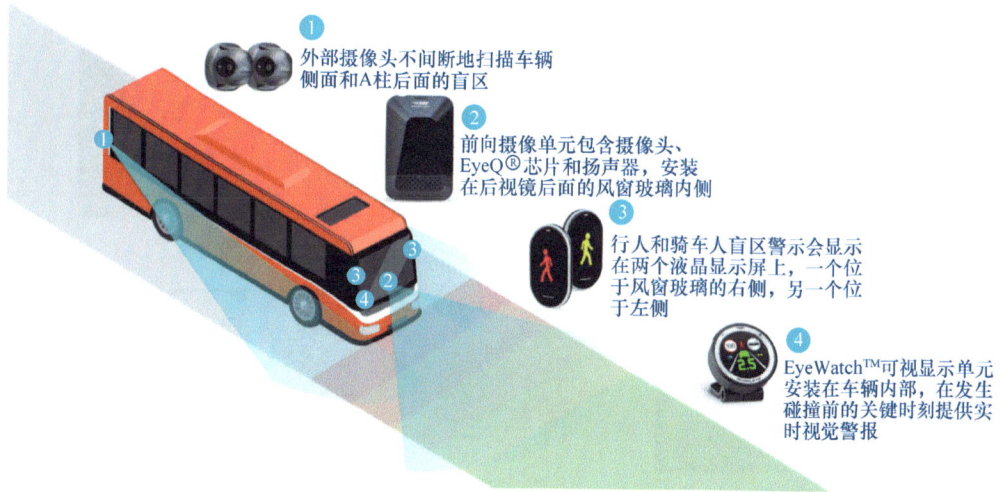

图 2-103　Mobileye 的先进驾驶辅助系统

特斯拉汽车驾驶辅助系统（Autopilot）的视觉系统配置了三目摄像头（图 2-104），安装在车内后视镜的旁边。

如图 2-105 所示，通过三个摄像头组合使用，车辆可覆盖不同范围的场景，获取更为丰富的环境信息。

其中，窄视角远距摄像头的视场角为 28°，探测距离可达 250m，用于探测前方道路的车道线、交通标志和交通信号灯；中视角中距摄像头的视场角为 52°，探测距离可达 150m，负责前方道路的一般性探测，是 Autopilot 系统中最重要的摄像头。此外，还有一个广角摄像头，

图 2-104　特斯拉 Autopilot 系统的三目摄像头

视场角为150°，探测距离可达60m，主要用于探测相邻车道的交通状况以及视野范围内的行人、非机动车的运动状态。

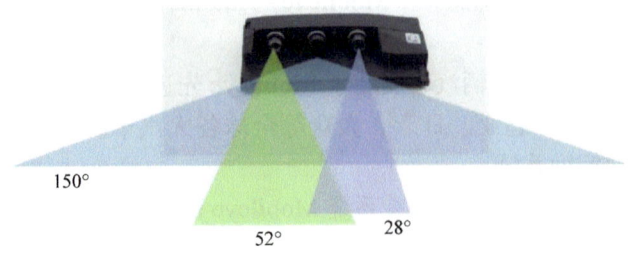

图2-105 三个摄像头的组合使用

在智能汽车上使用环视摄像头时，一般采用4个鱼眼摄像头组合使用的方式（图2-106，分别布置在车辆的四个角），然后将4个鱼眼摄像头产生的图像进行拼接，以实现车辆四周360°无死角的环境监测和感知。

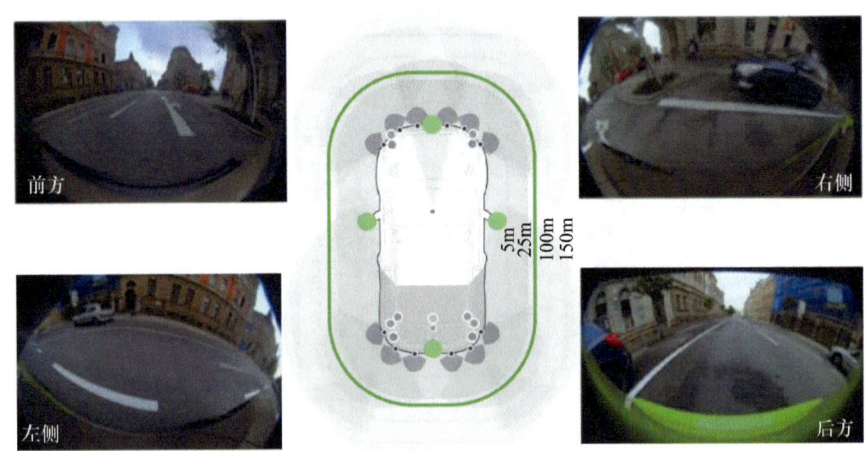

图2-106 4个鱼眼摄像头组合使用

但限于鱼眼摄像头的固有缺点，其图像会产生较大的畸变和失真，需要有针对性地采用不同的图像处理算法进行修正，才能获得不失真的环境图像（图2-107）。

a）失真图像(左)及线性修正(右)

图2-107 鱼眼摄像头图像的畸变和修正

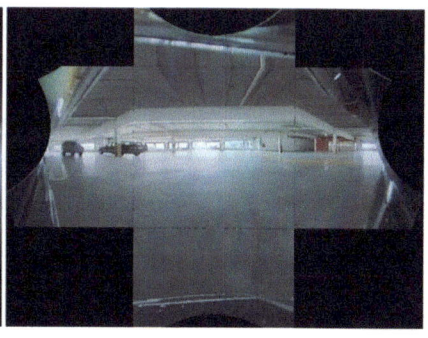

b) 失真图像(左)及分段线性修正(右)

c) 失真图像(左)及圆柱形修正(右)

图 2-107　鱼眼摄像头图像的畸变和修正（续）

此外，鱼眼摄像头还可用于车内监控。在安装方式上，多与触摸屏式多功能车内后视镜融为一体（图 2-108），与车辆内饰达成完美统一。

图 2-108　鱼眼摄像头与车内后视镜融为一体

2.3　传感器融合技术

2.3.1　传感器的融合与同步

1. 传感器的融合

目前，各种车用智能传感器在性能上各有优劣（表 2-6），没有任何一种智能传感器能够独挑大梁、包打天下。所以，在智能汽车上，通常将各种智能传感器组合使用，通过传

感器融合技术，使其各展所长、优势互补，从而为智能汽车提供更为详尽准确的周边环境信息，确保行车安全。

表 2-6 各种车用智能传感器的性能比较

项目	超声波传感器	毫米波雷达	激光雷达	光学摄像头	红外线热成像摄像头
最大探测距离 /m	15	1000	300	可以实现距离检测与目标检测。但采用单目摄像头时，对算法要求高；采用多目摄像头时，成本会增大	35
速度范围 /(km/h)	≤100	≥1000	≥300		≤10
径向运动	好	好	好		差
切向运动	差	差	差		好
静止测距	简单	复杂	简单		不能
角度测量能力	好	较好	很好		不能
环境限制因素	风、沙尘等	全天候，不易受环境影响	大雨	光照	温度
成本	低	中	高	低	低
穿透性	较好	好	较差	差	差
优点	数据处理简单，价格便宜，体积小巧，便于安装	探测距离远，工作性能不受天气及照明条件的影响	方向性强，测距精度高，响应速度快，不易受地面杂波干扰	可识别道路上的各种目标（交通标志、交通信号灯等），且成本低廉	不受光照条件的影响，擅长夜视，成本不高
缺点	工作性能易受天气和温度影响，最大探测距离一般只有几米	目标识别难度大，算法复杂，成本高，可与视觉传感器优势互补，配合使用	遇浓雾、大雪、大雨天气时不能正常工作，且成本高	与人眼一样，受视野范围的限制，也受制于光照条件	只能探测距离较近的物体，识别置信率受天气状况的影响

2. 传感器的同步

传感器的融合是利用计算机技术将来自多传感器或多源的信息和数据，在一定的准则下加以自动分析和综合，以完成所需要的决策和估计而进行的信息处理过程。传感器融合需要确保硬件同步、时间同步、空间同步和软件同步。

硬件同步是指使用同一种硬件同时发布采集命令，实现各传感器采集、测量的时间同步，做到同一时刻采集相同的信息。

时间同步是指通过统一的主机给各个传感器提供基准时基，各传感器根据校准后的各自时基为采集的数据加上时间戳（Time stamp）信息，以确保所有传感器的时间戳同步。

空间同步是指将不同传感器坐标系的测量值转换到同一个坐标系中，其中激光雷达在高速移动的情况下需要考虑当前车速下的帧内位移校准问题。

软件同步是指时间同步和空间同步。

2.3.2 传感器融合原理

传感器融合就是将多个传感器获取的数据、信息集中在一起综合分析，以便更加准确、可靠地描述外界环境，从而确保系统决策的正确性。

多传感器信息融合的优势在于，能够综合利用多种信息源的不同特点，多方位获得相关信息，从而提高整个系统的可靠性和精准度。未来传感器融合技术将显得更加重要，并且会成为一种趋势。多传感器信息融合是自动驾驶安全出行的基本保障。

常用的多传感器信息融合的体系结构可分为分布式、集中式和混合式几种。

1. 分布式

在分布式多传感器信息融合方案（图 2-109）中，先对各个独立传感器所获得的原始数据进行局部处理，然后再将结果送入信息融合中心进行智能优化组合来获得最终的结果。分布式融合方案对通信带宽的需求低，计算速度快，可靠性和延续性好，但跟踪的精度却远没有集中式融合方案高。

2. 集中式

在集中式多传感器信息融合方案（图 2-110）中，各传感器获得的原始数据直接被送至信息融合中心进行融合处理，可以实现实时融合。其优点是数据处理的精度高，算法灵活；缺点是对处理器的要求高，可靠性较低，数据量大，故难以实现。

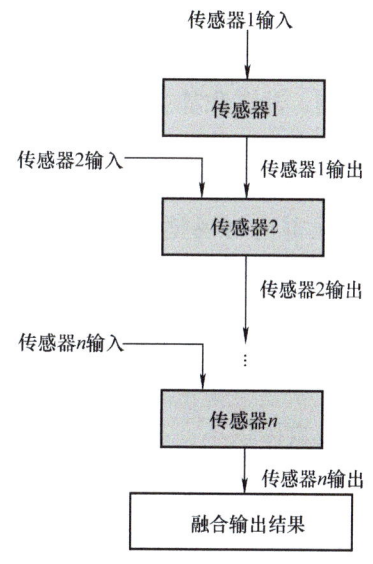

图 2-109　分布式多传感器信息融合方案

3. 混合式

在混合式多传感器信息融合方案（图 2-111）中，部分传感器采用集中式融合，其他传感器采用分布式融合。混合式融合方案具有较强的适应能力，兼顾了集中式和分布式融合的优点，稳定性好。但混合式融合方案的结构比前两种融合方案的结构复杂，对环境感知系统的计算和通信能力要求更高。

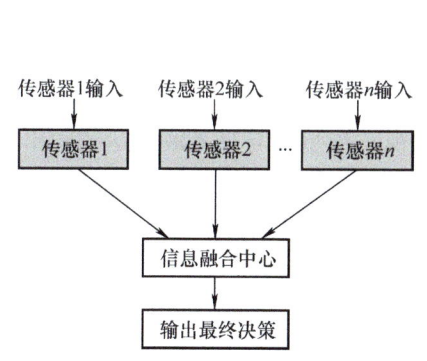

图 2-110　集中式多传感器信息融合方案

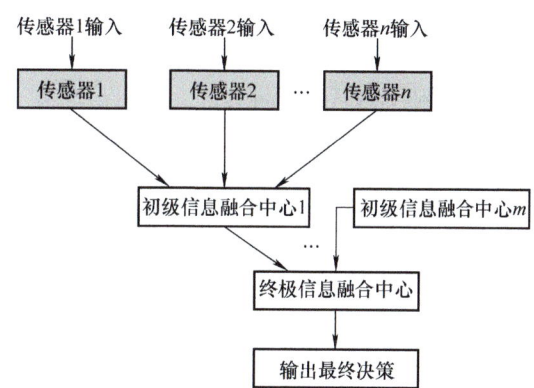

图 2-111　混合式多传感器信息融合方案

2.3.3　传感器融合方案

1. 激光雷达与视觉传感器融合

激光雷达与视觉传感器融合是一个经典方案。在自动驾驶应用中，视觉传感器价格便宜，但受环境光照条件变化的影响较大，可靠性相对较低；激光雷达探测距离远，对物体运动判断精准，可靠性高，但价格贵。

视觉传感器可以进行车道线检测、障碍物检测和交通标志的识别；激光雷达可以进行路沿检测、动态和静态物体识别、定位和地图创建。对于动态物体，视觉传感器能判断出前后两帧图像中物体或行人是否为同一物体或同一行人，而激光雷达则可以在得到信息后测算前后两帧图像间隔内的运动速度和运动位移。

激光雷达与视觉传感器分别对物体识别后，再进行标定。对于安全性要求不低于99.99%的自动驾驶汽车而言，激光雷达与视觉传感器融合将是提升可靠性行之有效的方法。

2. 激光雷达与毫米波雷达融合

激光雷达与毫米波雷达融合是目前的主流方案。毫米波雷达已经成为 ADAS 的核心传感器，具有体积小、重量轻和空间分辨率高等特点，而且穿透烟雾、灰尘的能力强，弥补了激光雷达的不足。

但毫米波雷达无法感知行人（对行人的感知能力很弱），并且对周围所有障碍物无法进行精准的建模，而这恰恰是激光雷达的强项。激光雷达与毫米波雷达融合，不仅可以在性能上实现优势互补，还可以大大降低使用成本，为自动驾驶技术的开发提供了新的选择。

3. 视觉传感器与毫米波雷达融合

将视觉传感器与毫米波雷达进行融合，互相配合共同构成智能汽车的环境感知系统，取长补短，可实现更稳定的 ADAS 功能。

视觉传感器与毫米波雷达融合具有以下优势：

1）目标检测结果的置信度高，可靠性高。
2）全天候应用于远距离提前预警，互补性好。
3）可实现大视场角、全距离条件下的高精度定位。
4）对各种复杂对象均能识别，识别能力强。

在智能驾驶场景下，视觉传感器与毫米波雷达的数据融合大致有三种策略：图像级融合、目标级融合和信号级融合。

图像级融合以视觉传感器为主，将毫米波雷达输出的整体信息进行图像特征转化，然后与视觉系统的图像输出进行融合；目标级融合是对视觉传感器与毫米波雷达的输出进行综合置信度加权，配合精度标定信息进行自适应的搜索匹配后融合输出；信号级融合是对视觉传感器与毫米波雷达输出的数据源进行融合。信号级融合的数据损失小，可靠性最高，但计算量大，成本高。

2.4 目标识别技术

2.4.1 道路识别技术

1. 道路识别

道路识别就是把真实的道路通过激光雷达转换成汽车认识的道路，供自动驾驶汽车行驶；或通过视觉传感器识别出车道线，提供车辆在当前车道中的位置，帮助智能汽车提高行驶安全性。

图 2-112 所示为视觉传感器识别车道线的场景。

道路识别的任务就是提取道路的几何结构参数（车道的宽度、车道线的曲率等），确定车辆在道路中的位置、方向，并确定车辆的可行驶区域。

图 2-112 视觉传感器识别车道线

2. 道路识别的分类

（1）依据道路类型分类　根据结构特点，道路可分为结构化道路和非结构化道路两种。相应地，道路识别也分为结构化道路识别和非结构化道路识别两种。

1）结构化道路识别。结构化道路（图 2-113）一般是指高速公路、省级公路、城市主干道路等经过铺装的结构化较好的公路，这类道路具有清晰的道路标志线，道路的背景环境比较单一，道路的几何特征也比较明显。因此，针对结构化道路的检测问题可以简化为车道线或道路边界的检测，一般可通过对车道线或道路边界的灰度变化来检测、识别道路。

结构化道路的识别方法对道路模型有较强的依赖性，且对噪声、阴影、树木遮挡等环境变化敏感。目前，对结构化道路的识别技术比较成熟。

2）非结构化道路识别。非结构化道路（图 2-114）一般是指城市非主干道路、乡村街路等结构化程度较低的道路，这类道路没有车道线和清晰的道路边界，再加上受阴影和水迹等影响，道路区域和非道路区域难以区分。多变的道路类型，复杂的环境背景，以及阴影、水迹和变化的天气等都是非结构化道路检测所面临的难题，也是当前道路识别技术的主要研究方向。

图 2-113 结构化道路

图 2-114 非结构化道路

对非结构化道路的识别，主要依据车道的颜色变化或纹理进行检测。

（2）依据所用的传感器分类　根据在道路识别过程中使用的传感器不同，可分为基于视觉传感器的道路识别和基于激光雷达的道路识别两种。

1）基于视觉传感器的道路识别。首先通过车载视觉传感器采集道路图像，然后通过特定的计算机算法处理道路图像，进而识别出车道线或道路边界。

2）基于激光雷达的道路识别。首先通过车载激光雷达采集道路信息，然后通过特定的计算机算法处理道路信息，进而识别出车道线或道路边界。

目前智能汽车的道路识别主要采用视觉传感器,基于视觉传感器的道路识别技术已经比较成熟。

3. 图像特征的分类

要对图像中的物体进行分类,就需要事先熟悉图像中各个部分的特征,利用这些特征作为分类的标准。图像特征选取的合适与否,对提高道路识别的精准度和识别效率影响极大。

在道路识别过程中,最常选用的就是色彩特征。此外,还可选用纹理、形状以及空间关系特征进行道路识别。

(1) 色彩特征　色彩特征是一种全局特征,描述了图像或图像区域所对应的景物的表面性质。一般色彩特征是基于像素点的特征,此时所有属于图像或图像区域的像素都有各自的贡献。由于色彩对图像或图像区域的方向、大小等变化不敏感,所以色彩特征不能很好地捕捉图像中对象的局部特征。

另外,仅使用色彩特征查询时,如果数据库很大,常会将许多不需要的图像也检索出来,导致无用功增多,识别效率降低。

在图像处理中,常用的色彩特征有色彩直方图、色彩集、色彩矩以及色彩聚合向量等。

1) 色彩直方图。色彩直方图是最常用的表达色彩特征的方法,其优点是不受图像旋转和平移变化的影响,进一步借助归一化还可不受图像尺度变化的影响,其缺点是没有表达出色彩空间分布的信息。

色彩直方图能简单描述一幅图像中色彩的全局分布,即不同色彩在整幅图像中所占的比例,特别适用于描述那些难以自动分割的图像和不需要考虑物体空间位置的图像。但色彩直方图无法描述图像中色彩的局部分布及每种色彩所处的空间位置,即无法描述图像中的某一具体的对象或物体。

在计算机数字图像处理技术中,常用 RGB 色彩模型、HSV 色彩模型、HIS 色彩模型以及 YUV 色彩模型下的图像计算色彩直方图。

① RGB 色彩模型。RGB 色彩模型(RGB Color Model)也称 RGB 色彩空间(RGB Color Space),它以 R(Red,红)、G(Green,绿)、B(Blue,蓝)三种基本色彩为基础,进行不同程度的叠加,产生丰富而广泛的色彩,所以又称三基色模式(亦称三原色模式)。在大自然中有无穷多种不同的色彩,而人眼只能分辨有限种不同的色彩,RGB 模式可表达 1600 多万种不同的色彩,在人眼看来,RGB 非常接近大自然的色彩,故又称为自然色彩模式。

红、绿、蓝代表可见光谱中的三种基本色彩或称为三原色,每一种色彩按其亮度的不同分为 256 个等级。当色光三原色重叠时,不同的混色比例能产生各种中间色(例如,三原色相加可产生白色)。所以,RGB 模式是加色过程。屏幕显示的基础是 RGB 模式,彩色印刷品却无法用 RGB 模式来产生各种色彩。因此,RGB 模式常用于视频、多媒体与网页设计。

RGB 色彩模型是用一个单位长度的立方体来表示色彩的,黑、蓝、绿、青、红、紫、黄、白 8 种常见色彩分别位居立方体的 8 个顶点。通常将黑色置于三维直角坐标系的原点,红、绿、蓝分别置于 3 根坐标轴上,整个立方体放在第 1 卦限内,如图 2-115 所示。而其中的青色与红色、紫色与绿色、黄色与蓝色是互补色。各色彩参数的取值范围为:红色(R)0~255;绿色(G)0~255;蓝色(B)0~255。

色彩参数值也称为三色系数或基色系数或色彩值。由于每个灰度级都定为 256,所以,红、绿、蓝分量全部组合起来共可表达 256^3=16777216 种不同的色彩,比人眼能分辨的色彩种数要多得多。因此，虽然自然界中的色彩非常多，但用 RGB 色彩模型来近似表达自然界中的色彩已经完全够用了。

为便于使用计算机对色彩进行分析，常对 RGB 色彩模型进行归一化（Normalization）处理。即将各个色彩参数值除以 255 后，归一到 0～1 之间，如图 2-116 所示。

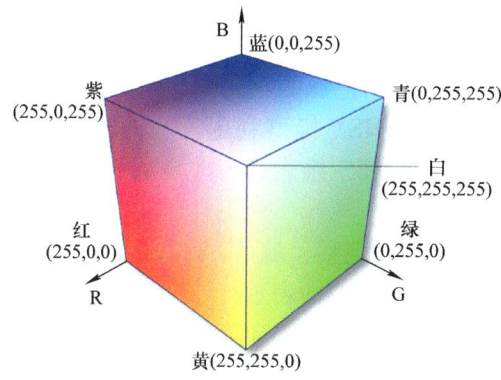

图 2-115　RGB 色彩模型（色彩参数值）

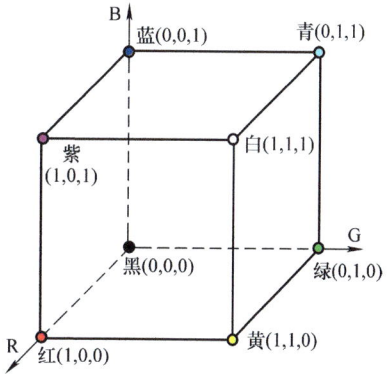

图 2-116　RGB 色彩模型（归一化处理）

RGB 色彩模型是最常用的色彩信息表达方式，使用红、绿、蓝三原色的亮度来定量表示色彩，是以 RGB 三色光互相叠加来实现混色的方式。红、绿、蓝三原色所占比例不同，得到的色彩就不同。变换混合的比例，就会得到各种各样的混合效果。RGB 色彩模型可以看作是三维直角坐标系中的一个单位正方体。任何一种色彩在 RGB 色彩模型中都可以用三维空间中的一个点来表示。在 RGB 色彩模型中，任意色光 F 都可以用 RGB 三种色彩不同分量的相加、混合而成，即 F = r[R] + g[G] + b[B]。

RGB 色彩模型对于人眼而言是最为直观的，能够清晰明了地表征物体的色彩，是最重要的色彩模型。大多数彩色摄像头都是基于 RGB 格式获取图像的。

基于 RGB 图像获取的色彩直方图如图 2-117 所示。

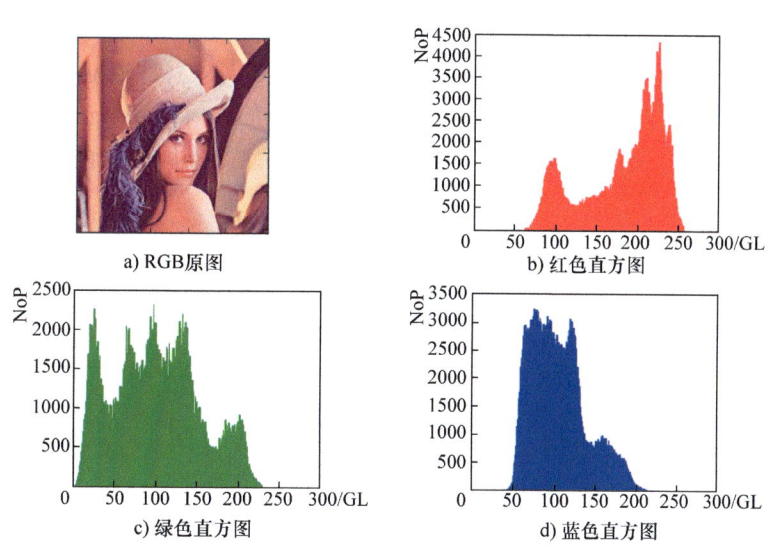

图 2-117　基于 RGB 图像获取的色彩直方图

在图 2-117 的 b、c、d 中，横坐标为色阶（Color Level），亦即色彩参数值，其值在 0～255 之间。色阶表征图像亮度的强弱，色阶为 0 时，图像最暗，色阶为 255 时，图像最亮。色阶只反映图像的亮度，而与图像的色彩无关。在数字图像处理技术中，色阶多指灰度级（Gray Level，GL）。

在图 2-117 的 b、c、d 中，纵坐标为具有某一色阶值的像素的数量（Number of Pixels，NoP）。

② HSV 色彩模型。HSV 色彩模型（图 2-118）是根据色彩的直观特性由 A.R.Smith 于 1978 年创建的，也称六角锥体模型（Hexcone Model）。HSV 模型利用色调（Hue）、饱和度（Saturation）和亮度（Value）三个分量来表达色彩，其三维表达方法是从 RGB 立方体演化而来的。

设想从 RGB 沿立方体对角线的白色顶点向黑色顶点观察，就可以看到立方体的六边形（图 2-119）。HSV 色彩模型的六边形边界表示色彩，水平轴表示纯度（色调），亮度沿垂直轴测量。与 RGB 系统相比，HSV 更加接近于人对色彩的经验和习惯。

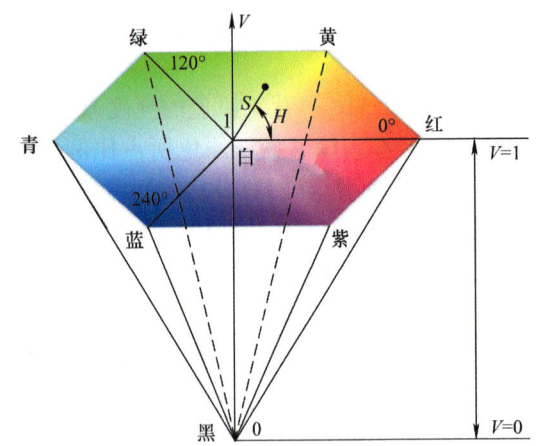

图 2-118　HSV 色彩模型（六角锥体模型）　　图 2-119　HSV 色彩模型的六边形（俯视）

HSV 色彩模型亦称 HSB（B 指 Brightness。亮度）色彩模型。绘画艺术家常用 HSV 色彩模型进行配色——用改变色浓和色深的方法从某种纯色获得不同色调的色彩，在一种纯色中加入白色以改变色浓，加入黑色以改变色深，同时加入不同比例的白色、黑色，即可获得各种不同的色调。

如图 2-118 和图 2-119 所示，在 HSV 色彩模型中，色调 H 用角度度量，取值范围为 $0°\sim360°$，从红色开始按逆时针方向计算，红色为 $0°$，绿色为 $120°$，蓝色为 $240°$；饱和度 S 用距 V 轴的距离来度量，其取值范围为 0.0～1.0，该值越大，色彩越趋于饱和；规定亮度轴 $V=0$ 端为黑色，亮度轴 $V=1$ 端为白色，亮度 V 的取值范围为 0～1，该值越趋近于 1，图像的亮度越高。

HSV 色彩模型有两个显著特点：亮度分量 V 与色调分量 H 是彼此独立的，亮度分量 V 只与图像的光照强度有关，而与图像的色彩无关；色调分量 H 与饱和度 S 是彼此独立的，并且与人类感知色彩的方式相近。

基于上述特点，使得 HSV 色彩模型可以充分发挥色调分量 H 的作用，特别适用于基于人类视觉系统的计算机数字图像处理领域的各种图像分析算法。在实际应用中，通常会将 HSV 色彩模型做归一化 [0，1] 处理，以方便计算。

一幅 HSV 图像，可以按照 H、S、V 三个分量来展现，如图 2-120 所示。

a) HSV 图像 H 数据　　　b) HSV 图像 S 数据　　　c) HSV 图像 V 数据

图 2-120　HSV 图像的三个分量的分解图

③ HSI 色彩模型。HSI 色彩模型（图 2-121）采用色调 H、饱和度 S、强度 I（Intensity）三个基本分量来表达色彩，能够较好地反映人类视觉系统对不同色彩的感知方式。

也有资料将 HSI 色彩模型中的强度 I 称作亮度 L（Lightness），相应地，将该模型称为 HSL 模型。换言之，HSI 色彩模型亦称 HSL 色彩模型。

色调 H 与光波的波长密切相关，不同的 H 值代表不同的色彩，色调 H 的取值范围为 0°~360°，从红色开始按逆时针方向计算，红色为 0°，绿色为 120°，蓝色为 240°。

饱和度又称色度或纯度。饱和度 S 代表灰色与色调的比例，并以 0%（灰色）到 100%（完全饱和）来表征，纯光谱色是完全饱和的，加入白光会稀释饱和度。饱和度越大，色彩看起来就会越鲜艳，反之亦然。

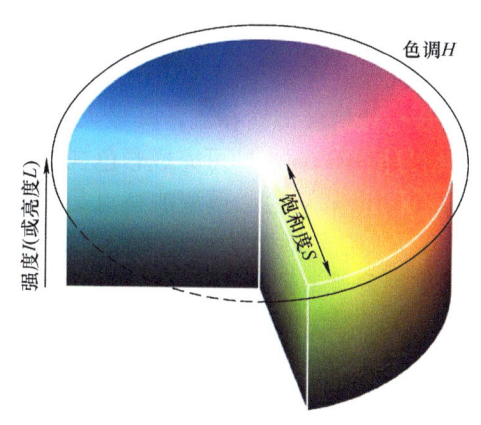

图 2-121　HSI 色彩模型

强度 I 表示图像的亮度和灰度，强度 I 是一个主观的概念，表征人类视觉对色彩的明亮程度的感知。强度 I 与图像的色彩信息有关，色调 H 和饱和度 S 与人类感知色彩的方式紧密相关，在显示器上使用 HSI 模型来处理图像，将能得到较为逼真的效果。因此，HSI 色彩模型成为色彩检测及分析领域常用的色彩模型。

④ YUV 色彩模型。YUV（也称 YCrCb）色彩模型广泛用于数字视频领域。在这种格式中，亮度信息用单独的分量 Y 来表征，色彩信息用两个色差分量 Cr 和 Cb 来表征。分量 Cr 是红色分量与参考值之差，分量 Cb 是蓝色分量与参考值之差。在 Cr、Cb 中，C 代表色彩（Color），r 代表红色（red），b 代表蓝色（blue）。

习惯上，亮度信号用 Y 表示；色差信号 r-Y 用 U 表征；色差信号 b-Y 用 V 表征。这就是 YUV 色彩模型名称的由来。

其中 Y 表示亮度（Luminance 或 Luma），也就是灰度值；而 U 和 V 表征的则是色度（Chrominance 或 Chroma），其作用是描述图像色彩及饱和度，用于指定像素的色彩。亮度是通过 RGB 输入信号建立的，方法是将 RGB 信号的特定部分叠加到一起。色度则定义了色彩的两个方面——色调与饱和度，分别用 Cr 和 Cb 来表征。其中，Cr 反映了 RGB 输入信号红色部分与 RGB 信号亮度值之间的差值，而 Cb 反映的是 RGB 输入信号蓝色部分与 RGB 信号亮度值之间的差值。

一幅 YUV 图像，可以按照 Y、U、V 三个分量来展现，如图 2-122 所示。

a) YUV 图像 Y 数据

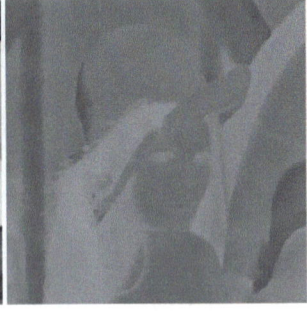
b) YUV 图像 $U(Cr)$ 数据

c) YUV 图像 $V(Cb)$ 数据

图 2-122　YUV 图像的三个分量的分解图

YUV 色彩模型主要用于优化彩色视频信号的传输，使其向前兼容老式黑白电视机。与 RGB 视频信号传输相比，其最大优点在于只需占用极少的频宽（RGB 要求三个独立的视频信号同时传输）即可完成彩色视频信号的传输。

采用 YUV 色彩模型的特点是它的亮度信号 Y 和色度信号 U、V 是彼此独立的。如果只有 Y 信号分量而没有 U、V 分量，那么图像就是黑白灰度图像。彩色电视视频信号采用 YUV 色彩模型正是为了用亮度信号 Y 解决彩色电视机与黑白电视机的兼容问题，从而使得黑白电视机也能接收彩色视频信号。

上述几种色彩模型，可以按照一定的数学规律（公式）实现互相转换，如图 2-123 ~ 图 2-126 所示。

基于色彩直方图的图像分析、处理技术发展很快，各种新的算法层出不穷，分析处理手段也是日新月异。图 2-127 是在具有均匀一维灰度值图像的基础上，运用不同方法得到的图像处理结果。

a) 原图

b) RGB 向 YUV 转换

c) RGB 向 HSV 转换

图 2-123　RGB 图像（原图）向 YUV、HSV 图像转换

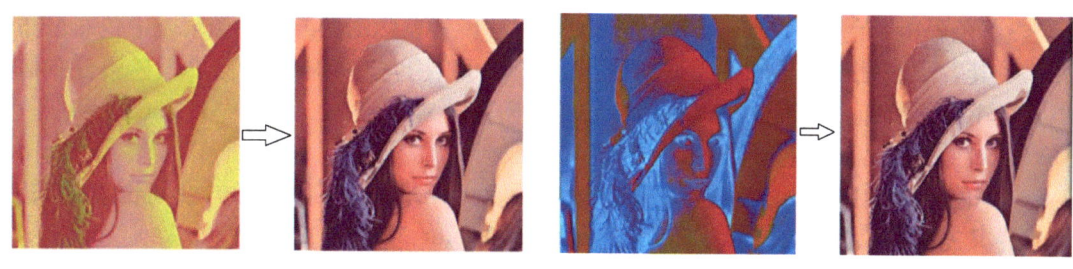

图 2-124　HSV 图像（左）向 RGB 图像（右）转换　　图 2-125　HSI 图像（左）向 RGB 图像（右）转换

图 2-126　YUV 图像（左）向 RGB 图像（右）转换

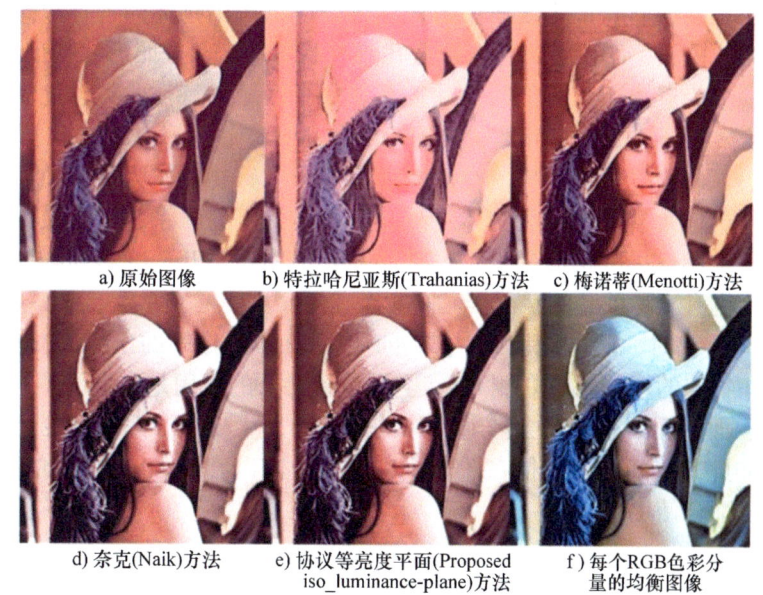

a) 原始图像　　b) 特拉哈尼亚斯(Trahanias)方法　　c) 梅诺蒂(Menotti)方法

d) 奈克(Naik)方法　　e) 协议等亮度平面(Proposed iso_luminance-plane)方法　　f) 每个RGB色彩分量的均衡图像

图 2-127　运用不同方法得到的图像处理结果（基于均匀一维灰度值图像）

2）色彩集。色彩集（Color Set）是色彩直方图的一种近似，其计算需要在某种视觉均衡的模型（如 HSV）中进行。因此，在计算色彩集时，需要先将 RGB 色彩模型转换到该色彩模型中，之后再将色彩模型分成若干个柄。然后，用色彩自动分割技术将图像分为若干个区域，每个区域用量化色彩模型的某个色彩分量来索引，从而将图像表达为一个二进制的色彩索引集。在图像匹配中，比较不同图像色彩集之间的距离和色彩区域的空间关系，即可对图像进行识别。

3）色彩矩。色彩矩（Color Moment）是一种用于表达图像或者图像区域中色彩分布的方法。其数学基础在于，图像中任何色彩分布均可以用它的矩来表示。由于色彩分布信息主要集中在低阶矩中，因此，仅采用色彩的一阶矩（Mean）、二阶矩（Variance）和三阶矩（Skewness）就足以表达图像的色彩分布特征。

4）色彩聚合向量。针对色彩直方图和色彩矩无法表达图像色彩的空间位置的缺点，学术界又提出了色彩聚合向量（Color Coherence Vector，CCV）的概念。

色彩聚合向量是色彩直方图的一种演变，其核心思想是将属于直方图每一个柄的像素划分为两部分：如果该柄内的某些像素所占据的连续区域的面积大于给定的阈值，则该区域内的像素作为聚合像素，否则作为非聚合像素，从而将每一个柄区分为色彩聚合向量或色彩非聚合向量。

由于色彩聚合向量包含了色彩分布的空间信息，因此可以达到更好的检索和识别效果。

（2）纹理特征　纹理特征是指图像中色彩分布的某种规律性，属于面向全局的特征。纹理特征不会因为图像的旋转而发生变化，对于一些噪声也有较好的适应性。但纹理特征也有自身的不足之处，当对图像进行放大或者缩小时，图像的纹理特征会发生变化，且光照条件的变化也会对纹理特征产生影响。纹理特征提取方法很多，如统计方法、结构方法、模型方法和信号处理方法等。

（3）形状特征　形状特征主要研究图像或图像区域当中物体的各种形式的形状，包括图像或图像区域的周长、面积、凹凸性以及几何形状等特征。按照形状特征的关注点不同，一般将形状特征分为着眼于边界的特征和关系到整个区域的特征两类。比较成熟的形状特征描述方法有边界特征法、傅里叶形状描述符法和几何参数法等。

（4）空间关系特征　图像当中的物体是丰富多彩的，物体作为一个独立的个体会有其固有的特性，从整体来看，物体和物体之间也会存在一定的联系，其中最直接的联系就是空间位置关系。如物体之间可能邻近，也可能被其他物体隔开。物体和物体之间可能有相互重叠的情况，也有互不关联的状况。

在描述空间位置时，既可以用绝对描述（如用具体图像中的坐标），也可以用相对描述（如相对某一物体的左侧或者右侧等）。空间位置特征的作用是加强了图像中物体之间彼此区分的能力。但空间关系特征会随着图像的旋转而发生变化，尺度的变化也会影响其区分效果。正因如此，空间关系特征在图像识别技术中难以独挑大梁，多将其作为辅助特征与其他图像特征配合使用。

4. 道路识别方法

在智能汽车自动驾驶系统中，视觉传感器对道路的识别主要有基于区域分割的识别方法、基于道路特征的识别方法、基于道路模型的识别方法以及基于道路特征与模型相结合的识别方法等。

（1）基于区域分割的识别方法　基于区域分割的识别方法是把道路图像的像素分为道路和非道路两类，分割的依据一般是色彩特征或纹理特征。

在摄像头获取的道路图像中，属于道路部分像素的色彩与非道路部分像素的色彩是存在显著差异的，据此可以通过特定的算法对道路图像加以区分和识别。根据采集到的图像性质，可以将图像的色彩特征分为灰度特征和彩色特征两类。灰度特征来自灰度图像，主要体现为像素亮度的大小，其特点是计算量小，实时性好；彩色特征除了亮度信息之外，还包含图像的色调和饱和度信息，其特点是信息量丰富，但计算量较大。

基于色彩特征的车道线检测，其本质是对彩色图像进行分割处理，主要涉及色彩模型的选择、区域分割策略的采用两个方面。

（2）基于道路特征的识别方法　基于道路特征的识别方法主要是结合道路图像的色彩、梯度、纹理等特征，从所采集的道路图像中识别出道路边界或车道线，该方法适用于有明显边界特征的养护状态良好的结构化道路。对于识别非结构化道路或乡村土路则不适用。

基于道路特征的识别方法对于行道树形成的路面阴影以及路面积水的识别难度较大，且数据计算量大，对算法及硬件设备的要求也高。

（3）基于道路模型的识别方法　基于道路模型的识别方法需要预先建立各种道路模型，然后根据实际采集的道路图像，采用不同的检测技术（如Hough变换、模板匹配技术、神经网络技术等）对道路边界和车道线进行识别。

采用基于道路模型的识别方法识别出来的道路特征参量较为全面，只需要较少的参数计算就可以得到丰富完整的道路信息，且对行道树形成的路面阴影以及路面积水的识别也易于实现。

该方法的难点在于建立准确完备的、可以涵盖各种实际道路特征的道路模型。建立道路模型，对于结构化道路而言相对容易，但对于非结构化道路或乡村土路则难度较大，且准确率不高。

（4）基于道路特征与模型相结合的识别方法　该方法结合了基于道路特征的识别方法和基于道路模型的识别方法的优点，对两种方法的识别结果进行整合，形成优势互补，对道路识别的准确度显著提升，但计算量大，实时性难以保证。

5. 道路识别的工作流程

利用视觉传感器进行道路识别的一般流程为：原始图像采集→畸变修正→图像灰度化处理→图像滤波处理→图像二值化处理→车道线提取。

（1）原始图像采集　通过视觉传感器（一般为彩色摄像头），获取道路的彩色图像（图2-128），完成原始图像采集。

（2）畸变修正　利用工具软件（如OpenCV）提供的畸变修正函数对原始图像进行畸变修正，确保待处理的图像不失真。

（3）图像灰度化处理　图像灰度化处理是指将彩色图像（Color Image，图2-128）转换为灰度图（Gray Scale Image，图2-129），即将三通道RGB图像转为单通道图像。

图2-128　彩色图像

图2-129　灰度图

灰度化处理之后图像的色彩信息丢失，许多简单的识别算法对色彩的依赖性并不强，且色彩本身非常容易受到光照等因素的影响。图像识别最核心、最本质的部分是计算梯度，色彩本身难以提供关键信息。因此，仅仅需要灰度图像中的信息就足够了，而且灰度化处理后，简化了运算矩阵，提高了运算速度。

（4）图像滤波处理 滤波处理的目的在于滤除（消除）图像数字化时混入的噪声，提取图像特征并简化图像信息，以利后续的图像处理工作。

常用的滤波方式有高斯滤波、均值滤波、中值滤波、双边滤波等。

高斯滤波（Gauss Filter）算法是一种去除高频噪声的常用手段。高斯滤波就是对整幅图像进行加权平均的过程，每一个像素点的值都是由其本身和邻域内的其他像素值经过加权平均后得到的。高斯滤波的原理是根据待滤波的像素点及其邻域点的灰度值按照高斯公式生成的参数规则进行加权平均。

高斯滤波后的效果图如图 2-130 所示。

（5）图像二值化处理 二值化图像（Binary Image）是指将图像上的每一个像素只有两种可能的取值或灰度等级状态，在计算机数字图像处理领域，经常用黑白、B&W、单色图像表示二值化图像。二值化图像是指在图像中，灰度等级只有两种，图像中的任何像素点的灰度值若不为 0（黑色），则为 255（白色）。某一像素的灰度值若为 0，则该像素点就是黑色；某一像素的灰度值若为 255，则该像素点就是白色。

经边缘检测后的二值化图像如图 2-131 所示。

图 2-130　高斯滤波后的效果图

图 2-131　经边缘检测后的二值化图像

（6）车道线提取

1）以二值化图像为基础，生成掩膜（Mask），确定感兴趣区域（Region of Interest，ROI）。

掩膜的作用是减少计算量，即只在我们感兴趣部分进行算法的计算。ROI 是采用粗略估计的方式，通过确定四个顶点坐标形成的白色梯形区域，如图 2-132 所示。

2）将感兴趣区域和 Canny 边缘检测后的二值化图像（图 2-131）按位进行与运算之后，产生的效果图如图 2-133 所示。

3）利用霍夫（Hough）变换对直线进行检测，并将检测得到的直线绘制出来，从而获得车道线效果图（图 2-134）。

4）将原始彩色图像（图 2-128）与车道线效果图（图 2-134）进行融合，图像融合之后得到的车道线最终效果图如图 2-135 所示。

图 2-132 感兴趣区域（ROI）

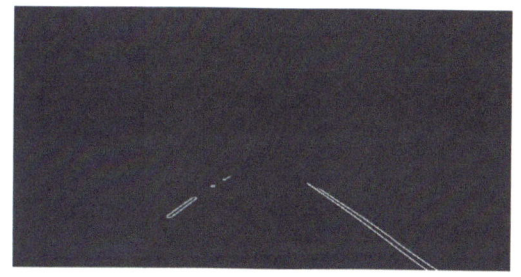

图 2-133 与运算之后的效果图

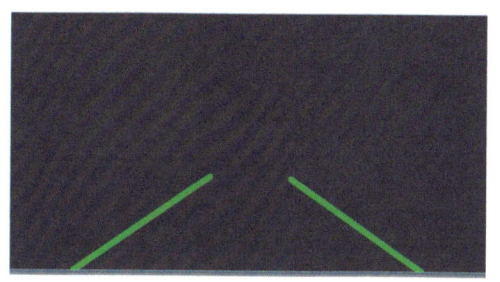

图 2-134 车道线效果图

图 2-135 融合之后的车道线最终效果图

2.4.2 车辆识别技术

前方车辆检测是判断安全车距的前提，车辆检测准确与否不仅决定了测距的准确性，也决定了能否及时发现潜在的交通安全隐患。

识别算法用于判断图像序列中是否存在车辆，并获得其基本信息，如大小、位置等。摄像头跟随车辆在道路上运动时，其所获取的道路图像中，车辆的大小、位置和亮度是在不断变化的。由于车辆识别时需要对所有图像进行搜索，所以，车辆识别算法的耗时较长。

而跟踪算法可以在一定的时间和空间约束条件下进行目标搜索，还可以借助一些先验知识，因此计算量较小，可以基本满足预警系统的实时性要求。

目前，用于识别前方车辆的方法主要有基于特征的识别方法、基于机器学习的识别方法、基于光流场的识别方法和基于模型的识别方法等。

1. 基于特征的识别方法

基于特征的识别方法亦称基于先验知识的识别方法，在车辆识别中最为常用。

对于在路上行驶的车辆，其外观颜色、轮廓、对称性等均可作为将车辆与周围环境区别开来的特征。因此，基于特征的识别方法就以上述这些车辆的外观特征为基础，从图像中识别出前方行驶的车辆。

对当前常用的基于特征的识别方法而言，关注的具体特征有阴影特征、边缘特征、对称性特征、位置特征和车辆尾灯特征等。

由于存在周围环境的干扰以及光照条件的多样性，所以单纯使用一种特征对车辆进行识别，往往难以达到良好的准确性和稳定性。因此，在实际应用中，多采用多个特征相结合的方法完成对前方车辆的识别（图 2-136）。

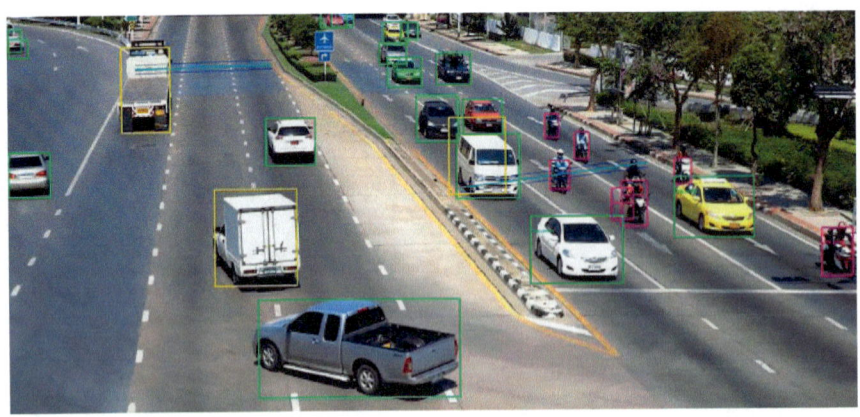

图 2-136 基于特征的车辆识别方法

2. 基于机器学习的识别方法

从本质上讲，对于前方运动车辆的识别，其实是对图像中车辆区域与非车辆区域的定位与判断问题。基于机器学习（Machine Learning）的识别方法一般需要从正样本集和负样本集中提取目标特征，然后再训练出识别车辆区域与非车辆区域的决策边界，最后再使用分类器判断目标。

基于机器学习的车辆识别方法，其过程是对原始图像进行不同比例的缩放，得到一系列缩放图像，然后在这一系列缩放图像中全域搜索所有与训练样本尺度相同的区域，再由分类器判断这些区域是否为目标区域，最后确定目标区域并获取目标区域的信息（图 2-137）。

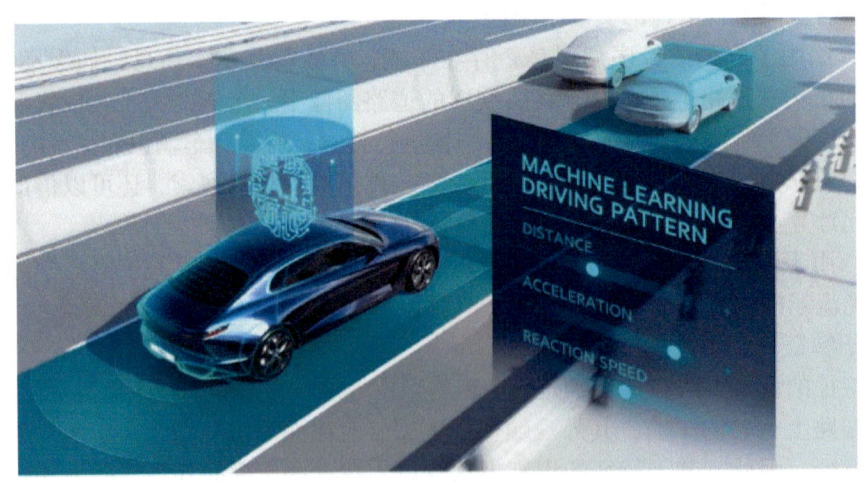

图 2-137 基于机器学习的车辆识别方法

机器学习方法无法预先定位车辆可能存在的区域，因此只能对图像进行全域搜索，其识别过程的算法复杂度高，很难保证车辆识别的实时性要求。

3. 基于光流场的识别方法

光流（Optical Flow）的概念是由美国实验心理学家、生态光学理论的创建人詹姆斯·吉布森（James Jerome Gibson）于 1950 年提出的。光流是空间运动物体在观察成像平面上的像素运动的瞬时速度,光流分析法是利用图像序列中像素在时间域上的变化以及相邻帧之间的相关性来找到上一帧与当前帧之间存在的对应关系,从而计算出相邻帧之间物体的运动信息的一种方法。一般而言,光流是由场景中目标本身的运动、相机的运动,或两者的共同运动产生的。

当人的眼睛观察运动物体时,物体的景象在人眼的视网膜上形成一系列连续变化的图像,这一系列连续变化的信息不断"流过"视网膜(即图像平面),犹如光的"流动",故称之为光流。光流表达了图像的变化,由于它包含了目标运动的信息,因此可被观察者用来确定目标的运动情况。

图 2-138 展示了一个小球在 5 个连续帧中的运动情况,箭头上的数字代表不同的帧,红色小球的运动构成了光流。

光流场是指图像中所有像素点构成的一种二维瞬时速度场,其中的二维速度矢量是景物中可见点的三维速度矢量在成像表面的投影。通常光流场是由摄像头、运动目标或两者在同

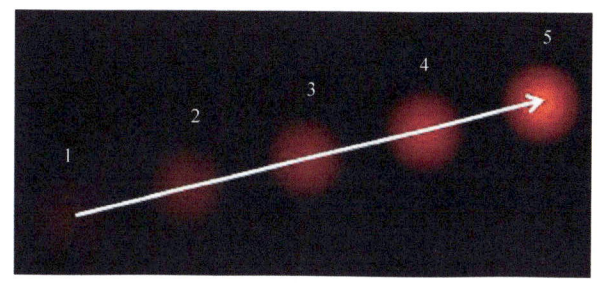

图 2-138 光流

时运动的过程中产生的。在存在独立运动的场景中,利用工程软件 OpenCV,通过分析光流可以检测目标数量、目标运动速度、目标相对距离以及目标表面结构参数等。

常用的光流分析方法有特征光流分析法和连续光流分析法两种。

(1)特征光流分析法 特征光流分析法在求解特征点处的光流时,多用图像的角点和边缘等进行特征匹配,其优点是能够处理图像帧间位移较大的目标,对于图像帧间运动的限制较小;降低了对噪声的敏感性;所用的特征点较少,计算量较小。

特征光流分析法的缺点是难以从得到的稀疏光流场中提取运动目标的精确形状;不能很好地解决特征匹配问题。

(2)连续光流分析法 连续光流分析法大多采用基于图像帧间强度守恒的梯度算法,其中最为经典的是 L-K 算法和 H-S 算法。

1)L-K 算法。L-K 算法是 1981 年由国外学者 Bruce D·Lucas 和 Takeo Kanade 开发的一种广泛使用的光流估计差分算法,被业界称为 Lucas-Kanade 算法,简称 L-K 算法。

L-K 算法最初主要用于求解稠密光流,由于该算法能比较好地运用到图像处理中,后来发展成为求解稀疏光流的重要方法,成为车辆识别的得力工具之一(图 2-139)。

图 2-139 L-K 算法用于车辆识别

L-K 算法需要满足如下 3 个假设:

① 亮度恒定假设,即假设场景中目标在运动时外观颜色是不变的,即图像中的像素在

两帧中的亮度保持不变。

② 时间连续或运动是微小运动,即图像中物体的运动随时间变化缓慢,在连续的两帧图像间,物体的位移比较小。

③ 空间一致性假设,即假设图像中同一物体表面上邻近的像素点的运动是一致的,且这些点一定是聚集在一个区域内的。

2)H-S 算法。国外学者 Horn 和 Schunck 在 L-K 算法的基础上,又提出了一种用全局方法估计图像稠密光流场的光流算法,称为 Horn-Schunck 算法,简称 H-S 算法。

H-S 算法基于 L-K 算法的前两个假设。同时,又增加了一个光流场平滑假设,即场景中属于同一物体的像素形成的光流场向量应当十分平滑,只有在物体边界才会出现光流的突变,但这只占图像的一小部分。也就是说,从总体上看,图像的光流场应当是平滑的。

H-S 算法构造了一个能量函数,将求解光流场的问题转化为求解能量函数的最小值问题。H-S 算法是目前车辆识别的常用算法(图 2-140)。

图 2-140　用 H-S 算法识别车辆

4. 基于模型的识别方法

基于模型的识别方法是根据前方运动车辆的参数来建立二维或三维模型,然后利用指定的搜索算法来匹配、查找前方车辆。

基于模型的识别方法对所建立的车辆模型的依赖度高,但是车辆外部形状各异,难以仅靠建立几种车辆模型就对车辆进行有效的识别。如果为每一种车辆外形都建立精准的模型,则又大大增加了识别过程中的计算量。

多传感器融合技术是未来车辆识别技术的发展方向。目前,在车辆识别技术领域主要有两种融合技术,即视觉传感器与激光雷达融合技术、视觉传感器与毫米波雷达融合技术。

2.4.3　行人识别技术

1. 行人识别

行人识别(Pedestrian Detection)也称行人检测(图 2-141 和图 2-142),其基本任务是利用机器视觉技术判断图像或者视频序列中是否存在行人并给予精确定位。行人识别技术可与行人跟踪、行人重识别等技术结合,应用于智能汽车(自动驾驶)系统、人工智能系统、智能机器人、智能视频监控、人体行为分析以及智能交通等领域。

图 2-141　基于视觉传感器的行人识别　　　　图 2-142　基于雷达的行人识别

由于行人兼具刚性和柔性物体的特性，外观易受穿着、遮挡、姿态和视角等影响，使得行人识别成为机器视觉领域中一个既具有研究价值同时又极具挑战性的热门课题。

但研究实践表明，单纯依靠视觉传感器（图 2-141）或单纯依靠雷达（图 2-142）对行人进行识别，都有其局限性。因此，在实际使用中，多采用多种传感器组合使用的方式来识别行人及骑行者。

行人识别技术是智能汽车研究领域中备受关注的前沿方向之一，汽车制造商、大学和科研院所相继开展了行人识别技术的研究，以求减少行人和车辆碰撞造成的伤亡数量和事故等级，并在危险状况下对驾驶人实施预警，必要时对车辆实施自动制动。

行人识别系统通常整合到碰撞预防系统当中，利用雷达、摄像头和其他传感器来识别行人，并及时自动制动，从而减少事故伤害。沃尔沃、丰田等车企已率先推出先进的行人识别系统（图 2-143），而福特也已推出自己开发的行人识别系统，能够识别路上的行人并进行动态分析，预测其是否会闯入驾驶路线中（图 2-144）。除了传统汽车制造商外，很多互联网公司（如谷歌、百度等）也在研发行人识别系统，用于实现车辆的自动驾驶。

图 2-143　沃尔沃的行人识别系统　　　　图 2-144　福特的行人识别系统

依据使用的视觉传感器的不同，可将基于视觉的行人识别方法分为可见光行人识别、红外线行人识别以及可见光与雷达组合行人识别三种。

（1）可见光行人识别　可见光行人识别方法采用的视觉传感器为普通的光学摄像头（图 2-145）。由于普通光学摄像头基于可见光进行成像，与人的正常视觉习惯一致，且硬件成本低廉，故应用最广。但其成像效果受光照影响较大，在天气晴好的白天识别效果很好，但在光照条件较差的阴雨天气或夜间识别率会大幅降低。

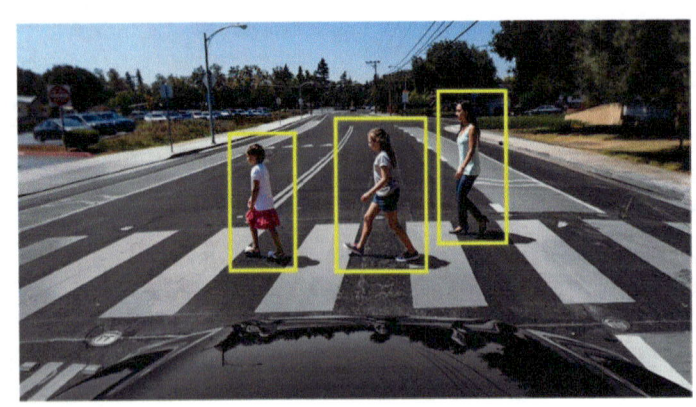

图 2-145　基于光学摄像头的行人识别

（2）红外线行人识别　红外线行人识别方法采用的视觉传感器是红外线热成像摄像头，利用物体发出的红外线进行热成像。红外线热成像摄像头工作状态稳定，不受光照影响，具有良好的夜视功能，白天、夜间都能正常使用，尤其是在暗夜及阴雨天，红外线热成像摄像头具有不可替代的优势。

红外线热成像摄像头靠感知物体发出的红外线（与温度成正比）进行成像，与可见光光照条件无关，对于夜间发热物体的检测具有明显的优势。行人属于恒温动物，其体温一般会与周围环境有较大差异，在红外线热成像图像中，行人的图像比周围环境图像要明亮突出，易于识别。同时，其成像质量对光照的明暗、物体的色彩变化以及纹理和阴影的干扰也不敏感。

光学摄像头与红外线热成像摄像头在不同天气条件下的成像对比如图 2-146~图 2-149 所示。

图 2-146　光学摄像头成像（左）与红外线热成像（右）的对比（光照良好的上午）

图 2-147　光学摄像头成像（左）与红外线热成像（右）的对比（光照良好的下午）

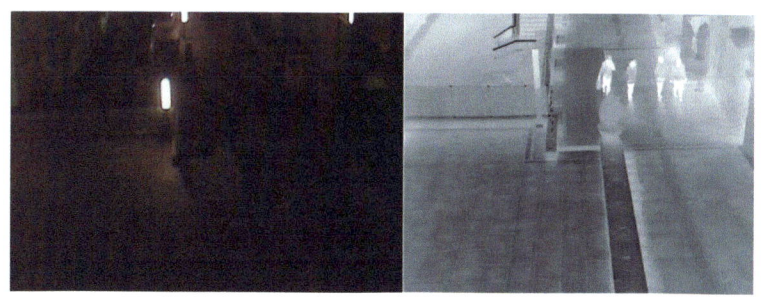

图 2-148　光学摄像头成像（左）与红外线热成像（右）的对比（夜晚）

图 2-149　光学摄像头成像（左）与红外线热成像（右）的对比（阴雨天）

红外线热成像摄像头对于识别行人非常有效，但遗憾的是，红外线热成像摄像头无法识别交通标志，也无法识别交通信号灯。

（3）可见光与雷达组合行人识别　采用可见光与雷达组合进行行人识别（图 2-150），可充分发挥摄像头和雷达的各自优势，形成扬长避短、优势互补的行人识别系统，进一步提高了行人识别的准确性，有利于确保交通安全。

2. 行人识别的特征

目前，常用的行人识别特征有 HOG 特征、Haar 特征、Edgelet 特征和色彩特征等。

（1）HOG 特征　方向梯度直方图（Histogram of Oriented Gradient, HOG）特征是一种在计算机视觉和图像处理中用于进行物体检测的特征描述因子，其基本思想是通过计算和统计图像局部区块的梯度方向直方图来构成目标特征，而梯度的边缘和具体的位置则无需关注。

在做图像识别时，首先将检测窗口划分成若干个区块（blocks），再将每一个区块划分为若干个元胞（cells），统计每个元胞内部的梯度方向直方图作为该元胞的特征向量，然后把每一个元胞的特征向量连接起来作为一个区块的特征向量，最后把各个区块的特征向量相连接，作为该检测窗口的 HOG 特征向量（也称特征描述因子）。

如图 2-151 所示，区块的形状有矩形（Rectangular-HOG，R-HOG）、圆形（Circular-HOG，C-HOG）等几种。其中，图 2-151a 为 R-HOG 区块，矩形区块均布有 2×2 个元胞，图 2-151b 为 C-HOG 区块，内有 1 个居中的元胞和 3 个半轮胎状的元胞。

区块和元胞划分得越细密，则识别率越高，漏检率越低，如图 2-152 所示。

将 HOG 特征与支持向量机（Support Vector Machine，SVM）相结合，组成图像分类器，可以获得令人满意的图像识别效果。"HOG+SVM" 是近年来具有完善理论基础的分类器之一，已经被广泛应用于图像识别领域，尤其在行人识别中获得了极大的成功。

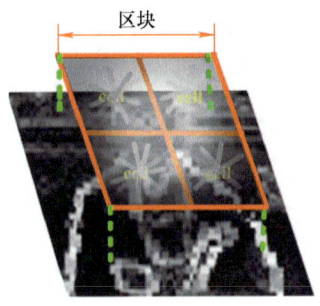

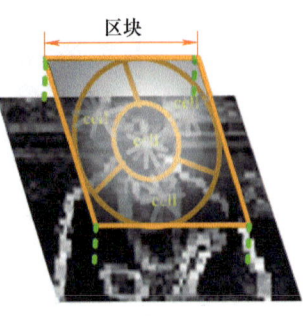

图 2-150 行人识别（雷达和摄像头组合使用）　　　图 2-151　R-HOG 和 C-HOG

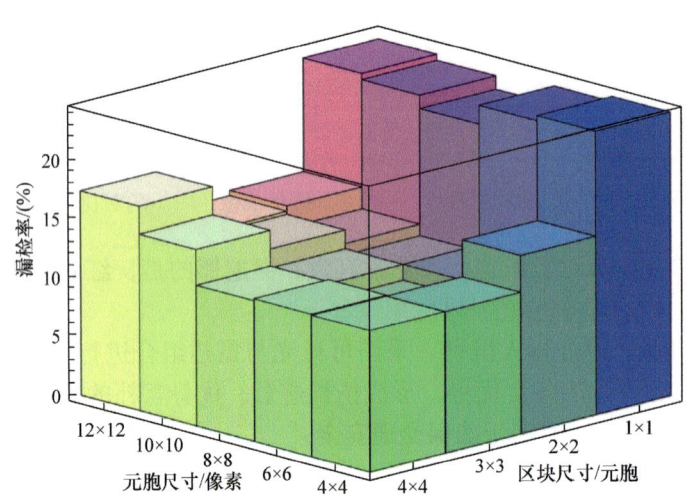

图 2-152　漏检率与区块、元胞划分的关系

"HOG+SVM" 行人识别模式是法国学者 Navneet Dalal 于 2005 年提出的，尽管目前关于行人识别的新方法不断涌现，但基本上都是 "HOG+SVM" 思路的演变和延伸。

（2）Haar 特征　Haar 特征（Haar-like features）是用于物体识别的一种数字图像特征，因其与哈尔小波变换（Haar Wavelet Transform）极为相似而得名（也称哈尔小波特征），是第一种适用于人脸识别的运算特征。

常用的 Haar 特征有线性特征、边缘特征、中心环绕特征等，如图 2-153 所示。

如图 2-154 所示，Haar 特征值 F_{Haar} 是白色矩形在图像子窗口中对应区域灰度级总和 $\sum(R_{white})$ 与黑色矩形在图像子窗口中对应区域灰度级总和 $\sum(R_{black})$ 的差值，Haar 特征值 F_{Haar} 能够反映图像局部区域灰度值的变化，即

$$F_{Haar} = \sum(R_{white}) - \sum(R_{black}) \tag{2-10}$$

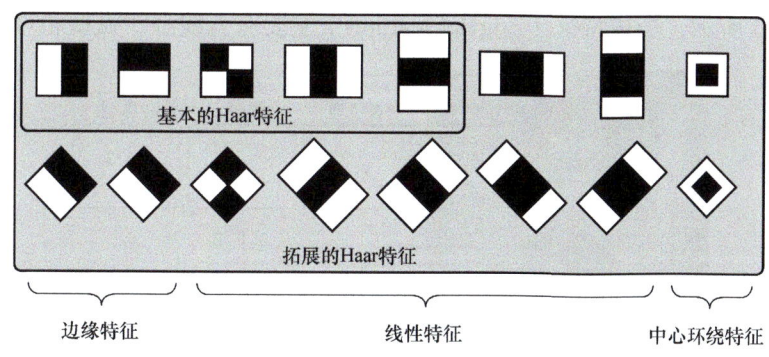

图 2-153　常用的 Haar 特征

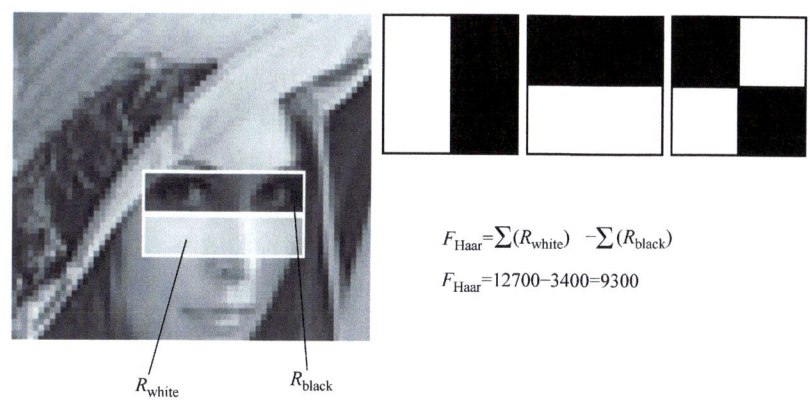

$F_{Haar} = \sum(R_{white}) - \sum(R_{black})$

$F_{Haar} = 12700 - 3400 = 9300$

图 2-154　Haar 特征值 F_{Haar} 能够反映图像局部区域灰度值的变化

基于 Haar 特征值 F_{Haar}，就可以对行人甚至对人脸进行识别（图 2-155）。

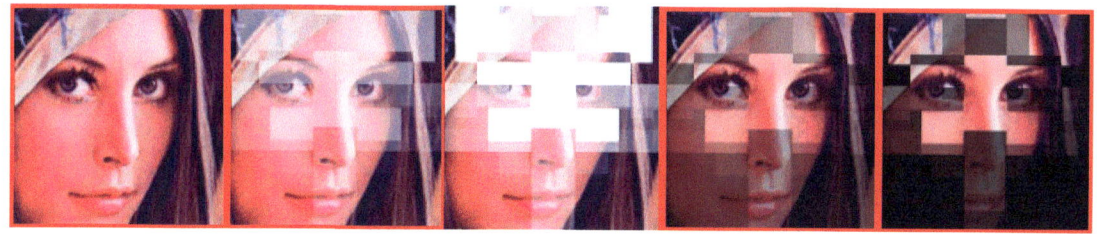

图 2-155　人脸识别（基于 Haar 特征值 F_{Haar}）

Haar 特征计算方便，且能充分描述目标特征，故成为行人识别的常用特征之一。Haar 特征多与 AdaBoost 级联分类器结合使用，以检测、识别行人和骑行者。

AdaBoost 是一种迭代算法，其核心思想是针对同一个训练集训练不同的分类器（弱分类器），然后把这些弱分类器整合起来，构成一个更强的最终分类器（强分类器）。AdaBoost 的全称为 Adaptive Boosting，意为自适应增强。AdaBoost 是一种非常优秀的数据挖掘算法，对于解决分类问题以及回归问题非常有效。

（3）Edgelet 特征　小边（Edgelet）指的是图像中由一系列边缘点组成的包含一定形状和位置信息的微小的边缘，如鼻尖、脸庞、耳朵、衣领、肩膀等。

如图 2-156 所示，小边特征（Edgelet features）主要有直线型、弧型和对称型几种。

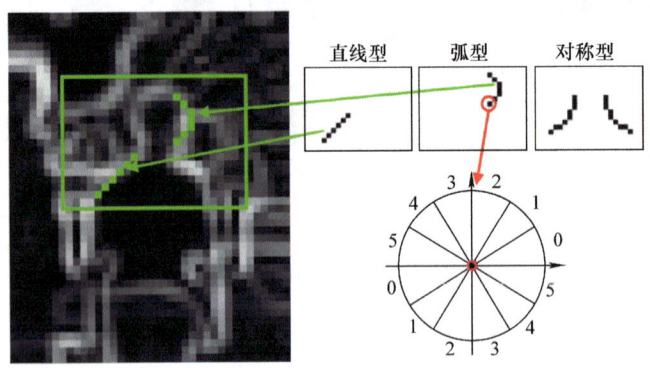

图 2-156　小边特征（Edgelet features）

利用 Adaboost 自适应增强算法筛选出一组检测能力强的小边特征进行学习训练，就能很快实现对人体不同部位的检测，识别出头部、肩膀、躯干和大腿等，然后再综合分析各个局部特征之间的关系，即可实现对行人的整体检测和识别。

小边特征描述的是人体局部轮廓特征。小边特征不需要进行人工标注，从而避免了重复计算相似的模板，降低了计算的复杂度，有利于提高检测效率。由于是对人体局部特征的检测，小边特征检测能够较好地处理行人之间的互相遮挡问题，对复杂环境中多个行人彼此遮挡状态下的检测效果明显优于其他特征。这是小边特征的优势和独到之处。

人体不同部位的定义如图 2-157 所示。

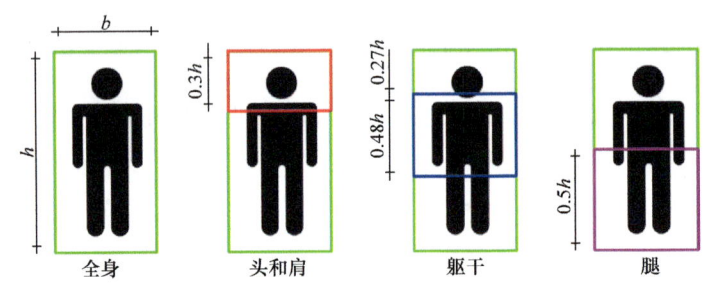

图 2-157　人体不同部位的定义

（4）色彩特征　色彩特征（Color Feature）具有很强的鲁棒性（Robustness，本意为强健、强壮，后引申为在一定的参数扰动、变化情况下，控制系统或产品质量能够保持性能稳定而不发生明显劣化的能力）。图像中子对象的方向和大小的变化对其影响不大，色彩给人以直观的视觉冲击，是最稳定、最可靠的视觉特征。色彩特征常用于描述被跟踪对象，以实现对目标的跟踪。

色彩特征的提取与色彩模型及色彩直方图有关。前已述及，色彩模型包括 RGB 模型、HSV 模型、HIS 模型等。色彩直方图仅能表征某一种色彩占整幅图像色彩的比例大小，无法表征某一种色彩在整幅图像中的具体位置，即无法描述图像中的对象。

但在针对运动目标的检测与跟踪中，色彩直方图却有其独特的优势——目标的形状变化和运动关系对色彩的影响很小——任你变大变小，任你快动慢移，红色始终是红色，绿色始终是绿色。即色彩直方图只表征色彩的分布情况，而不反映目标的空间位置，目标的形状变化和运动关系不会影响色彩直方图中各种色彩在整幅图像中的比例。因此，以色彩直方图作为行人识别特征，对运动目标进行检测与跟踪，可以很好地适应行人动作的随意性（忽走忽停）以及行人形状变化较大（直立、弯腰、转身、摇摆、打喷嚏等）的特点。

（5）几种识别特征的比较　上述常用的四种行人识别特征各有优劣，为厘清区别，加深理解，现做如下比较：

1）HOG特征是经典的行人识别特征，具有良好的光照不变性和尺度不变性，能较强地描述行人特征。该算法对环境的适应性较强，但当HOG特征的维数较高时，计算量变得极为庞大，对于确保行人识别的实时性不利。

2）Haar特征的识别计算量小，特别是引入积分图的概念之后，计算速度显著提高，可以确保行人识别的实时性要求，且在路面行人稀疏或彼此遮挡不严重的条件下检测效果良好。但Haar特征对光照条件和环境遮挡比较敏感，对多变环境的适应性差，不适合人员众多、环境多变的行人识别场景（如闹市区、影剧院门口、菜市场门口等复杂环境）。

3）Edgelet特征重在表征人体局部轮廓特点，可以处理具有一定遮挡情况下的行人检测问题，但该算法需要匹配图像中所有形状相似的边缘，计算量太大、耗时也长，很难达到实时要求。

4）色彩特征具有较强的鲁棒性，图像中子对象的运动方向和形状变化对其影响不大，适于对运动目标进行检测和跟踪，但该算法容易受到背景环境以及光照条件的影响。

（6）行人识别与人脸识别的比较　行人识别与人脸识别都属于计算机数字图像处理技术范畴，所用的技术手段也都基本相同或相似，但其识别目的和侧重点各有不同。

在智能汽车自动驾驶领域实施的行人识别，其目的是检测路面上是否存在行人以及探测行人的运动状态和运动趋势，以便于自动驾驶系统对行人进行合理、有效的避让，以确保安全行车。至于路面上的行人的身份信息我们并不关心。

人脸识别（Facial Recognition，图2-158）是基于人的脸部特征信息进行身份识别的一种生物识别技术。用摄像机或摄像头采集含有人脸的图像或视频流，并自动在图像中检测和跟踪人脸，进而对检测到的人脸进行脸部识别的一系列相关技术，通常也叫做人像识别，或称面部识别。

人脸与人体的其他生物特征一样，是与生俱来的。例如，指纹、虹膜（图2-159）的唯一性和不易被复制的良好特性为身份鉴别提供了必要的基础。

图2-158　人脸识别

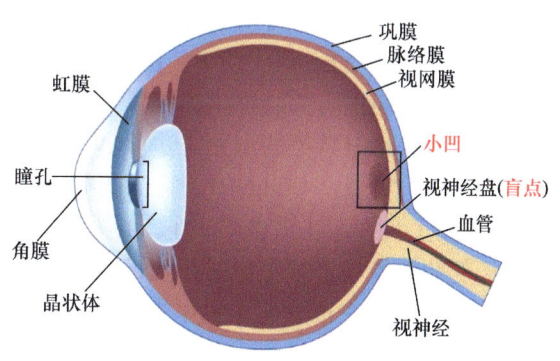

图2-159　人眼结构示意图

人脸识别系统集成了人工智能、机器识别、机器学习、模型理论、专家系统、视频图像处理等多种专业技术，同时需结合中间值处理的理论与实现，是生物特征识别的最新应用，其核心技术的实现，展现了弱人工智能向强人工智能的转化。

人脸识别技术多用于安防领域，对目标识别有更为严格的要求，人脸识别的目的在于目标的身份识别和确认，而不关心目标是坐在办公室里还是走在人行道上。

3. 行人识别方法

现有的行人识别方法有三种，分别为基于全局特征的识别方法、基于人体部位的识别方法和基于立体视觉的识别方法。

（1）基于全局特征的识别方法　该类方法是较为主流的行人识别方法，主要采用边缘特征、形状特征、统计特征或变换特征等图像的各类静态特征来描述行人，其中具有代表性的特征包括 Haar 特征、HOG 特征、Edgelet 特征、Shapelet 特征和轮廓模板特征等。

1）基于 Haar 小波特征的识别方法。国外学者 Papageorgiou 和 Poggio 最早提出 Haar 小波（哈尔小波）的概念，Viola 等引进了积分图的概念，加快了 Harr 特征的提取速度，并将该方法应用于行人识别，结合人体的运动和外观模式构建行人识别系统，取得了较好的检测效果，为行人识别技术的发展奠定了基础。

哈尔小波（Haar Wavelet）转换是匈牙利数学家 Alfréd Haar 于 1909 年提出的，是小波变换（Wavelet transform）中最简单的一种变换，也是最早提出的小波变换方法。哈尔小波在图像处理和数字水印等方面应用较多。

哈尔小波可以理解是一个带通滤波器，只允许频率和小波基函数频率相近的信号通过。小波变换的基本思想是用一组小波函数和基函数表示一个函数或信号。

基于 Haar 小波特征的识别方法在智能汽车自动驾驶系统的行人识别中应用非常普遍。

2）基于 HOG 特征的识别方法。学者 Dalal 和 Triggs 在 2005 年提出梯度方向直方图（Histogram of Oriented Gradients，HOG）的概念，并将其用于行人识别，在麻省理工学院（Massachusetts Institute of Technology，MIT）行人数据库上获得近乎 100% 的识别成功率（图 2-160）；在包含视角、光照、背景变化的法国国立计算机及自动化研究院（Institut National de Recherche en Informatique et en Automatique，INRIA）推出的行人数据库（INRIA Person Dataset）上，也取得了大约 90% 的识别成功率。HOG 特征是使用最为广泛的行人特征描述因子。

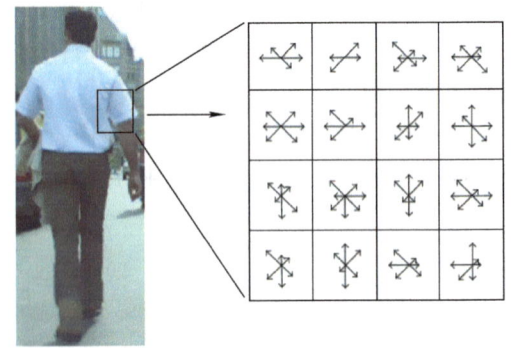

图 2-160　基于 HOG 特征的行人识别

3）基于 Edgelet 特征的识别方法。B.Wu 等学者提出了"小边"（Edgelet）特征的概念，即一些短小的直线或曲线片段，并将其应用于复杂场景中单幅图像的行人识别。

该方法在欧盟主推的基于图像主动识别的情景感知视觉项目（Context Aware Vision using Image-based Active Recognition，CAVIAR）数据库上取得了大约 92% 的识别率。

4）基于 Shapelet 特征的识别方法。针对上述 Edgelet 特征存在的缺点，国外学者 Sabzmeydani 在 2007 年提出了一种可以利用机器学习自动得到的特征，即 Shapelet 特征。

Shapelet 一词是由 Shape（形状、形态）与后缀 let（微小、细小）组合而成的，Shapelet 即表示目标在时间序列中某一时段的"微小形态"——即一个形态子序列。这个形态子序列是这段时间序列数据中一个特别的子序列，能表达时序数据中最显著的特点。

Shapelet 特征算法首先从训练样本中提取图片不同方向的梯度信息，然后利用 AdaBoost 算法进行训练，从而得到微小形态特征。

5）基于轮廓模板的识别方法。该方法利用图像中目标物体的边缘轮廓、纹理和灰度等信息构建模板，然后再通过模板匹配的方法检测目标。国外学者 Gavrila 等较早提出了基于人体边缘轮廓的模板识别方法用于识别行人。

6）基于运动特征的识别方法。近年来一些学者尝试将目标的运动信息加入到行人识别系统中，并与其他静态特征相结合，进而实现对行人的识别。

其中较具代表性的算法有：

① Viola 等学者针对摄像机静止的情况提出在不同图像上计算 Haar 特征，然后将运动信息与图像的灰度信息相结合，构建行人识别系统。

② Dalal 等学者针对摄像机运动的情况，提出将基于外观的梯度描述因子和基于运动的差分光流描述因子相结合来构建行人检测器，进而实现对行人的识别。但该方法只对单个窗口的检测比较有效，对于整幅图像的检测效果则很差。

（2）基于人体部位的识别方法　该类方法的基本思想是把人体分成几个组成部分，然后对图像中的每个部分分别检测，最后将检测结果按照一定的约束关系进行整合，最终判断是否存在行人。

（3）基于立体视觉的识别方法　该类方法的基本思想是通过两个或两个以上的摄像头进行图像采集，然后分析图像中目标的三维信息以识别出行人。

4. 基于"HOG+SVM"的行人识别实例

HOG 特征是一种图像局部特征，其基本思路是对图像局部的梯度幅值和方向进行投票统计，形成基于梯度特性的直方图，然后将局部特征拼接起来作为总的特征。局部特征在这里指的是将图像划分为多个区块，又称子块，将每个区块内的特征进行联合以形成最终的特征向量。

基于"HOG+SVM"的行人识别工作流程如图 2-161 所示。

图 2-161　基于"HOG+SVM"的行人识别工作流程

首先对输入图像进行预处理，其次计算像素点的梯度特性（包括梯度幅值和梯度方向）。之后进行投票统计，形成梯度直方图，然后对区块进行归一化处理（Normalization），最后将收集到的 HOG 特征（一行多维向量）放到线性 SVM 里进行监督学习，完成人/非人的分类，最终实现行人的检测和识别。

（1）输入图像　如图 2-162 所示，输入原始图像并做必要的处理。原始图像可以直接来自车载摄像头，既可以是灰度图像，也可以是彩色图像。

图 2-162 原始图像（720×475）及其处理

（2）γ修正　图像预处理环节包括灰度化和γ（Gamma，伽马）修正两部分。

灰度处理是可选操作，因为灰度图像和彩色图像都可以用于计算梯度图。对于 RGB 彩色图像，先对三通道色彩值分别计算梯度，然后取梯度值最大者作为该像素的梯度即可。

所谓γ修正，就是对图像进行非线性色调编辑，检出图像信号中的深色部分和浅色部分，并使两者比例增大，从而提高图像对比度。

通过γ修正，调节图像的对比度，可减少光照对图像的影响（包括光照不均和局部阴影），使曝光过度或曝光不足的图像恢复正常，更接近人眼看到的图像。

按照γ修正公式，输出图像的灰度级 $f(G)$ 与输入图像的灰度级 G 之间的关系为：$f(G)=G^{\gamma}$。其中，γ为幂指数。

当γ取不同值时，对应的输入/输出图像的灰度级变化如图 2-163 所示。图 2-163 的横坐标为输入图像的灰度级（Input Gray Level，Input-GL），纵坐标为输出图像的灰度级（Output Gray Level，Output-GL）。输入和输出图像的灰度级均在 0～255 之间取值。

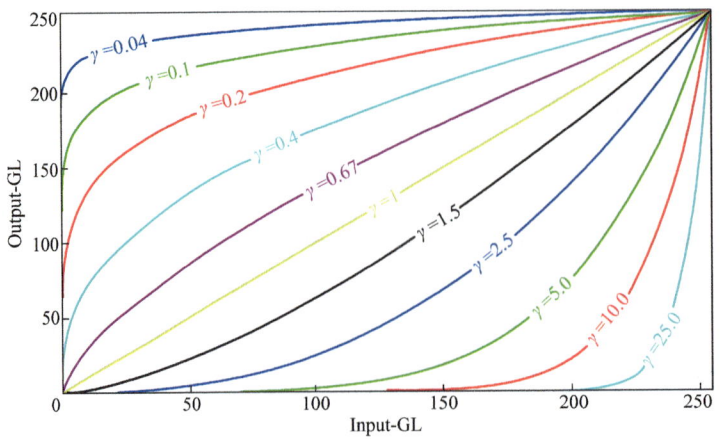

图 2-163 对图像进行非线性色调编辑

1）当 $\gamma<1$ 时，输入图像的低灰度值区域动态范围变大，进而图像低灰度值区域的对比度得以增强；在高灰度值区域，动态范围变小，进而图像高灰度值区域的对比度得以降低。最终，图像整体的灰度变亮。

2）当 $\gamma=1$ 时，输入/输出图像的灰度保持一致，没有变化。

3）当 $\gamma>1$ 时，输入图像的低灰度值区域动态范围变小，进而图像低灰度值区域的对比度得以降低；在高灰度值区域，动态范围变大，进而图像高灰度值区域的对比度得以增强。最终，图像整体的灰度变暗。

相应的程序如下：

```python
import cv2
import numpy as np
from matplotlib import pyplot as plt
img = cv2.imread('E:/python-project/deep-learning/picture/test1.jpg', 0)
img = cv2.cvtColor(img,cv2.COLOR_BGR2RGB)
img2 = np.power(img/float(np.max(img)),1/2.2)
plt.imshow(img2)
plt.axis('off')
plt.show()
```

（3）计算图像梯度　为了得到梯度直方图，首先需要计算图像水平方向的梯度和垂直方向的梯度。一般使用特定的卷积核对图像进行滤波实现，可选用的卷积模板有 soble 算子、Prewitt 算子、Roberts 算子等。

包括 OpenCV 在内的大部分图像处理软件均采用 soble 算子，利用水平 soble_x 算子和垂直算子 soble_y 与输入图像卷积计算 $\text{d}x$、$\text{d}y$

$$\text{soble}_x = \begin{bmatrix} 1 \\ 0 \\ -1 \end{bmatrix} \times \begin{bmatrix} 1 & 2 & 1 \end{bmatrix} = \begin{bmatrix} 1 & 2 & 1 \\ 0 & 0 & 0 \\ -1 & -2 & -1 \end{bmatrix} \quad (2\text{-}11)$$

$$\text{soble}_y = \begin{bmatrix} 1 \\ 2 \\ 1 \end{bmatrix} \times \begin{bmatrix} 1 & 0 & -1 \end{bmatrix} = \begin{bmatrix} 1 & 0 & -1 \\ 2 & 0 & -2 \\ 1 & 0 & -1 \end{bmatrix} \quad (2\text{-}12)$$

$$\text{d}x = f(x,y) \times \text{soble}_x(x,y) \quad (2\text{-}13)$$

$$\text{d}y = f(x,y) \times \text{soble}_y(x,y) \quad (2\text{-}14)$$

进一步可以得到图像梯度的幅值为

$$M(x,y) = \sqrt{\text{d}_x^2(x,y) + \text{d}_y^2(x,y)} \quad (2\text{-}15)$$

也可以做如下近似

$$M(x,y) = |dx(x,y)| + |dy(x,y)| \tag{2-16}$$

图像梯度的角度为

$$\theta_M = \arctan\left(\frac{dy}{dx}\right) \tag{2-17}$$

需要注意的是,如图 2-164 所示,梯度方向与图像边缘方向是彼此正交的。

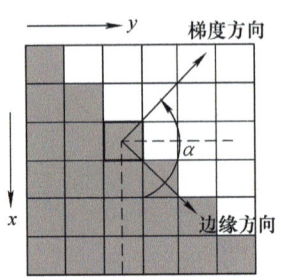

图 2-164 梯度方向与图像边缘方向彼此正交

相应的程序如下:

```
import cv2
import numpy as np
# Read image
img = cv2.imread ('E:/python-project/deep-learning/picture/test1.jpg')
img = np.float32(img) / 255.0  # 归一
# 计算 x 和 y 方向的梯度
gx = cv2.Sobel(img, cv2.CV_32F, 1, 0, ksize=1)
gy = cv2.Sobel(img, cv2.CV_32F, 0, 1, ksize=1)
# 计算合成梯度的幅值和方向(角度)
mag, angle = cv2.cartToPolar(gx, gy, angleInDegrees=True)
```

(4)计算梯度直方图 经过上述计算,图像中每一个像素点都会有两个值,即梯度幅值和梯度方向。

在计算梯度直方图这一环节中,图像被分成若干个 8×8 的元胞(cell),例如将原始图像调整至 64×128 的大小,那么这幅图像就被划分为 8×16 个 8×8 的元胞,并为每个 8×8 的元胞计算梯度直方图。当然,元胞的划分也可以是其他值,如 16×16、8×16 等,可根据具体的应用场景确定。

在计算梯度直方图时,将图像分成若干个元胞是非常必要的。这是因为如果对一整张梯度图逐个像素进行计算,其中的有效特征是非常稀疏的,不但运算量大,而且会受到一些噪声干扰。有鉴于此,就可以使用局部特征描述因子来表示一个更为紧凑的特征,计算得到的这种局部元胞上的梯度直方图更具鲁棒性。

以 8×8 的元胞为例,一个 8×8 的元胞包含了 $8 \times 8 \times 2=128$ 个数值,因为每个像素包括梯度幅值和梯度方向两个参数。

在 HOG 中，每个 8×8 的元胞的梯度直方图在本质上就是一个由 9 个数值组成的向量，对应于 0°、20°、40°、60°，…，160° 的梯度方向（角度），则元胞中的 8×8×2=128 个数值就由长度为 9 的向量来表示。采用这种梯度直方图来表征图像的向量，在大大降低计算量的同时，又增强了对光照等环境变化的适应能力。

图 2-165a 是一幅 64×128 的图像，被划分为 8×16 个 8×8 的元胞。

图 2-165b 展示的是其中一个元胞中的梯度向量，箭头朝向表征梯度方向，箭头长度表征梯度幅值的大小。

图 2-165c 展示的是 8×8 的元胞中每个元胞梯度的原始数据（包括梯度幅值和梯度方向）。其中，梯度方向（即角度的范围）介于 0°～180° 之间，而不是 0°～360°，这被称为"无符号"梯度。因为在这里，两个完全相反的方向被认为是相同的。

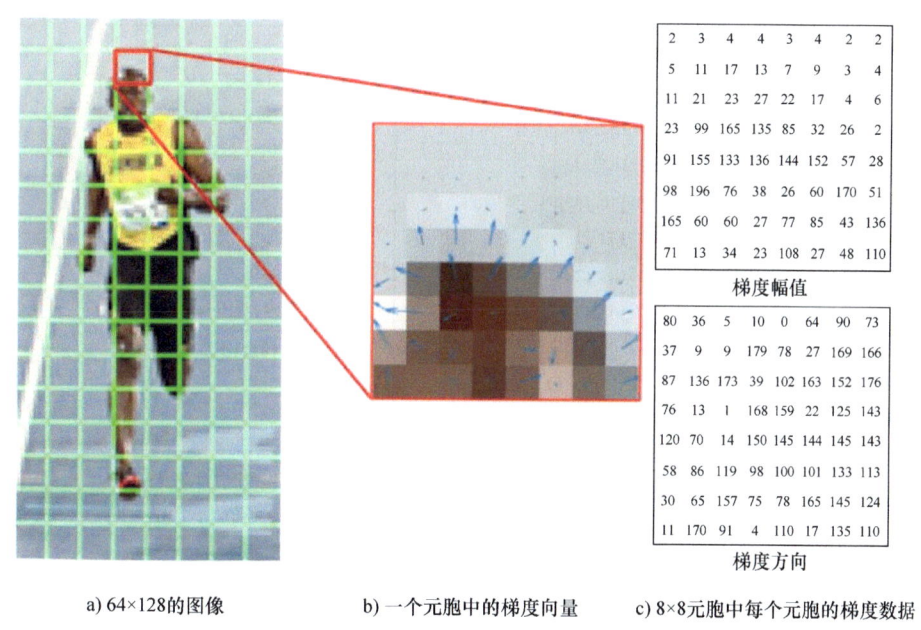

a) 64×128 的图像　　b) 一个元胞中的梯度向量　　c) 8×8 元胞中每个元胞的梯度数据

图 2-165　图像划分与梯度计算

接下来，开始计算元胞中像素的梯度直方图，将 0°～180° 分成 9 等份，称为 9 个柄，分别是 0°、20°、40°，…，160°，然后对每个柄（bin）中梯度的贡献进行统计。

统计方法是一种加权投票统计。如图 2-166 所示，若某像素的梯度幅值为 13.6，梯度方向为 36°，36° 两侧的柄的角度分别为 20° 和 40°，那么就按一定加权比例分别在 20° 和 40° 对应的柄加上梯度幅值，加权公式为：40° 对应的柄的梯度幅值为 [(40-36)/20]×13.6，其中，分母中的 20 表示 20 等份，而不是 20°；20° 对应的柄的梯度幅值为 [(36-20)/20]×13.6，其中，分母中的 20 表示 20 等份，而不是 20°。

如果某个像素的梯度角度大于 160°（即在 160°～180° 之间），则将该像素对应的梯度值按比例分配给 0° 和 160° 对应的柄。如图 2-167 中的某个像素（绿色圆圈所示），其梯度角度为 165°，梯度幅值为 85，则按照同样的加权方式将梯度幅值 85 分别加到 0° 和 160° 对应的柄中。

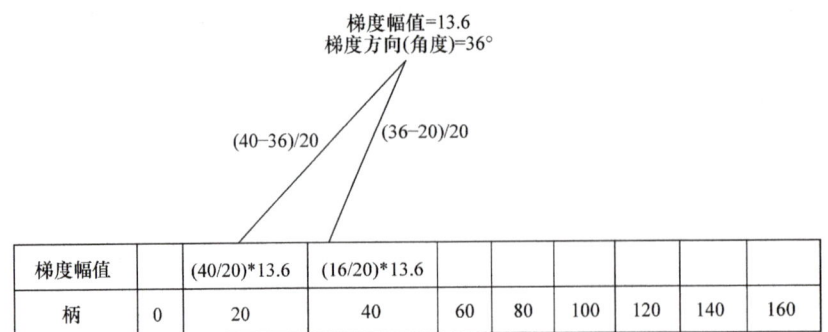

图 2-166　加权投票统计法

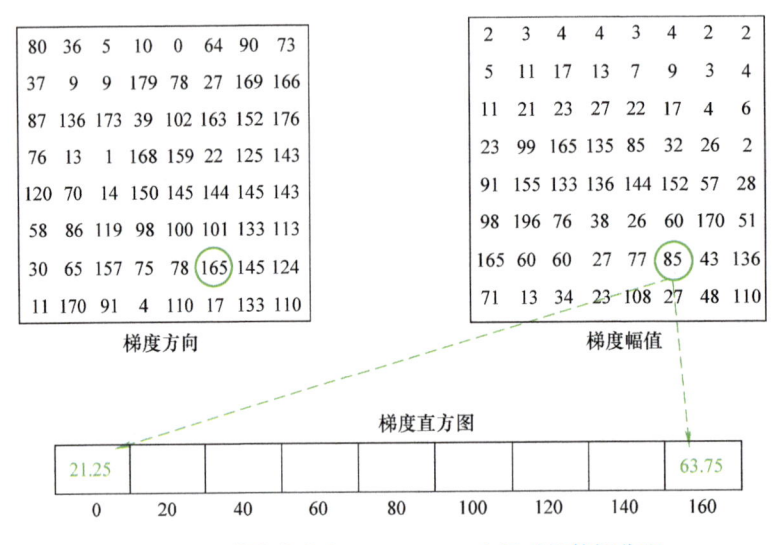

图 2-167　梯度角度在 160°~180° 之间时的数据分配

如图 2-168 所示，对整个元胞进行投票统计，即可得到由 9 个数值组成的表征该元胞的向量——梯度方向直方图。

（5）区块特征归一化　HOG 特征将 8×8 的一个局部区块作为一个元胞，再以 2×2 个元胞作为一组，称为一个区块（block），也就是说一个区块表示 16×16 的区域。

通过使用区块来对梯度进行归一化，可以减少光照变化对识别准确率的影响。

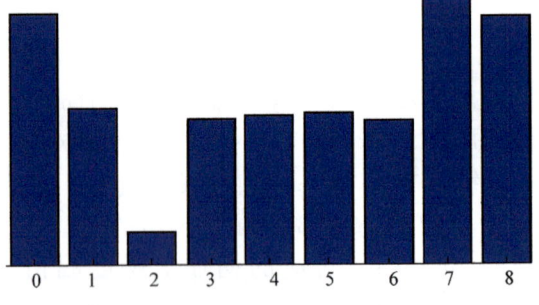

图 2-168　一个元胞的梯度方向直方图

HOG 是通过滑动窗口的方式来得到区块的。由于每个元胞有 9 个值，则一个区块（2×2 个元胞）就有 36 个值。

前已述及，归一化的目的是为了降低光照的影响，因为梯度对整体光照非常敏感，例如通过将所有像素值除以 2 来使图像变暗，那么梯度幅值将减小一半，因此直方图中的值也将减小一半,这就需要将直方图进行归一化处理。

归一化处理的方法有 L1-norm、L2-norm、max/min 等多种,本例选用 L2-norm 进行归一化处理。

例如,对于一个 [128,64,32] 的三维向量而言,其模长是 $\sqrt{128^2+64^2+32^2}=146.64$,该值称为三维向量的 L2 范数。将该向量的每个元素除以模长 146.64,就可以得到归一化向量 [0.87, 0.43, 0.22]。

采用上述方法,进行归一化处理。一个元胞有一个梯度方向直方图(包含 9 个数值),一个区块有 4 个元胞,那么一个区块就有 4 个梯度方向直方图。将这 4 个直方图拼接成长度为 36 的向量,然后对这个向量进行归一化。

每一个区块将按照上述方式进行重复计算,直到将整个图像的所有区块全部计算完毕为止。

(6)获得 HOG 特征 对于图 2-165a 而言,被划分 8×16 个区块,即图 2-165a 有 7 个水平区块和 15 个竖直区块。每个区块有 2×2 个元胞,那么总的元胞数量为 (16−1)×(8−1) = 105。

每个区块有 36 个值,整合所有区块的特征值,最终获得由 36×105=3780 个特征值组成的 HOG 特征向量(也称描述因子),而这个 HOG 特征向量是一个一维的向量,其长度幅值为 3780。

(7)线性 SVM 获得 HOG 特征向量之后,就可以进行可视化和分类了。对于多维的 HOG 特征,则可采用线性 SVM 对 HOG 特征向量做进一步的分类和分析。

支持向量机(Support Vector Machine,SVM)是一类按监督学习(Supervised Learning,SL)方式对数据进行二元分类的广义线性分类器(Generalized Linear Classifier,GLC),其决策边界是对学习样本求解的最大边距超平面(Maximum-Margin Hyperplane,MMH)。

线性 SVM 使用铰链损失函数(Hinge Loss,HL)计算经验风险(Empirical Risk,ER)并在求解系统中加入了正则化项以优化结构风险(Structural Risk,SR),属于一种具有稀疏性和稳健性的分类器。SVM 可以通过核方法(Kernel Method,KM)进行非线性分类,是常见的核学习(Kernel Learning,KL)方法之一,对分析多维的 HOG 特征行之有效。

运行下面的程序,即可完成基于 OpenCV 的实现。

```
import cv2 as cv
import numpy as np
from matplotlib import pyplot as plt
if __name__ == '__main__':
    src = cv.imread("E:/python-project/deep-learning/picture/test7.jpg")
    cv.imshow("input", src)
    hog = cv.HOGDescriptor()
    hog.setSVMDetector(cv.HOGDescriptor_getDefaultPeopleDetector())
    # Detect people in the image
    (rects, weights) = hog.detectMultiScale(src,
```

```
 winStride=(2,4),
 padding=(8, 8),
 scale=1.2,
 useMeanshiftGrouping=False)
for (x, y, w, h) in rects:
cv.rectangle(src, (x, y), (x + w, y + h), (0, 255, 0), 2)
 cv.imshow("hog-detector", src)
 cv.imwrite("hog-detector.jpg",src)
cv.waitKey(0)
cv.destroyAllWindows()
```

（8）人/非人分类　将图2-169a作为原始图像输入，运行以下程序，完成可视化处理，执行人/非人分类，系统会自动检测到人的存在，并得到图2-169b。

```
from skimage import feature, exposure
from matplotlib import pyplot as plt
import cv2
image = cv2.imread('E:/python-project/deep-learning/picture/test8.jpg')
image = cv2.cvtColor(image, cv2.COLOR_BGR2GRAY)
fd, hog_image = feature.hog(image, orientations=9, pixels_per_cell=(8, 8),
cells_per_block=(2, 4), visualise=True)
# Rescale histogram for better display
hog_image_rescaled = exposure.rescale_intensity(hog_image, in_range=(0, 10))
cv2.namedWindow("img", cv2.WINDOW_NORMAL)
cv2.imshow('img', image)
cv2.namedWindow("hog", cv2.WINDOW_NORMAL)
cv2.imshow('hog', hog_image_rescaled)
cv2.waitKey(0)==ord('q')
```

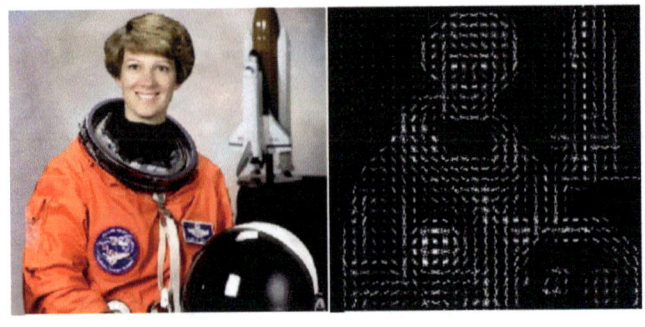

a) 原始图像　　　　b) HOG 特征图

图 2-169　基于"HOG+SVM"的人物识别

基于上述方法，还可以实现对车辆（图2-170）、人脸（图2-171）、小动物（图2-172）的检测和识别。

图2-170　识别车辆（基于"HOG+SVM"方法）

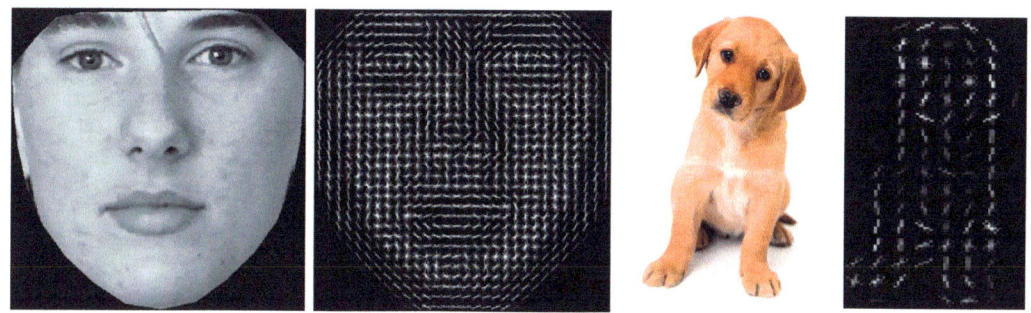

图2-171　人脸识别（基于"HOG+SVM"方法）　　图2-172　识别动物（基于"HOG+SVM"方法）

除上述的识别静态行人技术之外，近年来，通过视觉传感器（摄像头）采集行人的运动状态，并据此分析和预测行人的运动趋势——行人动态检测技术也在快速发展。比较成熟的行人动态分析和预测技术有基于目标运动状态的运动能量图（Motion Energy Image，MEI）技术和运动历史图（Motion History Image，MHI）技术等。

基于运动历史图（MHI）的目标识别及运动分析技术一般将MHI-HOG特征结合使用，通过提取目标的MHI-HOG特征矢量（图2-173）来分析行人的运动趋势，并对目标做出合理的避让，可大大提升智能汽车自动驾驶的安全性。

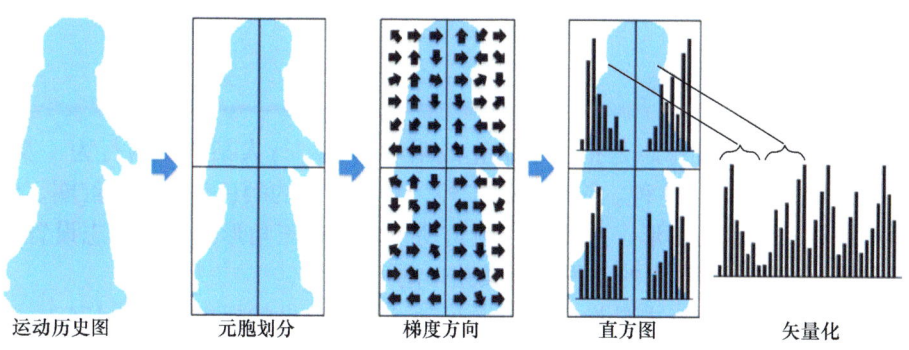

图2-173　MHI-HOG特征矢量的提取过程

2.4.4 交通标志识别技术

交通标志（Traffic Sign）是指用文字或符号传递引导、限制、警告或指示交通信息的道路设施，又称道路标志、道路交通标志。交通标志是实施交通管理、保证道路交通安全顺畅的重要设施。

交通标志有多种类型。按照功能强弱，可分为主要标志和辅助标志；按照安装方式不同，可分为可动式标志和固定式标志；按照发光与否，可分为照明标志、发光标志和反光标志；按照表达信息的灵活性，可分为固定信息标志和可变信息标志（潮汐车道标志就是典型的可变信息标志）。

1. 交通标志的类型

按照交通标志表达的信息内容不同，主要分为警告标志、禁令标志、指示标志、指路标志、旅游区标志和道路施工安全标志六种。

辅助标志是在主标志无法完整表达或指示其内容时，为维护行车安全与交通畅通而设置的标志，为白底、黑字、黑边框，形状为长方形，附设在主标志下，起辅助说明作用。

（1）警告标志　警告标志起警告作用，共有49种，用于警告车辆、行人注意危险地点。警告标志的颜色为黄底、黑边、黑图案，形状为顶角朝上的等边三角形，如图2-174所示。

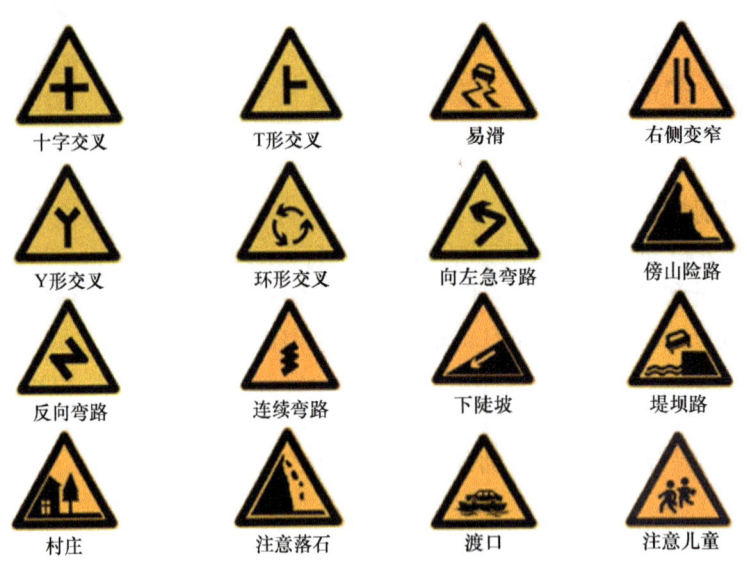

图2-174　警告标志

（2）禁令标志　禁令标志是指用于禁止或限制车辆、行人某些交通行为（及其解除）的标志（图2-175），共有43种。除个别标志外，禁令标志的颜色为白底、红圈、红杠、黑图案，图案压杠；形状为圆形、八角形、顶角朝下的等边三角形。禁令标志设置在需要禁止或限制车辆、行人交通行为的路段或交叉路口附近。

（3）指示标志　指示标志是指用于指示车辆、行人行进的标志（图2-176）。指示标志共有29类，其颜色为蓝底、白图案；形状分为圆形、长方形和正方形。指示标志设置在需要指示车辆、行人行进的路段或交叉路口附近。

图 2-175　禁令标志

图 2-176　指示标志

2. 交通标志的识别方法

交通标志识别（Traffic Sign Recognition，TSR）是指能够在车辆行驶过程中对出现的道路交通标志信息进行采集和识别，及时向驾驶人做出指示或警告，抑或直接控制车辆进行操作，以保证交通通畅并预防交通事故的发生。

交通标志识别过程分为交通标志检测和交通标志识别两个环节。

（1）交通标志的检测方法　交通标志的检测是交通标志识别的基础和前提。根据交通标志检测技术的发展历程，可将典型的检测方法分为基于色彩的检测方法、基于形状的检测方法、基于多特征融合的检测方法和基于深度学习的检测方法四大类。

1）基于色彩的检测方法。基于色彩的交通标志检测方法多采用色彩分割技术，即充分利用交通标志特有的色彩特征，将交通标志与环境背景区分开来。

色彩特征具有旋转不变性，也就是说，色彩信息不会随着图像的旋转、倾斜而发生变化，与几何特征、纹理特征相比，基于色彩的交通标志检测算法对图像的旋转、倾斜等情况具有很好的鲁棒性。

在基于色彩的交通标志检测算法中，常用的色彩模型包括 RGB 模型、HIS 模型、HSV 模型等。

2）基于形状的检测方法。我国的交通标志形状主要有三角形、圆形和矩形几种，如图 2-177 所示。

图 2-177　我国交通标志的主要形状

形状检测最常用的方法是先通过色彩分割实现初步检测，在排除大部分背景干扰后，使用某种形式的霍夫变换（Hough Transform），提取二值化图像各个连通区域的轮廓，进行形状特征分析，进而完成候选区域并实现定位。

3）基于多特征融合的检测方法。道路交通标志的背景环境复杂，多特征融合可以弥补单个特征的不足，并提高交通标志的检测准确率。

应用实践表明，将交通标志的色彩、形状、尺度特征等多特征进行融合，并采用支持向量机对融合特征进行分类检测，可大大提高交通标志检测效率，检测的准确率也大为提高。

4）基于深度学习的检测方法。基于深度学习的交通标志检测方法通过训练大数据来学习特征，具有很强的特征表达能力，不容易受到光照、遮挡等与交通标志无关的外界因素的影响，比前几种交通标志检测方法泛化能力（Generalization Ability，指机器学习算法对新鲜样本的适应能力。）更强，准确率更高。

（2）交通标志的识别方法

1）基于模板匹配的识别方法。模板匹配识别算法比较简单，在模式识别领域应用广泛。其基本识别流程为：先将已知的小模板在大图像中平移来搜索子图像，然后通过一定的算法在大图像中找到与模板最匹配（相似）的目标，进而确定其坐标位置并实现交通标志的识别。

2）基于机器学习的识别方法。基于模板匹配方法的识别结果易受到图像扭曲、遮挡、损坏等影响，难以兼顾计算量和鲁棒性的要求。因此，基于机器学习的交通标志识别成为目前比较流行的识别方法。

基于机器学习的识别算法主要是采用"人工提取特征＋机器学习"，即提取一些能够表示或描述交通标志信息的特征，再结合机器学习算法进行交通标志的识别。

3）基于深度学习的识别方法。深度学习具有强大的特征学习能力，卷积神经网络（Convolutional Neural Networks，CNN）是深度学习在计算机视觉领域应用最广的模型之一。卷积神经网络不需要人工设计特征，只要输入模型的图像，系统即可通过监督学习自行完成特征提取和分类，其识别率高于 AdaBoost 和 SVM 等传统算法。

基于深度学习的交通标志识别方法通过训练大数据来学习特征，比采用人工设计特征的传统方法更有优势，准确率明显提升。同时，该算法还有助于解决光照变化、部分遮挡等情况下的交通标志识别的难点问题。

3. 交通标志的识别流程

交通标志识别的基本工作流程如图 2-178 所示。

（1）图像采集　利用车载摄像头，随车进行动态采集，并将采集到的图像实时传输给交通标示识别系统。

（2）图像预处理　在实际的交通场景中，由于车辆运动造成的摄像头抖动、自然光、天气条件等各种因素的影响，不可避免地会在采集的图像中引入一定程度的干扰和噪声。因此首先需要将这些不利因素剔除，对采集到的图像进行必要的预处理。

通过图像均衡、图像增强和去除噪声等算法，对图像进行预处理（图 2-179），去除噪声，提高图像的亮度和对比度，以利后续工作的展开。

图 2-178　交通标志识别的工作流程　　　图 2-179　对图像进行预处理

（3）图像分割检测　预处理后的图像仍然包含很多信息，交通标志在其中只占有很小的一个区域。为了减少需要处理的数据量，加快处理速度，一般都会先将包含交通标志的区域检测出来，然后再去判断这个区域中的交通标志的具体含义。

交通标志在色彩和形状上都有一定的特点，并可按照图 2-180 进行一定程度的分类。因此，一般通过色彩和形状这两个特征去检测交通标志。

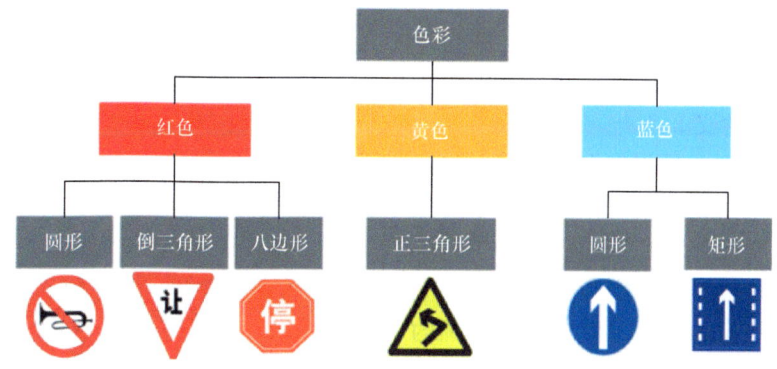

图 2-180　交通标志按色彩和形状分类

1）色彩分割。色彩多以 RGB、HSV、HSI 等色彩模型表达，并进行量化分析。以 RGB 模型为例，将色彩按照红色、绿色、蓝色进行分割，通过给定交通标志牌中常用的蓝色、黄色、红色的色调坐标范围，即可过滤掉与之不相关的色彩信息，快速检测到交通标志（图 2-181）。

2）形状分割。仅仅检测色彩显然是不够的，由于光照、背景色的影响和干扰，还需要在色彩检测结果的基础上对相应区域进行形状检测。交通标志具有边缘清晰、形状简单、易于辨认的特点。这些特征在排除色彩影响后的灰度图像中更加明显，因此通过一定的边缘检测算法去判断图像像素中出现的灰度阶跃变化，就能较为准确地检测出交通标志的形状和轮廓特征（图 2-182）。

图 2-181　色彩分割（快速定位红色区域）　　图 2-182　形状分割（获得形状和轮廓特征）

（4）图像特征提取　在图像检测完成之后，图像中基本就只剩下交通标志的关键信息了。这些信息虽然简单直观，但计算机依然无法知道这些信息的具体含义。此时，需要对这些图像特征进行进一步的提取和比对，才能对交通标志具体的信息进行识别。

图像的关键特征是识别具体信息的关键因素。图像特征的突出与否直接决定了识别的准确度。一般来说这些关键特征需要具有可区分性、简约性和抗干扰等特点。可区分性是指不同交通标志的特征要具有足够的差异性；简约性是指在保证可区分性的前提下用尽量少的数据表达图像特征，以保证检测的速度和效率；抗干扰度是指图像特征信息要尽可能不被噪声、自然光和图像畸变所影响。

在交通标志识别领域，一般会提取色彩特征、线条变化特征、矩特征、灰度直方图统计特征等，并事先维护一个样本数足够多的特征库（即数据库），特征库里包含现有交通标志的图像特征信息。在交通标志识别过程中，将采集到的图像特征提取出来，并与特征数据库中的条件进行比对，即可识别出该交通标志的具体含义。

（5）图像识别　目前有多种方法实现图像特征与特征数据库的比对，最为简单直接的方式是模板匹配，即在特征数据库中将不同交通标志的特征参数规定为某些特定的数据。当所采集图像的特征参数在某个范围内时，就判断是这个交通标志信息（图 2-183）。

但由于在图像采集过程中难免发生形状

图 2-183　通过匹配特征数据库信息识别交通标志

畸变、色彩失真等情况，所以在实际使用场景中用模板匹配来识别的成功率和准确度并不是特别高，即便优化了图像处理算法，识别能力依然有限。

随着近年来机器学习技术的发展，图像识别技术有了很大的进步，通过设定一些简单的判断条件，并在特征数据库中加入各种形态和场景下的学习样本，能使系统不断提升交通标志的识别概率。机器学习让交通标志识别不再依靠具体固定的参数，而是通过一系列的条件判断让系统找到概率最大的目标，以此提升识别的准确度和灵活性。目前机器学习技术已经成为研究的热点，并有效提高了图像识别的准确率（图2-184）。

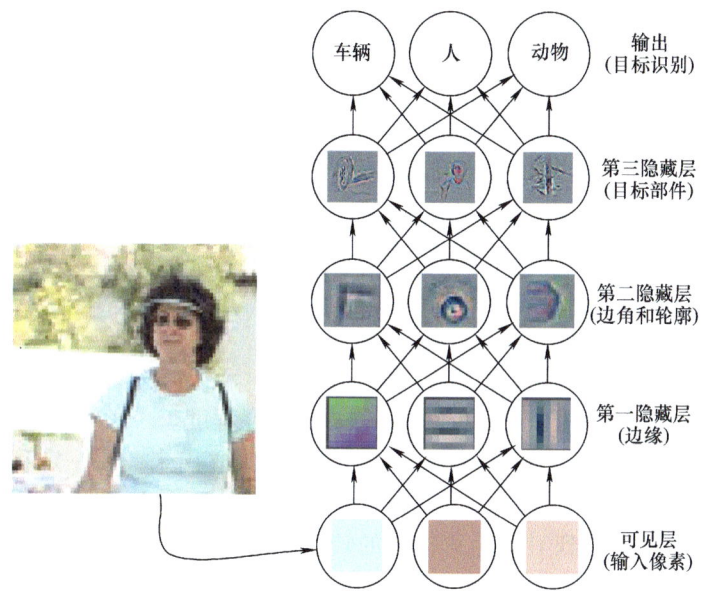

图2-184　机器学习在图像识别中的应用

交通标志识别是图像识别技术在自动驾驶领域较为成功的应用，其工作场景相对简单，识别准确度和成功率都让人满意。现在自动驾驶中摄像头识别车辆、行人、自行车、车道线等其他目标的工作原理基本与交通标志识别类似，只是针对不同的对象所用的算法和模型会有一定的调整和优化，并维护一个更为多样的样本学习库。

4. 交通标志检测识别实例

下面以五种禁令标志（图2-185）的识别为例，介绍交通标志的检测、识别过程。

图2-185　五种禁令标志

（1）交通标志的检测　上述五种禁令标志，其外框均为鲜艳的红色，具有明显的色彩特征；其形状均为圆形，具有明显的形状特征。基于此，可通过色彩特征和形状特征进行检测，检测流程如图2-186所示。

1）采集原图。通过车载摄像头采集道路交通标志，并对原图做必要的图像预处理，以便于后续的图像识别。

2）色彩分割。最直观、最简单的色彩分割方法是利用 RGB 色彩模型来描述图像的色彩分布情况。但是，RGB 色彩模型极易受到光照变化情况的影响，鲁棒性并不高。所以在实际运用中，很少直接使用 RGB 色彩模型进行色彩分割，而是使用其他更为稳健的色彩模型（如 HSI 色彩模型）对图像进行色彩分割。

前已述及，在 HSI 色彩模型中，色调 H（Hue）与光波的波长有关，它表征人眼对不同色彩的感受（如红色、绿色、蓝色等），也可表征一定范围的色彩（如暖色、冷色等）；饱和度 S（Saturation）表征色彩的纯度，纯光谱色是完全饱和的，加入白光会稀释饱和度。饱和度越高，色彩看起来就会越鲜艳，反之亦然；强度 I（Intensity）对应成像亮度和图像灰度，表征色彩的明亮程度。

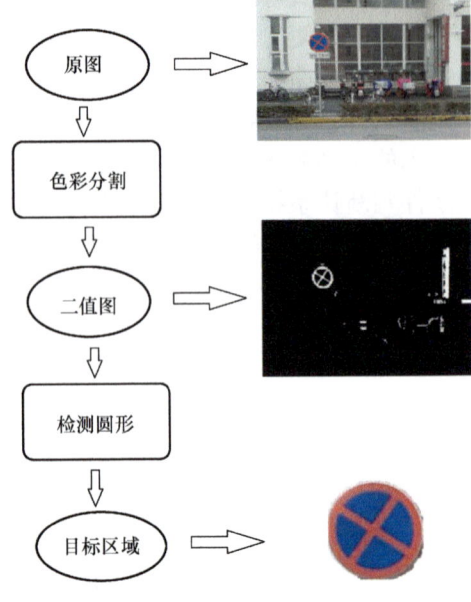

图 2-186　交通标志的检测流程

从理论上看，HSI 色彩模型将饱和度和亮度信息独立出来，在一定程度上降低了光照变化带来的干扰和影响，提升了 HSI 色彩分割的鲁棒性。

从 RGB 色彩模型转换到 HSI 色彩模型的转换公式如下：

$$\theta = \arccos \left\{ \frac{[(R-G)+(R-B)]/2}{\sqrt{(R-G)^2+(R-B)(G-B)}} \right\} \quad (2\text{-}18)$$

$$H = \begin{cases} \theta & B \leq G \\ 360 - \theta & B > G \end{cases} \quad (2\text{-}19)$$

$$S = 1 - \frac{3\min(R,G,B)}{R+G+B} \quad (2\text{-}20)$$

$$I = (R+G+B)/3 \quad (2\text{-}21)$$

利用式（2-18）～式（2-21），将 RGB 色彩模型转换到 HSI 色彩模型（也称 RGB to HSI 模型转换），然后将饱和度 S 和强度 I 均放大 100 倍，以便于后续处理，最后得到的色调 H、饱和度 S 和强度 I 的取值范围分别为 [0,360]、[0,100] 和 [0,100]。

3）二值图。完成从 RGB 色彩模型到 HSI 色彩模型的转换之后，分割出红色像素，形成二值图。色彩分割及二值图效果（由远及近）如图 2-187 所示。

4）检测圆形。在进行色彩分割之后，得到的只是一个粗略的交通标志 ROI 区域，还会留下一些噪声以及与目标区域面积相当或略大的区域。对此，还需要进行图像预处理，为准确检测交通标志打下基础。由于交通禁令标志最明显的特征是其色彩和形状，在用色彩分割之后，可以通过形状特征来去除其他干扰。

对于本例而言，交通禁令标志的形状为圆形，可以采用经典的霍夫变换（Hough Transform）进行圆形检测，该方法准确性高，但是计算量大，耗时多且占用较大内存；也可以采用圆度检测法来提取圆形，该方法原理简单，计算量小，准确率高。综合考虑，本例采用基于圆度的圆形区域检测算法对禁令标志进行检测，基本流程如图 2-188 所示。

图 2-187　色彩分割及二值图（由远及近）

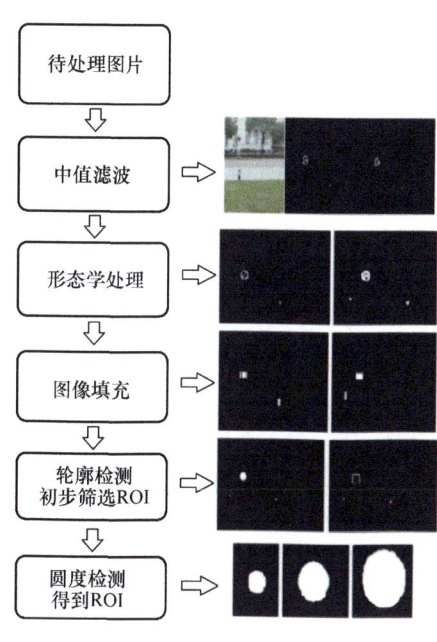

图 2-188　基于圆度的圆形区域检测流程

将待处理图片输入系统之后，先对图像进行中值滤波，去除单个噪点，然后进行形态学处理。形态学（Morphology）处理的目的是得到一个封闭的区域，但对图像进行色彩分割后的实际结果很可能不是理想封闭的圆形（图 2-189a）。选用 3×3 腐蚀模板（Corrosion Template）、7×7 膨胀模板（DilationTemplate）进行形态学处理后，可以得到理想的、无缺口的、封闭的圆形（图 2-189b）。

然后，对封闭圆形进行图像填充，得到一个实心区域，如图 2-190 所示。

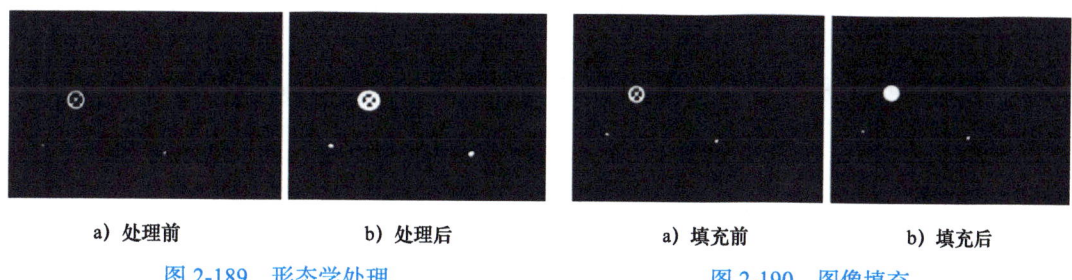

a) 处理前　　　　b) 处理后　　　　　　　　a) 填充前　　　　b) 填充后

图 2-189　形态学处理　　　　　　　　　　图 2-190　图像填充

接下来，使用轮廓检测法检测图片中的 ROI 区域，即初步筛选 ROI。如图 2-191 所示，一些细小的噪声也被筛选进来了。

为筛选出有效的检测区域并消除噪声，可对检测区域的宽高比、面积大小进行限制，如将图像的宽高比限制在 0.5～2 之间，面积最小值设定为 400，则可以得到图 2-192 所示的检测效果。经过处理后，小面积的噪声已经被剔除。

采用圆度检测算法对已经检测到的区域进行圆形验证。圆度的定义为

$$C = 4\pi S / L^2 \qquad (2-22)$$

式中，S 为圆的面积；L 为圆的周长；C 为圆度。圆度值 C 越接近 1，则表示该图形与圆形的契合程度越高。经过大量的试验，可以得出结论——当实测圆度值 $C > 0.5$ 时，即可筛选出绝大部分的圆形。

图 2-192 所示的 ROI 区域是包含圆形交通标志牌的矩形区域。如图 2-193 所示，为进一步检测 ROI 区域，可将整个 ROI 区域分成 1、2、3、4 四块，其中红色部分为交通禁令标志，灰色部分为 ROI 区域中的无效像素。利用轮廓检测、圆度约束和无效面积约束条件，可以得到去除无效像素之后的 ROI 区域效果图（图 2-194）。

按照上述方法，对需要检测的交通禁令标志逐一处理，即可得到图 2-195 所示的目标区域提取效果。

 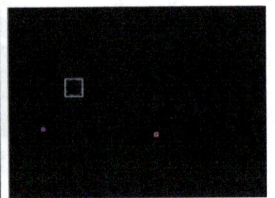 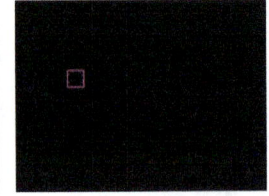 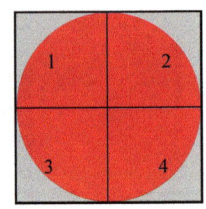

图 2-191　初步筛选 ROI　　　图 2-192　有效检测区域　　　图 2-193　ROI 区域的划分

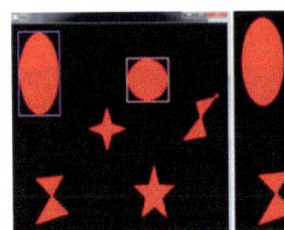 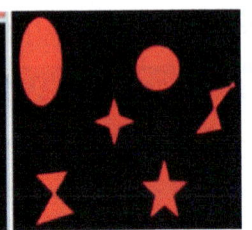 

图 2-194　去除无效像素之后的 ROI 区域效果图　　　图 2-195　目标区域的提取效果

（2）交通标志的识别

1）图像预处理，将无效像素全部去除，只留下圆形 ROI 有效区域（图 2-196）。

2）对图像进行二值化处理，使图像特征更为清晰、醒目，如图 2-197 所示。

第 2 章 环境感知技术

图 2-196　图像预处理　　　　　　　　　图 2-197　图像二值化处理

3）SVM 训练。可以选择所有像素作为特征，也可以采用 Hu 不变矩、Zernike 不变矩㊀、二者混合矩等特征。

为简单实现框架，选择全部像素特征进行训练。准备好样本和测试集，并给这 5 类交通禁令标志分别设置标签 Stop、20t、Car Forbidden、5 和 Stop2。

经过 SVM 训练、读取和预测之后，即可实现对具有各种环境背景的交通禁令标志的识别（图 2-198）。

a）建筑物背景交通禁令标志的识别　　　　b）树木背景交通禁令标志的识别

图 2-198　实现对具有各种环境背景的交通禁令标志的识别

㊀　图像识别的核心问题是图像特征的提取，即用一组简单的数据（图像描述因子）来描述整个图像。这组数据越简单、越有代表性越好。良好的图像特征应不受光线、噪点、几何形变的干扰。图像不变矩是图像识别过程中常用的图像特征之一。

不变矩（Invariant Moments）是一种高度浓缩的图像特征，具有平移、灰度、尺度、旋转不变性。

学者 M.K.Hu 于 1961 年首先提出了 Hu 不变矩的概念。Hu 不变矩是图像的一组特征参数，主要用于描述形状，并具有平移、伸缩、旋转均不变的特性，适用于图像的分类与识别。

1979 年，学者 M.R.Teague 根据 Zernike（Frits Zernike，弗里茨·泽尔尼克，荷兰物理学家、光学家，相衬显微技术发明人）正交多项式理论提出了 Zernike 不变矩。Zernike 不变矩能够很容易地构造图像的任意高阶矩，并能够使用较少的矩来重建图像。

Zernike 不变矩是基于 Zernike 多项式的正交化函数，虽然其计算过程比较复杂，但 Zernike 不变矩在图像旋转和低噪声敏感度方面具有较大的优势。Zernike 不变矩具有图像旋转不变性，且可以构造任意高阶矩，因此广泛应用于图像识别领域。

113

2.4.5 交通信号灯识别技术

1. 交通信号灯的类型

我国交通信号灯（Traffic Light）的类型、制式、设置与安装必须遵循 GB 14887—2011《道路交通信号灯》和 GB14886—2016《道路交通信号灯设置与安装规范》的要求。

我国的道路交通信号灯从色彩方面划分，有红色、黄色、绿色三种，且三种色彩的布置顺序是固定的、有规律的；从发光方式方面划分，有面发光和 LED（Light-Emitting Diode，发光二极管）发光两种（图 2-199）；从安装方式划分，有横置和竖置两种；从功能方面划分，则有机动车信号灯、非机动车信号灯、人行横道信号灯以及数字式时间显示等多种；从形状角度划分，传统的圆形信号灯形状比较简单，而各种箭头灯及掉头信号灯的形状则比较复杂。

a) 面发光信号灯　　　　　　　　b) LED信号灯

图 2-199　我国交通信号灯的类型

2. 交通信号灯的识别方法

目前，利用视觉传感器识别交通信号灯的方法主要有基于色彩特征的识别方法和基于形状特征的识别方法两大类。但在未来，通过车辆与路侧基础设施之间（Vehicle-to-Infrastructure, V2I）通信，车辆可直接获取道路前方交通信号灯的状态，从而省去繁琐的信号灯识别过程。

（1）基于色彩特征的识别方法　基于色彩特征的识别方法主要是选取某个色彩模型对交通信号灯的红色、黄色、绿色三种色彩进行分析和识别。在这类算法中，可依据采用的色彩模型不同分为以下三种：

1）基于 RGB 色彩模型的识别算法。在实际应用中，摄像头采集到的交通信号灯图像基本上都是 RGB 格式的，因此，直接采用 RGB 色彩模型对交通信号灯进行识别，就不必进行色彩空间转换，算法也相对简单、省时省力，使得该算法有较好的实时性。

但是，基于 RGB 色彩模型的识别算法的缺点也很明显——由于 R、G、B 三种色彩彼此依赖、难于解耦，而且对外界光照条件变化也较为敏感，因此该识别算法的鲁棒性较差。

2）基于 HSI 色彩模型的识别算法。HSI 色彩模型与人眼对色彩的感知相近，且在 HSI

色彩模型中，色调 H、饱和度 S、强度 I 三个分量在一定程度上实现了解耦，彼此的依赖度较低，能很好地适应光照条件的变化，在晴天、阴雨天、沙尘弥漫及黑夜等多变天气条件下的识别率较高。该算法的缺点是从 RGB 模型转换到 HSI 模型的过程中，转换算法比较复杂、耗时较多，不利于提高信号灯识别的实时性。

3）基于 HSV 色彩模型的识别算法。在 HSV 色彩模型中，色调 H、饱和度 S 两个分量用于描述色彩信息；亮度分量 V 与色调分量 H 是互相独立的，亮度分量 V 只与图像的光照强度有关，而与图像的色彩无关。因此，基于 HSV 色彩模型的识别算法对光照条件的变化不敏感，但在该算法中，相关参数的确定比较复杂，需视具体环境审慎处理。

（2）基于形状特征的识别方法　基于形状特征的识别方法主要是利用交通信号灯与其相应支撑物之间的几何关系信息来识别交通信号灯。这一识别算法的主要优势在于交通信号灯的形状信息一般不会受到光照变化和天气（气候）变化的影响。但该识别方法难度较大，算法也较复杂。

为稳妥起见，可将上述两类识别算法结合使用，做冗余配置，以提高自动驾驶汽车视觉感知系统对交通信号灯的识别准确率。

3. 交通信号灯的识别流程

（1）基于视觉传感器的交通信号灯识别　采用视觉传感器进行交通信号灯识别时，其基本工作流程为：原始图像采集→图像灰度化处理→直方图均衡化处理→图像二值化处理→交通信号灯识别。

但由于交通信号灯外形多种多样，安装位置也各不相同，以提取特征进行交通信号灯识别的难度较大，加之交通信号灯的识别还受到光线、遮挡、故障、同步等诸多问题的影响和制约，因此，基于视觉传感器的交通信号灯识别存在识别率低、难以满足实时性要求等缺陷，仅在车辆蠕行状态下可以满足行车需要。换言之，目前传统的基于视觉传感器的交通信号灯识别方法还无法满足智能汽车自动驾驶系统的要求，只能寄希望于其他方法。

（2）基于深度学习的交通信号灯识别　德国博世公司提出了一种基于深度学习、立体视觉（双目摄像头）和车辆里程计的交通信号灯识别方法，其系统框图如图 2-200 所示。

该系主要由交通信号灯检测器、跟踪器和分类器组成，可以实时感知交通信号灯的状态变化。其基本工作流程为：检测→分类→跟踪→分类识别。在检测、识别流程中，分类模块出现了两次，其目的是消除跟踪器的漂移（Drift），以提高检测和识别的准确率。

检测器基于 YOLO（You Only Look Once，只需瞄一眼）算法[一]，而跟踪算法是基于立体视觉和车辆里程计估算的车辆运动状态。因为采用双目视觉传感器，通过两个传感器计算得到的视差图，可以进一步算出交通信号灯目标框的 3D 位置，再加上车辆里程计反映的车辆运动信息，就可以预测出下一个时刻交通信号灯的位置。

跟踪器基于卷积神经网络（Convolutional Neural Networks，CNN），其目标跟踪方法如图 2-201 所示。CNN 从候选位置接收原始图像和裁剪图。然后，预测候选项与跟踪对象的偏移量（u，v）和误差估计值 e。

㊀ 人类的视觉系统快速且精准，YOLO 可快速识别出图像中的物品属性及其位置。YOLO 算法的全称是 "You Only Look Once: Unified, Real-Time Object Detection"，意即通过统一的运算框架，只需瞄一眼，就能快速实现端到端的目标探测。

其中，You Only Look Once 是指只需要一次 CNN 运算；Unified 指的是通过一个统一的运算框架，即可实现端到端（end-to-end）的预测；Real-Time 则是体现 Yolo 算法的运算速度快、实时性好。

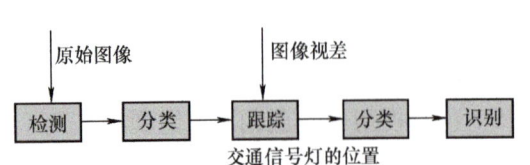

图 2-200　基于深度学习的交通信号灯识别系统框图

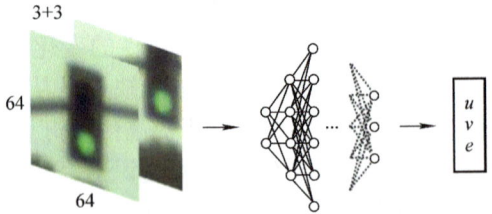

图 2-201　用于目标跟踪的卷积神经网络

分类器也基于 CNN 模型，可将识别后的目标分为 5 种状态，即背景、红灯、绿灯、黄灯和关闭。其中，关闭对应交通信号灯未启用（故障或停电）状态。

博世公司提出的基于深度学习的交通信号灯识别方案，其贡献主要体现在以下三个方面。

1）建立了经过准确标记的交通信号灯数据集，其中包含用于训练的 5000 张图像和用于评估的 8334 帧的视频序列。该数据集作为博世小型交通信号灯数据集已经公开发布，是目前最大的公开标记交通信号灯数据集。

2）建立了高效的交通信号灯检测器，能够以 10 帧/s 的速度检测分辨率为 1280×720 的来自双目摄像头的图像。当选择产生相同错误率的置信阈值时，该检测器能够准确检测到宽度小至 4 个像素的交通信号灯。

3）采用了交通信号灯跟踪器，该跟踪器使用立体视觉（双目摄像头）和车辆里程计来计算和预测交通信号灯的状态变化，并使用基于卷积神经网络的深度学习方法来校正上述预测，因而能够对交通信号灯的状态变化实施准确的跟踪和预判，进而提高交通信号灯的识别率。

基于深度学习的交通信号灯识别方法的实时性好，识别准确率高，可用于智能汽车自动驾驶系统。图 2-202 是以 1280×720 的全分辨率拍摄的原始图像，图 2-203 是基于图 2-202 的放大裁剪图。其中，图 2-203 显示的交通信号灯图像尺寸约为 6×12 像素，图中的三处交通信号灯均被正确识别为黄灯。

图 2-202　原始图像（1280×720）

图 2-203　基于原始图像的放大裁剪图

（3）直接获取交通信号灯的状态信息　通过 V2I 的无线通信技术（图 2-204），智能汽车可以直接获取道路前方交通信号灯的状态信息（当前是红灯还是黄灯，当前状态还会持续多长时间等），省去了繁琐的检测和识别过程（图 2-205）。

第 2 章 环境感知技术

图 2-204　V2I 通信（车辆可直接获取前方交通信号灯的状态）

图 2-205　前方交通信号灯的状态直接显示在仪表板上

所谓 V2I 通信技术，是指在智能汽车与路侧智能交通设施（包括交通信号灯）之间建立无线通信网络，实现信息共享。首先需要在路侧智能交通设施上安装一个发射源，发射源可对外发射交通信号灯的状态信息，智能汽车则对这个信息进行接收。

V2I 的通信距离最高可超过 1km，相比于探测距离较近的摄像头，使用这种方案的智能（自动驾驶）汽车能够更早地获悉前方交通信号灯的状态，也就有更多的时间预做处理，更有利于行车安全。

相比视觉传感器方案，V2I 方案另一个优势在于交通信号灯识别的便捷性，该方案几乎可以没有任何干扰地将信号灯的信息传输给车辆。V2I 方案最大的缺点在于建设成本过高，需要随着智能公路系统的建设逐步推进，短时间内难以全面普及。

2.5　人工智能与自动驾驶

2.5.1　人工智能技术

1. 人工智能

人工智能（Artificial Intelligence，AI）是一个以计算机科学为基础，由计算机技术、心理学、生理学、哲学等多学科交叉融合的新兴学科，是研究、开发用于模拟、延伸和扩展人的智能的理论、方法、技术及应用系统的一门新的技术科学，其研究目的是了解智能的实质，并生产出一种新的能以人类智能相似的方式做出反应的智能机器（图 2-206）。

人工智能的研究范围非常广泛，包括机器视觉、指纹识别、人脸识别、视网膜识别、虹膜识别、掌纹识别、专家系统、自动规划、智能搜索、定理证明、博弈论、自动程序设计、智能控制、机器人学、语言和图像识别以及遗传编程等。

特别是在机器人领域，人工智能技术已经取得了长足的进步，现在已经研发出可以正常聊天、开玩笑，甚至能拍电影的机器人（图 2-207）。

从高度自动化、智能化的角度来看，智能（自动驾驶）汽车就是一部可以高速行驶的工业机器人，智能汽车的发展与人工智能技术是密不可分的（图 2-208）。

机器学习（Machine Learning，ML，图 2-209）是人工智能的核心，涉及概率论、统计学、逼近论、凸分析、算法复杂度理论等多门学科。

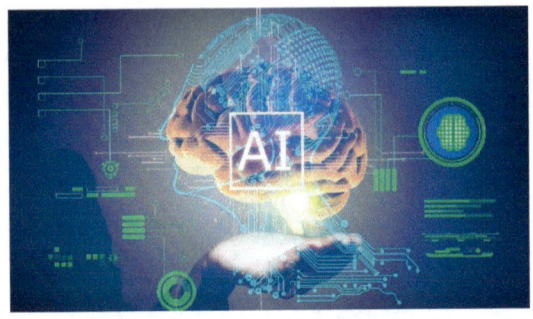
图 2-206 人工智能

图 2-207 基于人工智能技术的机器人艾丽卡（Erica）

图 2-208 人工智能助力自动驾驶汽车发展

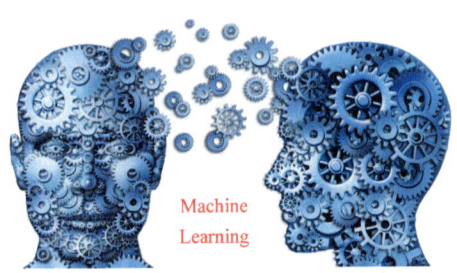
图 2-209 机器学习

机器学习专门研究计算机怎样模拟或实现人类的学习行为，以获取新的知识或技能，重新组织已有的知识结构并使之不断改善自身的性能。机器学习是使计算机具有智能的途径之一。

在智能汽车领域，各种控制算法的研究离不开机器学习技术的助力和推动（图2-210）。

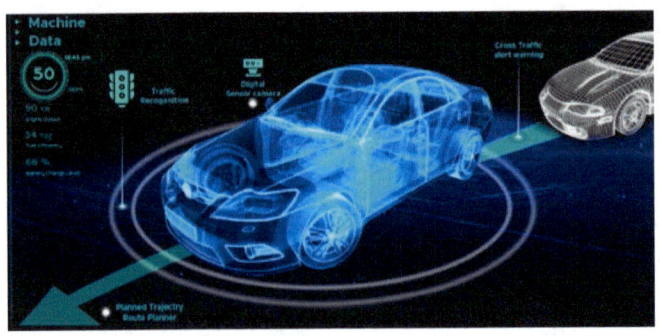
图 2-210 机器学习助力自动驾驶汽车发展

深度学习（Deep Learning，DL）是基于深度神经网络来解决特征表达的一种学习过程（图2-211）。深度学习是机器学习研究中的一个新的领域，其目的在于建立、模拟人脑进行分析学习的神经网络，模仿人脑的运行机制来解释图像、声音、文本等数据，并做出准确的分析和判断。

人工神经网络（Artificial Neural Networks，ANN）简称为神经网络（Neural Networks，NN）或连接模型（Connection Model），是一种模仿动物（特别是人）神经网络行为特征，进行分布式并行信息处理的算法模型（图2-212）。人工神经网络依靠系统的复杂程度，通过调整内部大量节点之间的相互连接关系进行繁杂的运算，以达到处理复杂信息、做出科学判断的目的。

图2-211　深度学习（Deep Learning）

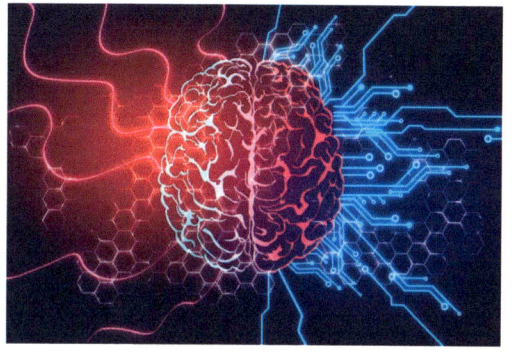

图2-212　人工神经网络简称神经网络（NN）

深度神经网络是深度学习的技术核心，在智能汽车的算法领域应用极为广泛。

人工智能、机器学习、深度学习和神经网络之间的关系如图2-213所示。

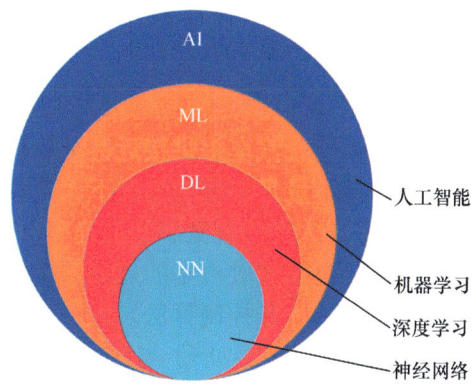

图2-213　人工智能、机器学习、深度学习与神经网络之间的关系

2. 人工智能在自动驾驶领域的应用

智能汽车自动驾驶技术是一个高度复杂的软、硬件相结合的智能自动化系统，综合运用了现代传感器技术、自动控制技术、计算机技术、信息及通信技术、人工智能技术，通过"环境感知—决策与规划—控制与执行"的工作流程，实现智能车辆的自动驾驶，其过程与驾驶人驾驶车辆的过程相类似（图2-214）。在这一过程的每一个环节，都离不开人工智能技术。

（1）环境感知　环境感知相当于人类的眼睛与耳朵，是自动驾驶汽车与外界环境实现信息交互的关键技术，是实现自动驾驶的技术基础。环境感知技术通过利用视觉传感器、激光雷达、毫米波雷达、超声波传感器等车载传感器，辅以V2X和5G等通信技术获取汽车所处交通环境信息和车辆状态信息，为自动驾驶汽车的决策与规划提供情报支持。

自动驾驶汽车需要解决的环境感知问题包括道路边缘检测、车道线检测、道路护栏检测、交通标志检测、交通信号灯检测、行人检测以及其他交通参与者的检测等。

智能汽车技术

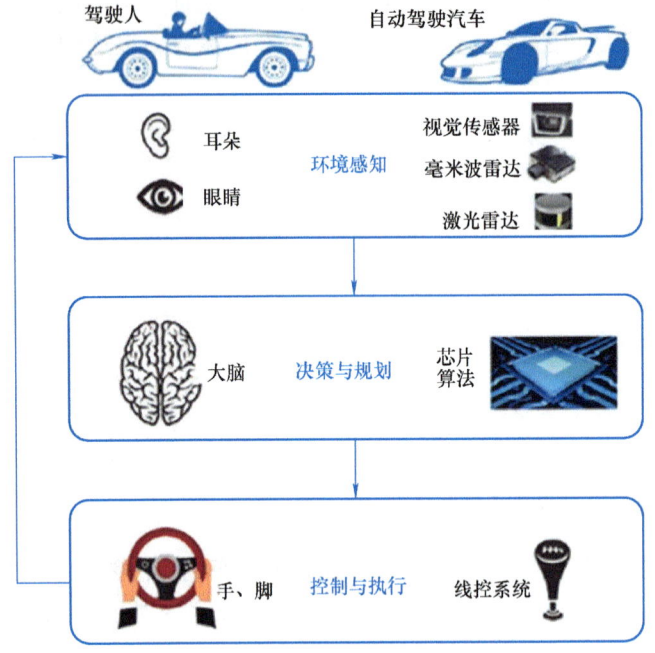

图 2-214 自动驾驶与驾驶人驾驶车辆的过程相类似

基于人工智能的深度学习技术则可以满足视觉感知的高精度和实时性要求，基于深度学习的计算机视觉技术可以为自动驾驶汽车提供接近甚至超越人类视觉的感知能力。相关研究报告表明，深度学习算法在样本量足够多的情况下，其视觉感知的准确率可以达到99.9%以上，远高于人类的平均水平（人类的视觉感知准确率一般为95%左右）。

（2）决策与规划　通常情况下，自动驾驶汽车的规划系统包含路径规划、驾驶任务规划两大方面。这一部分主要涉及控制芯片和控制算法，人工智能技术在这一环节可以大展身手，如早期的决策树（Decision Tree，图 2-215）与贝叶斯网络（Bayesian network），都已经大量采用人工智能技术。

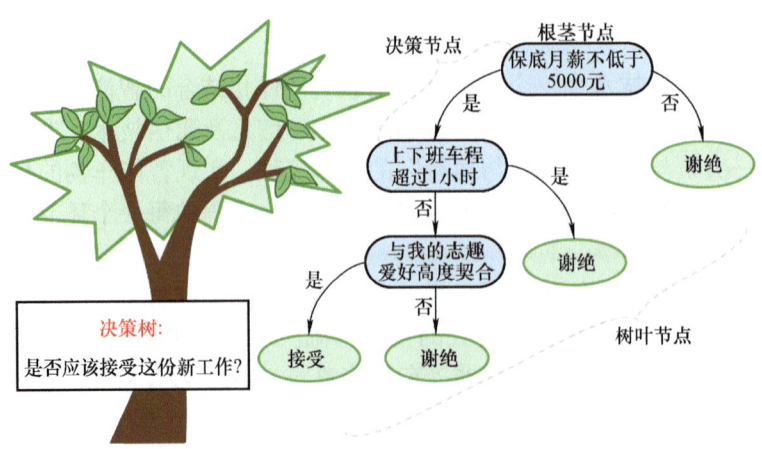

图 2-215 决策树（Decision Tree）

当前，越来越多的研究机构都将强化学习（Reinforcement Learning，RL，图 2-216）应用于自动驾驶汽车的行为与决策过程中，显著提升了决策水平。强化学习将自动驾驶汽车的行为与决策分解成两个部分——可学习部分和不可学习部分。其中，可学习部分是由强化学习来决策车辆行驶所需要的高级策略，不可学习部分则利用动态规划来实施具体的路径规划。

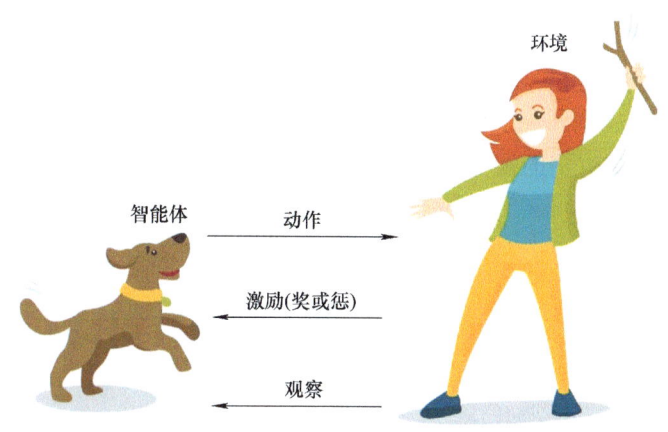

图 2-216　强化学习（Reinforcement Learning）

（3）控制与执行　再好的基础与运算规划能力，如果不能做到可靠的控制与执行，也无法实现自动驾驶。因此，自动驾驶汽车的控制与执行能力是自动驾驶的前提。控制包括汽车的纵向控制和横向控制，纵向控制是通过对加速与制动的协调，以实现对车速的精准控制；横向控制是通过对转向盘的调整以及制动力的控制实现自动驾驶的路径跟踪。线控技术（X-by-wire）在这一环节发挥着重要作用。

相对于传统的车辆控制技术，智能控制方法主要体现在对控制对象模型的运用和综合信息的学习运用上，包括人工神经网络控制算法和深度学习算法等人工智能技术在智能汽车控制领域的应用日益广泛和深入。其中，通过人工神经网络控制可以化繁为简，把控制问题转化成模式识别问题；而源于对人工神经网络的深入研究，进一步开发的深度神经网络技术，免除了人工选取特征的繁复冗杂和高维度数据处理的维度灾难问题。在自动驾驶领域的控制过程中，深度学习所具有的自动学习特征的能力具有显著的先天优势。

2.5.2　深度学习技术

1. 深度学习

深度学习是机器学习的一个类型，深度学习模型可以直接从图像、文本或声音中学习执行分类任务。深度学习一般都是基于神经网络架构的。"深度"一词指的是神经网络中的层数，层数越多，网络越深。传统的神经网络一般只有 2 层或 3 层，而深度神经网络可以多达几百层。

深度神经网络（Deep Neural Networks，DNN）是受生物神经系统的启发而提出来的功能强大的复杂算法，往往结合多个非线性处理层，并行使用简单元素操作。

如图 2-217 所示，深度神经网络由一个输入层、多个隐藏层（也称中间层）和一个输出层组成。各个层之间通过节点（亦称神经元）实现互相连接，每个隐藏层以前一层作为输入层，以后一层作为输出层。

图 2-217 展示的是一个 n 层深度神经网络。该网络接受 5 个输入（即一个 5 元向量），隐藏层每层各有 5 个节点（神经元），输出层有 3 个节点（即输出为一个 3 元向量）。

卷积神经网络（Convolutional Neural Networks, CNN）是一类包含卷积计算且具有深度结构的前馈神经网络（Feedforward Neural Networks），是深度学习的代表算法之一。卷积神经网络具有表征学习（Representation Learning）能力，能够按其阶层结构对输入信息进行平移不变分类（Shift-Invariant Classification），因此也被称为"平移不变人工神经网络（Shift-Invariant Artificial Neural Networks, SIANN）。

卷积神经网络仿造生物的视觉机制构建，可以进行监督学习和非监督学习，其隐藏层内的卷积核参数共享和层间连接的稀疏性使得卷积神经网络能够以较小的计算量对格点化（Grid-like Topology）特征（如像素和音频）进行学习，有稳定的分类、识别效果且对数据没有额外的特征工程要求。

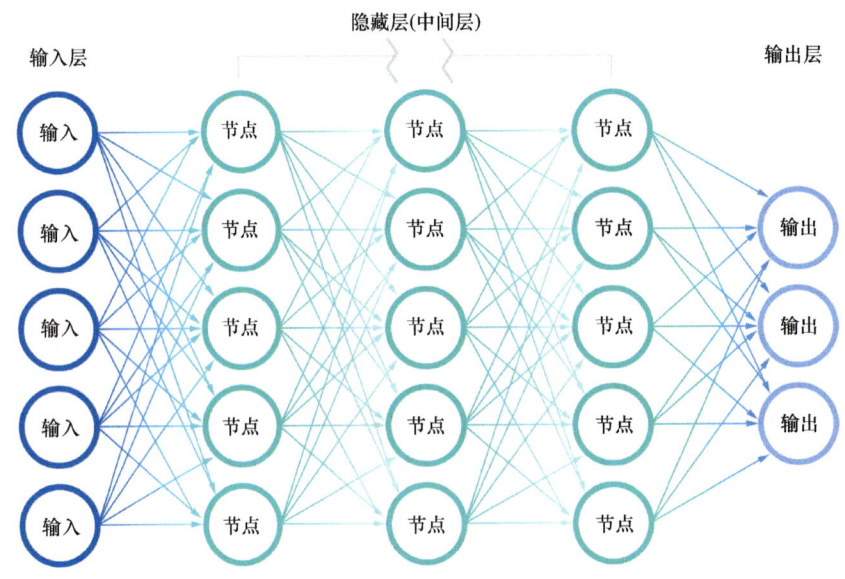

图 2-217　深度神经网络（DNN）

CNN 的基本框架由输入层（图像）、输出层（分类）和多个相互连接的隐藏层组成。隐藏层包含三个模块的堆栈，每个模块执行不同的数学运算，其中最重要的是卷积层。卷积层通过获取输入和滤波器的乘积，在图像的每个波段（红色、绿色和蓝色）上使用具有特定参数的滤波器进行卷积。通过卷积，该层提取图像的数学表达形式。正如人类大脑中的神经元可以学会区分一个特征和另一个特征一样，卷积神经网络也可以实现这种功能。通过数十万次训练运行，隐藏层会更新其参数以识别目标要素。

随着深度学习理论的提出和数值计算设备的改进，卷积神经网络得到了快速发展，并广泛应用于计算机视觉、自然语言处理等领域。

如图 2-218 所示，用智能手机给宠物狗照相，采用卷积神经网络（CNN）技术对图像进行分析处理，即可识别出所拍摄的景物是宠物狗。

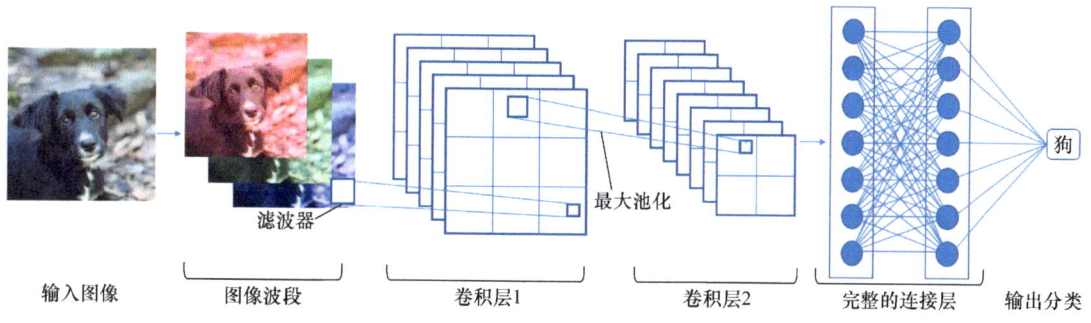

图 2-218 用于图像分类的典型的卷积神经网络

2. 深度学习技术的应用

对于智能（自动驾驶）汽车而言，尽可能准确、详尽地感知行驶环境的动态变化，掌握更多的环境情报信息，才能及时做出正确的驾驶操作指令，确保行车安全。因此，环境感知技术至关重要。

智能汽车技术发展到今天，视觉传感器的传统算法可以很容易地检测到本车周边是否存在行人和其他车辆，但如果想感知更为详尽的环境信息，如车前的行人是沉稳干练的中年人，还是活泼好动的儿童，就显得捉襟见肘、力不从心了。要实现更高级别的目标识别，就必须借助深度学习技术。

图像识别技术是深度学习最为擅长的领域，只需对系统进行必要的训练，深度学习系统就可以正确识别目标。在训练过程中，需要建立样本数量尽可能多的训练集（数量多达几万张的图片集）。训练集的样本数量越大，则最终的识别准确率也就越高。

通过深度学习，自动驾驶系统不仅能够实现对车道线、行人、交通标志和交通信号灯的识别，还可以正确识别道路边缘的路边石（俗称路牙），并可以确保智能车辆在没有明确的车道线的情况下安全行车。

此外，利用深度学习技术，还可以实现语音识别（Speech Recognition，图 2-219），进而实现智能汽车的语音控制。结合面部表情识别（人脸识别）技术，即音频－视频识别技术（图 2-220），还可以实现对车内乘员情绪的识别，智能汽车可以做到察言观色、依令而行，从而取消车内现有的各种手动操作按键。

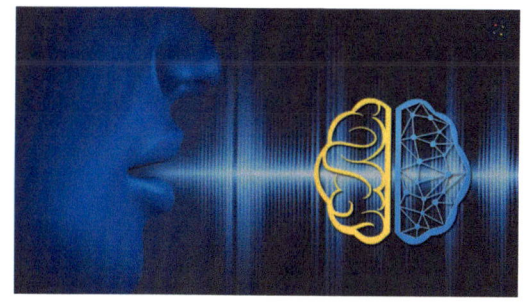

图 2-219 深度学习与语音识别技术

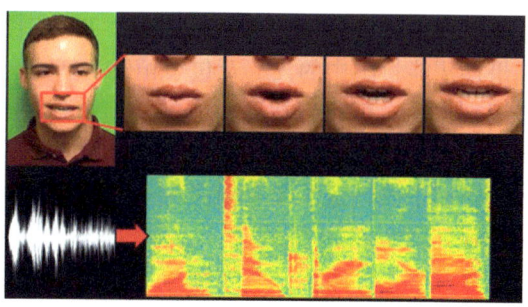

图 2-220 音频－视频识别技术

2.5.3 语义分割技术

1. 语义分割

语义分割（Semantic Segmentation）是计算机视觉领域实现图像识别功能的得力工具之一，应用非常广泛。在智能（自动驾驶）汽车的环境感知系统中的车辆识别、行人识别、交通信号灯识别、人行道识别以及其他道路特征识别等领域，语义分割技术均可发挥重要作用。

所谓语义，对于语言文字来说，就是词语的意义或含义；对于图像来说，就是图像要表达或展示的内容。图像的语义是具有不同属性的。

通过语义分割技术，可将图像中的景物按照其属性区别开来，即对图像中的景物进行分类。如图 2-221 所示，图 2-221a 是摄像头拍摄的原始图像，可以看到图中是三个人在骑自行车；图 2-221b 是进行语义分割处理之后的图像，其中，三辆自行车用绿色表征，三个人用棕色表征，背景则用黑色表征。

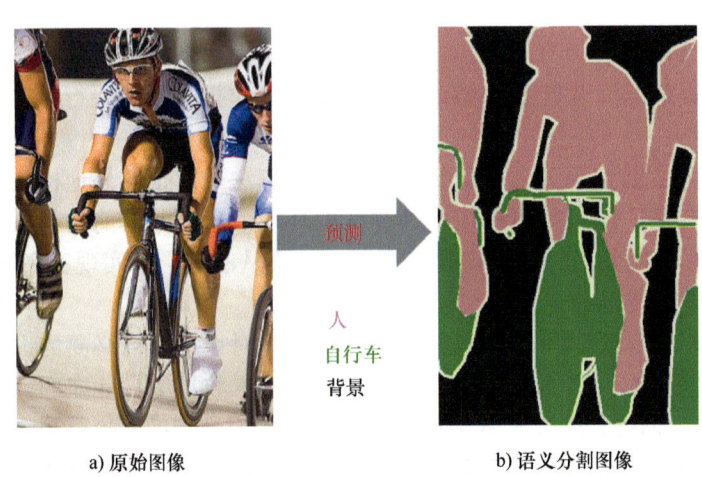

a) 原始图像　　　　b) 语义分割图像

图 2-221　语义分割的作用

显而易见，通过语义分割技术，可以对图像进行更为精准的识别，而语义分割的这一特性，正是智能汽车环境感知系统所需要的。

语义分割属于像素级别的图像识别技术，也称全像素语义分割（Full-pixel Semantic Segmentation）。在图像识别过程中，会对图像中的每一个像素按照其属性或者感兴趣对象的类别进行分类，并加注类别标签（Class Label）（或称类别 ID）。

语义分割的基本工作原理如图 2-222～图 2-224 所示。对于图 2-222a 的原始图像而言，如果期望能将图中的人、背包、植物 / 草坪、人行道和建筑物 / 基础设施这五类要素从图像中识别出来，就可以按照事先的约定，对图像中的所有像素进行逐一分析，并将所有属于人的像素标注为 1；将所有属于挎包的像素标注为 2；将所有属于植物 / 草坪的像素标注为 3；将所有属于人行道的像素标注为 4；将所有属于建筑物 / 基础设施的像素标注为 5。上述标注过程如图 2-222b 所示。

如图 2-223 所示，在实际应用中，可以将图像中的像素按照希望识别出来的景物（称为感兴趣点）进行分类，每一类作为一层出现，图 2-223 中将感兴趣点分成 5 类，分别是人、挎包、植物 / 草坪、人行道和建筑物 / 基础设施。

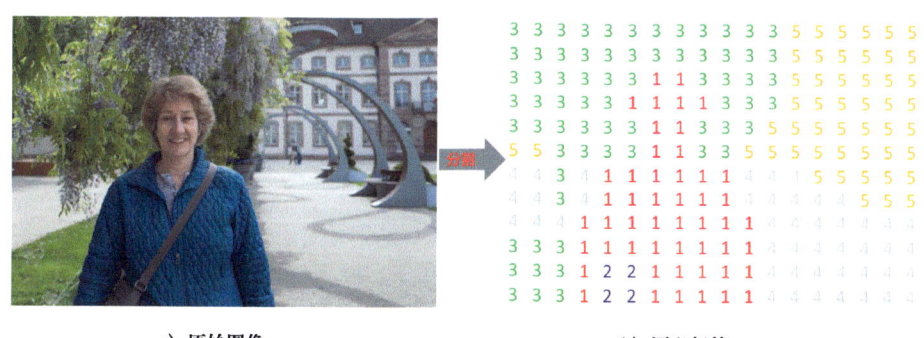

a) 原始图像　　　　　　　　　　b) 语义标签

图 2-222　语义分割的基本原理

1—人　2—挎包　3—植物/草坪　4—人行道　5—建筑物/基础设施

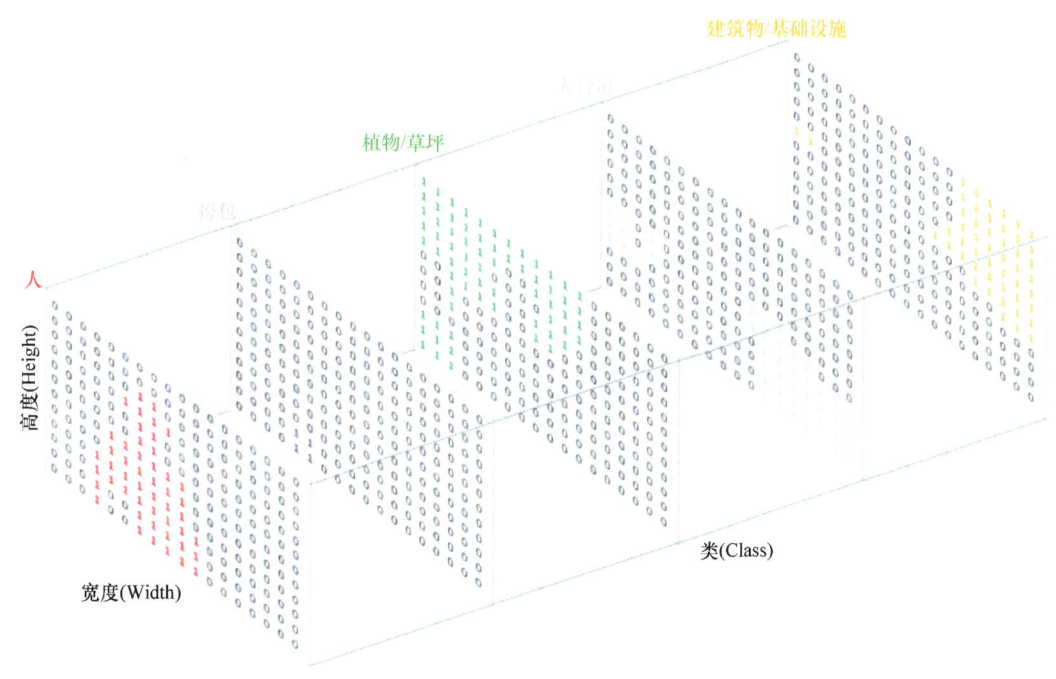

图 2-223　语义分割分类（分层）标注

在每一类（即每一层）内，如果处于某一位置的像素隶属于该感兴趣点（如人或者人行道），则在这一层的相应位置处置 1，否则置 0。这一过程，称为给感兴趣点加注类别标签，也称加注类别 ID。

然后，将各个层的数据矢量叠合在一起，就可以形成语义分割图像，将原始图像中不同的景物区分开来，即实现了图像识别。

当然，也可将类别标签直接加注在原始图像上，如图 2-224 所示。

图 2-224　在原图上做标签标记

0—背景/未知　1—人　2—挎包　3—植物/草坪　4—人行道　5—建筑/基础设施

2. 语义分割与目标检测的区别

语义分割可以作为目标检测的一种行之有效的替代方法，因为它允许感兴趣点在像素级别上跨越图像中的多个区域。语义分割技术可以清楚地检测到形态不规则的对象。相比之下，传统的目标检测技术则要求目标必须位于有明显边界的方框内（图 2-225）方可识别，且识别到的信息远没有语义分割来得丰富和详尽。

图 2-225　目标检测

语义分割任务需要对图像中所有像素点进行分类，将相同类别的像素归为相同的标签（常采用相同的像素点表示）。语义分割是在像素级别进行的，不仅能够识别图像中是否存在感兴趣点，而且还能准确地识别出感兴趣点在图像中的具体分布情况。

图 2-226 所示为街景语义分割实例，图中的道路、车辆、树木和建筑物等分别采用不同的色彩进行标注，即进行了语义级别的分割。

3. 语义分割的应用

语义分割是智能（自动驾驶）汽车环境感知领域的核心算法之一，车载摄像头或激光雷达将拍摄或探测到的图像输入卷积神经网络中，后台计算机可以自动将图像进行分割归类，以探测车辆的可行驶区域并避让行人和其他车辆等障碍，确保行车安全（图 2-227 和图 2-228）。

a) 原始图像　　　　　　　　b) 语义分割之后的图像

图 2-226　街景语义分割实例

a) 原始图像

b) 语义分割

图 2-227　车载摄像头图像的语义分割

a) 点云数据　　　　　　　　b) 语义分割之后的点云数据

图 2-228　激光雷达点云数据图像的语义分割

思考与实训

1. 技术术语解释

1）超声波雷达；2）毫米波雷达；3）激光雷达；4）视觉传感器；5）人工智能；6）机器学习；7）深度学习；8）人工神经网络；9）卷积神经网络；10）语义分割。

2. 问答题

1）激光雷达有哪些类型？
2）各种智能传感器在智能汽车上有哪些应用？

3. 实操题

用智能手机拍摄教学楼下课之后的人流，使用 OpenCV 软件，以"HOG+SVM"的行人识别方法来识别走在放学路上的学生，以加深对"基于视觉传感器的行人识别技术"的理解。

第 3 章

定位导航技术

【学习目标】
- 了解环境模型构建方法和路径规划算法；
- 熟悉常用的定位导航技术及其融合方法；
- 掌握 SLAM 技术及高精地图的构建技能。

3.1 定位导航简介

3.1.1 定位导航的定义

定位导航是指利用电、磁、光、力学等科学原理与方法，通过测量运动物体每时每刻的位置参数，从而实现对运动物体定位，并正确引导运动物体从出发点沿着预定的路线，安全、准确、经济、高效地到达目的地的过程。

定位是导航的第一步，导航是定位的一个连续过程，导航涉及路径规划和决策引导。所以，定位是导航的关键，核心指标就是定位精度。

如图 3-1 所示，智能汽车的定位导航技术是指通过全球定位导航卫星系统、惯性导航系统以及视觉 SLAM、激光 SLAM 等手段，获取车辆的位置和航向信息。

目前，投入使用的全球定位导航卫星系统（Global Navigation Satellite System，GNSS，图 3-2）有四个，分别是美国的全球定位系统（Global Positioning System，GPS，图 3-3）、中国的北斗导航卫星系统（BeiDou Navigation Satellite System，BDS，图 3-4）、俄罗斯的格洛纳斯导航卫星系统（Global Orbiting Navigation Satellite System，GLONASS，图 3-5）和欧盟的伽利略导航卫星系统（Galileo Navigation Satellite System，Galileo，图 3-6），基本技术数据见表 3-1。

图 3-1　智能汽车的定位导航

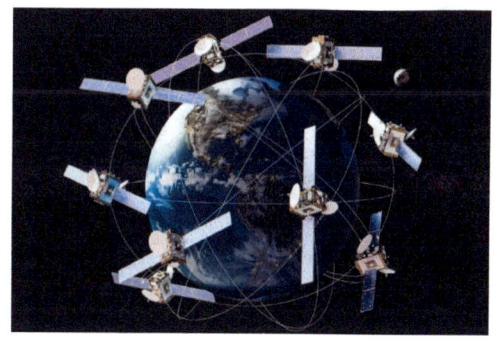

图 3-2　全球定位导航卫星系统

图 3-3　美国全球定位系统

图 3-4　中国北斗导航卫星系统

图 3-5　俄罗斯格洛纳斯导航卫星系统

图 3-6　欧盟伽利略导航卫星系统

表 3-1　四个全球定位导航卫星系统的技术数据

	GPS	GLONASS	GALILEO	BDS
国家或地区	美国	俄罗斯	欧盟	中国
组网卫星数/个	24～30	30	30	24～30
轨道平面数	3	3	6	3
轨道高度/km	26560	25510	23222	21150
轨道倾角	55°	64.8°	56°	55°
运行周期	11h58min	11h15min	13h	12h55min
测地坐标系	WGS-84	PZ-90	WGS-84	CGCS2000
使用频率/GHz	1.228 1.575	1.597～1.617 1.240～1.260	1.164～1.300 1.559～1.592	1.207～1.269 1.561～1.590

其中，BDS 和 GPS 已服务全球，性能相当；功能方面，BDS 较 GPS 多了区域短报文和全球短报文通信功能。GLONASS 虽已服务全球，但性能相比 BDS 和 GPS 稍逊，且 GLONASS 轨道倾角较大，导致其在低纬度地区性能较差。Galileo 的观测量质量较好，但其星载时钟稳定性稍差，导致系统可靠性较差。

定位分为绝对定位、相对定位和组合定位三种。

绝对定位是指通过全球定位导航卫星系统实现，采用双天线，通过卫星获得车辆在地球上的绝对位置和航向信息；相对定位是指根据车辆的初始位姿，通过惯性导航获得车辆的加速度和角加速度信息，将其对时间进行积分，得到相对初始位姿的当前位姿信息；组合定位是将绝对定位和相对定位进行结合，以弥补单一定位方式的不足，甚至与高精地图相结合，以实现高精度定位。

按照定位精度不同，可分为导航级精度和车道级精度两个级别。

L1、L2级别的智能汽车，仅需要实现先进辅助驾驶功能（Advanced Driving Assistance System，ADAS），因此，采用导航级精度即可满足使用要求。

对于L3～L5级别的智能汽车，需要在高速公路、停车场内等特定场景实现自动驾驶，则需要厘米级精度的导航。唯有如此，才能在高速公路上安全地实现超车、并线、上下匝道等自动驾驶动作，并在停车场内实现自如的停车入位。对于能够实现完全自动驾驶的L5级智能汽车，其定位精度应控制在10cm以内，才能确保行车安全。

3.1.2 定位导航方法

定位导航方法主要有全球定位系统（GPS）、差分全球定位系统（Differential Global Position System，DGPS）、北斗卫星导航系统（BDS）、惯性导航系统（Inertial Navigation System, INS）、航迹推算（Dead Reckoning, DR）技术、视觉传感器定位、激光雷达定位以及组合导航等。

1. 全球定位系统

全球定位系统（GPS）是一种以空中卫星为基础的高精度无线电导航的定位系统，是一种绝对位姿估计方法，该方法通过GPS来进行车辆定位。基于GPS的定位方法的优点在于可全天候连续定位，且适用于全局定位；缺点在于受环境影响较大，高楼、树木、隧道等都会屏蔽GPS信号，而且GPS定位精度低，更新周期长，远远不能满足自动驾驶的需求。

2. 差分全球定位系统

差分全球定位系统在GPS的基础上利用差分技术，使用户能够从GPS系统中获得更高的定位精度。其基本原理是车辆在行驶过程中用GPS作为基准，在GPS更新的时候，通过差分辅助，完成车辆厘米级的精确定位。

3. 北斗定位导航卫星系统

北斗定位导航卫星系统（BDS）是中国自行研制的全球卫星定位导航系统，目前已经得到广泛应用，仅在民用领域的百度地图北斗定位开放平台中，BDS的定位导航功能使用量，每日即逾千亿次。在智能汽车和无人驾驶汽车的定位导航应用中，也已经实现了从"以GPS为主、BDS为辅"到"以BDS为主、GPS为辅"的转变，BDS的应用日益广泛。

4. 惯性导航系统

惯性导航系统（Inertial Navigation System,INS）由陀螺仪、加速度传感器及软件构成，通过测量运动载体的角速度和加速度数据，并将这些数据对时间进行积分运算，从而得到运动载体的速度、位置和姿态。汽车在驶入卫星信号被屏蔽的深山或隧道时，汽车上安装的惯性导航系统的定位导航作用会非常显著。

5. 航迹推算技术

航迹推算（Dead Reckoning, DR）技术是利用载体上一时刻的位置，结合智能汽车的航向、速度等信息，推算出当前时刻的位置。DR导航是一种自主式导航，一般不会受到外界环境的干扰，但由于其定位误差会随着时间增长而累积，不能长时间独立工作，因此，只能作为其他导航系统的辅助措施使用。

6. 视觉传感器定位

视觉传感器提供了丰富的色彩和图像信息，处理这些信息正是深度学习技术的强项。通过深度学习模型识别车道线、道路上文字、停止线等固定的标识，并与高精地图数据进行对比，从而获取车辆的当前位置。

视觉传感器定位的优势在于成本低；缺点在于定位精度低，误差大，并且在强光、逆光、黑夜场景下的定位效果也不理想。

7. 激光雷达定位

激光雷达定位是事先通过采集车采集道路的3D点云地图数据，在智能汽车行驶过程中实时利用激光雷达采集点云数据，与事先采集的点云数据进行比较，从而获取当前车辆位置的定位方式。

激光雷达定位的优势在于探测精度高，探测距离远，对GPS/BDS的初值依赖度低，在没有GPS/BDS信号的场景下也能实现精准的车辆定位；其缺点是成本高，并且基于点云的地图数据时效性差，维护成本也高。

8. 组合定位

高精度定位是自动驾驶汽车的核心关键技术。所谓高精度，是指定位精度要达到厘米级，上述任何一种定位方法都很难满足要求，因此，自动驾驶汽车必须使用组合定位。

百度Apollo系统使用了GNSS、激光雷达、惯性测量单元（IMU）等多种传感器融合，再加上一个误差状态卡尔曼滤波器，使定位精度可以达到5～10cm，且具备高可靠性和鲁棒性，市区允许最高时速超过60km/h。

德国博世（BOSCH）公司发布了一套自动驾驶精准定位解决方案，如图3-7所示。这套系统采用厘米级定位技术，以确保自动驾驶更加安全。

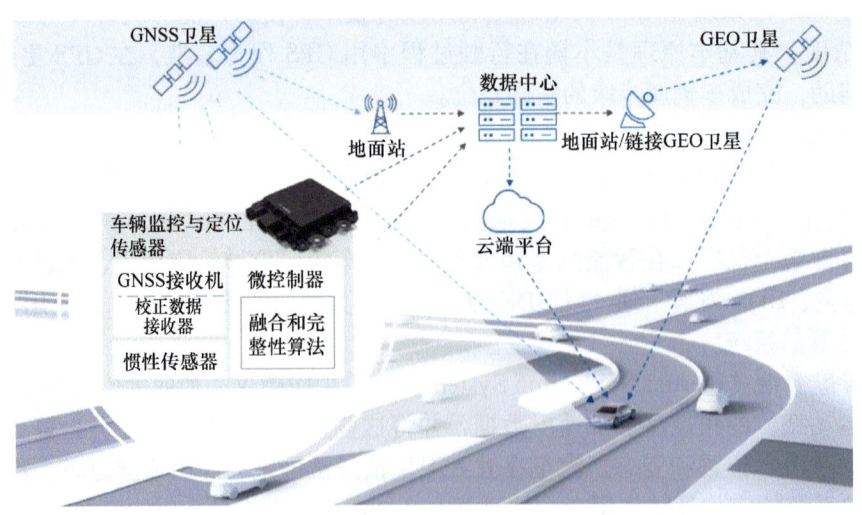

图3-7　德国博世公司的自动驾驶精准定位解决方案

注：GEO卫星，即地球同步轨道（Geosynchronous Orbit，GEO）卫星。

博世公司在2019年北美车展上首次发布了可助力自动驾驶汽车安全行驶和定位导航的新型传感器，如图3-8所示。该传感器集成了全球定位卫星系统（GNSS）定位信号、校正数据（以校正不准确的卫星数据信号）、惯性传感器信息、车轮转速传感器以及转向盘转向角传感器等。此外,还包括一个高性能的定位数据信号接收单元,自动驾驶车辆需要该单元确定自身位置。

对车辆自身进行精准定位和准确导航是自动驾驶汽车在实际交通环境中能够正常行驶的基本前提,也是智能(自动驾驶)汽车技术体系中的关键技术。

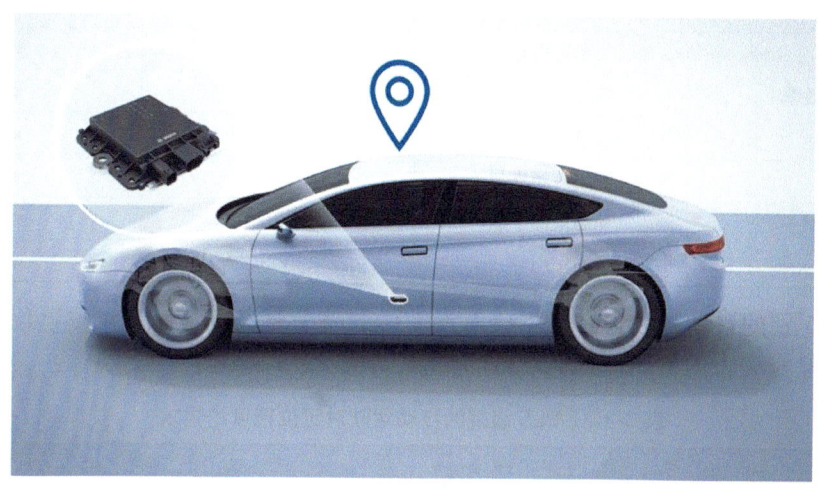

图 3-8 博世公司的新型定位导航传感器

3.1.3 定位导航的精度要求

智能(自动驾驶)汽车的定位精度(Positional Accuracy)要求与自动驾驶级别及驾驶场景密切相关。自动驾驶级别及驾驶场景不同,对定位精度的要求也不相同,具体关系见图 3-9。

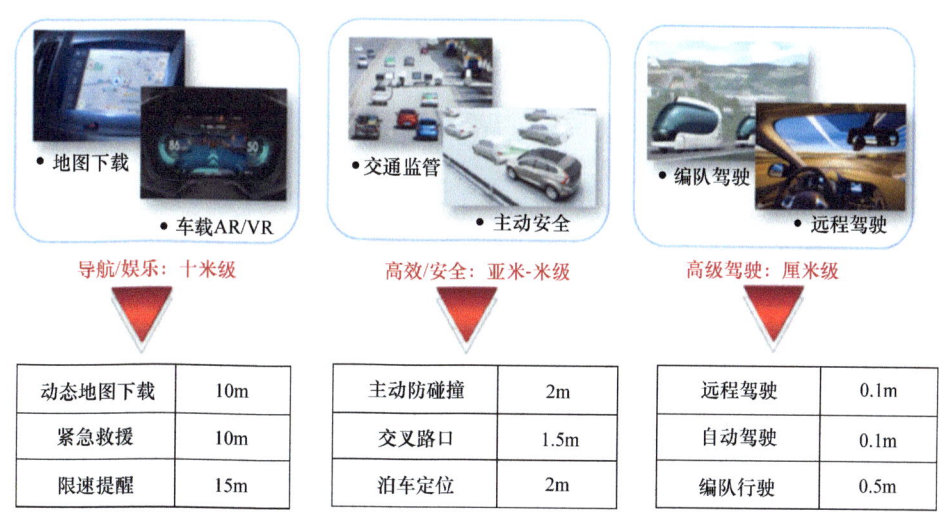

图 3-9 定位导航的精度要求

L1~L3 级的智能汽车以先进驾驶辅助为主,对定位精度要求见表 3-2。

表 3-2 不同应用场景对定位精度的要求

应用场景	典型场景	通信方式	定位精度 /m
交通安全	前向碰撞预警	V2V	≤ 1.5
	交叉路口碰撞预警	V2V	≤ 5
	路面异常预警	V2I	≤ 5
交通效率	车速引导	V2I	≤ 5
	前方拥堵预警	V2V,V2I	≤ 5
	紧急车辆让行	V2V	≤ 5
信息服务	汽车近场支付	V2V,V2I	≤ 3
	动态地图下载	V2N	≤ 10
	泊车引导	V2V,V2P,V2I	≤ 2

L4/L5 级别的自动驾驶汽车，不仅对汽车位置精度要求高，而且对位置鲁棒性、车身姿态精度、车身姿态的鲁棒性都有严格的要求，详见表 3-3。

表 3-3 L4/L5 级别的自动驾驶对定位精度的要求

项目	指标	理想值
位置精度	误差均值	< 10cm
位置鲁棒性	最大误差	< 30cm
车身姿态精度	误差均值	< 0.5º
车身姿态鲁棒性	最大误差	< 2.0º
应用场景	覆盖场景	全天候

3.2 卫星定位技术

3.2.1 全球定位系统

全球定位系统（GPS）是由美国国防部建设的全球首个基于卫星的无线电定位导航系统，1993 年实现 24 颗在轨卫星满星运行。如图 3-10 所示，24 颗定位导航卫星平均分布在 6 个轨道面上，保证在地球的任何地方都可同时见到 4～12 颗卫星，使地球上任何地点、任何时刻均可实现三维定位、测速和测时。

全球定位系统（GPS）使用世界大地坐标系（WGS-84），能连续为世界各地的陆海空用户提供精确的位置、速度和时间信息，其最大优势是覆盖全球，可全天候工作，可提供高动态、高精度的定位导航服务（图 3-11），目前已得到广泛应用。

图 3-10 GPS 系统 24 颗定位导航卫星的分布

第 3 章 定位导航技术

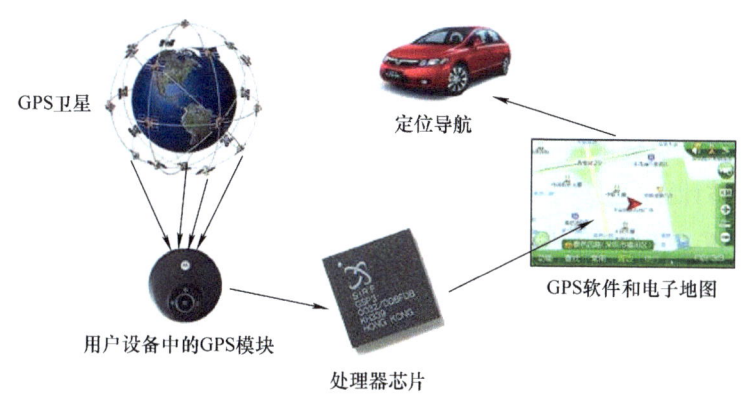

图 3-11　GPS 系统的定位导航示意图

1. 全球卫星定位系统的组成

全球卫星定位系统（GPS）由空间、地面监测和用户三大部分组成，如图 3-12 所示。

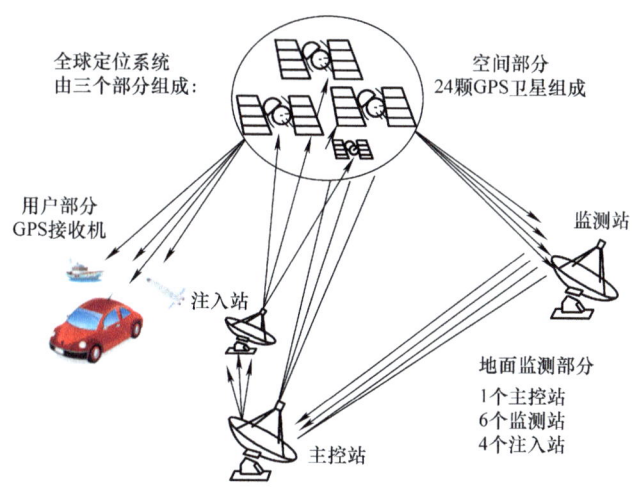

图 3-12　全球卫星定位系统的组成

（1）空间部分　空间部分的任务是接受和存储来自地面监控站发来的定位导航指令，通过微处理器进行数据处理，持续不断地向 GPS 用户发送定位导航信息。

如图 3-10 所示，空间部分由 24 颗卫星组成，其中 21 颗为工作卫星，3 颗为备用卫星。24 颗卫星均匀分布在 6 个轨道平面上，即每个轨道平面上有 4 颗卫星，卫星轨道平面相对于地球赤道面的轨道倾角为 55°，各轨道平面的升交点的赤经（Right Ascension of Ascending Node）相差 60°，1 个轨道平面上的卫星比西边相邻轨道平面上的相应卫星升交角距超前 30°。这种布局的目的是保证在全球任何地点、任何时刻至少可以观测到 4 颗卫星。而最少只需要其中 3 颗卫星，就能迅速确定用户端在地球上所处的位置及海拔数据，所能连接到的卫星数量越多，解析出来的位置精度就越高。

（2）地面监测部分　地面监测部分分散在世界各地，用于监视和控制卫星，其主要任务是确保系统正常工作，并验证 GPS 信号的精确度。地面监测部分主要由 1 个主控站、6 个监测站和 4 个注入站组成。主控站负责从各个监测站收集卫星数据，计算出卫星的星历

135

和时钟修正参数等，并通过注入站注入卫星；向卫星发布工作指令，控制卫星，当卫星出现故障时，调度备用卫星。

监测站在主控站的直接控制下，自动对卫星进行持续不断地跟踪测量，并将自动采集的伪距观测数据、气象数据和时间标准等参数进行处理，然后存储并传送到主控站。注入站则负责将主控站计算的卫星星历、钟差信息、导航报文、控制指令等发送给卫星。

（3）用户部分　车载、船载 GPS 导航仪，内置 GPS 功能的移动设备，GPS 测绘设备等都属于 GPS 用户部分。用户部分主要由 GPS 接收器、卫星天线及相关设备组成，其主要作用是从 GPS 卫星接收信号并利用传来的信息计算用户地理位置的三维坐标（纬度、经度、高度）、速度、方向和时间等数据。

2. 全球卫星定位系统的工作原理

GPS 定位系统是利用空间定位卫星，基于三球交汇定位原理，由接收装置通过测量无线电信号的传输时间来测量距离并实现定位的。

（1）三球定位原理　GPS 定位系统空间部分的卫星不断向地面监测站及用户设备传送轨道信息和卫星上的原子钟产生的精确的时间信息，用户 GPS 接收机上有专门负责卫星无线电信号的接收器，同时也有自己的时钟。

如图 3-13 所示，当用户接收机接收到第 1 颗卫星（SVN1）传来的信号时，接收机就可以测定该卫星与用户之间的空间距离——用户位于以 SVN1 为球心、以观测距离 R_1 为半径的球面与地球表面相交的圆弧上的某一点；当用户接收机接收到第 2 颗卫星（SVN2）传来的信号时，接收机就可以测定该卫星与用户之间的空间距离——用户位于以 SVN2 为球心、以观测距离 R_2 为半径的球面与地球表面相交的圆弧上的某一点；当用户接收机接收到第 3 颗卫星（SVN3）传来的信号时，接收机就可以测定该卫星与用户之间的空间距离——用户位于以 SVN3 为球心、以观测距离 R_3 为半径的球面与地球表面相交的圆弧上的某一点。

上述 3 个卫星球面与地球表面分别有 3 个相交的圆弧，这 3 个圆弧在地球表面上相交于一点，则该点的位置即为 GPS 用户所在的位置，从而实现 GPS 用户的定位。

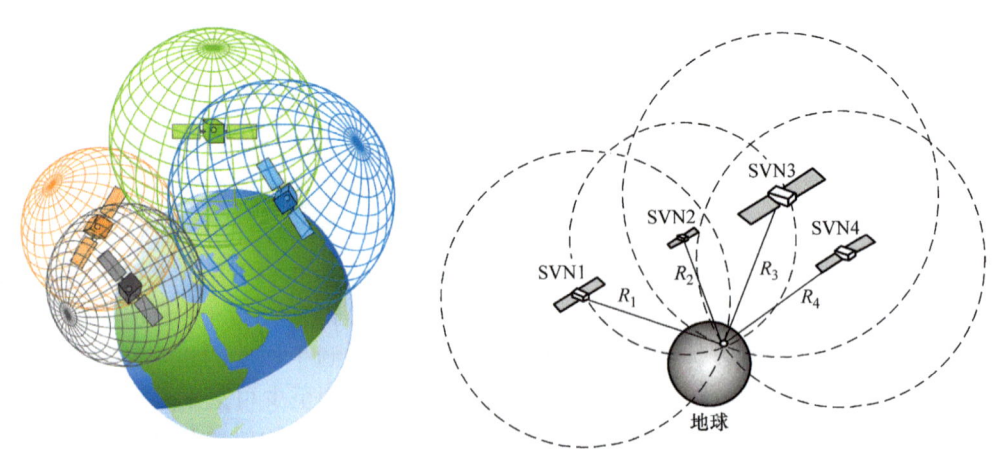

图 3-13　三球定位、四球修正原理示意图

设 GPS 用户的三维位置信息为 x、y、z（未知量，待求解），3 颗定位卫星的位置信息为 x_i、y_i、z_i（已知量），3 颗定位卫星距离 GPS 用户的距离为 R_i（可通过 GPS 信号往返的

时间差及光速计算得到，属于已知量），则有

$$R_i = \sqrt{(x_i-x)^2+(y_i-y)^2+(z_i-z)^2} \qquad (3-1)$$

由于有 3 颗定位卫星参与定位，且有 3 个定位距离，分别取 $i=1,2,3$，于是有

$$R_1 = \sqrt{(x_1-x)^2+(y_1-y)^2+(z_1-z)^2} \qquad (3-2)$$

$$R_2 = \sqrt{(x_2-x)^2+(y_2-y)^2+(z_2-z)^2} \qquad (3-3)$$

$$R_3 = \sqrt{(x_3-x)^2+(y_3-y)^2+(z_3-z)^2} \qquad (3-4)$$

联立式（3-2）~式（3-4），即可求得 GPS 用户的三维位置信息 (x, y, z) 的具体数值，由此实现 GPS 用户的定位。

如果星地（即空间的定位卫星与地面 GPS 用户）之间的时钟时基完全一致，没有时钟误差，则通过上式求得的 GPS 用户的三维位置信息 (x, y, z) 就是准确的，也就能实现对 GPS 用户的精准定位。

但遗憾的是，星地之间的时钟时基无法做到完全一致，即不可避免地存在着星地时钟误差。同时，无线电信号经过电离层和对流层时也会存在延迟。因此，通过上式计算得到的星地距离 R_i 并不十分精确，其值含有误差，故称其为伪距（Pseudo-range）。相应地，通过上式求得 GPS 用户的三维位置信息 (x, y, z) 也是存在误差的。

为提高定位精度，就需要采用第 4 颗卫星进行修正。设用户接收机与卫星之间的时钟差为 d_t，光速为 c_0，则有

$$R_i = \sqrt{(x_i-x)^2+(y_i-y)^2+(z_i-z)^2}+c_0 d_t \qquad (3-5)$$

由此，利用 4 颗卫星与地面用户机之间的 R_i（分别取 $i=1,2,3,4$）就可以消除星地时钟误差的影响，实现地面用户机的精准定位。

（2）绝对定位与相对定位　GPS 定位分为绝对定位和相对定位两种。绝对定位亦称单点定位，是指使用一个 GPS 用户接收机，直接得到用户接收机相对于地心的位置信息（WGS-84 坐标系⊖ 中的绝对坐标）见图 3-14，从而实现定位。绝对定位方法的特点是作业方式简单，可以单机作业、瞬时定位。绝对定位方法的定位精度受卫星轨道误差、星地时钟差以及无线电信号传输延迟等因素的影响，

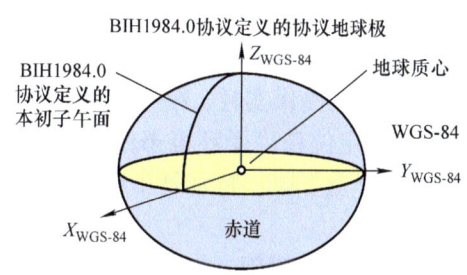

图 3-14　WGS-84 坐标系

⊖　WGS-84 坐标系（图 3-14）是 1984 世界大地坐标系（World Geodetic System）的简称。WGS-84 坐标系是美国国防制图局于 1984 年建立的，是 GPS 卫星星历的参考基准，也是协议地球参考系的一种。

WGS-84 坐标系的原点在地球质心，Z 轴指向国际时间局发布的 BIH1984.0 协议定义的协议地球极（Conventional Terrestrial Pole，CTP）方向，X 轴指向 BIH1984.0 协议定义的本初子午面与 CTP 赤道的交点，Y 轴和 Z、X 轴构成右手坐标系。

世界大地坐标系先后有 WGS-60、WGS-72、WGS-84 等多种版本，而 WGS-84 又发展演变出 WGS-84（G730）、WGS-84（G873）版本以及 2001 年完成的最新版本——WGS-84（G1150）。

一般其精度只能达到米级，多用于导航和对定位精度要求不高的场景中。

相对定位是指利用两台 GPS 用户接收机，分别安置在基线的两端，同时对一组相同的定位卫星进行观测，以确定基线在协议地球坐标系中的相对位置和基线向量。相对定位方法一般可推广到多台 GPS 用户接收机安置在若干条基线的端点，通过同步观测 GPS 卫星，以确定多条基线向量。

差分定位是相对定位方法的一种，其定位精度最高（可达厘米级），在精准导航、大地测量、精密工程测量、地球动力学研究等精度要求较高的测量工作中被普遍采用。

3. 全球卫星定位系统的特点

（1）优点

1）全球全天候定位。因为 GPS 卫星数目较多，且分布均匀，保证了地球上任何地方、任何时间至少都可以同时观测到 4 颗 GPS 卫星，确保实现全球全天候连续导航定位服务。

2）覆盖范围广。能够覆盖全球 98% 的范围，可满足位于全球各地或近地空间的军事用户连续精确地确定三维位置、三维运动状态和时间的需要。

3）定位精度高。GPS 相对定位精度在 50km 以内可达 6～10m，100～500km 可达 7～10m，1000km 可达 9～10m。

4）观测时间短。20km 以内的相对静态定位仅需 15～20min；快速静态相对定位测量时，当每个流动站与基准站相距 15km 以内时，流动站观测时间只需 1～2min；采取实时动态定位模式时，每站观测仅需几秒钟。

5）采用全球统一的三维地心坐标，可同时精确测定观测站平面位置和大地高程。

6）观测站之间无需通视。只要求观测站上空开阔，可省去经典测量中的传算点、过渡点的测量工作。

（2）缺点　GPS 作为目前应用最广泛的定位导航系统，对于有人驾驶汽车的定位导航是足够用的。但仍然无法直接用于智能（无人驾驶）汽车的定位导航，其原因如下：

1）开放精度低。GPS 系统军用定位精度高，但只供美军内部使用，并不对外开放。对外开放的民用部分定位精度太低（定位误差通常在 10m 左右），无法满足智能（自动驾驶）汽车的定位导航要求。

2）定位数据的更新频率低。GPS 系统的定位数据更新频率通常只有 10Hz，当车速较高时，无法提供实时、精准的定位信息。

3）定位精度受环境条件的影响较大。GPS 信号被建筑物、桥梁、树木遮挡时，其定位精度严重下降。特别是车辆处于隧道内部、地下车库等场景时，甚至无法提供有效的定位信息。

（3）弥补措施　为克服上述不足，在实际应用中，通常采取以下措施，提高定位精度或弥补定位信号的缺失。

1）采用差分 GPS 技术，利用地面基站的准确的定位信息校正 GPS 系统的误差，可将定位精度提高至厘米级别。

2）综合使用惯性测量单元（IMU）、里程计（Odometry）以及航迹推算（DR）等定位技术，提高定位精度和定位数据的更新频率。即便是在 GPS 信号被遮挡时，仍能在短时间内得到相对精准的定位信息。

3）在隧道内部、地下车库等无法接收 GPS 信号的特殊场景，则利用视觉 SLAM、激光 SLAM 等定位手段，得到相对精准的定位信息。

3.2.2 差分全球定位系统

1. 差分全球定位系统的定义

差分全球定位系统（Differential Global Position System，DGPS）在 GPS 的基础上采用信号差分技术，使用户能够从 GPS 系统中获得更高的定位精度。DGPS 系统由基准站、数据传输设备和移动站组成，如图 3-15 所示。

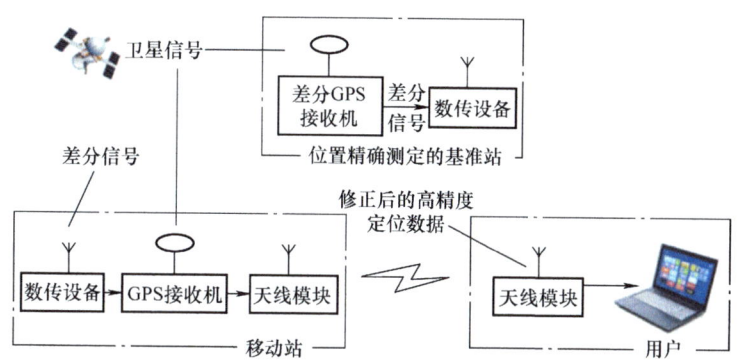

图 3-15　差分全球定位系统（DGPS）的组成

DGPS 实际上是把一台 GPS 接收机放在位置已经精确测定的点上，组成基准站。基准站接收机通过接收 GPS 卫星信号，测得并计算出基准站到卫星的伪距，将伪距与已知的精确距离相比较，求得该点在 GPS 系统中的伪距测量误差，再将该误差作为修正值以标准数据格式通过移动站向周围空间播发。附近的 DGPS 用户接收到来自基准站的误差修正信息，以此来修正自身的 GPS 测量值，从而大大提高其定位精度（可达厘米级）。

2. DGPS 的类型

根据 DGPS 基准站发送的信息方式不同，可将 DGPS 定位分为三类，即位置差分、伪距差分和载波相位差分。这三类差分方式的工作原理是相同的，都是由基准站发送修正值，由用户站接收并对其测量结果进行修正，以获得精确的定位结果。所不同的是，发送修正值的具体内容不一样，其差分定位精度也有所不同。

（1）位置差分　位置差分（Position Differential）是根据基准接收机的定位误差解算值修正用户接收机定位结果的差分定位方法，任何一种 GPS 接收机均可改装和组成这种差分系统。

位置差分要求基准站和移动站观测同一组定位卫星，安装在基准站上的 GPS 接收机观测 4 颗定位卫星后便可进行三维定位，解算出基准站的观测坐标数值。

由于存在着卫星轨道误差、时钟误差、SA（Selective Availability，选择可用性）误差[⊖]、大气影响、多路径效应（Multi-Path Effect）以及其他误差等，基准站解算出来的观测坐标数值与基准站的已知坐标数值是不一致的，存在误差。基准站利用数据链将此修正数据发

⊖　选择可用性（Selective Availability，SA）技术简称 SA 技术，是美国国防部在其全球定位系统（GPS）中采用的一种限制性技术——通过对 GPS 卫星发送、传播的电磁波信号蓄意施加干扰信号，以使非特许用户无法进行高精度的定位。由此造成的定位误差，称为 SA 误差。

送出去,由用户站接收,并据此对其解算的用户站坐标进行修正。

最后得到的修正后的用户坐标已消除了基准站和用户站的共同误差(如卫星轨道误差、SA 误差、大气影响等),提高了定位精度。

位置差分法适用于用户与基准站间距离在 100km 以内的场景。如果用户与基准站之间的距离过远,则由于两者的环境差异太大,将难以保证定位的准确性。

(2)伪距差分 伪距差分(Pseudo Range Differential)技术是在基准站上观测所有卫星,根据基准站已知坐标和各卫星的坐标,求出每颗卫星每一时刻到基准站的真实距离;比较真实距离与测得的伪距,得出伪距修正数,将其传输至用户接收机,从而提高定位精度(可以达到米级)。

与位置差分相似,伪距差分能将两站共同误差抵消,但随着用户到基准站距离的增加,又将出现新的系统误差,这种误差用任何差分法都是无法消除的。因此,在伪距差分定位模式中,用户和基准站之间的距离对定位精度有着决定性的影响。

伪距差分是应用最广的一种差分技术,几乎所有商用差分 GPS 接收机均采用这种技术。国际海事无线电委员会推荐的 RTCM SC-104 以及沿海地区广泛使用的信标差分(Beacon Differential)均基于伪距差分技术。

(3)载波相位差分 载波相位(Carrier Phase)差分技术又称实时动态(Real Time Kinematic,RTK)差分技术,也称积分多普勒(Integrated Doppler)技术,是实时处理两个测控站载波相位观测值的差分方法(图 3-16),即将基准站采集的载波相位发给用户接收机,然后再解算差分坐标(其定位过程历时不足 1s)。载波相位差分技术是建立在实时处理两个测站的载波相位的基础上的,能实时提供观测点的三维坐标,并达到厘米级的定位精度。

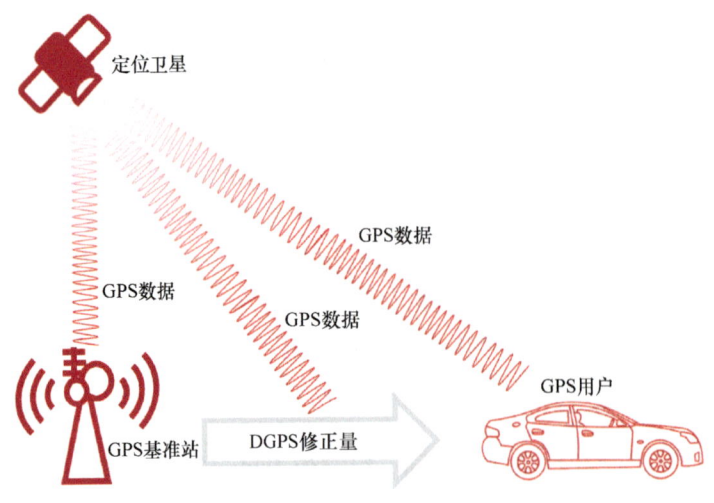

图 3-16 载波相位差分(RTK)示意图

实现载波相位差分定位的具体方法分为修正法和差分法两种。修正法与伪距差分原理相同,基准站将载波相位修正量发送给用户站,以修正其载波相位,然后求解坐标。差分法则是将基准站采集的载波相位发送给用户机解算差分坐标。修正法属于准 RTK 技术,差分法是真正的 RTK 技术。

高精度的 RTK 技术在智能(自动驾驶)汽车的定位导航技术体系中应用得最多。

3.2.3 北斗卫星导航定位系统

1. 北斗系统的组成与工作特性

（1）北斗系统的组成　北斗卫星导航系统由空间段、地面段和用户段三部分组成，如图3-17所示。

1）空间段。北斗系统的空间段是由若干个地球静止轨道卫星、倾斜地球同步轨道卫星和中圆地球轨道卫星组成的混合系统。

2）地面段。北斗系统的地面段由主控站、时间同步/注入站和监测站等若干个地面站组成。

3）用户段。北斗系统的用户段由芯片、模块、天线等基础产品以及终端产品、应用系统、应用服务等组成。

（2）北斗系统的工作特性　北斗系统（BDS）的工作原理与GPS相同。与GPS相比，BDS具有以下工作特性：

1）BDS属于有源系统，用户在定位过程中必须发射信号，因此BDS具备通信能力，这是BDS与GPS的最大区别。BDS具有低速通信能力，可以在中心站与任意一个用户机之间或任意两个用户

图3-17　北斗系统的组成

机之间一次发送包含36个汉字字符的信息，经过授权的用户一次可以发送包含120个汉字字符的信息，该功能是GPS不具备的。

2）BDS每次定位作业都是由用户机发出请求，经过中心站解算出用户坐标，然后发送给用户机。这种工作方式使得BDS存在用户容量限制。凡是未经授权的用户都无法利用BDS进行定位作业，因而，BDS具有极好的保密性。

3）BDS完成一次定位作业，测距信号需要经中心站-卫星-用户机往返两次，因而耗时较长（从用户机发出定位申请，到用户机接收到定位数据，大约需要1s），适合船舶、车辆、人员等低速运动目标的精准定位。

2. 北斗系统的特点

BDS具有以下特点：

1）空间段采用三种轨道卫星组成的混合星座模式，与其他卫星导航系统相比，高轨卫星更多，抗遮挡能力更强，尤其是在低纬度地区，性能优势更加明显。

2）提供多个频点的导航信号，能够通过多频信号组合使用等方式提高定位精度。

3）创新融合了导航与通信功能，具备定位导航授时、星基增强、地基增强、精密单点定位、短报文通信和国际搜救等多种服务能力。

3. 北斗系统的服务功能

BDS具有定位导航和通信数据传输两大功能，提供以下7种服务：①定位导航授时；②全球短报文通信；③国际搜救；④星基增强；⑤地基增强；⑥精密单点定位；⑦区域短报文通信。其中，①~③是面向全球的，④~⑦是面向中国及周边地区的。

4. 北斗系统的性能指标

（1）定位导航授时服务指标　北斗导航系统利用3颗高轨道（地球同步轨道，the Geostationary Orbit, GEO）卫星、3颗倾斜地球同步轨道（Inclined GeoSynchronous Orbit，IGSO）卫星、24颗中轨道（Middle Earth Orbit，MEO）卫星，向位于地表以及其上1000km空间内的全球用户提供定位导航授时免费服务。主要性能指标见表3-4。

表3-4　定位导航授时服务性能指标

性能特征		性能指标
服务精度（95%）	定位精度	水平≤10m，高程≤10m
	授时精度	≤20ns
	测速精度	≤0.2m/s
服务可用性		≥99%

（2）全球短报文通信性能指标　北斗定位导航系统利用MEO卫星，向位于地表以及其上1000km空间内的特许用户提供全球短报文通信服务，其主要性能指标见表3-5。

表3-5　全球短报文通信服务性能指标

性能特征		性能指标
服务成功率		≥95%
响应时延		一般少于1min
终端发射功率		≤10W
服务容量	上行	30万次/h
	下行	20万次/h
单次报文最大长度		560bit（大约相当于40个汉字）
约束条件及说明		用户需进行自适应多普勒补偿，且补偿后上行信号到达卫星频偏应小于1000Hz

（3）国际搜救服务性能指标　北斗定位导航系统利用MEO卫星，按照国际搜救卫星组织标准，与其他搜救卫星系统联合向全球航海、航空和陆地用户提供免费的遇险报警搜救服务，并具备通过返向链路进行确认服务的能力，其主要性能指标见表3-6。

表3-6　国际搜救服务性能指标

性能特征	性能指标
检测概率	≥99%
独立定位概率	≥98%
独立定位精度（95%）	≤5km
地面接收误码率	≤5×10^{-5}
可用性	≥99.5%

（4）星基增强服务性能指标　BDS利用GEO卫星，向中国以及周边地区用户提供符合国际民航组织标准的单频增强和双频多星座增强免费服务，旨在实现一类垂直引导进近（Approach with Vertical Guidance-I，APV-I）指标和一类精密进近（Category-I，CAT-I）指标。

（5）地基增强服务性能指标　BDS利用移动通信网络或互联网络，向北斗基准站网络覆盖区域内的用户提供米级、分米级、厘米级、毫米级高精度定位服务,其主要性能指标见表3-7。

表3-7 地基增强服务性能指标

性能特征	性能指标				
	单频伪距增强服务	单频载波相位增强服务	双频载波相位增强服务	单频载波相位增强服务(网络RTK)	后处理毫米波相对基准测量
支持系统	BDS	BDS	BDS	BDS/GNSS	BDS/GNSS
定位精度	水平≤ 2m 高程≤ 3m (95%)	水平≤ 1.2m 高程≤ 2m (95%)	水平≤ 0.5m 高程≤ 1m (95%)	水平≤ 5cm 高程≤ 10cm (RMS[①])	水平≤ 5mm + 10^{-6}D[②] 高程≤ 10mm + $2×10^{-6}$D (RMS)
初始化时间	秒级	≤ 20min	≤ 40min	≤ 60s	—

① RMS为均方根测量(Root Mean Square)精度,即定位精度。
② D为基线距离,m。

(6)精密单点定位服务性能指标 BDS利用GEO卫星,向中国以及周边地区用户提供高精度定位免费服务,其主要性能指标见表3-8。

表3-8 精密单点定位服务性能指标

性能特征	性能指标	
	第一阶段(2020年)	第二阶段(2020年之后)
播发速率	500bit/s	扩展为增强多个卫星导航系统,提高播发速率,视情拓展服务区域,提高定位精度、缩短收敛时间
定位精度(95%)	水平≤ 0.3m,高程≤ 0.6m	
收敛时间	≤ 30min	

(7)区域短报文通信服务性能指标 BDS利用GEO卫星,向中国以及周边地区用户提供区域短报文通信服务,其主要性能指标见表3-9。

表3-9 区域短报文通信服务性能指标

性能特征		性能指标
服务成功率		≥ 95%
服务频度		一般情况下1次/30s,最高1次/s
响应时延		≤ 1s
终端发射功率		≤ 3W
服务容量	上行	1200万次/h
	下行	600万次/h
单次报文最大长度		14000bit(大约相当于1000个汉字)
定位精度(95%)		无线电卫星测定业务RDSS(Radio Determination Satellite Service): 水平20m,高程20m 广义RDSS:水平10m,高程10m
双向授时精度(95%)		10ns
约束条件及说明		若用户相对卫星径向速度大于1000km/h,则需进行自适应多普勒补偿

5. 北斗地基增强系统

自动驾驶技术的发展推动着高精度定位技术在汽车领域的应用，实现 L3 级别的自动驾驶需要达到分米级别的定位精度，实现 L4 及以上级别的自动驾驶则需要达到厘米级别的定位精度。

除了依靠车辆自身的传感器进行精准定位之外，车外的高精度定位系统也是不可或缺的。目前，地面道路正在形成"5G+ 北斗（或 GPS）卫星 + 地基增强系统"为主的高精度定位系统，停车场则有可能形成 V2X 或超宽带（Ultra Wide Band，UWB）无线载波通信定位技术为主的高精度定位系统。

北斗地基增强系统是按照"统一规划、统一标准、共建共享"原则建设的国家级地基增强技术体系。北斗地基增强系统主要由基准站、通信网络系统、国家数据综合处理系统、行业数据处理系统、数据播发系统和应用终端六个分系统组成，具备在全国陆地范围内提供实时米级、分米级、厘米级、毫米级（需经过后处理）的高精度定位服务能力。

（1）北斗高精度定位服务平台　为将北斗系统的高精度定位能力变成公共服务，打造物联网时代的新时空基础设施，基于北斗地基增强系统，可采用市场化运作方式，建设北斗高精度定位服务平台、构建北斗高精度定位服务生态圈（图 3-18），使其更好地为国民经济发展服务。

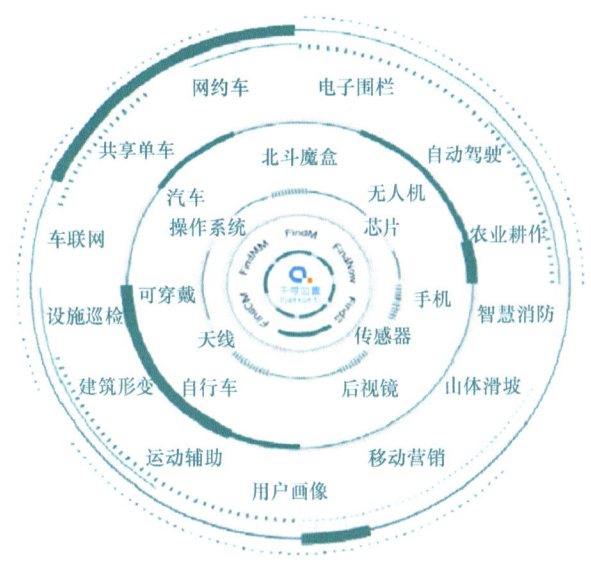

图 3-18　北斗高精度定位服务生态圈

（2）北斗地基增强系统的高精度应用　北斗地基增强系统可以用于交通行业和智能驾驶等领域。

1）交通行业应用。目前，已经开发了交通行业应用软件和服务测试评估子系统，采集和制作了 30km 公路高精度车道线级别的导航数据，车道线特征点坐标精度小于 20cm，具有监控非法连续并线等违章行为的能力，如图 3-19 所示。

通过对车载终端设备（图 3-20）的改造升级，利用北斗地基增强系统提供的高精度定位服务，支持车道级别的导航应用。

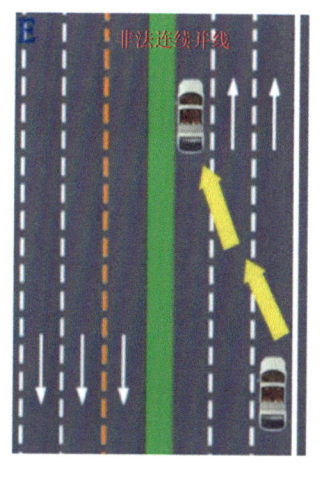

图 3-19 监控非法连续并线

图 3-20 车载终端设备

2)智能驾驶应用。基于北斗"星地融合一张网"的智能汽车高精度位置感知方案,以网络 RTK 形式播发数据至车载终端,可为自动驾驶汽车提供覆盖全国的实时高精度定位导航服务。同时,星基增强系统还可进一步实现双链路数据收发,满足未来自动驾驶的冗余度要求。

3.3 惯性导航与航迹推算技术

GPS/BDS 可以为地面车辆提供米级的绝对定位,采用差分技术特别是 RTK 差分技术之后,定位精度可以达到厘米级,足以满足智能汽车自动驾驶的需要。但是,并非所有应用场景都能在全时空条件下得到良好和精准的 GPS/BDS 定位信号。例如,在隧道、地下车库等特殊场景,仍然需要其他定位措施,以弥补 GPS/BDS 信号缺失的不足。

在智能汽车自动驾驶技术体系中,多采用 GPS/BDS+ 惯性导航技术 + 航迹推算技术等多种定位技术的融合,为自动驾驶汽车提供全方位、全时空的定位导航服务。

3.3.1 惯性导航技术

1. 惯性导航系统

惯性导航系统(Inertial Navigation System,INS)是一种利用惯性传感器检测载体的角速度信息,并结合给定的初始条件实时推算速度、位置、姿态等参数的自主式导航系统。惯性导航系统属于一种推算导航方式,即从一已知点的位置根据连续测得的运动载体航向角和速度信息推算出其下一点的位置,因而可连续测出运动载体的当前位置。

惯性导航系统一般采用陀螺仪(Gyroscope)和加速度传感器来测量载体的运动参数,其工作原理如图 3-21 所示。

2. 机械式陀螺仪

传统的机械式陀螺仪(图 3-22)是基于角动量守恒原理工作的。陀螺仪的核心器件是一个高速旋转的转子,称为陀螺(Top)。当陀螺转子以高速旋转,且在没有任何外力矩作用时,陀螺转子的自转轴在惯性空间中的指向始终保持稳定不变,即指向一个固定的方向,同时反抗任何改变转子轴指向的力量。这种物理现象称为陀螺仪的定轴性(或称稳定性)。

陀螺转子的转动惯量越大，其稳定性越好；陀螺转子角速度越大，其稳定性越好。

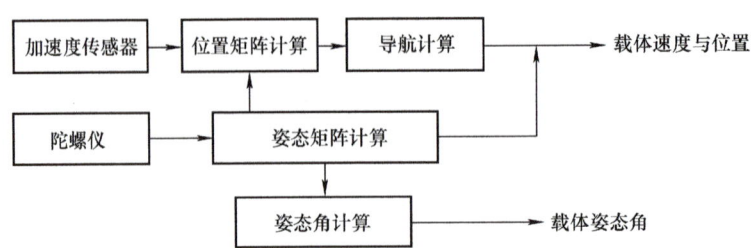

图 3-21　惯性导航系统的工作原理

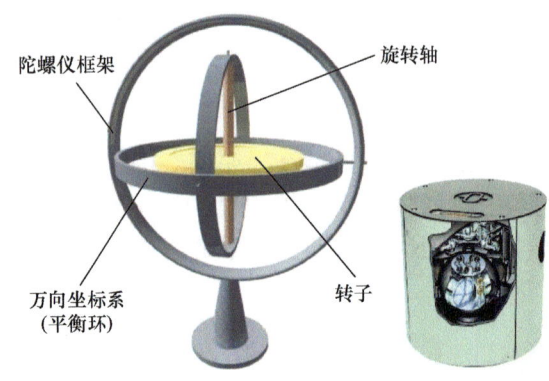

图 3-22　机械式陀螺仪

如图 3-23 所示，将陀螺仪的基座固装在汽车车身上，转子轴即可提供惯性空间的给定方向。当汽车直线行驶时，转子轴水平放置并指向仪表的零位，则当汽车绕垂直轴 Z 转弯时，仪表就会相对于转子轴产生偏转，从而指示出车辆转弯的角度（即指示出汽车绕 Z 轴的偏转角）。

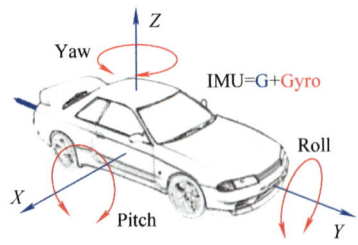

图 3-23　车辆坐标系及惯性测量单元（加速度传感器 + 陀螺仪）

Roll—侧倾角（也称翻滚角或滚桶角）　Pitch—俯仰角　Yaw—偏转角（也称航向角或偏航角）

3. 微机电陀螺仪

传统的机械式陀螺仪结构复杂，需要借助外力使陀螺转子保持高速旋转，加之体积较大、精度较低，维护、校准的工作量都很大。因此，作为惯性导航设备的机械式陀螺仪，只用于早期船舶、飞机的导航。

随着微机电系统（Micro-Electro-Mechanical System，MEMS）技术的发展，现在的汽

车、飞机、船舶上使用的惯性导航陀螺仪，都采用了微机电技术，称为微机电陀螺仪。在某些对精度要求更高的场合，则采用光纤陀螺仪或激光陀螺仪。

微机电系统是指尺寸在几毫米甚至更小的空间内制造的机电设备。微机电系统的内部结构一般在微米甚至纳米量级，是一个小巧的、独立的智能机电系统。

微机电系统是在微电子技术（半导体制造技术）基础上发展起来的，融合了光刻、电铸、注塑、腐蚀、硅微加工、非硅微加工和精密机械加工等技术制作的高科技电子机械产品。

微机电系统集成了微传感器、微执行器、微机械结构、微电源、微能源、信号处理和控制电路等高性能电子集成器件，并且具备与外界通信的接口。

微机电陀螺仪是采用纳米技术加工的微型机电装置，是一种振动式角速度传感器，其基本原理为将一种振动模式激励到另一种振动模式上，其输出参量的幅值（如电容值的变化量）与输入的角度成正比。

微机电陀螺仪是基于科里奥利力（Coriolis force）原理工作的。

科里奥利力也称哥里奥利力（简称科氏力），是对旋转体系中进行直线运动的质点由于惯性相对于旋转体系产生的直线运动的偏移的一种描述。

1835年，法国气象学家科里奥利（Coriolis，图3-24）提出，为了描述旋转体系中质点的直线运动，需要在其运动方程式中引入一个假想的力。这个假想的力被命名为科里奥利力。

引入科里奥利力的概念之后，就可以像处理惯性体系的运动方程式一样简单地处理旋转体系的运动方程式，大大简化了旋转体系的处理方式。由于人类生活的地球本身就是一个巨大的旋转体系，因而科里奥利力很快就在流体运动领域取得了成功的应用。

图 3-24　法国气象学家科里奥利（Coriolis）

如图 3-25 所示，电容敏感式微机电陀螺仪多制作成悬吊式结构，外框架（静框架）有均布的梳状电容板组，内框架（动框架）也有均布的梳状电容板组，两组梳状电容板组互相嵌合，组成电容器。微机电陀螺仪基体固装在载体（如汽车车身）上，当载体产生偏转角速度时，内框架与外框架即出现位移变化，并导致两组梳状电容板组的间距产生变化，从而使电容器的电容值产生变化。检测电容值的变化，即可检测出载体角速度的变化。

微机电陀螺仪的内部结构如图 3-26 所示。共振质量 M（即质点 M）通过弹簧 S5、S6、S7、S8 悬吊在内框架 F2 内，共振质点 M 与内框架 F2 之间允许有相对运动（图示状态为允许共振质点 M 沿着 Y 轴方向振动）；内框架 F2 通过弹簧 S1、S2、S3、S4 悬吊在外框架 F1 内，内框架 F2 与外框架 F1 之间允许有相对运动；内框架 F2 的外侧固装有一组电容板，外框架 F1 的内侧也固装有一组电容板，分别与内、外框架固装的两组电容板互相嵌合。外框架作为微机电陀螺仪的基体，与载体（如汽车车身）固定安装，以检测载体的姿态变化。

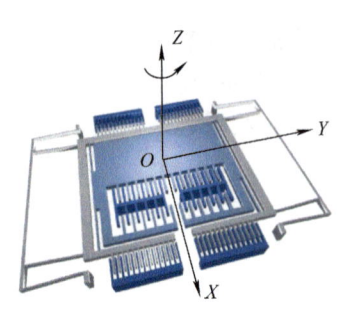

图 3-25 微机电陀螺仪的梳状电容板

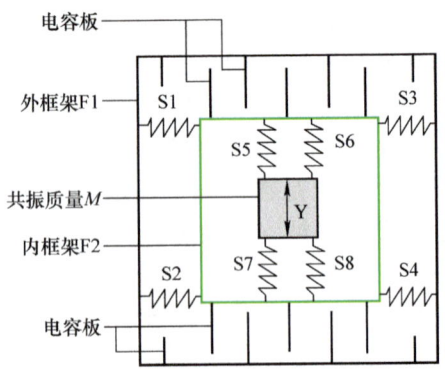

图 3-26 微机电陀螺仪内部结构示意图

当微机电陀螺仪载体静止不动、处于稳态时，微机电陀螺仪亦处于稳态，共振质点 M 以及内、外框架亦处于稳态。此时，与内、外框架固装且互相嵌合的两组电容板的间距亦处于稳态，相应地，其电容值亦为某一固定值。

如图 3-27 所示，当载体姿态发生突然变化时（如以角速度 ω 产生旋转运动），共振质点 M 受科里奥利力的影响，产生位移，使弹簧 S5、S6 受压，弹簧 S7、S8 受拉；并使内框架 F2 产生位移，进而使与内、外框架固装且互相嵌合的两组电容板的间距发生变化，相应地，其电容值就会发生变化。利用检测电路（图中未示出）实时检测两组电容板的电容值的变化，就可以检测出载体绕某一轴转动时的角速度。

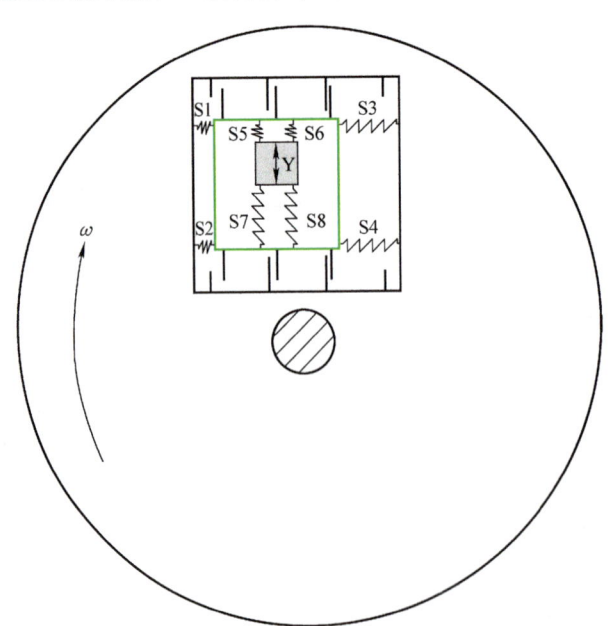

图 3-27 载体发生旋转运动时电容板间距的变化

图 3-26 和图 3-27 只是用于阐述微机电陀螺仪的结构和工作原理，实际的微机电陀螺仪内部结构非常小巧和精密，需要借助放大镜才能看清楚（图 3-28）。微机电陀螺仪采用整体封装之后，其外形尺寸比 25 美分的硬币还要小得多（图 3-29）。

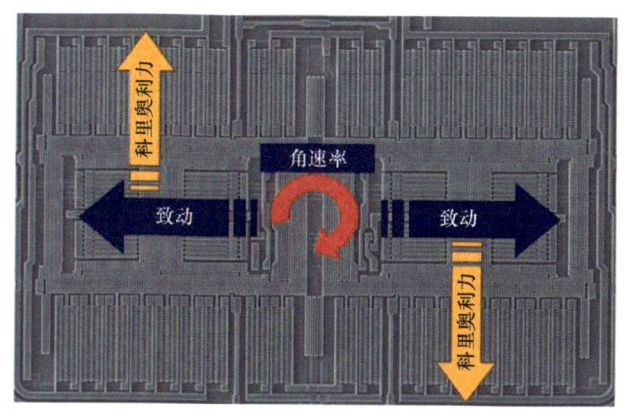

图 3-28　放大镜下的微机电陀螺仪内部结构

图 3-29　微机电陀螺仪的外形尺寸

微机电陀螺仪属于微电子产品，发展迅速，而且成本越来越低，用途越来越广。现在的智能手机之所以能够检测你每天的运动步数，甚至能检测出你不小心摔了一跤，就是因为手机内部装备了微机电陀螺仪。

骑行平衡车时，人体任意变换姿势而平衡车依然能够保持平衡、稳定地行驶，也是因为其内部装有微机电陀螺仪的缘故（图 3-30）。

目前，传统的机械陀螺仪正在被淘汰，有高精度需求的场合多采用激光陀螺仪，而对精度要求不高的场合则采用微机电陀螺仪。

图 3-30　平衡车内部装有微机电陀螺仪

需要指出的是，微机电陀螺仪、光纤陀螺仪、激光陀螺仪等产品，其技术性能指标比传统的机械式陀螺仪要高得多。虽然名字还叫陀螺仪，但是其具体结构、工作原理与传统的机械式陀螺仪相比，早已经发生了翻天覆地的变化。

4. 惯性测量单元

惯性导航系统通过惯性传感器测量载体的角速度和加速度信息。惯性测量单元（Inertial Measurement Unit，IMU）是惯性导航技术的硬件基础，通常包括三个正交的微机电陀螺仪和三个正交的加速度计（亦称加速度传感器，多用 G 表示），分别用于测量三轴角速度信息以及三轴加速度信息（图 3-23 和图 3-31）。

根据控制精度和用途不同，三轴加速度的测量可采用机械式加速度计、振动梁式加速度计或力平衡摆式加速度计。

三个正交的微机电陀螺仪和三个正交的加速度计 G 分别以单体形式安装在正六面体上，组成惯性测量单元 IMU 本体（即 IMU = G + Gyroscope），封装之后（图 3-32）通常安装在载体（汽车）的重心处，如图 3-33 所示。

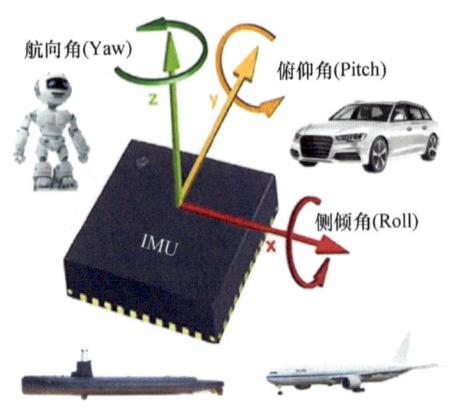

图 3-31 惯性测量单元（IMU）

图 3-32 IMU 产品

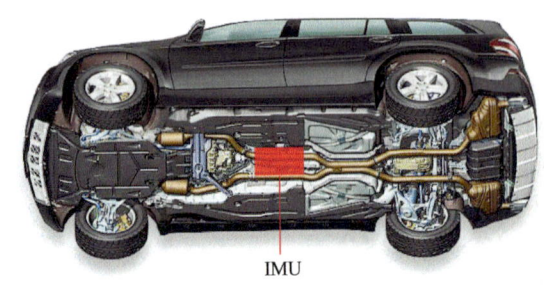

图 3-33 惯性测量单元 IMU 安装在载体（汽车）的重心处

如图 3-34 所示，惯性测量单元通过对三轴角速度的积分得到车辆的航向角、俯仰角和侧倾角，通过对三轴加速度的积分和二次积分，即可分别求取车辆的速度信息和位置信息。

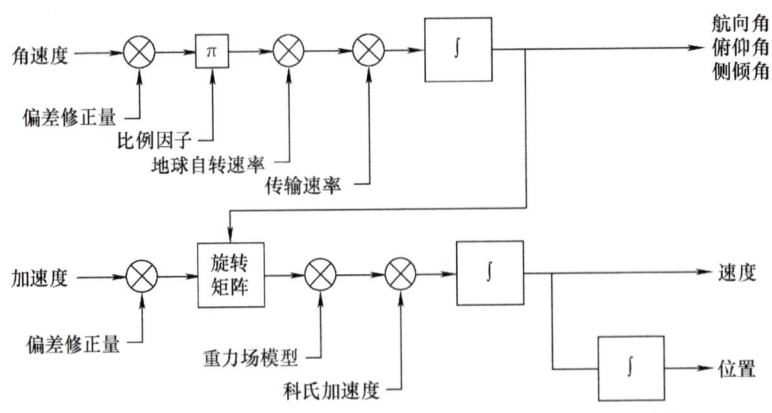

图 3-34 惯性测量单元求取车辆姿态、速度和位置信息

如图 3-35 所示，IMU 的一个重要特征在于它能以较高的频率更新数据输出。因此，IMU 可以提供近乎实时的载体位置信息。

惯性导航系统可以看成是 IMU 与算法软件的融合，通过内置的微处理器，能以高达 100Hz 的频率输出载体的高精度三维位置、速度、姿态信息。

在自动驾驶汽车上，GPS 已经成行车定位必不可少的技术。但 GPS 也有其劣势，如信号差、有误差、更新频率低等问题，所以仅靠 GPS 还无法完全满足自动驾驶汽车的定位需求。IMU 惯性测量单元数据输出的更新频率高，且不受外界条件变化的影响，可以作为 GPS 定位很好的补充措施。

"GPS + IMU" 的组合方案，就是为了融合 IMU 的航向速度、角速度和加速度信息，来提高 GPS 的定位精度和抗干扰能力。IMU 相对 GPS 来说，不仅能提供一些信息，还能提供补全导航信息，因为 GPS 本身只提供位置信息，IMU 还可以提供航向姿态信息，这是在智能车辆控制过程中必须掌握的信息。因为 IMU 会提供不同的角速度信息，自动驾驶系统可以非常敏锐地、实时地监测到车辆姿态的变化，可以更精准地识别一些比较复杂的路况信息。

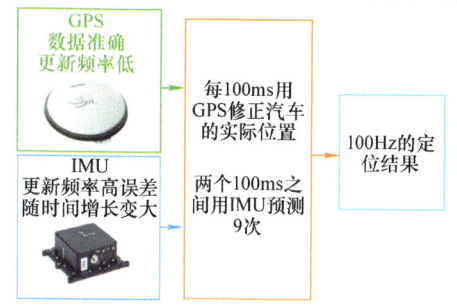

图 3-35 IMU 的数据输更新频率比 GPS 高

5. 惯性导航系统的作用

惯性导航系统的作用主要体现在两个方面。

1）临时替补，作为其他导航技术的冗余配置，查缺补漏，随时提供必要的辅助支持。

如图 3-36 所示，当 GPS/BDS 定位导航信号缺失或很弱时（如 GPS/BDS 定位导航信号被高层建筑物遮挡时，或车辆驶入隧道，或在地下车库内寻找车位时），惯性导航系统即投入工作，用积分法取得最接近载体真实状态的三维高精度定位，确保车辆始终能得到高精度的定位导航信息。

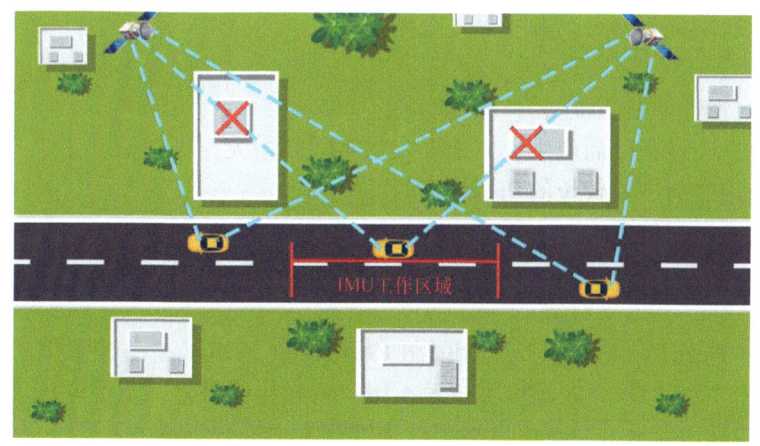

图 3-36 GPS/BDS 信号被高层建筑物遮挡（IMU 投入工作）

此外，当车辆迎着夏季的强烈阳光行驶时，识别车道线的视觉传感器因为强光致盲，短时间内丧失车道线识别能力时，惯性导航系统即投入工作，确保车辆在视觉传感器因强光致盲期间，也能得到高精度的定位导航信息（图 3-37）。

2）与激光雷达配合工作，以 GPS/BDS + IMU 组合工作的模式为激光雷达的空间位置和脉冲发射姿态提供高精度定位，建立激光雷达云点的三维坐标系（图 3-38）。

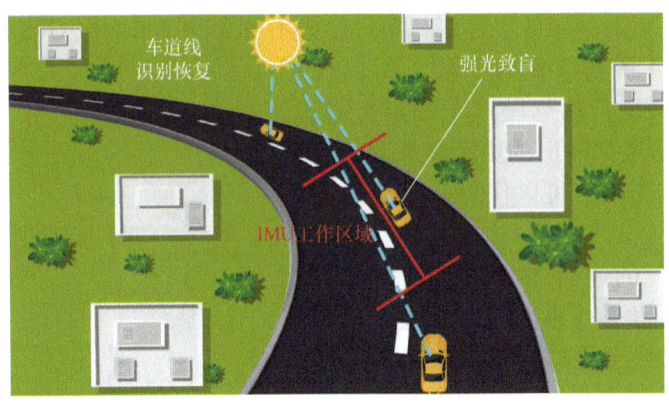

图 3-37 视觉传感器因强光致盲（IMU 投入工作）

6. 惯性导航系统的特点

（1）优点　惯性导航系统具有以下优点：

1）惯性导航系统不依赖于任何外部信息，也不向外部辐射能量，属于自主式导航系统，故隐蔽性好，也不受外界电磁干扰的影响。

2）惯性导航系统可全天候在全球任何地点工作。

3）惯性导航系统能提供位置、速度、航向和姿态角数据，所产生的导航信息连续性好且噪声低。

4）惯性导航系统数据更新频率高，短期精度和稳定性好。

图 3-38　IMU 与激光雷达组合定位

（2）缺点　惯性导航系统具有以下缺点：

1）导航信息经过积分而产生，定位误差随时间而增大，长期精度差。

2）每次使用之前需要较长的初始校准时间。

3）不能给出时间信息。

3.3.2　航迹推算技术

航迹推算（Dead Reckoning 或 Deduced Reckoning，DR）是一种常用的自主式车辆定位技术。相对于 GPS/BDS，航迹推算技术不用发射和接收信号，不受电磁波影响，机动灵活，只要车辆能到达的地方，都可以采用航迹推算方法进行定位。

航迹推算是利用载体上某一时刻的位置，根据航向和速度信息，推算得到当前时刻的位置，即根据实测的车辆行驶距离和航向计算其位置和行驶轨迹。航迹推算的定位精度一般不受外界环境的影响，但由于其误差是随时间积累的，所以持续工作时间越长，其定位误差越大，无法长期保持定位精度，只适合在短期内作为其他定位方法的补充。

1. 工作原理

如图 3-39 所示，航迹推算的基本工作原理是利用 DR 传感器检测载体位移矢量，进而推算出车辆的所在位置。

第3章 定位导航技术

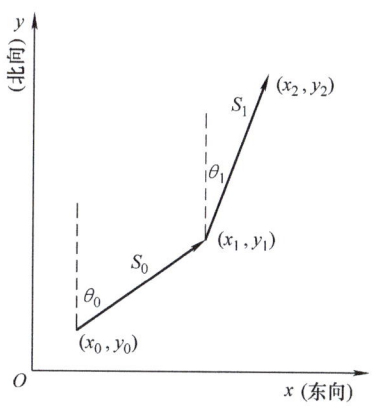

图 3-39 航迹推算原理

其中，(x_i, y_i)（$i = 0$，1，2，3，…）是车辆在 t_i 时刻的初始位置，航向角 θ_i 和行驶距离 S_i 分别是车辆从 t_i 时刻到 t_{i+1} 时刻的绝对航向角和位移矢量长度（幅值）。

$$x_k = x_0 + \sum_{i=0}^{k-1} S_i \sin \theta_i \qquad (3\text{-}6)$$

$$y_k = y_0 + \sum_{i=0}^{k-1} S_i \cos \theta_i \qquad (3\text{-}7)$$

式中，(x_k, y_k)（$k = 1$，2，3…）是车辆在 t_k 时刻的初始位置。

2. 工作特点

从上述分析不难看出，采用航迹推算技术对车辆进行定位时，必须通过其他手段获取车辆的初始位置和初始航向角，并需要对车辆的位移和航向角进行实时采样，且采样频率要足够高。唯有如此，才可以近似地认为在采样周期内车辆的加速度为零。

因此，航迹推算技术的定位误差会随着时间的推移而不断积累，无法长期单独使用该方法进行定位。但可以利用 GPS/BDS 对航迹推算定位的误差进行修正。

3. 系统组成

GPS/BDS + DR 组合导航定位系统由 GPS/BDS 以及电子罗盘、里程计和导航计算机组成，如图 3-40 所示。

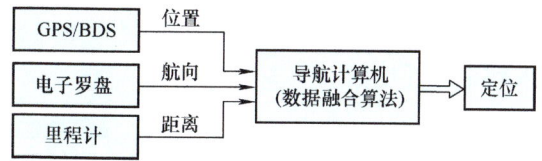

图 3-40 GPS/BDS + DR 组合导航定位系统的组成

GPS/BDS 独立给出车辆所在位置的绝对经度、纬度和海拔；电子罗盘作为航向传感器测量车辆的航向角；里程计测量车辆单位时间内的行驶里程；导航计算机采集各个传感器的数据，并做航迹推算、GPS/BDS 坐标变换及相关数据的预处理，由融合算法估算出车辆的动态位置。

GPS/BDS + DR 组合导航定位系统是一种低成本的导航系统，通过 GPS/BDS 与 DR 数据融合，可以实现较高精度的定位导航。

实现 GPS/BDS+DR 组合定位的关键在于如何将两者的数据进行充分融合，以达到最优的定位精度。目前，关于 GPS/BDS+DR 组合的数据融合方法很多，其中，使用最多且效果最好的就是卡尔曼滤波器（Kalman filter）法。

基于卡尔曼滤波器的 GPS/BDS+DR 组合导航定位系统的结构组成如图 3-41 所示。将 GPS/BDS 定位信息和 DR 定位信息综合用于车辆的定位求解，通过卡尔曼滤波器来补偿修正 DR 系统的状态。同时，滤波之后的输出又能为 DR 系统提供较为精准的初始位置和航向角，从而能够获得比单独使用任何一种定位方法都更高的定位精度和稳定性。

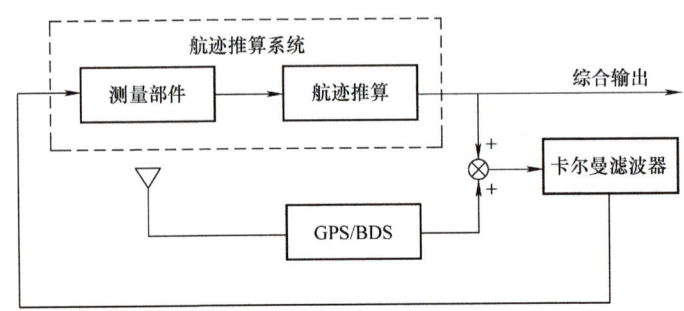

图 3-41　基于卡尔曼滤波器的 GPS/BDS+DR 组合导航定位系统

3.4　即时定位与地图构建技术

即时定位与地图构建（Simultaneous Localization and Mapping，SLAM），亦称并行建图与定位（Concurrent Mapping and Localization，CML）。SLAM 的主要任务是让机器人（智能汽车在本质上就是可行走的机器人）在未知的环境中，完成定位（Localization）和建图（Mapping）。

SLAM 技术可以描述为：将一个机器人放入未知环境中的未知位置，如何使机器人一边移动一边逐步描绘出该环境的完整的地图。所谓完整的地图（a Consistent Map）是指机器人可以利用该地图畅通无阻地进入到未知环境的每一个角落。

具体到智能汽车的 SLAM 技术，是指搭载特定传感器的车辆，在没有环境先验信息的情况下，在车辆行驶过程中建立起行驶环境的模型，同时估算车辆自身的运动状态（图 3-42）。如果这里的传感器为相机，则称为视觉 SLAM（Visual SLAM，V-SLAM）；如果传感器为激光雷达，则称为激光

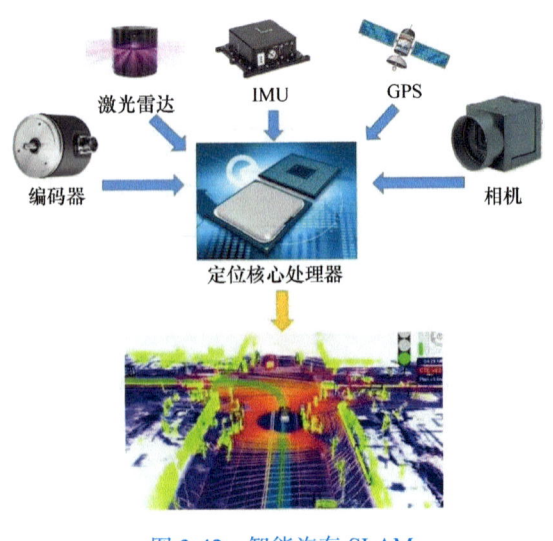

图 3-42　智能汽车 SLAM

雷达 SLAM（Lidar SLAM），简称激光 SLAM。

3.4.1 视觉 SLAM 技术

1. 视觉 SLAM 的分类与特点

视觉 SLAM 主要是基于相机来完成环境的感知工作，相对而言，相机成本低，容易安置在汽车车身上，且图像信息丰富，因此视觉 SLAM 技术备受关注。

目前，视觉 SLAM 采用的相机主要有单目相机、双目相机和深度相机（RGB-D Camera，图 3-43）三类。此外还有鱼眼相机（Fisheye Camera）、全景相机（Panoramic Camera）等特殊相机，但目前应用的不多。

图 3-43　深度相机（RGB-D Camera）

此外，结合惯性测量单元 IMU 的视觉 SLAM 也是研究热点之一。从实现难度上看，大致排序为：单目视觉 SLAM、双目视觉 SLAM、RGB-D 视觉 SLAM。

（1）单目相机视觉 SLAM　单目相机 SLAM 也称 Mono-SLAM，它仅用一个摄像头就能完成 SLAM。其最大的优点是传感器简单且成本低廉，但无法得到图像的深度。

一方面是由于图像绝对深度未知，单目 SLAM 不能得到机器人运动轨迹及地图的真实大小。如果把轨迹和位置环境同时放大 2 倍，则单目相机看到的图像是一样的，因此，单目 SLAM 只能估计一个相对深度。

另一方面，单目相机无法依靠一张图像获得图像中物体与相机自身的相对距离。为了估计这个相对深度，单目 SLAM 要靠运动中的三角测量，来求解相机运动并估计像素的空间位置。也就是说，单目 SLAM 获得的轨迹和地图，只有在相机运动之后才能收敛。如果相机处于静止状态，就无法得知像素的具体位置。同时，相机运动还不能是纯粹的旋转，必须伴有直线运动。因此，单目视觉 SLAM 的应用有很大的局限性。

单目视觉 SLAM 不受未知空间大小的限制，既可以用于室内，也可以用于室外。

（2）双目相机视觉 SLAM　与单目相机不同，双目相机的立体视觉既可以在运动中估算图像深度，也可在相机静止时估计，消除了单目视觉 SLAM 的许多局限性。不过，双目（或多目）相机的配置与标定均较为复杂，其深度量程也受双目的基线与分辨率的限制。通过双目图像计算像素距离，是一件非常消耗计算量的工作，现在多用现场可编程门阵列（Field Programmable Gate Array，FPGA）技术来完成。

双目相机对距离的计算是通过比较左目、右目的图像获得的，无需依赖其他传感设备。因此，双目视觉 SLAM 既可以用于室内，也可以用于室外。

（3）深度相机视觉 SLAM

深度相机（RGB-D camera）是 2010 年开始兴起的新技术，从功能上来讲，就是在红（Red）、绿（Green）、蓝（Blue）三原色普通摄像头的功能上添加了一个像素深度（Depth）测量功能。

深度相机能够主动测量每个像素距离相机的远近，可直接获取像素深度信息。深度相机按其工作原理可分为两大类，即红外结构光深度测量法和飞行时间测量法（图 3-44）。

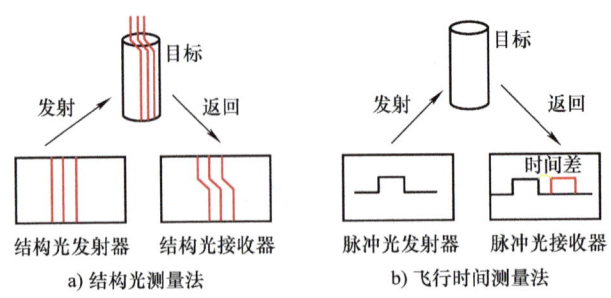

图 3-44 深度相机像素深度测量原理

在结构光（Structured Light）测量法中，深度相机向探测目标发射一束光线（通常是红外光），然后根据返回的结构光图像来计算像素离相机自身的距离，以此获取像素深度。

在飞行时间测量法中，相机向探测目标发射脉冲光，然后根据发送到返回之间的光束飞行时间（Time of Flight，TOF），确定物体离相机自身的距离，以此获取像素深度。

在测量深度之后，深度相机再将像素深度与 RGB 彩色图像像素之间进行匹配，最后输出与彩色图一一对应的深度图（图 3-45）。

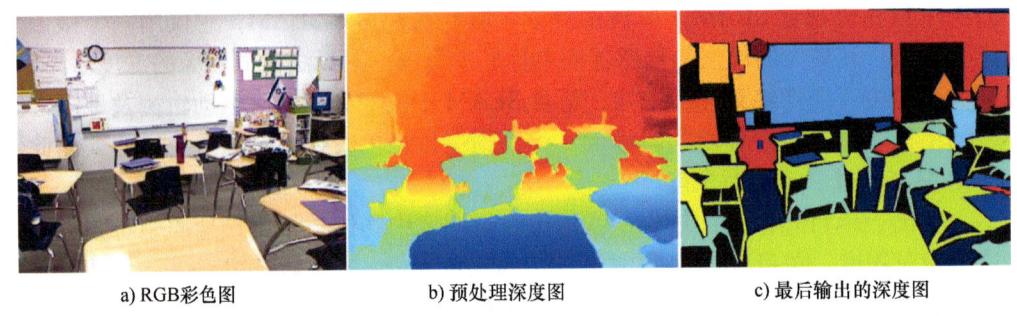

图 3-45 深度图的处理过程

深度相机的最大特点是可以通过红外结构光或 TOF 原理，直接测出图像中各像素离相机的距离。与传统相机相比，它能够提供更丰富的信息。用深度相机进行视觉 SLAM 时，无须像单目或双目视觉 SLAM 那样费时费力地计算图像深度。

深度相机主要用于室内场景的视觉 SLAM。

2. 视觉 SLAM 的工作流程

如图 3-46 所示，视觉 SLAM 的工作流程主要包括传感器数据采集、前端视觉里程计、后端非线性优化、回环检测、建图等环节。

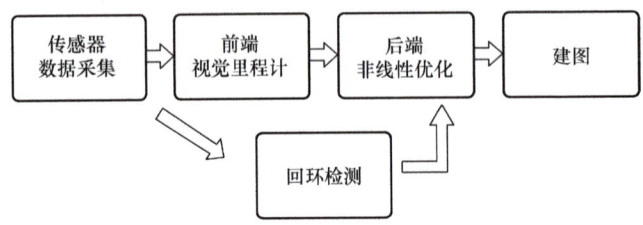

图 3-46 视觉 SLAM 的工作流程

1）视觉传感器数据采集在视觉 SLAM 中主要为相机图像信息的读取和预处理。在机器人中，还可能有编码器（俗称码盘）、惯性传感器等信息的读取和同步。

2）视觉里程计（Visual Odometry，VO）又称为前端，其主要任务是估算相邻图像间相机的运动以及局部地图的形貌，即分析两张图像之间的运动关系。

前端视觉里程计能够通过相邻帧间的图像估计相机的运动，并恢复场景的空间结构。将相机相邻时刻的运动串联起来，就构成了智能汽车的运动轨迹，从而解决了定位问题。另一方面，根据每一时刻的相机位置，计算出各像素对应的空间点的位置，也就得到了地图。

3）后端非线性优化（Optimization）主要是处理 SLAM 过程中的噪声问题。任何传感器都有噪声，所以，除了要处理"如何从图像中估计出相机的运动"之外，还要关心这个估计带有多大的噪声。

前端给后端提供待优化的数据，以及这些数据的初始值，而后端负责整体的优化过程，得到全局一致的轨迹和地图。在视觉 SLAM 中，前端主要研究图像的特征提取与匹配问题，后端则主要负责滤波和执行非线性优化算法。

4）回环检测（Loop Closure Detection）又称闭环检测，是指机器人（智能汽车）识别曾到达过某场景，使地图实现闭环的能力。简而言之，就是机器人在左转一下、右转一下进行建图时，能主动意识到某个地方是"我"曾经来过的，然后把此刻生成的地图与已经生成的地图做匹配。回环检测实质上是一种检测观测数据相似性的算法。

如果回环检测成功（图 3-47），则可以显著地减小累积误差，帮助机器人（智能汽车）更精准、更快速地进行避障导航工作。如果回环检测失败（图 3-48），则会使地图构建变得更加困难。设置回环检测环节在大面积、大场景地图构建中是非常必要的。

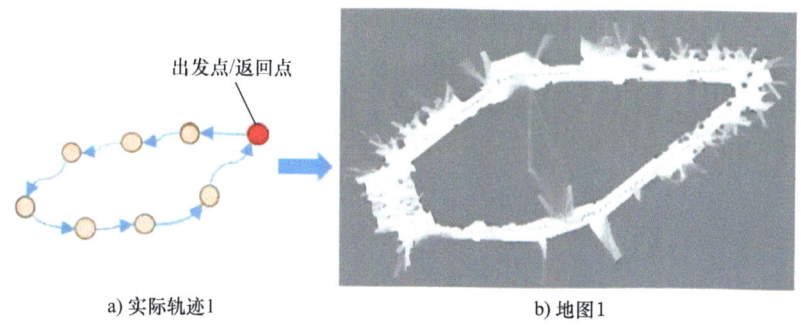

图 3-47　回环检测成功

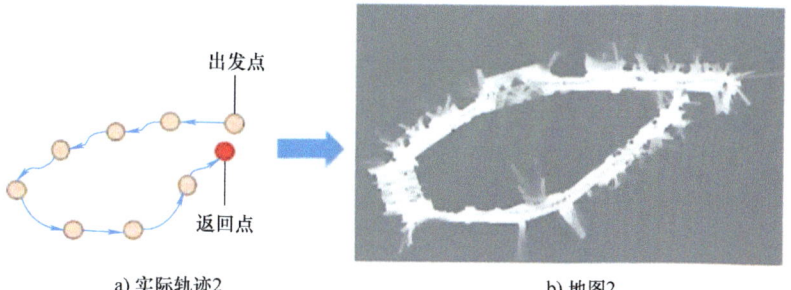

图 3-48　回环检测失败

对于视觉 SLAM，多数系统采用目前较为成熟的词袋（Bag-of-Words，BoW）模型进行回环检测。词袋模型把图像中的视觉特征聚类，然后建立词典，进而寻找每个图中含有哪些"单词"（Word）。也有研究者使用传统模式识别的方法，把回环检测构建成一个分类问题，训练分类器进行分类。

5）建图（Mapping）就是根据估计的轨迹，建立与任务要求相对应的地图（图 3-49）。地图是对环境的描述，但这个描述并不是固定的，需要视 SLAM 的应用而定。

图 3-49　单目相机视觉 SLAM 输出的地图

地图的表达形式主要有 2D 栅格地图（图 3-50）、2D 拓扑地图（图 3-51）、3D 点云地图（图 3-52）和 3D 网格地图（图 3-53）四种。

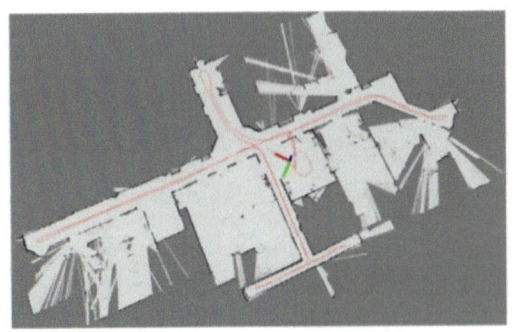

图 3-50　2D 栅格地图

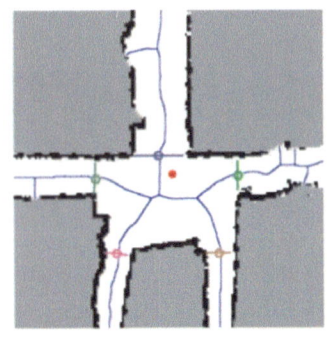

图 3-51　2D 拓扑地图

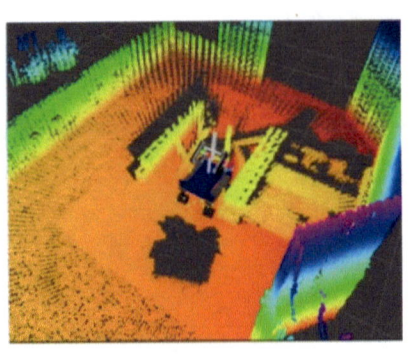

图 3-52　3D 点云地图

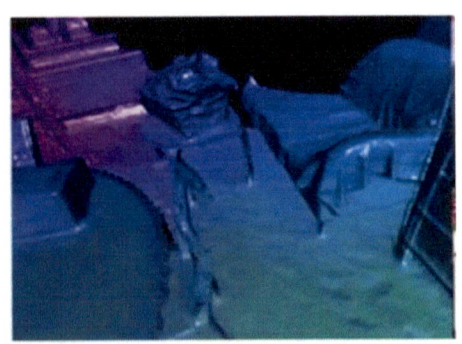

图 3-53　3D 网格地图

3. 视觉 SLAM 的工作原理

大多数视觉 SLAM 的工作方式是通过连续的图像，跟踪设置关键点，以三角算法定位其 3D 位置，同时使用该信息来逼近、推测相机及载体的姿态，进而绘制出与自身位置相关的环境地图，并以绘制出来的地图为机器人系统（自动驾驶汽车）提供定位和导航服务。与其他形式的 SLAM 技术不同，只需一个 3D 视觉摄像头，就可以做到这一点。

通过跟踪摄像头视频帧中足够数量的关键点，可以快速了解传感器的运动方向和周围物理环境的结构。视觉 SLAM 系统持续工作，即可使重新投影误差（Reprojection Error）或投影点与实际点之间的误差最小化，这一目标可通过光束平差（Bundle Adjustment，BA）算法予以解决。

视觉 SLAM 系统需要实时操作，这就需要进行大量的运算。因此，位置数据和映射数据经常分别进行光束平差计算，但两者一般同时进行，以便在最终融合之前提高运算和处理速度。

视觉 SLAM 主要用于 GPS/BDS 信号缺失的情况下，智能汽车需要进行长时间定位建图，指引车辆行驶的场景（如在大型商场的地下停车场、超长隧道等）。此外，视觉 SLAM 还可以补偿行车过程中因 GPS/BDS 信号不稳定而出现的定位跳跃（如在高楼林立的城区或偏远山区行车时）。

3.4.2 激光 SLAM 技术

激光 SLAM 技术先是根据一帧帧连续运动的点云数据，从中推断出激光雷达自身的运动情况以及周围环境情况，然后再创建地图。激光 SLAM 根据其所用的激光雷达的类型不同可细分为 2D 激光 SLAM 和 3D 激光 SLAM 等。

1. 激光 SLAM 的特点

激光 SLAM 具有能够准确测量环境中目标点的角度与距离、无需预先布置场景、可融合多传感器、能在光线较差环境中工作、能够生成便于导航的环境地图等特点，成为目前定位方案中不可或缺的新技术。

在激光 SLAM 过程中，智能汽车通过激光雷达感知周围环境，并对周围环境进行重建，然后通过观测数据计算智能汽车的当前位姿，并融合智能汽车内部里程计、加速度计等传感器推算得到的智能汽车位姿变化，以此对智能汽车进行精准定位。

与此同时，通过智能汽车的定位信息以及外部传感器在当前时刻的观测信息对地图进行增量式更新，再将建好的地图作为先验信息进行下一步的定位与建图，如此周而复始、循环往复。激光 SLAM 构建的地图精度高，不存在累积误差，且能直接用于定位导航。

激光 SLAM 又可分为基于滤波（Filter-based）的 SLAM 和基于图形（Graph-based）优化的 SLAM 两种，后者的性能优于前者。

激光 SLAM 主要分为定位和建图两个环节，主要解决三个基本问题：其一是特征值的提取问题，即如何从大量的周围环境信息中提取特征值（有用的数据）的问题；其二是数据关联问题，即在不同时刻观测到的环境信息之间的关系问题；其三是地图表达问题，即如何来对周围环境进行描述。

2. 激光 SLAM 的工作流程

激光 SLAM 的工作流程如图 3-54 所示。

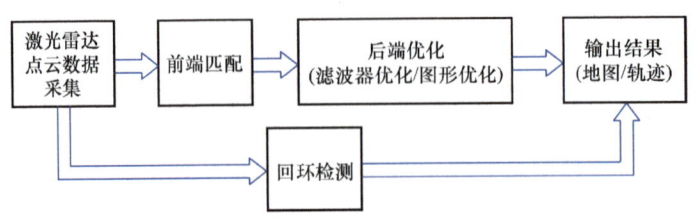

图 3-54 激光 SLAM 的工作流程

（1）激光雷达点云数据采集　激光雷达通过发射激光束来检测周围环境中障碍物的角度和距离信息，再通过一定的算法将其转换为以激光雷达为坐标系的三维坐标点，并构成点云数据。

（2）前端匹配　前端匹配的实质是寻找前后两帧点云的对应关系，在智能汽车移动前后的两组激光点云数据已经给定的条件下，可以从点云数据中提取有用的信息（特征值），并通过迭代运算求得激光雷达的旋转平移参数，进而获取激光雷达的移动轨迹。

（3）后端优化　在激光雷达点云数据的获取及前端匹配过程中，不可避免地会存在噪声，进而使激光 SLAM 存在误差。后端优化的目的就是通过基于卡尔曼滤波器（或扩展的卡尔曼滤波器）或基于图形优化的方法，尽可能消除误差，确保激光雷达获取的车辆位姿信息和地图数据尽可能的准确。

（4）回环检测　当机器人（智能汽车）的运动轨迹回到曾经路过的地点时，通过回环检测达成地图闭环，可进一步提升地图（轨迹）的准确性。

（5）输出结果　通过上述过程得到每帧点云数据及其对应的位姿数据信息后，就可以以将该帧点云拼接到全局地图中，完成地图数据的更新，输出机器人（智能汽车）该时刻的六自由度位姿信息和环境地图。不难看出，激光 SLAM 过程的本质，就是点云拼接。

激光 SLAM 的建图效果如图 3-55 所示。

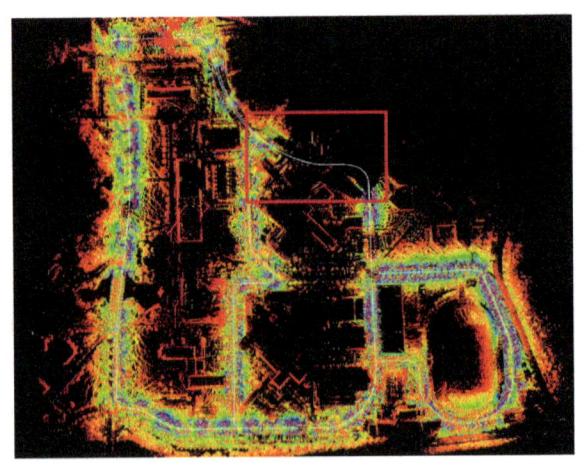

图 3-55 激光雷达与惯导融合 SLAM 的建图效果

3.4.3 视觉 SLAM 与激光 SLAM 的比较

在智能汽车自动驾驶领域，视觉 SLAM 与激光 SLAM 两种技术并驾齐驱，各有千秋。

1. 成本

激光雷达普遍价格较高，而视觉 SLAM 主要是通过摄像头来采集数据信息，与激光雷达相比较，摄像头的成本显然要低很多。但激光雷达能以更高的精度测出障碍物的角度和距离，定位导航更为精准。

2. 应用场景

视觉 SLAM 的应用场景要丰富得多，在室内外环境下均能开展工作，但是对光照的依赖程度高，在暗处或者一些无纹理区域则无法工作，而激光 SLAM 目前主要应用在室内。

3. 地图精度

激光 SLAM 构建的地图精度比视觉 SLAM 高，且能直接用于定位导航。例如，用思岚科技的 RPLIDAR 系列激光雷达构建的地图精度可达到 2cm 左右；而采用深度摄像机 Kinect（测距范围在 3～12m 之间）进行视觉 SLAM，构建地图的精度约为 3cm。

4. 易用性

激光 SLAM 简单易用，而视觉 SLAM 则比较复杂。

总而言之，激光 SLAM 技术相对更为成熟，也是目前最为可靠的定位导航方案，但成本高昂；而视觉 SLAM 的前期研发工作成效显著，今后将是主流方向。最终，视觉 SLAM 与激光 SLAM 将走向融合。

3.5 电子地图技术

3.5.1 导航电子地图

1. 导航电子地图的定义

导航电子地图（Electronic Map）以 GPS/BDS 导航设备为依托，融入计算机技术、地理信息系统（Geographic Information System，GIS）技术、三维（3-Dimension，3D）建图技术，可以数字方式进行存储和查阅，可进行地理信息定位显示、索引、计算、引导，主要用于路径规划和导航（图 3-56）。

图 3-56　导航电子地图

2. 导航电子地图的数据

导航电子地图的数据由道路数据、背景数据（点、线、面）、注记数据（注记类型、可见级别）以及索引数据［兴趣点（Point of Interest，POI）、邮政编码、地点、交叉口等］

四部分组成。

为了提升数据组织的便利性和数据内容的扩展性，不同的电子地图供应商和地图产品还会附加一些新的数据内容，例如行政区划和要素名称词典、语音文件等。

3. 导航电子地图的特点

1）支持导航区域的相对无限性，覆盖范围足够广。
2）高精度，多尺寸。
3）以路网为主，合理准确地表达空间关系。
4）支持实时、动态信息的快速显示。
5）能把图形、图像、声音和文字合成在一起，便捷易用，现实性好，更新周期短。

3.5.2 高精电子地图

1. 定义

高精度电子地图也称为高分辨率地图（High Definition Map，HD Map），简称高精地图（图 3-57）。高精地图是一种专门为智能汽车自动驾驶服务的地图。与传统的导航电子地图不同的是，高精地图除了能提供道路（Road）级别的导航信息外，还能够提供车道（Lane）级别的导航信息，无论是在信息的丰富度还是定位精度方面，都远远高于电子导航地图。

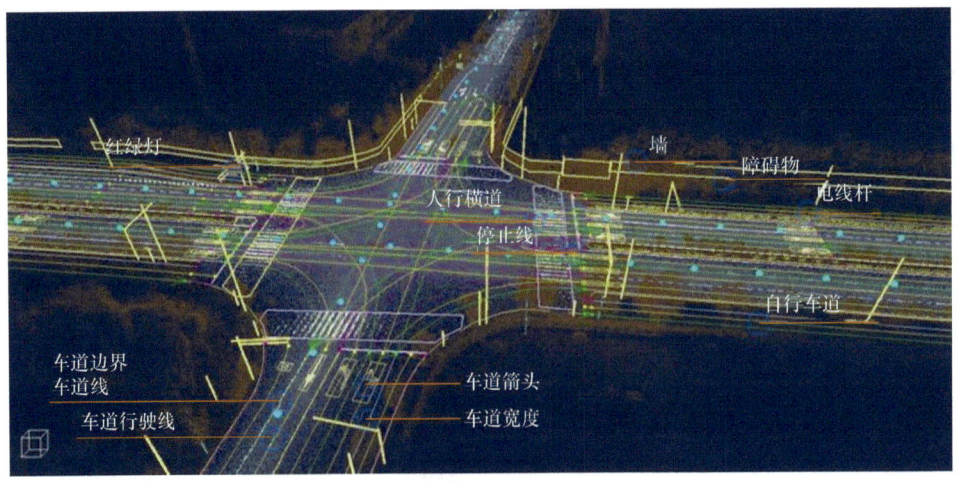

图 3-57　高精地图

高精地图也称自动驾驶地图，是面向智能汽车自动驾驶的一种新的地图数据范式。高精地图绝对位置精度接近 1m，相对位置精度能够达到 10～20cm。

准确和全面地表征道路特征，并要求更高的实时性，是高精地图最显著的特点。

高精地图对道路特征的描述包括每条车道的坡度、曲率、航向、高程、侧倾数据以及车道线的种类、颜色；每条车道的限速要求、推荐速度；隔离带的宽度、材质；道路上的箭头、文字的内容及所在位置；交通信号灯（红绿灯）、人行横道等交通标志的绝对地理坐标、物理尺寸及其特质特性。

此外，高精地图还能记录驾驶行为的具体细节，包括典型驾驶行为、最佳加速点及制动点、路况复杂程度以及对不同路段信号接收情况的标注等。

2. 高精地图的构成

高精地图是由多个不同的"透明"图层叠加，一层一层地"覆盖、粘贴"而成的。通常可将高精地图划分为五个图层，即基础地图（也称标准精度地图）、几何地图、语义地图、先验知识地图和实时信息地图（图 3-58）。

基础地图（Base map）主要表达道路的基础参数，如道路边缘、道路模型、车道模型等，并以厘米级的高精度数据呈现精准信息。

几何地图（Geometric map）由来自激光雷达、各种摄像头、GPS/BDS 和 IMU 传感器的原始数据组成，其输出是密集的 3D 点云，将数据处理后即可生成几何地图。

图 3-58　高精地图的构成

语义地图（Semantic map）通过添加语义对象来表达地图信息（如道路限速信息和车道变换限制等），语义对象既可以是 2D 的，也可以是 3D 的（如用于安全驾驶的车道边界、交叉路口、停车位、停车标志、交通信号灯等）。

先验知识地图（Map priors）主要表达道路交通信息在统计学中的特征，如交通信号灯变化的顺序、车辆的平均行驶速度、车辆在信号灯处的平均等待时间、停车场停车位的占用概率等。

实时信息地图（Real-time map）位于高精地图的最顶层，动态更新各种实时道路交通信息。实时信息既包括其他交通参与者的信息（如道路拥堵情况、施工情况、是否有交通事故、交通管制情况以及天气情况等），也包括交通参与物的信息（如红绿灯和人行横道等）。

实时信息地图通过云端服务平台将道路交通的动态信息实时传输给自动驾驶车辆，使车辆提前预知前方出现的可能影响驾驶策略的情况，做到有备无患并防患于未然。

3. 高精地图信息的分类

高精地图所包含的信息可分为道路信息、规则信息、实时信息三部分，详见表 3-10。

表 3-10　高精地图包含的信息分类

道路信息	车道模型	车道数量、车道中心线、道路分离点和车道分离点、车道连接关系
	道路条件	交通信号灯、交通标志、斑马线、停止线、路缘石、防护栏、龙门架、桥梁
	道路属性	车道数量、车道变化属性、车道线的曲率和坡度、车道连接关系、车道分组、交通区域、兴趣点（如人行横道）、GPS/BDS 信号减弱或消失位置、加速点、制动点等
规则信息	—	车道限速信息、禁止使用喇叭信息、限行限号信息、收费信息
实时信息	—	实时交通调流信息、天气信息、道路能见度信息、事件信息（交通事故、道路施工等）、停车场服务、事故多发地预警信息、基于坡路的节能减排提示信息等

道路信息包含车道模型、道路组成、道路属性三部分，为自动驾驶汽车提供决策基础。

规则信息与实时信息则是在道路信息之上的叠加，包含对驾驶行为的限制以及从车联网系统获取的实时道路信息。

高精地图所蕴含的信息如此之丰富，也就意味着高精地图的数据量将极其庞大。例如，仅仅制作一条道路的高精地图，就需要采集超过 14 亿个数据点，若想最终实现高精地图的商业化落地，庞大的覆盖范围带来的数据量将是一个极大的挑战。

高精地图内涵丰富，但实际使用的时候并非无所不包。与导航地图相比，高精地图不包括具体地点属性和信息、障碍物属性、建筑模型，只需关注车辆行驶道路及其周边场景，其余场景如公园、商场、景区等地理信息不在高精地图的考虑范围之内。

4. 高精地图的制作

高精地图主要用于智能汽车自动驾驶路径的规划，其制图过程分为数据采集、点云地图制作、地图标注和地图保存 4 个环节。

1）数据采集是指获取道路交通环境的原始数据的过程。数据采集是构建高精地图的基础，可利用装备有激光雷达、摄像头、GPS/BDS、IMU 等传感器的数据采集车完成数据采集工作。

2）点云地图的制作主要是对采集好的数据进行加工，利用激光雷达的点云数据建立道路交通环境的三维点云模型。因为激光雷达的扫描范围有限，因此需要逐帧将激光雷达数据拼接起来，从而获取整个街道的点云地图，这个过程也称点云注册。图 3-59 和图 3-60 是拼接好的点云地图。

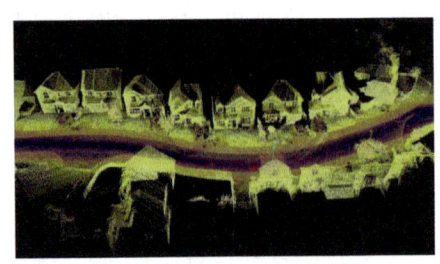
图 3-59　点云地图（道路及周边建筑物）

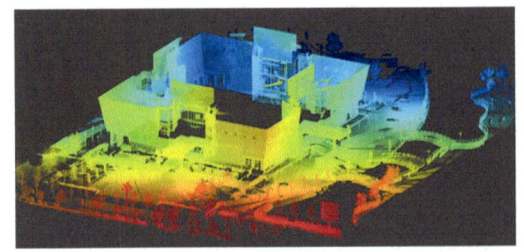
图 3-60　点云地图（建筑物及周边道路）

目前有两种方法能实现点云地图制作。其一是利用 Autoware NDT Mapping，采用开源社区 Autoware 提供的 NDT Mapping 可以实现点云的拼接，从而得到整个街道的三维模型；其二是采用各种离线 SLAM 制图方法制作点云地图。

可资参考的基于激光雷达的 SLAM 制图方法有 LOAM、Cartographer、Hdl_Graph_SLAM、Blam、A-LOAM、LeGO-LOAM、LIO-Mapping 和 Interactive_SLAM 等。

3）地图标注是在点云地图的基础上，标注出车道线信息、交通标志信息、交通信号灯（红绿灯）信息等，得出道路的结构化信息。智能汽车自动驾驶规划控制模块会利用这些道路结构化信息来完成路径规划。

通过地图标注工具可以标注出车道线、交通标志、路口、减速带等信息。图 3-61 是在点云地图上标注好的高精地图。

4）地图保存主要是把上述标注好的信息保存为固定的格式，目前百度 Apollo 采用的高精地图均为 Opendrive 格式。高精地图最好采用统一的格式标准，以确保不同公司开发的高精地图能够彼此兼容。

5. 高精地图与导航电子地图的区别

（1）使用对象不同　导航电子地图的使用者是驾驶人，有显示；高精地图的使用者是自动驾驶系统，无显示。

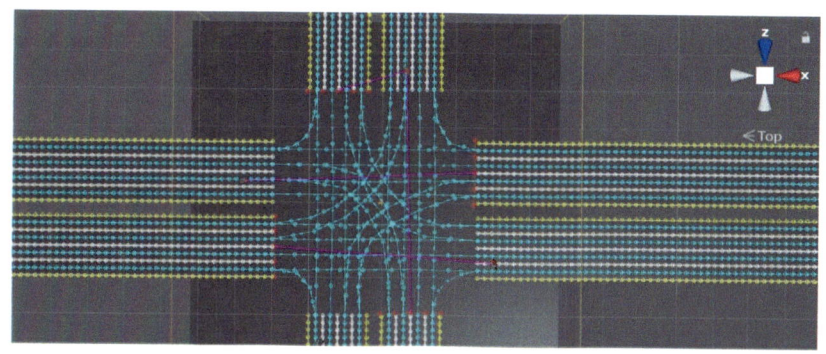

图 3-61　在点云地图上标注好的高精地图

使用对象的不同带来本质差异，导航电子地图的使用对象是驾驶人，以人的认知为基础，解决的需求包括规划路线、确认地点、辨别方位等；而高精地图的使用对象是自动驾驶系统的软件算法，面向的是"机器"或系统，数据将作为自动驾驶算法的输入端，解决的需求包括环境感知、高精度定位、规划与决策等，是自动驾驶汽车上路行驶的"行动指南"。

（2）精度不同　导航电子地图的精度在米级，商用 GPS 精度为 5m；高精地图的精度可以达到 10～20cm。

（3）数据维度不同　导航电子地图数据只记录道路级别的数据：道路形状、坡度、曲率、铺设形式、方向等；高精地图不仅增加了车道属性相关（车道线类型、车道宽度等）数据，更有诸如高架物体、防护栏、行道树、道路边缘类型、路边地标等大量目标数据，能够明确区分车道线类型、路边地标等细节。

（4）功能不同　导航电子地图的作用是辅助驾驶；而高精地图作为"高精度高动态多维度"数据，其作用是为自动驾驶提供自变量和目标函数。

（5）数据的实时性不同　高精地图更新频率快，动态数据的更新频率为 1Hz；导航电子地图更新频率慢，静态数据更新周期一般为 1 个月。

（6）所属系统不同　导航电子地图属于车载信息娱乐系统，高精地图属于车载安全系统。

6. 高精地图的作用

高精地图的作用主要体现在高精度定位、辅助环境感知、规划与决策三个方面，如图 3-62 所示。

（1）高精度定位　将自动驾驶汽车上传感器感知到的环境信息与高精地图进行对比，可得到车辆在地图中的精确位置，这是进行路径规划与决策的前提。

（2）辅助环境感知　在高精地图上标注详细的道路信息，辅助汽车在感知过程中进行验证。当车辆传感器感知到前方道路上的坑洼时，便与高精地图中的数据进行对比，如果地图中也标记了同样的坑洼，就能起到验证判断的作用。

（3）规划与决策　通过云端服务平台提前了解车载传感器无法感知区域（如几千米外）的路况信息，以便未雨绸缪，早做准备。

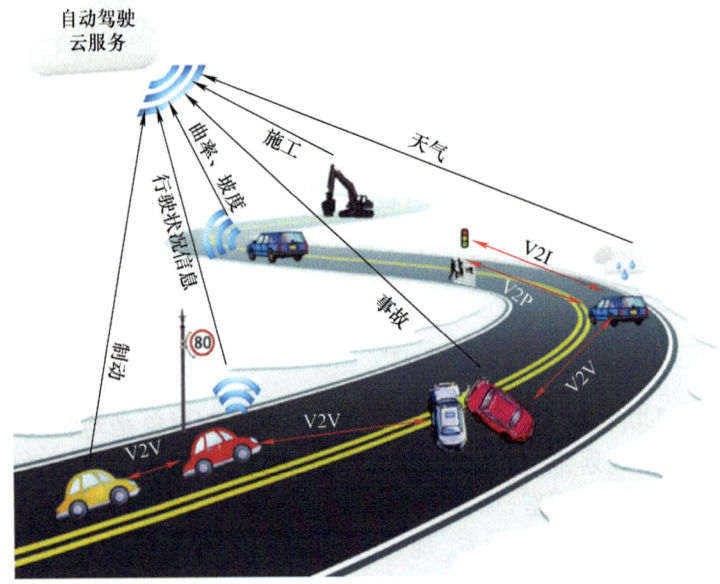

图 3-62 高精地图的作用

3.6 路径规划技术

路径规划（Path Planning）是指在一定的环境模型基础上，给定车辆的起始点和目标点之后，按照性能指标要求规划出一条无碰撞、能够安全到达目标点的有效行驶路径。

根据对环境信息的掌握程度，可将路径规划分为基于先验完全信息的全局路径规划和基于传感器信息的局部路径规划两类。

其中，从获取障碍物信息是静态或动态的角度看，全局路径规划属于静态规划（也称离线规划），局部路径规划属于动态规划（也称在线规划）。全局路径规划需要掌握所有的环境信息，根据环境地图的所有信息进行路径规划；局部路径规划只需要由传感器实时采集环境信息，了解环境地图信息，然后确定出所在地图的位置及局部的障碍物分布情况，从而可以选出从当前节点到某一子目标节点的最优路径。

根据所研究环境的信息特点，路径规划还可分为离散域范围内的路径规划问题和连续域范围内的路径规划问题。离散域范围内的路径规划问题属于一维静态优化问题，相当于环境信息简化后的路径优化问题；而连续域范围内的路径规划问题则是连续性多维动态环境下的路径规划问题。

一般的连续域范围内路径规划问题（如机器人、飞行器等的动态路径规划问题），其步骤主要包括环境建模、路径搜索、路径平滑三个环节。

（1）环境建模　环境建模是路径规划的重要环节，目的是建立一个便于计算机进行路径规划所使用的环境模型，即将实际的物理空间抽象成算法能够处理的抽象空间，实现相互间的映射。

（2）路径搜索　路径搜索是指在环境模型的基础上应用相应算法寻找一条行驶路径，

使预定的性能函数获得最优值。

（3）路径平滑　通过相应算法搜索出的路径并不一定是一条运动体可以行走的可行驶路径，需要作进一步处理与平滑，才能使其成为一条切实可行的行驶路径。

对于离散域范围内的路径规划问题，或在环境建模及路径搜索前已经做好路径可行性分析的问题，路径平滑环节可以省略。

路径规划直接影响智能（自动驾驶）汽车行驶路径选择的优劣以及行驶的流畅度，而路径规划的优劣在很大程度上取决于路径规划算法的优劣。如何在短时间内，针对各种不同场景，迅速、准确、高效地规划出行驶路径，且使其具备应对场景动态变化的能力，是路径规划算法需要解决的重要课题。

3.6.1　环境模型的建立方法

环境模型的建立方法主要有C空间法、自由空间法、栅格法、沃罗诺伊图法等。

1. C空间法

C空间法也称可视图（Visibility Graph）法，即在位姿空间（Configuration Space）中扩展障碍物为多边形，以起始点S、终点G和所有多边形顶点间的可行直线连线（不穿过障碍物的连线）为路径范围来搜索最短路径（图3-63）。

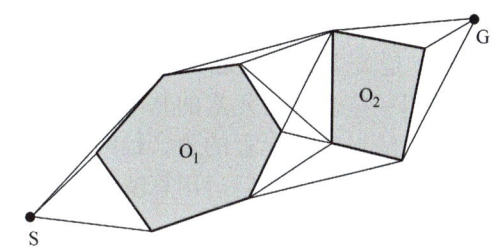

图3-63　C空间法（也称可视图法）示意图

C空间法的优点是直观，容易求得最短路径；缺点是一旦起始点和目标点发生改变，就需要重新构造可视图，缺乏灵活性。

C空间法适用于全局路径规划和连续域范围内的路径规划，尤其适用于全局路径规划中的环境建模，但其局部路径规划能力较差。

2. 自由空间法

自由空间法（Free Space Approach）针对C空间法应变性差的缺陷，采用预先定义的基本形状（如广义锥形、凸多边形等）构造自由空间，并将自由空间表示为连通图，然后通过对连通图的搜索来进行路径规划。由于起始点和终点改变时，只相当于它们在已构造的自由空间中的位置发生了变化，只需重新定位即可，而不需要重绘整幅地图。

自由空间法的缺点是障碍物较多时将加大算法的复杂度，算法实现起来比较困难，且并非在任何情况下都能获得最短路径。

3. 栅格法

栅格（Grid）法（图3-64），即用编码的栅格来表示地图，把包含障碍物的栅格标记为障碍栅格，反之则为自由栅格，以此为基础作路径搜索。

栅格法可用于路径规划的环境建模，但它很难解决复杂环境下的路径规划问题，一般需要与其他智能算法结合使用。

4. 沃罗诺伊图法

沃罗诺伊图法是由俄罗斯数学家沃罗诺伊（Voronoi）建立的空间分割算法，其灵感来源于笛卡尔用凸域分割空间的思想。

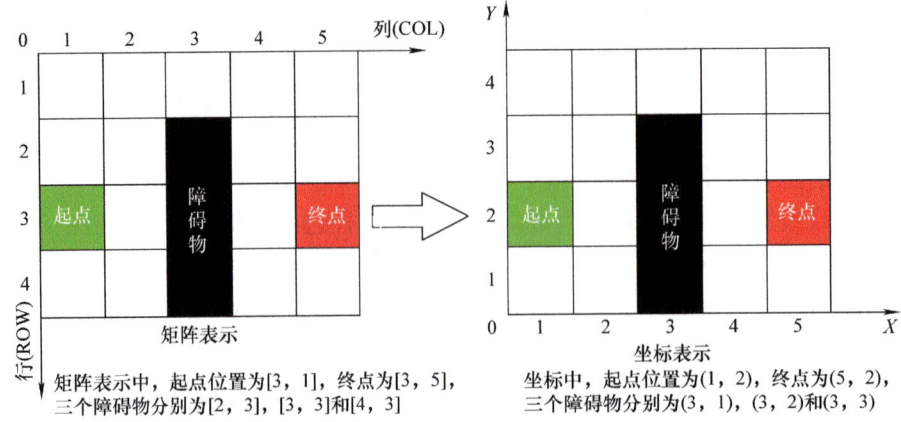

图 3-64 栅格法示意图

沃罗诺伊图（Voronoi Diagram，图 3-65）也称泰森多边形（Thiessen Polygon）或狄利克雷曲面细分（Dirichlet tessellation），是关于空间邻近关系的一种基础数据结构，其基本思想是用一些被称为元素的基本图形来划分空间，以每两点间的中垂线来确定元素的边，最终把整个空间划分成结构紧凑的沃罗诺伊图，而后运用算法对多边形的边所构成的路径网络进行最优搜索。

沃罗诺伊图法的优点是把障碍物包围在元素中，能实现有效避障，缺点是维诺图法的重绘比较费时，因而不适用于大型动态环境。

图 3-65 沃罗诺伊图

3.6.2 路径规划的经典算法

1. Dijkstra 算法

Dijkstra 算法由荷兰计算机科学家戴克斯特拉（Dijkstra）提出，该算法通过计算起始点到自由空间内任意一点的最短距离可以求得全局最优路径。

如图 3-66 所示，Dijkstra 算法从起始点 V0 开始计算周围 4 个或者 8 个点与起始点的距离，再将新计算距离的点作为计算点，计算其周围点与起始点的距离，这样计算像波阵列一样在自由空间内传播，直到到达目标点 V6。这样就可以计算得到机器人（智能车辆）到目标点的最优路径。

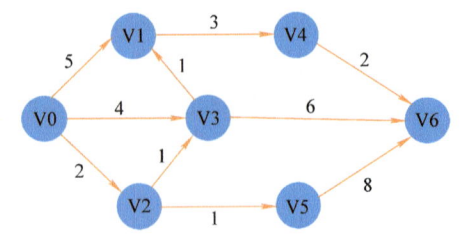

图 3-66 Dijkstra 算法示意

Dijkstra 算法是一种经典的广度优先的状态空间搜索算法，该算法会从起始点开始一层一层地搜索整个自由空间，直到到达目标点。Dijkstra 算法使用的是贪心策略：每次都找出剩余顶点中与源点距离最近的一个顶点。这样会大大增加计算时间和数据量，而且搜索得到的大量的计算点对于机器人（智能汽车）运动是无用的。因此，Dijkstra 算法的效率较低。

2. A*算法

为了解决 Dijkstra 算法效率低的问题，业界又提出了一种启发式算法——A*（A-Star）算法。A*算法能够根据求解问题本身的具体特征，控制搜索向着最可能到达目的地的方向前进。这种搜索策略针对问题本身的特点进行，因而其工作效率高，往往只需要搜索一部分状态空间就可以达到目的地。

A*算法是一种静态路径中求解最短路径的最有效的直接搜索方法，也是解决许多搜索问题的有效算法。

如图 3-67 所示，A*算法充分运用问题空间的启发信息，对问题求解选取比较适宜的估价函数（如曼哈顿 Manhattan 估价函数），然后再利用估价函数的反馈结果，对其搜索战略进行动态调节，最终获得问题的最优解。A*算法中的距离估算值与实际值越接近，最终搜索速度也就越快。

3. D*算法

A*算法主要是在静态环境下进行最短路径求解，但在实际应用场景中，由于交通环境的复杂性，行人、非机动车、机动车辆以及各种不可预知的动态障碍物（如突然横穿公路的动物）都会影响智能汽车的正常行驶，因此有必要进行车辆行驶路径的动态规划。目前，最为典型的动态规划算法为 D*算法。

D*算法（D-Star，Dynamic A*）是由静态 A*算法发展而来的，最早用于火星探测器的路径搜索算法。D*算法是一种启发式的路径搜索算法，适合面对周围环境未知或周围环境存在动态变化的场景。

与 A*算法的正向搜索不同，D*算法（图 3-68）不是由起始点 S（Start，起始）开始搜索，而是以目标点 G（Goal，目标）为起始，进行最优路径搜索。

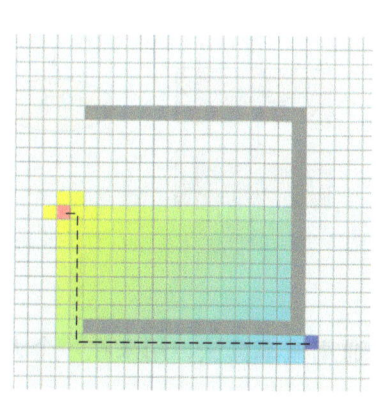

图 3-67 A*算法示意图

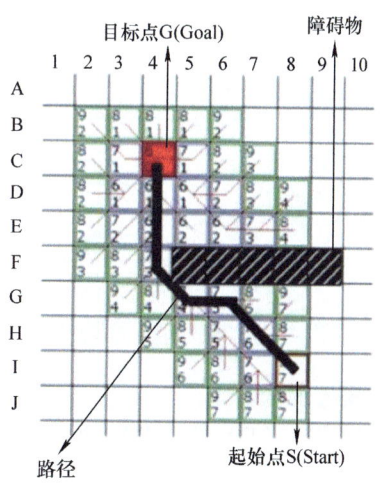

图 3-68 D*算法示意图

如果在搜索过程中，中间的某个节点的状态（State）有动态变化时（如发现路径中存在新的障碍物），就需要重新开始路径搜索，因此，D*算法才被称动态规划算法。

D*算法采用反向搜索的目的在于后期需要重新规划路径的时候，能够用到先前搜索到的最短路径信息，由此可以减少搜索工作量。因为以目标向起始点进行搜索得到的最短路径图,是以目标点为中心辐射出的最短路径图,图上目标点到各点之间都是最短路径,因此,D*算法在既定路径上遇到问题需要重新路径规划的时候,就可以很好地利用事先已经得到的信息,这样就可以少走弯路。

3.6.3 路径规划的智能算法

处理复杂动态环境信息下的路径规划问题时,来自于自然界的启示往往能起到很好的作用。智能仿生学算法就是人们通过仿生学研究发现的新型算法,常用的有蚁群优化算法、模拟退火算法、遗传算法、神经网络算法、粒子群算法等。

1. 蚁群优化算法

蚁群优化(Ant Colony Optimization, ACO)算法的思想来自于对蚁群觅食行为的探索。如图 3-69 所示,每个蚂蚁觅食时都会在走过的道路上留下一定浓度的信息素,相同时间内最短的路径上由于蚂蚁走过的次数多而信息素浓度最高,加上后来的蚂蚁在选择路径时会以信息素浓度为依据,起到正反馈作用,因此信息素浓度最高的最短路径①很快就会被发现并被蚁群认可,而其他比较长路径②和③会逐渐被蚁群摒弃。

蚁群优化算法通过迭代来模拟蚁群觅食行为,以达到最优寻径的目的,其算法流程如图 3-70 所示。蚁群优化算法具有良好的全局优化能力、本质上的并行性、易于用计算机实现等优点,但计算量大、易陷入局部最优解,但可通过加入"精英蚁(Elitist-Ant)"等方法进行改进。

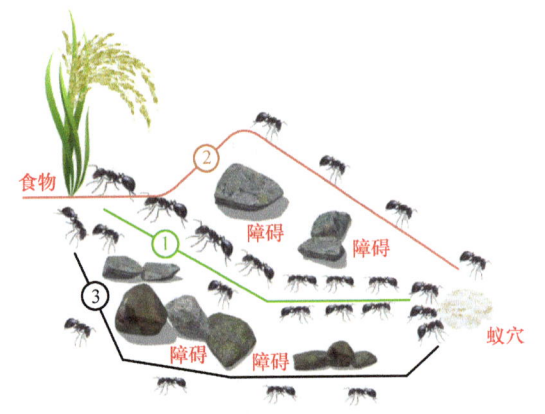

图 3-69 蚁群优化算法示意图

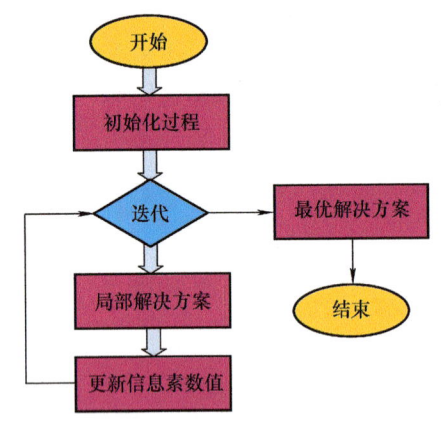

图 3-70 蚁群优化算法的算法流程图

2. 模拟退火算法

模拟退火(Simulated Annealing, SA)算法是一种通用概率算法,用来在一个大的搜寻空间内找寻命题的最优解。

模拟退火算法基于固体退火原理:将金属固体加温至足够高,再使其徐徐冷却,加热时,金属固体内部粒子随温升变为无序态,内能增大;而徐徐冷却时金属粒子渐趋有序,在每个温度值下都能达到平衡态,最后在常温时达到基态,内能减为最小。

根据梅卓波利斯接受准则(Metropolis Acceptance Criteria),金属粒子在温度 T 时趋于平衡的概率为 $e^{-\Delta E/(kT)}$。其中,E 为温度 T 时的内能,ΔE 为其改变量,k 为玻尔兹曼常数(Boltzmann constant)。

将内能 E 模拟为目标函数值 f，温度 T 转变成控制参数 t，即可得到求解组合优化问题的模拟退火算法——由初始解 i 和控制参数初值 t 开始，对当前解重复进行"产生新解→计算目标函数差→接受或舍弃"的迭代，并逐步衰减 t 值，算法终止时的当前解即为该命题的近似最优解。不难看出，模拟退火算法是基于蒙特卡罗（Mote Carlo）迭代求解法的一种启发式随机搜索过程。

模拟退火算法与初始值无关，算法求得的解与初始解状态 S（是算法迭代的起点）无关；模拟退火算法具有渐近收敛性，已在理论上被证明是一种以概率1收敛于全局最优解的全局优化算法；模拟退火算法具有并行性。

3. 遗传算法

遗传算法（Genetic Algorithms，GA）是当代人工智能科学的一个重要研究分支，是一种模拟达尔文遗传选择和自然淘汰的生物进化过程的计算模型。

遗传算法是目前路径规划中常用且重要的智能算法之一，其思想源于生物遗传学和适者生存的自然规律，是按照基因遗传学原理而实现的一种具有"生存＋检测"的迭代过程的搜索算法。

遗传算法以一种群体中的所有个体为对象，并利用随机化技术指导对一个被编码的参数空间进行高效搜索。其中，选择、交叉和变异构成了遗传算法的遗传操作；参数编码、初始群体的设定、适应度函数的设计、遗传操作设计、控制参数设定五个要素组成了遗传算法的核心内容。作为一种新的全局优化搜索算法，遗传算法具有简单通用、鲁棒性强、适于并行处理以及高效、实用等显著特点。

遗传算法最大的优点是易于与其他算法相结合，并充分发挥自身的迭代优势，其缺点是运算效率不高，不如蚁群算法有先天优势，但其改进算法是目前的研究热点。

除上述的蚁群算法、模拟退火算法和遗传算法之外，可用于智能汽车路径规划的智能算法还有神经网络算法、粒子群算法等。

思考与实训

1. 选择题

1）目前，投入实际使用的全球定位导航卫星系统有四个，分别是美国的（　　）、中国的（　　）、俄罗斯的（　　）和欧盟的（　　）。

    A. BeiDou Navigation Satellite System   B. Galileo Navigation Satellite System
    C. Global Orbiting Navigation Satellite System   D. Global Positioning System

2）高精度的（　　）技术在智能（自动驾驶）汽车的定位导航技术体系中，是必不可少的，也是应用最多的。

    A. Position Difference   B. Pseudo Range Difference
    C. Real Time Kinematic   D. Differential Global Position System

3）在车辆坐标系及惯性测量单元中，汽车侧倾角用（　　）表示，俯仰角用（　　）表示，偏转角用（　　）表示。

    A. Brake   B. Yaw
    C. Pitch   D. Roll

4）惯性测量单元 IMU 通常安装在载体（汽车）的（　　），以检测车辆的姿态变化。

A. 车头处　　　　　　　　　　　　B. 车尾处

C. 重心处　　　　　　　　　　　　D. A 柱处

2. 问答题

1）全球卫星定位系统有哪些特点？

2）北斗卫星导航定位系统有哪些特点？

3）惯性导航系统有哪些作用？

3. 实操题

分别用视觉 SLAM 和激光 SLAM 方法对你上课的教室进行即时定位与地图构建。

第 4 章

网络通信技术

学习目标

- 了解车联网技术的发展概况；
- 熟悉车路协同技术在智能交通领域的应用情况；
- 掌握智能汽车常用的 V2X 通信技术。

4.1 车联网简介

4.1.1 车联网的作用

汽车与外部世界之间的通信是通过车联网实现的，因此，智能汽车的网络通信技术亦称车联网技术。车联网的概念来自物联网（Internet of Things），根据车联网产业技术创新战略联盟的定义，车联网（Internet of Vehicles，图 4-1）是以车内网、车际网和车载移动互联网为基础，按照约定的通信协议和数据交互标准，在 V2V、V2R、V2P、V2N 之间实现无线通信和信息交互的大系统网络，是能够实现智能化交通管理、智能化动态信息服务和车辆智能化控制的一体化网络，是物联网技术在交通系统领域的典型应用。

图 4-1 车联网

车联网技术将"人、车、路、云"等交通参与要素紧密地联系在一起，实现了"聪明的车"与"智慧的路"的有机结合，不仅可以支撑智能汽车获得比单车感知更多的信息，促进自动驾驶技术的创新和应用，还有利于构建智能交通体系，促进汽车和交通服务的新模式、新业态发展，对提高交通效率、节约资源、减少污染、降低事故发生率、改善交通管理具有重要意义。

在网络通信领域，特别是车联网领域，习惯将两个节点之间的无线或有线通信做简记表达，详见表 4-1。

表 4-1 车联网领域常用的通信关系简记表达法

序号	通信双方	英文表述	简记表达法
1	车辆—车辆	Vehicle to Vehicle，V to V	V2V
2	车辆—行人	Vehicle to Pedestrian，V to P	V2P
3	车辆—网络	Vehicle to Network，V to N	V2N
4	车辆—万物	Vehicle to X，V to X	V2X
5	车辆—路侧单元	Vehicle to Road-side Unit，V to R	V2R
6	车辆—路侧基础设施	Vehicle to Road-side Infrastructure，V to I	V2I

4.1.2 车联网的体系结构

从体系结构上看，车联网可以分成端、管、云三个层面。

1. 端系统

端系统指汽车的智能传感器系统，负责采集与获取车辆的运动状态，感知行车状态与环境信息；端系统是具有车内通信、车与车通信、车与网通信的泛在通信终端，同时还可使汽车具备车联网寻址和网络可信标识等能力的设备。

2. 管系统

管（理）系统负责管理车与车、车与路、车与网、车与人等的互联互通，实现车辆自组织网络及多种异构网络之间的通信与漫游，在功能和性能上保障实时性、可服务性与网络泛在性，同时管系统也是公共网与专用网的统一体。

3. 云系统

车联网是一个云架构的车辆运行信息服务平台，其生态链包含了物流、客货运、危特车辆、汽修汽配、汽车租赁、企事业车辆管理、汽车制造商、4S 店、车辆管理机构（车管所）、保险、紧急救援、移动互联网等，是多源海量信息的汇聚，因此需要虚拟化、安全认证、实时交互、海量存储等云计算功能，其应用系统也是围绕车辆的数据汇聚、计算、调度、监控、管理与应用的复合体系。

4.1.3 车联网的网络构成

从万物互联的角度看，智能汽车就是一个移动智能终端。在行驶过程中，智能汽车借助车联网技术，与世界万物始终保持着密切联系。根据信息交互的对象及任务不同，可将智能汽车的车联网络划分为车内网（车载网络）、车际网（移动自组织网络）和车云网（移动互联网络）三类（图 4-2）。

1. 车内网——车载网络

为实现汽车内部各个电子控制系统之间的数据共享和快速传输，在显著降低线束用量的同时，有效提高汽车电子系统的安全性和可靠性，现代汽车普遍采用了以控制器局域网为代表的汽车网络系统——车

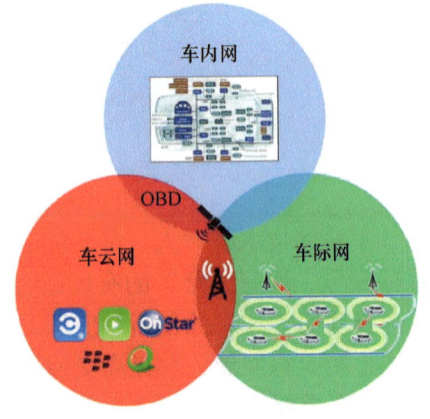

图 4-2 车内网、车际网和车云网

载网络系统。

构建车载网络系统并对汽车实施网络化控制的技术体系称为车载网络技术。车载网络技术是汽车电子控制技术与现场总线技术、计算机网络技术相结合的产物。

车载网络技术的推广使用，进一步优化了汽车的控制系统，极大地提升了汽车的整体控制水平，并为汽车向以自动驾驶为代表的智能化时代迈进创造了条件。

2. 车际网——移动自组织网络

以短距离无线通信技术为基础的移动自组织网络主要解决处于行驶状态下的汽车与汽车之间、汽车与路侧智能交通设施之间、汽车与行人之间的短暂的、临时性的通信问题。

藉由移动自组织网络，智能汽车可随时与其他车辆、行人及路侧智能交通设施实现信息交互，数据共享。

汽车与汽车之间的通信，可通过 GPS/BDS 定位辅助建立无线多跳连接，从而完成短暂的、临时性的数据通信，以提高交通效率，确保交通安全；汽车与路侧智能交通设施之间的通信可借助互联网获得更丰富的信息与服务；汽车与行人之间的通信主要通过行人随身携带的智能手机中的特种芯片实现，用于分享汽车与行人的行为动态，以减少误判，确保交通安全。

3. 车云网——移动互联网络

移动互联网络是以智能汽车为移动终端，通过远距离无线通信技术和云端服务器构建的智能汽车与互联网之间的通信网络，可实现车辆信息与各种服务信息在移动互联网上的传输与共享，使智能汽车用户能够在行车过程中开展商务办公、信息娱乐服务等。

4.2 车载网络技术

车载网络技术致力于实现汽车内部各个电子控制系统之间的数据共享和快速传输，在优化汽车的控制系统、提升汽车的整体控制水平的同时，也为汽车的线控操作奠定了技术基础，为智能汽车的自动驾驶创造了条件。

不同控制系统对信息传输的要求不尽相同，因此，在智能汽车上，针对不同的控制系统采用了各具特色的总线技术，然后再利用网关把这些性能各异、各具特色的总线整合成一体，构成成本较低但功能完善的整车网络，以实现"人尽其才，物尽其用"。

近年来，随着汽车整车电气架构的不断升级和优化，又提出了域控制器的概念——对于具备管理某一功能领域作用的控制器，称为域控制器（Domain Controller）。

网关（Gate Way）是车载网络内部通信的核心器件，通过网关可以确保各条总线上信息的共享和协调工作，实现汽车内部的网络管理和故障诊断功能，营造"顺畅、和谐"的工作氛围。

遵循这一指导思想，车载网络系统采用多条不同速率的总线分别连接不同类型的节点（功能强大的大型节点可以升级为域控制器），并使用网关服务器来实现整车的信息共享和网络管理，如图4-3所示。

目前，在智能汽车上应用较为普遍且与自动驾驶技术密切相关的车载网络技术主要有CAN、LIN、FlexRay以及车载以太网等。

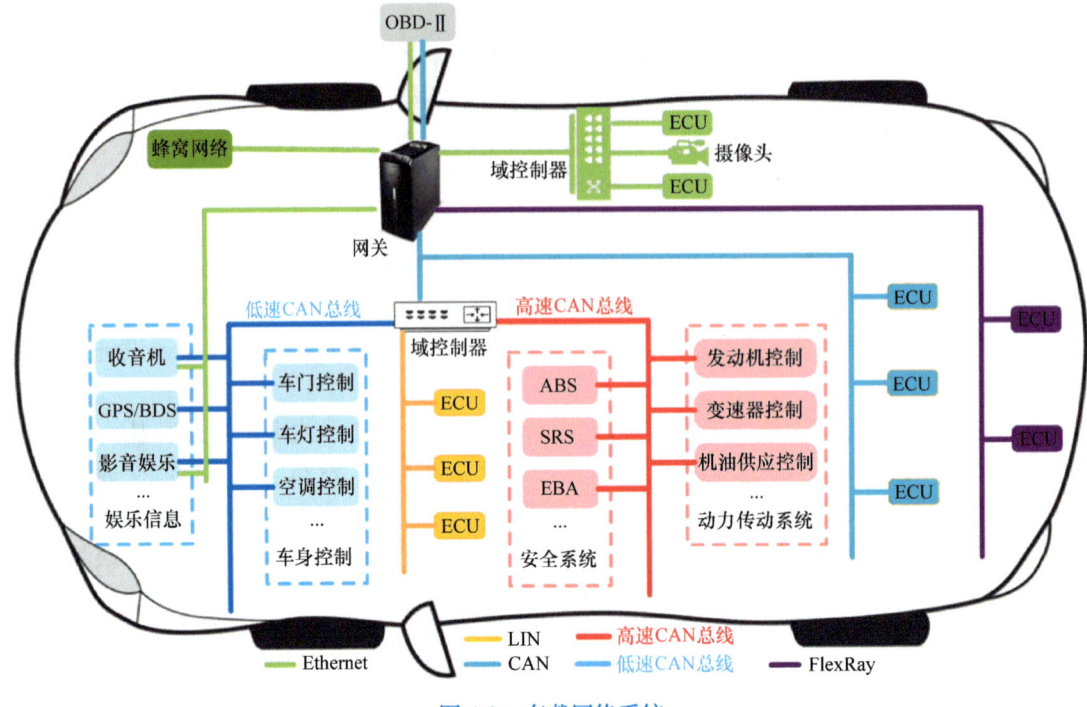

图 4-3 车载网络系统

4.2.1 CAN 总线技术

CAN 是 Controller Area Network（控制器局域网）的缩写，是国际标准化的串行通信协议。目前，CAN 总线是车载网络系统中应用最多、最为普遍的一种总线技术。

1. CAN 总线的特点

CAN 总线系统上并联有多个控制单元，具有以下特点：

1）可靠性高。系统能将数据传输故障（不论是由内部还是外部引起的）准确地识别出来。

2）使用方便。如果某一控制单元出现故障，则其他控制单元还可以保持原有功能，以便进行信息交换。

3）数据密度大。所有控制单元在任一瞬时的信息状态均相同，这样就使得两控制单元之间不会有数据偏差。如果系统的某一处有故障，那么总线上所有连接的控制单元都会得到通知。

4）数据传输快。连成网络的各控制单元之间的数据交换速率必须很快，这样才能满足实时性要求。

5）采用双线传输，抗干扰能力强，数据传输的可靠性高。

6）CAN 总线是基于事件触发协议工作的，采用多主竞争方式进行数据发送权的争夺，因此需要设置冲突仲裁机制。

2. CAN 总线的应用

目前，CAN 总线系统中的信号是采用数字方式经铜质导线传输的，其最大稳定传输速率可达 1Mbit/s。大众和奥迪公司将最大标准传输速率规定为 500kbit/s。

考虑到信号的重复率及产生出的数据量,CAN 总线系统分为三个专门的系统:

1)动力 CAN 总线(高速),也称驱动 CAN 总线,其标准传输速率为 500kbit/s,可充分满足智能汽车自动驾驶功能对数据传输的实时性要求,既适用于传统燃油汽车的发动机、变速器、制动防抱死系统、转向助力等系统,也适用于电动汽车的线控底盘系统。

2)舒适 CAN 总线(低速),其标准传输速率为 100 kbit/s,主要用于空调系统、中央门锁(车门)系统、座椅调节系统的数据传输。

3)信息 CAN 总线(低速),其标准传输速率为 100kbit/s,主要用于对响应速度要求不高的领域,如导航系统、组合音响系统、CD 转换控制等。

如图 4-4 所示,CAN 总线在汽车发动机控制、底盘控制、仪表信息系统以及舒适性系统中得到了广泛应用。

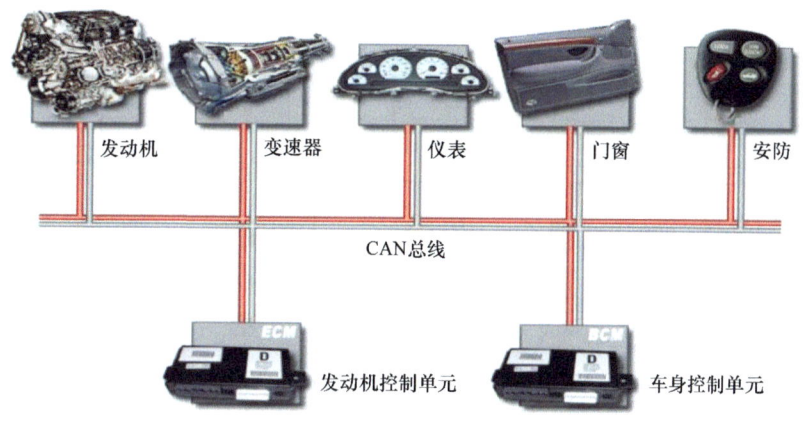

图 4-4　CAN 总线在汽车上的应用

4.2.2　LIN 总线技术

1. LIN 总线的特点

LIN(Local Interconnect Network)意为本地互联网,也称局域互联网。LIN 总线所控制的控制单元一般都分布在距离较近的空间内(如车顶、仪表台、车门等处),所以 LIN 也被称为"局域子系统"。

LIN 总线的主要特性如下:

1)采用单主机、多从机的运行机制,无须总线仲裁,系统配置灵活。

2)以基于通用异步收发/串行通信接口 UART/SCI(Universal Asynchronous Receiver/Transmitter and Serial Communication Interface)的低成本硬件实现 LIN 协议。

3)带时间同步的多点广播接收,从机节点无需石英或陶瓷谐振器,可以实现自同步。

4)可以保证最差状态下的信号传输延迟时间。可选的报文帧长度为 2、4 和 8 字节(Byte)。

5)数据传输的安全性好,可自动检测网络中的故障节点。

6)使用低成本的半导体组件(小型贴片,单芯片系统),采用单线传输,系统成本低廉。

7)位传输速率可达 20kbit/s,完全可以满足某些对传输速率要求不高的场合的需求。

2. LIN 总线的应用

目前，LIN 总线在智能汽车上的应用领域主要有防盗系统、自适应前照灯、氙气前照灯、驾驶人侧开关组件、车外后视镜、中控门锁、电动天窗、空调系统的鼓风机、加热器控制等（图 4-5）。

在自动驾驶模式下，LIN 总线可以接受来自自动驾驶控制单元的指令，对自身权限范围内的受控器件实施控制。

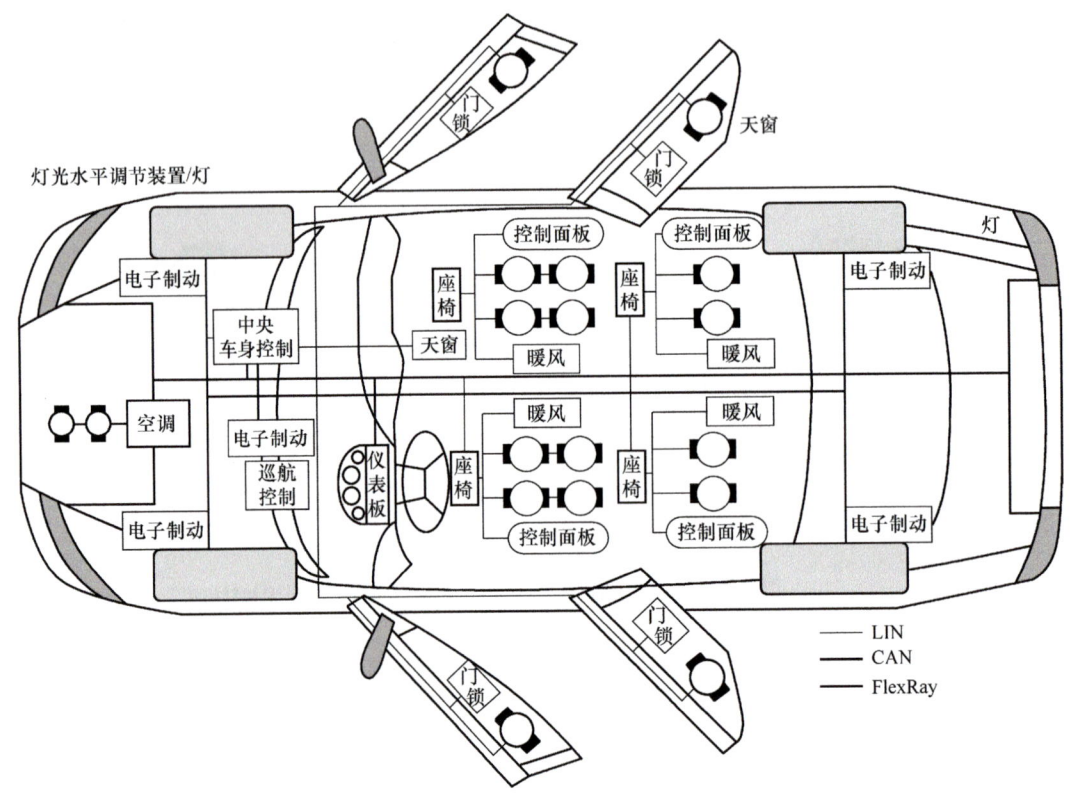

图 4-5 LIN 总线的应用领域

4.2.3 FlexRay 总线技术

1. FlexRay 总线的特点

FlexRay 采用基于时间触发的运行机制，且具有高带宽、容错性能好等特点，在实时性、可靠性及灵活性等方面越来越凸显其优势。

作为车载网络系统的标准，FlexRay 具有以下优点：

1）数据传输速率较高（可达 10Mbit/s，而 CAN 仅为 0.5Mbit/s）。

2）可以保证确定性（对实时性要求高）数据的可靠传输。

FlexRay 是一种时间触发式的总线系统，采用建立在通信周期固定的时分多址访问（Time Division Multiple Access，TDMA）机制，因此在时间控制区域内，时隙会分配给确定的信息，即会将规定好的时间段（即时隙）分配给特定的信息。

重要的实时性、确定性数据传输在通信周期内拥有固定的时隙，从而可以确保报文传输的时效性。同时，由于实时性、确定性数据在 FlexRay 总线上的传输是按部就班地进行的，其传输时间是可以预测出来，因而保证了其数据传输的确定性。

2. FlexRay 总线的应用

FlexRay 总线可以有效管理多重安全和舒适功能，在对数据传输的实时性有较高要求的领域得到了应用，如线控转向系统、线控制动系统、线控车速控制系统、控线控主动悬架等（图4-6）。

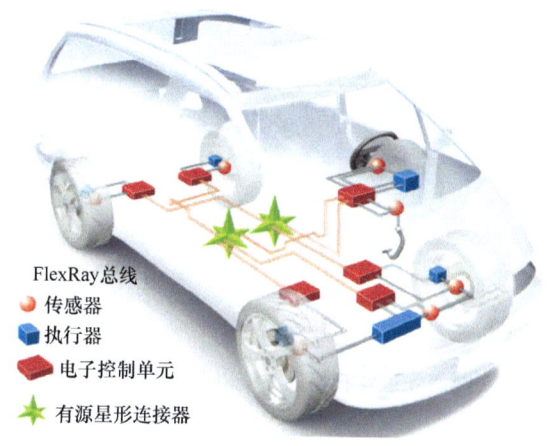

图 4-6　FlexRay 总线用于线控底盘系统

4.2.4　车载以太网技术

1. 车载以太网的特点

车载以太网（Automotive Ethernet）在传统以太网协议的基础上，通过改变物理接口的电气特性，显著提升了电磁兼容性能，可以满足车内环境对电磁兼容性能的严苛要求。同时，结合车载网络需求，专门制订了一系列新的标准和协议，形成了适应汽车环境要求的网络体系，从而得以应用于汽车。

目前，主流的车载以太网的技术标准是基于美国博通（Broadcom）公司的 BroadR-Reach（BRR）技术，其物理层（图4-7）具有全双工变压器功能，通过一对双绞线实现电容耦合式数据传输，传输速率可以达到 100Mbit/s。

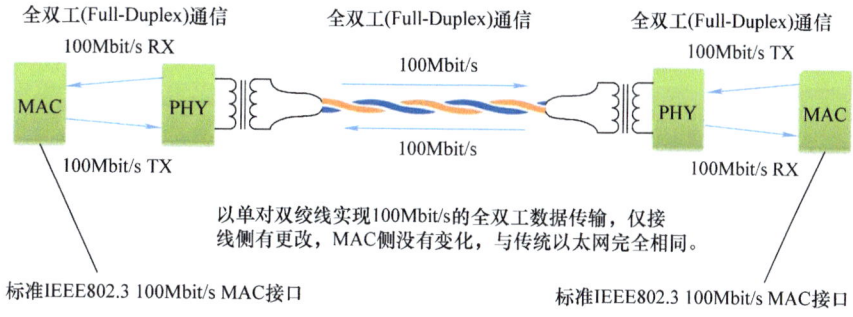

图 4-7　采用 BroadR-Reach 技术的车载以太网物理层

2. 车载以太网的应用

目前,车载以太网在汽车故障诊断和快速编程系统中已经得到应用。随着智能汽车技术的发展,车载以太网已经开始进军对带宽需求较高的车载应用领域,如先进驾驶辅助系统以及车载信息娱乐系统(图4-8)等。

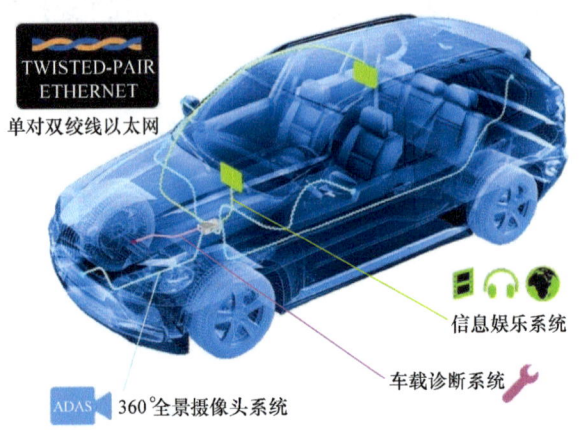

图4-8　车载以太网在先进驾驶辅助系统以及车载信息娱乐系统中的应用

可以预见,随着大数据、云计算等技术进入汽车领域,车载以太网将成为汽车骨干网络,发挥着不可替代的作用(图4-9)。

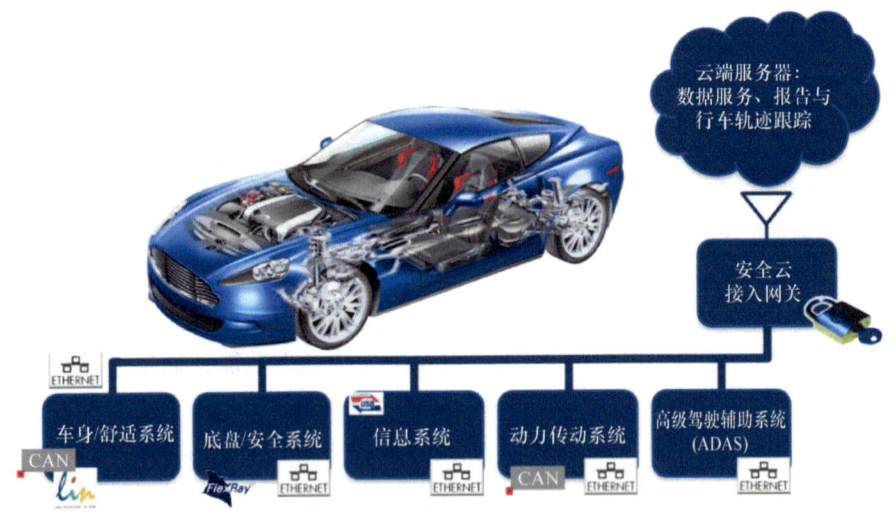

图4-9　车载以太网将成为汽车骨干网络

4.3 移动自组织网络技术

4.3.1 移动自组织网络的作用

移动自组织网络(Mobile Self-Organized Network)是一种无线移动通信和计算机网络技术相结合的网络系统,是移动计算机网络体系的一种,用户终端可以在网内随意移动而保持通信。

移动自组织网络又称 Ad-hoc Network。Ad-hoc 一词源自于拉丁语，意为 "for this"，引申为 "for this purpose only"，即 "仅为某种特殊需要而临时设置" 之意，即 Ad-hoc Network 是一种基于某种特殊需要而临时设置的网络——因缘而聚、因事而设，事过之后则挥手作别、各奔前程。IEEE802.11 标准委员会采用了 "Ad-hocNetwork" 一词来描述这种特殊的自组织、对等式、多跳移动通信网络，Ad-hoc 网络就此诞生。

Ad-hoc 网络（图 4-10）不同于传统无线通信网络，它是由一组具有无线通信能力的移动终端节点组成的、具有随意性和临时性网络拓扑的动态自组织网络系统，其中每个节点（即移动终端，在车联网体系里，移动终端既可以是车辆，也可以是行人，还可以是路侧智能设施）既可作为主机，也可作为路由器使用。作为主机，移动终端具有运行各种面向用户的应用程序的能力；作为路由器，移动终端可以运行相应的路由协议，根据路由策略和路由表完成数据的分组转发和路由维护工作。

图 4-10　Ad-hoc 网络（用于战场通信联络）

在 Ad-hoc 网络中，节点具有报文转发能力，节点间的通信可能需要经过多个中间节点的转发，即经过多跳（Multi-Hop）实现，这是 Ad-hoc 网络与其他移动网络的最根本的区别。

在 Ad-hoc 网络中，节点通过分层的网络协议和分布式算法相互协调，实现了网络的自动组织和运行。因此，Ad-hoc 网络也被称为多跳无线网（Multi-Hop Wireless Network）或无固定设施的网络（Infrastructure-less Network）。

4.3.2　移动自组织网络的特点

Ad-hoc 网络是一种特殊的无线移动通信网络，网络中所有节点的地位平等，无需设置任何的中心控制节点。网络中的节点不仅具有普通移动终端所需的功能，而且具有报文转发能力。与普通的移动网络和固定网络相比，它具有以下特点：

1. 无中心

Ad-hoc 网络没有严格的控制中心，所有节点的地位均平等，是一个对等式网络。节点可以随时加入和离开网络。任何节点的故障不会影响整个网络的运行，具有很强的抗毁性。

2. 自组织

Ad-hoc 网络的布设或展开无需依赖于任何预设的网络设施。节点通过分层协议和分布式算法协调各自的行为，节点开机后就可以快速、自动地组成一个独立的网络。

3. 多跳路由

当节点要与其覆盖范围之外的节点进行通信时，需要中间节点的多跳转发。与固定网络的多跳不同，Ad-hoc 网络中的多跳路由是由普通的网络节点完成的，而不是由专用的路由设备（如路由器）完成的。

4. 动态拓扑

Ad-hoc 网络是一个动态的网络，网络节点可以随意、随处移动，也可以随时开机和关机，这些都会使网络的拓扑结构随时发生变化。

上述特点使得 Ad-hoc 网络在体系结构、网络组织、协议设计等方面都与普通的蜂窝移动通信网络和固定通信网络有着显著的区别。

4.3.3 移动自组织网络的应用

1. 应用场景

由于 Ad-hoc 网络的特殊性，其应用领域与普通的通信网络有着显著的区别，适用于无法或不便预先铺设网络设施的场合（如军事作战、指挥，图 4-10）以及需要快速自动组网的场合等。智能汽车自动驾驶过程中的 V2V、V2I 通信以及车路协同控制，就是 Ad-hoc 网络极为典型的应用场景。

Ad-hoc 网络应用于 V2X 场景时，也可称为车辆 Ad-hoc 网络（Vehicular ad-hoc Network，VANET）。

VANET 网络是一种自组织、结构开放的车辆间通信网络，通过结合 GPS/BDS 及无线通信技术（如无线局域网、蜂窝网络等），可为处于高速移动状态的车辆提供高速率的数据接入服务，并支持 V2V、V2I 之间的信息交互，已成为保障车辆行驶安全，提供高速数据通信、智能交通管理及车载娱乐的有效技术手段，如图 4-11 所示。

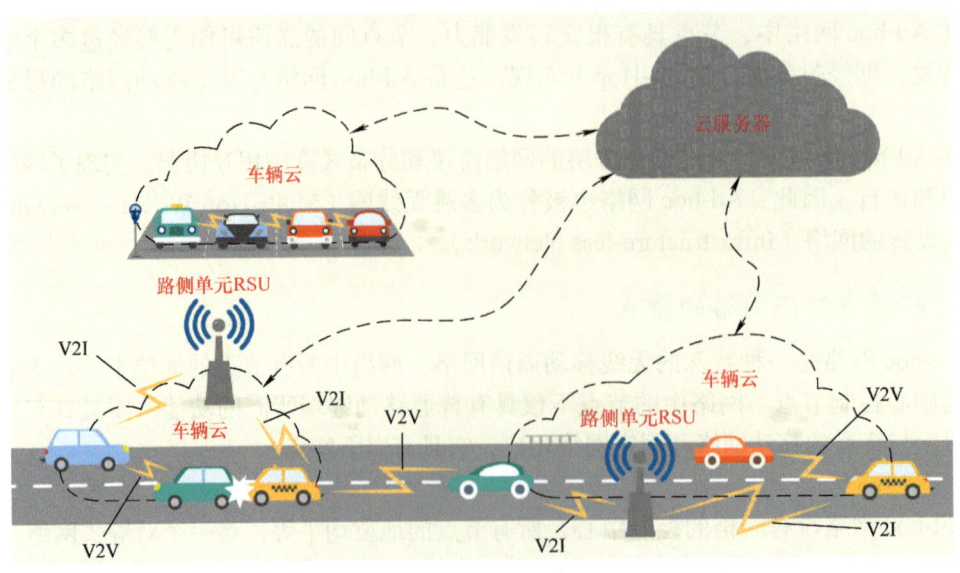

图 4-11　车辆 Ad-hoc 网络（VANET）

Ad-hoc 网络是智能交通系统未来发展的通信基础，也是智能汽车安全行驶的保障。

2. 结构类型

如图 4-12 所示，车载自组织网络结构主要有 V2V、V2I、V2P 三种。今后，随着技术的发展，还会衍生出 V2C（车－云服务器）、V2H（车－家）、V2B（车－办公室）等。

V2V 通过 GPS/BDS 定位辅助建立无线多跳连接，从而能够进行暂时的数据通信，提供行车信息、行车安全等服务；V2I 能够通过接入互联网获得更丰富的信息与服务；V2P 的研究刚刚起步，目前主要通过智能手机中的特种芯片提供行人的交通信息，以后会有更多的通信方式。

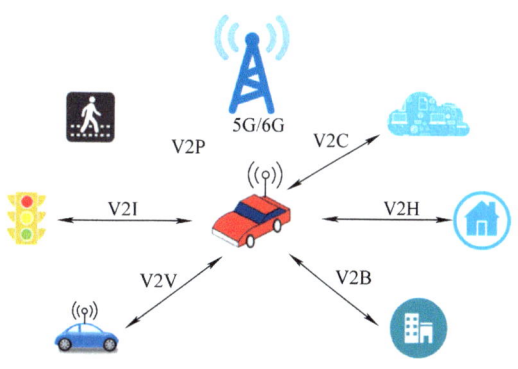

图 4-12　车载自组织网络的结构

根据节点间通信是否需要借助于路侧单元，可将车载自组织网络分成车间自组织型、无线局域网/蜂窝网络型和混合型三种。

（1）车间自组织型　车间自组织型网络属于车与车之间形成的自组织网络，不需要使用路侧单元。车间自组织型网络属于传统的移动自组织网络的通信模式，也称为 V2V 通信模式。

（2）无线局域网/蜂窝网络型　在这种通信模式下，车辆节点之间不能直接通信，需要借助路侧单元才能实现车车通信，因此也称为 V2I 通信模式。

（3）混合型　混合型车载自组织网络是上述两种模式的混合，车辆可以根据实际情况选择适宜的通信模式。

4.4　V2X 通信技术

4.4.1　V2X 通信的技术流派

1. V2X 通信

V2X 是车用无线通信技术，它是将车辆与一切事物相连接的新一代信息通信技术，其中 V 代表车辆（Vehicle），X 代表任何与车辆交互信息的对象，当前 X 主要包含车辆、行人、路侧基础设施和网络。

V2X 信息交互包括 V2V、V2I、V2P 以及 V2N 之间的交互，如图 4-13 所示。

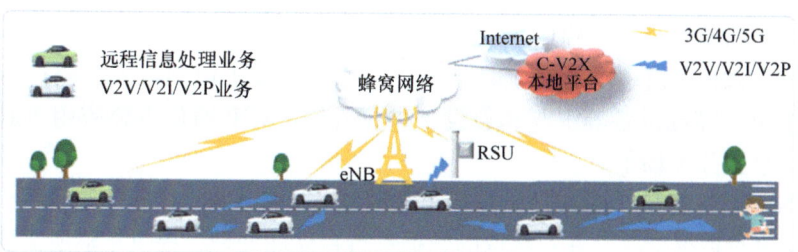

图 4-13　V2X 信息交互

（1）V2V　V2V是指通过车载终端进行车辆间的通信。V2V通信（图4-14）基于专用短程通信（DSRC）技术，可使车载终端实时获取周围（一般是300m范围内）车辆的车速、位置、行车情况等信息，车辆间也可以构成一个互动平台，实时交换文字、图片和视频等信息。V2V通信主要应用于避免或减少交通事故、车辆监督管理等场景。

如图4-15所示，当①车在弯道处因路面湿滑发生车辆失控险情时，即可通过V2V通信将该情况通报给附近的其他车辆（如图中的②车和③车），使其他车辆及驾驶人提前得到预警信息，以确保行车安全。

图4-14　V2V通信

图4-15　险情通报

（2）V2I　V2I通信（图4-16）是指车载设备与路侧基础设施（如交通信号灯、摄像头、路侧单元等）进行通信，路侧基础设施也可以获取附近区域车辆的信息并发布各种实时信息。V2I是智能交通系统的一部分，V2I通信主要应用于实时信息服务、车辆监控管理、不停车收费等。

如图4-17所示，借助V2I通信，在车内信息显示器上，可以提前提示驾驶人，

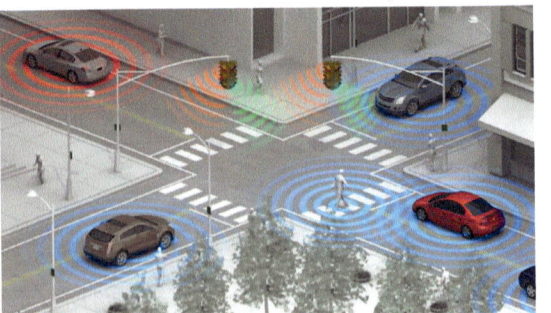

图4-16　V2I通信

前方的交通信号灯状态即将发生变化（如红灯即将转变成绿灯），为驾驶人有预见性地控制车速，留出充足的反应时间，确保行车安全。

（3）V2P　V2P通信（图4-18）是指弱势交通参与者（包括行人、骑行者等）使用用户设备（如手机、穿戴设备等）与车载设备进行通信。V2P通信主要应用于避免或减少交通事故以及信息服务等场景。

（4）V2N　V2N通信（图4-19）是指车载设备通过接入网/核心网与云平台连接，云平台与车辆之间进行数据交互，并对获取的数据进行存储和处理，提供车辆所需要的各类应用服务。V2N通信主要应用于车辆导航、车辆远程监控、紧急救援、信息娱乐服务等场景。

第4章 网络通信技术

图4-17 提示驾驶人交通信号灯状态即将发生变化（如红灯即将转变成绿灯）

V2X信息交互将"人、车、路、云"等交通诸要素有机地联系在一起，不仅可以支撑车辆获得比单车更为丰富的信息，促进自动驾驶技术得到发展和应用，还有利于构建智慧交通系统，促进车辆和交通服务以新模式和新形态发展，对提高交通效率、节约资源、减少环境污染、降低事故率以及改善交通管理具有重要意义。

2. V2X技术分类

如图4-20所示，目前，可应用于V2X的通信技术主要有DSRC和C-V2X两大流派。其中，DSRC出现较早，在不停车收费系

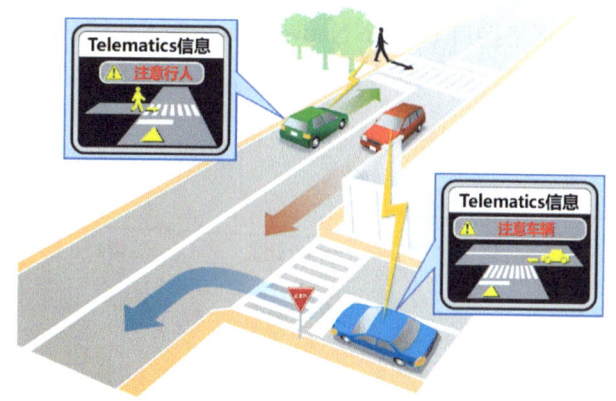

图4-18 V2P通信

统（Electronic Toll Collection，ETC）的应用非常普遍，有很好的应用基础，但其有效作用距离较短；C-V2X通信技术具有后发优势，正沿着4G LTE、LTE-V、5G的演进脉络迅速发展，有效作用距离更远，竞争优势日益明显。

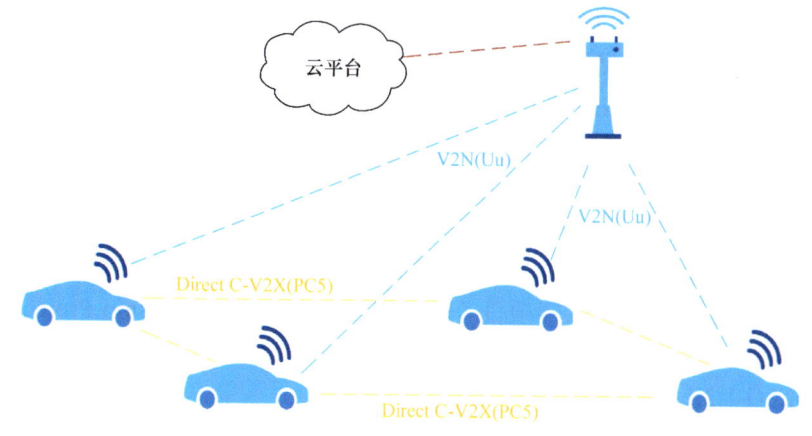

图4-19 V2N通信

智能汽车技术

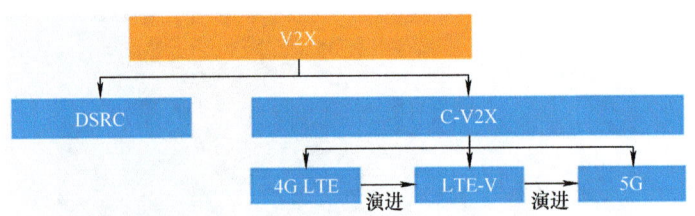

图 4-20　V2X 技术的分类

不难看出，在 V2X 通信领域，DSRC 和 C-V2X 两大技术流派的竞争，最终将以 C-V2X 胜出告终。

3. C-V2X 技术

车用蜂窝无线通信技术（Cellular Vehicle to Everything，C-V2X）是基于 4G/5G 等蜂窝网络通信技术演进形成的车用无线通信技术，包含了两种通信接口：一种是车、人、路之间的短距离直接通信接口（PC5）；另一种是终端和基站之间的蜂窝通信 Uu 接口（U 表示用户网络接口 User to Network interface；u 表示通用 universal），可实现远距离、大范围的可靠通信，如图 4-21 所示。

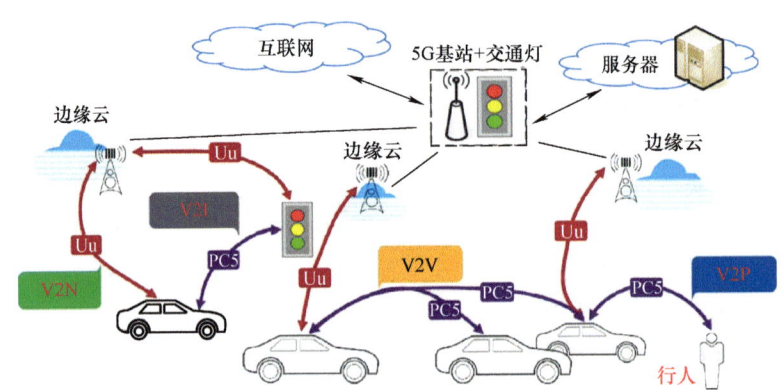

图 4-21　C-V2X 技术

也就是说，直连通信接口 PC5 是终端与终端之间的通信接口，即车、人、道路基础设施之间的短距离直接通信接口，其特点是通过直连、广播、网络调度的形式实现低时延、高容量、高可靠的通信；蜂窝网络通信接口 Uu 是终端和基站之间的通信接口，其特点是能实现远距离、大范围的可靠通信。

这两种通信接口的使用条件：当支持 C-V2X 的终端设备（如车载终端、智能手机，路侧单元等）处于基站的蜂窝网络覆盖范围内时，在蜂窝网络的控制下方可使用 Uu 接口；而无论是否有蜂窝网络覆盖均可采用 PC5 接口进行 V2X 通信。C-V2X 将 Uu 接口和 PC5 接口相结合，彼此相互支撑，形成有效冗余来保障通信的可靠性。

C-V2X 是基于第三代合作伙伴项目（the 3rd Generation Partnership Project，3GPP）的全球统一标准的通信技术，包括 LTE-V2X（LTE-V）和 5G-V2X。从技术演进的角度讲，LTE-V 支持向 5G-V2X 平滑演进。

LTE-V 可支持 L1～L3 级别的智能网联业务，包括交通信号灯车速引导、交通事故提醒、远程诊断、紧急制动提醒等应用场景。

5G-V2X 与 LTE-V 相比较，将在时延、可靠性、速率、数据包容量等方面有大幅度的提升，可支持 L4~L5 级别的自动驾驶业务，如车辆编队行驶、自动驾驶、远程控制、传感器信息共享等应用场景。

4.4.2 DSRC 通信技术

1. DSRC 通信技术的作用

专用短程通信技术（Dedicated Short Range Communication，DSRC）是一种高效的短程无线通信技术，它可以实现在特定的小区域范围内对高速运动下的移动目标的识别和双向通信，例如 V2V、V2I 双向通信，实时传输图像、语音和数据信息，将车辆和道路有机连接。

最初，DSRC 通信技术主要用于不停车自动收费（Electronic Toll Collection，ETC）系统，实现在不停车的条件下，车辆与 ETC 系统路侧设备之间的通信。随着技术的不断进步和应用日益广泛，现在已经深入到 V2X 通信技术体系之中。

DSRC 技术的产生基于三套标准：

第一个是 IEEE 1609，标题为"车载环境无线接入标准系列（WAVE）"，该标准定义了网络架构和工作流程。

第二个是 SAE J2735 和 SAE J2945，这两个标准定义了数据包中携带的数据信息。该数据包括来自车上各种反映行车状态的传感器信息（如车辆所处位置、行进方向、行车速度和制动信息等）。

第三个标准是 IEEE 802.11p，也称为基于车载环境的无线接入标准（Wireless Access in the Vehicular Environment，WAVE），它定义了与汽车短程通信相关的 DSRC 的物理标准。DSRC 顶层协议栈是基于 IEEE 1609 标准开发的，V2V 信息交互使用的是短信通信协议（WAVE Short Message Protocol，WSMP），而不是 Wi-Fi 使用的 TCP/IP 协议，TCP/IP 协议用于 V2I 和 V2N 信息交互。DSRC 底层、物理层和无线链路控制是基于 IEEE 802.11p 的。使用 IEEE 802.11 系列标准的初衷是利用 Wi-Fi 的生态系统，但是 Wi-Fi 最初设计是用于固定通信设备的，后来制定 IEEE 802.11p 则可以支持移动通信设备。

国际上 DSRC 专用短程通信技术曾出现 3 个主要的工作频段：800~900MHz、2.4GHz 和 5.8GHz 频段。我国采用的是源于 ISO/TC204 国际标准化组织智能运输系统技术委员会（国内编号为 SAC/TC268）推荐的 5.795~5.815GHz ISM 频段。

DSRC 通信系统的参考架构如图 4-22 所示。车辆与车辆之间、车辆与路侧基础设施之间，通过 DSRC 进行信息交互。

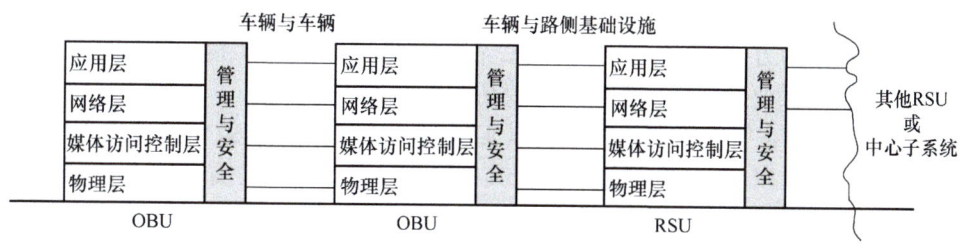

图 4-22　DSRC 通信系统的参考架构

DSRC 通信系统包含物理层、媒体访问控制层（MAC）、网络层和应用层。

（1）物理层　物理层用于建立、保持和释放 DSRC 网络数据传输通路的物理连接，位于协议栈的最底层。

（2）媒体访问控制层　媒体访问控制层（亦称介质访问控制层）用于提供 DSRC 网络节点寻址及接入共享通信媒体的控制方式，位于物理层之上。

（3）网络层　网络层用于实现网络拓扑控制、数据路由，并提供设备的数据传送和通信服务，位于媒体访问控制层之上。

（4）应用层　应用层用于向用户提供各类应用及服务，位于网络层之上。

车载单元的媒体访问控制层和物理层负责处理车辆与车辆之间、车辆与路侧基础设施之间的 DSRC 无线通信连接的建立、维护和信息传输；应用层和网络层负责把各种服务和应用信息传输到路侧基础设施及车载单元上，并通过车载子系统与用户进行交互；管理和安全功能覆盖专用短程通信系统的整个框架。

2. DSRC 通信系统的组成

DSRC 通信系统主要由车载单元（OBU）、路侧单元（RSU）以及 DSRC 协议组成，如图 4-23 所示。

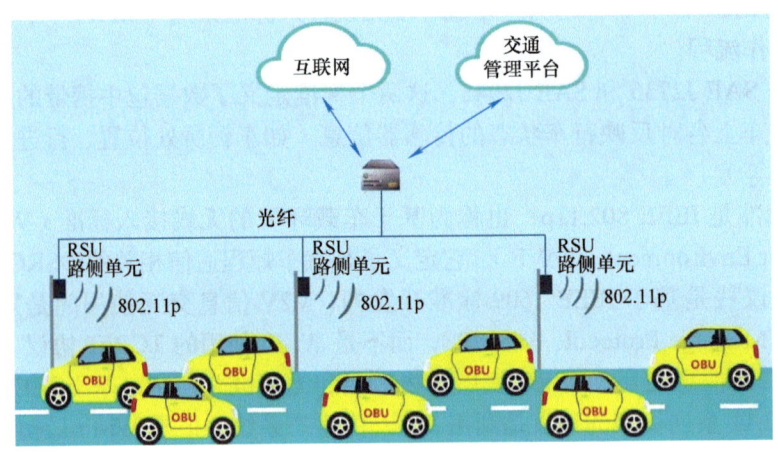

图 4-23　DSRC 通信系统

车载单元（On-Board Unit，OBU）安装在车上，路侧单元（Road side Unit，RSU）安装在道路侧方或者安装在跨路横杆之上。路侧单元（RSU）通过有线光纤接入互联网和交通管理平台。

V2V/V2I 类安全业务以及 Telematics（远程信息处理）广域业务均以无线方式进行。车辆与车辆之间的信息交互通过 RSU 和 OBU 之间的通信实现，Telematics 业务通过 802.11p+RSU 回程的方式实现。可以看出，在 DSRC 通信系统架构中，需要部署大量的 RSU 才能较好地满足业务需求，建设成本较高。

DSRC 通信技术在智能网联汽车上可以实现 V2X 通信，其有效作用距离为约 300m 左右，车辆通过 DSRC 以 10Hz 的频率向路上其他车辆发送本车的位置、速度、方向等信息。当车辆接收到其他车辆发来的信息，在必要时（如公路转角处有其他车辆驶出或前方车辆紧急制动、变换车道）车内装置会以指示灯闪烁、语音提醒或座椅、转向盘振动等方式提醒驾驶人注意，如图 4-24 所示。

第 4 章　网络通信技术

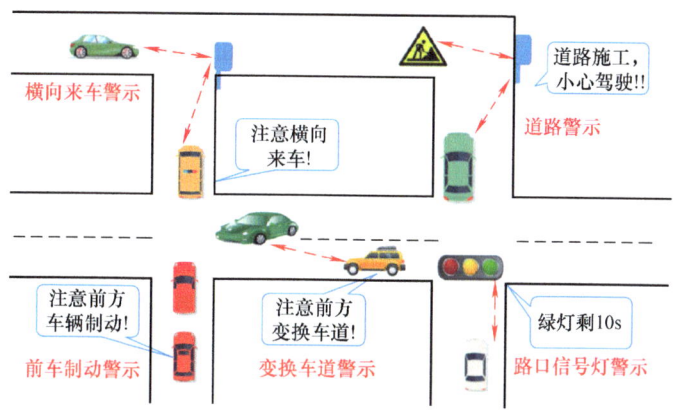

图 4-24　DSRC 通信系统用于 V2X 通信

4.4.3　LTE-V 通信技术

1. LTE-V 通信技术的作用

LTE-V 是基于长期演进[⊖]（Long Term Evolution，LTE）见图 4-25，通信网络的智能汽车协议，是由 3GPP 主导制订的通信技术规范，主要参与厂商包括华为、大唐电信、LG 等。

图 4-25　人类的长期演进（Long Term Evolution，LTE）过程

LTE 是指长期演进，LTE-V 是指基于 LTE 网络的 V2X 通信技术，是 C-V2X 现阶段的主要解决方案。

LTE-V 按照全球统一规定的体系架构及通信协议和数据交互标准，在 V2V、V2I、V2P 之间组网，构建数据共享交互桥梁，助力实现智能化的动态信息服务、车辆安全驾驶、交通管控等，如图 4-26 所示。

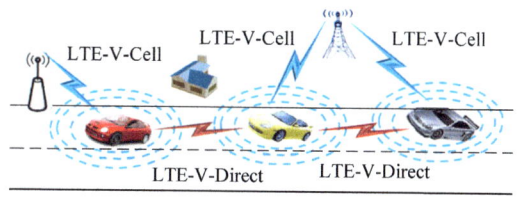

图 4-26　LTE-V 通信技术

⊖　长期演进（Long Term Evolution，LTE）和通信有什么关系？简单地说，通信技术的发展历程和人类的发展历程（从猿到人的漫长的进化过程）一样（见图 4-25），都是需要长期演进（Long Term Evolution，LTE）、不断发展的。于是，LTE 就成为通信领域的技术术语了。

2. LTE-V 通信系统的组成

LTE-V 通信系统由用户终端、路侧单元（RSU）和基站三部分组成，如图 4-27 所示。LTE-V 通信系统针对车辆应用定义了两种通信方式，蜂窝链路式（LTE-V-Cell）和短程直连链路式（LTE-V-Direct）。其中，LTE-V-Cell 通过 Uu 接口承载传统的车联网 Telematics 业务，工作于传统的移动宽带授权频段；LTE-V-Direct 通过 PC5 接口实现 V2X、V2I 直接通信，促进实现车辆安全行驶。在 LTE-V-Direct 通信模式下，车辆之间的信息交互基于广播方式，可采用终端直连模式，也可经由 RSU 进行交互，因而大大减少了对 RSU 的数量需求。

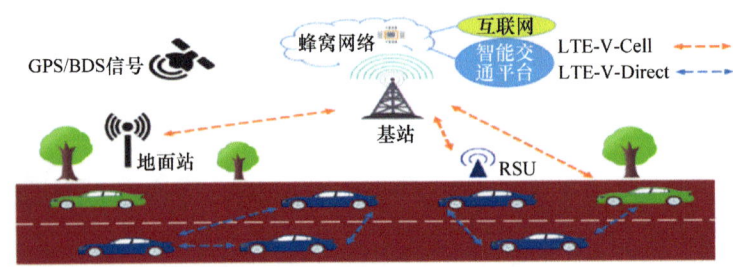

图 4-27　LTE-V 通信系统的组成

4.4.4　5G 通信技术

1. 5G 通信技术的发展

5G 通信技术是第 5 代移动通信技术的简称，是 4G 通信技术的延伸，是对现有无线接入技术（包括 3G、4G 和 Wi-Fi）的技术演进以及一些新增的补充性无线接入技术集成后的解决方案的总称。

图 4-28 形象地展示了通信技术的速率演进过程。

图 4-28　通信技术的速率演进过程

5G 网络融合了多类现有的以及未来将出现的无线传输技术和功能网络，包括传统的蜂窝网络、大规模多天线网络、认知无线网络（Cognitive Wireless Networks）、无线局域网络、无线传感器网络、小型基站、可见光通信和设备直连通信等，并通过统一的核心网络进行管控，可提供超高速率和超低时延的用户体验和多场景的无线通信服务。

2. 5G 通信技术的特点

5G 通信技术具有以下特点：

（1）传输速率高　5G 通信的数据传输速率不低于 20Gbit/s，更适合智能汽车的通信需求。

（2）具有泛在网特性　泛在网（Ubiquitous Networks）以无所不在、无所不包、无所不能为基本特征，以实现在任何时间、任何地点、任何人、任何物都能顺畅地通信为目标。5G 通信系统全面建成之后，将具有显著的泛在网特性，可以更好地服务于智能汽车自动驾驶领域。

（3）低功耗　5G 通信设备功耗低、耗电少，可大大改善用户体验，促进物联网产品的快速普及。

（4）低时延　5G 通信技术的一个重要应用场景就是智能汽车自动驾驶领域。在自动驾驶领域，需要进行中央控制单元与车辆之间的信息交互、车与车之间进行信息交互等。当车辆高速行驶时，需要在时延最短的条件下，将路况信息传输到车上，以便车辆采取主动控制措施（如加速、制动、转向等），确保安全行驶。5G 通信技术可将时延降低到 1ms，能更好地满足自动驾驶的需要。

（5）万物互联　在 5G 通信时代，在 $1km^2$ 范围内，可以支撑 100 万个移动终端，能更好地服务于自动驾驶领域。

（6）安全性好　5G 通信系统重新构建了安全体系，进一步提升了通信安全性，可为自动驾驶系统提供有力的安全保障。

3. 5G 通信技术的应用

5G 通信技术本身具有的超大带宽、超低时延特性，可以实时搜集传输更多、更精确的环境信息，并使用云化的计算能力用于车辆的自动驾驶决策。如图 4-29 所示，5G 通信技术能够加速推进 C-V2X 在智能网联汽车领域的应用，可以增强安全性、减少行车时间、提高能源利用效率，并加速网络效应。5G 通信技术应用于智能（自动驾驶）汽车的优势在于：

图 4-29　5G 通信技术在智能网联汽车上的应用

（1）促进数据共享，助力自动驾驶　5G 通信技术能够有力促进实时情景感知及车与车之间的传感器数据共享，进一步推动自动驾驶技术的发展。

（2）减少行车时间，提高能源利用效率　5G 通信技术引入了协作式驾驶，不仅有人工智能支持的单车智能，还可以通过车联网以及车与车之间的协作式驾驶提高整体行驶效率，进而提高能源利用效率。

（3）加速网络效应，提升驾乘体验　5G 通信技术在网络容量、网络速度等方面的大幅度提升，使得传感器数据共享以及路侧单元的部署在 5G C-V2X 领域可以获得更好的应用效果，加速网络效应的持续扩大，进一步提升智能网联汽车的驾乘体验。

4.4.5　V2X 通信的安全风险

V2X 通信的安全风险主要来源于网络通信、业务应用、车载终端和路侧设备等。

1. 网络通信

（1）蜂窝通信接口　蜂窝通信接口场景下，V2X 通信系统面临的安全风险主要有假冒终端、伪基站、信令/数据窃听、信令/数据篡改/重放等，危害 V2X 智能网联业务安全。

（2）直连通信接口　短距离直连通信场景下，V2X 通信系统面临着虚假信息、假冒终端、信息篡改/重放、隐私泄露等安全风险，直接威胁着用户的安全。

2. 业务应用

V2X 业务应用包括基于云平台的业务应用以及基于 PC5/V5 接口的直连通信业务应用。基于云平台的应用以蜂窝通信为基础，在流程、机制等方面与移动互联网通信模式相同，存在假冒用户、假冒业务服务器、非授权访问、数据安全等安全风险；直连通信应用以网络层 PC5 广播信道为基础，在应用层通过 V5 接口实现，该场景下主要面临着假冒用户、消息篡改/伪造/重放、隐私泄露、信息风暴等安全风险。

3. 车载终端

车载终端除了传统的导航能力，未来将集成移动办公、车辆控制、辅助驾驶、自动驾驶等功能。功能的高度集成也使得车载终端更容易成为黑客的攻击目标，造成信息泄露、车辆失控等重大安全问题。因此车载终端面临着比传统终端更大的安全风险。

4. 路侧设备

路侧设备 RSU（图 4-30）是 V2X 智能网联系统的核心单元，直接影响到车辆、行人和道路交通的整体安全。路侧设备面临非法接入、运行环境风险、设备漏洞、远程升级风险和部署维护风险等。

图 4-30　路侧设备 RSU（置于信号灯横杆上）

4.4.6　V2X 通信的应用场景

借助人、车、路、云平台之间的全方位链接和高效信息交互，V2X 正从信息服务类应用向交通安全和提高交通效率的应用发展，并将逐渐向支持实现自动驾驶的协同服务类应用发展。

1. 辅助驾驶应用场景及技术要求

（1）辅助驾驶应用场景　辅助驾驶应用场景见表 4-2。在这些应用场景中，基于 V2X 信息交互，可实现车辆、路侧基础设施、行人等交通参与者之间的实时状态共享，辅助驾驶人进行决策。

表 4-2 辅助驾驶应用场景

序号	类别	应用场景
1	安全	前向碰撞预警
2		交叉路口碰撞预警
3		左转辅助
4		盲区预警 / 变道辅助
5		逆向超车预警
6		紧急制动预警
7		异常车辆提醒
8		车辆失控预警
9		道路危险状况提示
10		限速预警
11		闯红灯预警
12		弱势交通参与者碰撞预警
13	效率	绿波车速引导
14		车内信息显示屏
15		前方拥堵提醒
16		紧急车辆提醒
17	信息服务	汽车近场支付

图 4-31 所示为基于 V2V 的交叉路口碰撞预警，交叉路口碰撞预警是指本车驶向交叉路口，或在与侧向来车在交叉路口存在发生碰撞的危险时，系统应向本车驾驶人进行预警，及时避免或降低碰撞倾向。这里所说的交叉路口包括十字路口、丁字路口、环岛、高速公路匝道等平交路口。

图 4-31 基于 V2V 的交叉路口碰撞预警

图 4-32 所示为基于 V2V 的紧急车辆避让预警。紧急车辆可以是消防车、救护车、警车、工程救险车等。

图 4-33 所示为基于 V2P 的弱势交通参与者碰撞预警。弱势交通参与者碰撞预警是指智能网联汽车在行驶中，若发现本车与弱势交通参与者存在发生碰撞的危险时，系统会主动向本车驾驶人发出预警信息，以避免碰撞或降低发生碰撞的概率。

图 4-32 基于 V2V 的紧急车辆避让预警

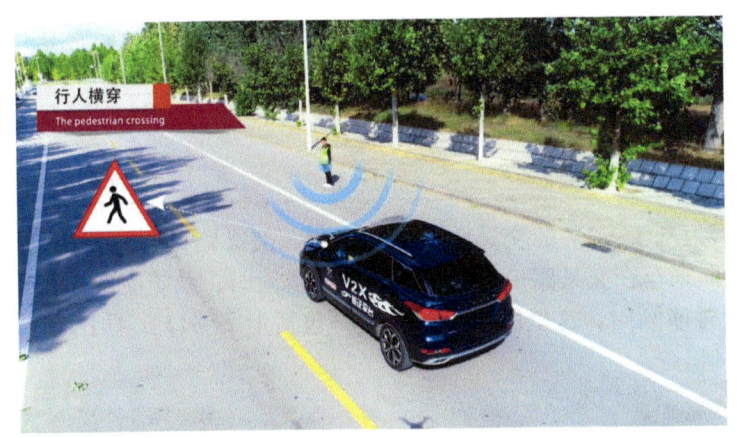

图 4-33 基于 V2P 的弱势交通参与者碰撞预警

其中的 P，可以为行人，也可以是其他非机动车（如自行车等）。P 应具备远程通信能力。若 P 不具备远程通信能力，则路侧单元（RSU）可通过雷达、视觉传感器检测到其周边 P 的存在，并广播 P 的相关信息。

（2）辅助驾驶应用场景技术要求　辅助驾驶应用场景对通信网络、数据处理、定位等提出了具体要求。

1）在通信方面，时延要求小于 100ms，在特殊情况下要小于 20ms，可靠性需达到 90%～99%，典型数据包大小为 50～300B，最大可达 1200B。

2）在数据处理方面，据统计，单车每天产生的数据为吉字节（GB）级别，对大量车辆、道路、交通状况等数据的汇聚，需要满足海量数据存储的需求，同还还能实现这些数据的实时共享、分析和开放。

3）在定位方面，定位精度满足车道级别（即米级定位），并且车辆需要获取道路的拓扑结构信息。

（3）辅助驾驶应用实例　2017 年 9 月 30 日，奇瑞汽车建设完成一条 V2X 辅助驾驶示范道路（图 4-34）。这条 V2X 辅助驾驶示范道路由奇瑞汽车前瞻技术研究院至奇瑞汽车集团总部，全长 4.4km，涉及 8 个红绿灯路口，1 条隧道。为此，奇瑞汽车改装道路试验用车（图 4-35）10 辆，安装路侧设备 12 套。

图 4-34　奇瑞汽车建设的 V2X 辅助驾驶示范道路

图 4-35　V2X 辅助驾驶示范道路试验用车

V2X 辅助驾驶示范道路实现的应用场景包括 5 个 V2V 场景（无红绿灯交叉口碰撞预警；换道辅助 / 盲区监测；前向碰撞预警；车辆编队之间视频传输；前方事故车辆提醒）、3 个 V2I 场景（红绿灯信号提醒＋车速引导；隧道提醒；施工路段提醒）和 1 个 V2P 场景（路口行人提醒）。

其中 V2V 场景通过邻近车辆间的通信，相互发送车辆的位置、速度等基础安全信息（图 4-36），可大幅减少汽车碰撞事故的发生并缓解交通拥堵。V2I 场景通过车与路侧设备 RSU（图 4-37）间的通信，及时提醒驾驶人前方道路信息和路口红绿灯信息，能有效提高通行效率。V2P 场景能在驾驶人有视野盲区时，及时探测到行人并对驾驶人发出预警信息，进而减少交通事故的发生。

2. 自动驾驶应用场景及技术要求

（1）自动驾驶应用场景　5G 通信技术具有的更大的数据吞吐量、更低的时延、更高的安全性和海量数据连接等特性，极大地促进了智能驾驶和智慧交通的发展。产业各方开始了面向自动驾驶的增强型应用场景的研究与制订，一方面从基础典型应用场景的实时状态共享过渡到车辆与车辆、车辆与路侧基础设施、车辆与云端的协同控制，提高了信息交互复杂程度，实现了协同自动驾驶与智慧交通的应用；另一方面，基于通信与计算技术的提升，交通参与者之间可以实时传输高精度视觉传感器数据，甚至是局部动态高精地图数据，不断提升感知精度与数据的丰富程度。

图 4-36　V2V 场景车内信息显示

图 4-37　路侧设备 RSU

V2X 技术在自动驾驶中的应用场景见表 4-3。

表 4-3　V2X 技术在自动驾驶中的应用场景

序号	类别	应用名称
1	安全	协作式变换车道
2		协作式匝道汇入
3		协作式交叉路口通行
4		感知数据共享 / 车路协同感知
5		道路障碍物提醒
6		慢行车辆交通轨迹识别及行为分析
7	效率	车辆编队行驶
8		协作式车队管理
9		特种车辆信号优先
10		动态车道管理
11		车辆路径引导
12		场站进出服务
13		基于实时网联数据的交通信号配时动态优化
14		高速公路专用车道柔性管理
15		智能停车引导
16	信息服务	车辆数据采集
17		差分数据服务
18		基于车路协同的不停车电子收费（ETC）
19		基于车路协同的远程软件升级

（2）自动驾驶应用场景的技术要求　自动驾驶应用场景对通信网络、信息交互、数据处理、定位精度等提出了新的要求。

1）在通信方面，单车上下行数据传输速率需求大于 10Mbit/s，部分场景需求达到 50Mbit/s，时延不高于 3～50ms，可靠性高于 99.999%。

2）在信息交互方面，需要实时交互车辆、道路、行人的数据，利用多传感器融合技术获取实时动态交通高精地图。

3）在数据处理方面，单车每天产生几千太字节（TB）的数据，对数据的存储、分析等计算能力也提出了更高的要求。

4）在定位方面，需要达到亚米级甚至厘米级的定位精度。

（3）自动驾驶应用实例　北京亦庄自动驾驶车辆测试区（图4-38）共计111条道路，总长322.46km。除学校、医院、写字楼集中的路段未开放之外，基本实现了全区域开放。

图4-38　北京亦庄自动驾驶车辆测试区

百度Apollo在北京亦庄设有自动驾驶测试基地（图4-39），是目前国内做自动驾驶实车测试（图4-40）最为充分的企业。同时，百度也是国内智能汽车自动驾驶领域的领军企业。

图4-39　百度Apollo北京亦庄自动驾驶测试基地

图4-40　百度Apollo自动驾驶实车测试

4.4.7　DSRC与C-V2X的竞争

作为两大技术流派，DSRC和C-V2X都代表着V2X通信技术的主流方向，且两者之间一直存在着激烈的竞争（图4-41）。

1. DSRC的缺点

DSRC虽然出现较早，但其性能不足，无法在高速环境下维持良好的通信稳定性。在福特与大唐、高通的联合测试中，DSRC的表现明显不如LTE-V2X——在超过一定的通信距离后，基于

图4-41　DSRC与C-V2X的竞争

DSRC 技术的产品出现了明显的数据失真，而 LTE-V2X 则能更好地胜任通信任务。

DSRC 面向未来的发展空间有限，而 C-V2X 可持续推进。根据 C-V2X 的发展规划，无论是目前的 LTE-V2X 还是将来的 NR-V2X⊖，都是"立足当前，面向未来"的最好解决方案，既满足了车联网当前的迫切需求，也让全社会看到了车联网产业未来的无限可能。

2. C-V2X 的优点

蜂窝-V2X 网络（Cellular-V2X，C-V2X）是在 DSRC 技术之后推出的，其目的是在车辆之间进行直接无线通信。C-V2X 由 3GPP 组织定义，基于蜂窝调制解调器技术，其接入层与 DSRC 有着本质上的不同，完全不兼容。

C-V2X 包含了两种通信接口：一种是车、人、路之间的短距离直接通信接口（PC5），另一种是终端和基站之间的通信接口（Uu），可实现远距离和更大范围的可靠通信。

C-V2X 包含 LTE-V2X 和 5G-V2X，从技术演进的角度讲，LTE-V2X 支持向 5G-V2X 平滑演进。

C-V2X 的部署更有利于成本控制。尽管 DSRC 与 C-V2X 的技术成熟度及产业链的完整度基本上平分秋色，但对于成本的控制可谓是判若云泥，采用 C-V2X 更为经济合理。

3. C-V2X 最终胜出

2018 年 10 月 25 日，工业和信息化部发布《车联网（智能网联汽车）直连通信使用 5905～5925MHz 频段管理规定（暂行）》，将 5905～5925MHz 频段作为基于 LTE-V2X 技术的车联网（智能网联汽车）直连通信的工作频段，信道带宽为 20MHz，以满足智能网联汽车直连通信的中长期需求。这一规定标志着 C-V2X 在中国最终胜出。

2020 年 11 月 18 日，美国联邦通信委员会将原来分配给 DSRC 通信的频段 5.9GHZ 完全取消，分别划分给 Wi-Fi 和 C-V2X。这一方案标志着 C-V2X 在美国最终胜出。

此外，欧盟和日本也做出了类似的抉择。由此可见，C-V2X 技术将成为车联网的主要技术标准。

4.5 车路协同技术

4.5.1 车路协同的作用

车路协同是智能车路协同系统（Intelligent Vehicle Infrastructure Cooperative System，IVICS）的简称，是指基于无线通信、传感探测等技术进行车路信息获取，通过 V2V、V2I 信息交互和共享，实现车辆和基础设施之间的智能协同与配合，以期达到优化利用系统资源、确保道路交通安全、缓解交通拥堵的目标，如图 4-42 所示。

车路协同已经成为智能交通发展的新方向，而新一代通信技术则是实现车路协同的关键，能为智能交通提供 V2X、V2I 之间高速可靠的智能传输通道。

⊖ 在移动通信领域，移动终端与基站之间是通借助电磁波在空气中的传播实现无线通信的，因此业内将移动终端与基站之间的通信接口称为"空口（亦即空中接口）"，并将移动终端与 4G 基站之间的空口称为旧空口（Old Radio），将移动终端与 5G 基站之间的空口称为新空口（New Radio，NR）。相应地，将采用新空口实现的 V2X 通信技术称为 NR-V2X 通信技术。

图 4-42　车路协同

4.5.2　车路协同的系统架构

智慧交通车路协同的系统架构如图 4-43 所示。车路协同通过"端""管""云"三层架构实现环境感知、数据融合计算、决策控制,从而提供安全、高效、便捷的智慧交通服务。

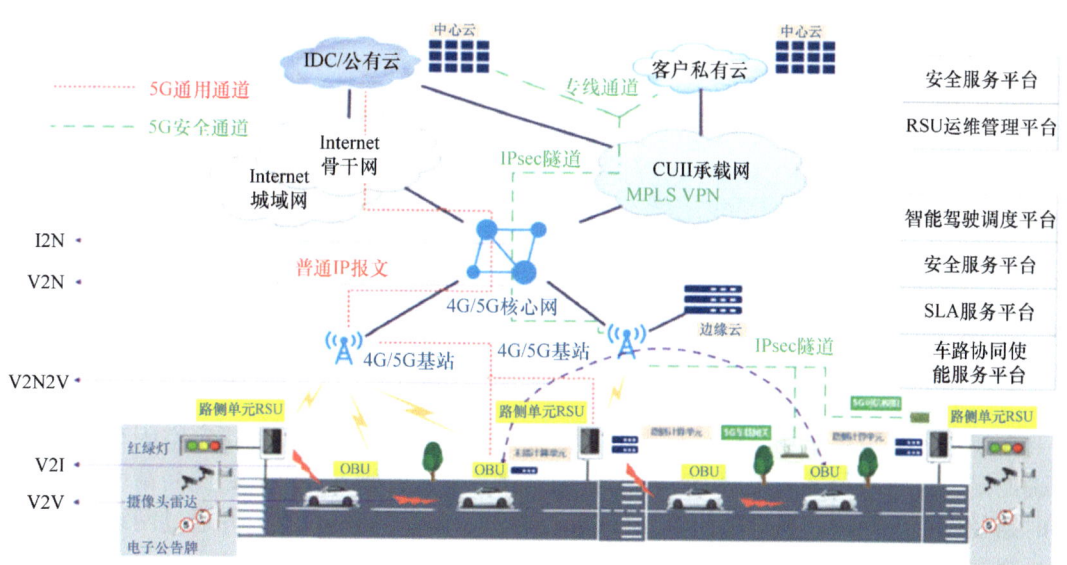

图 4-43　车路协同的系统架构

（1）端　端是指交通服务中实际参与的实体要素,包括具备通信功能的车载单元（On Board Unit,OBU）、路侧单元（Road Side Unit,RSU）等,具备感知功能的摄像头、雷达,以及路侧交通设备（如交通信号灯、电子公告牌等）等。

（2）管　管是指实现交通各实体要素互联互通的网络,包括 4G/5G、C-V2X 等。

（3）云　云是指实现数据汇集、计算、分析、决策以及运维管理功能的云平台（根据业务需求,可部署边缘云或中心云）。

在"端-管-云"新型交通架构下，车端和路端将实现基础设施的全面信息化，形成底层和顶层的数字化映射；5G 与 C-V2X 联合组网构建覆盖蜂窝通信与直连通信协同的融合网络，保障智慧交通业务连续性；人工智能和大数据实现海量数据分析与实时决策，建立智慧交通一体化管控平台。

4.5.3 车路协同的应用

1. 自主泊车

自主泊车能够实现车位管理、自动寻位、精准导航、盲区监测等功能，5G 和边缘计算是实现自主泊车不可或缺的技术手段。

智慧停车场系统架构如图 4-44 所示。

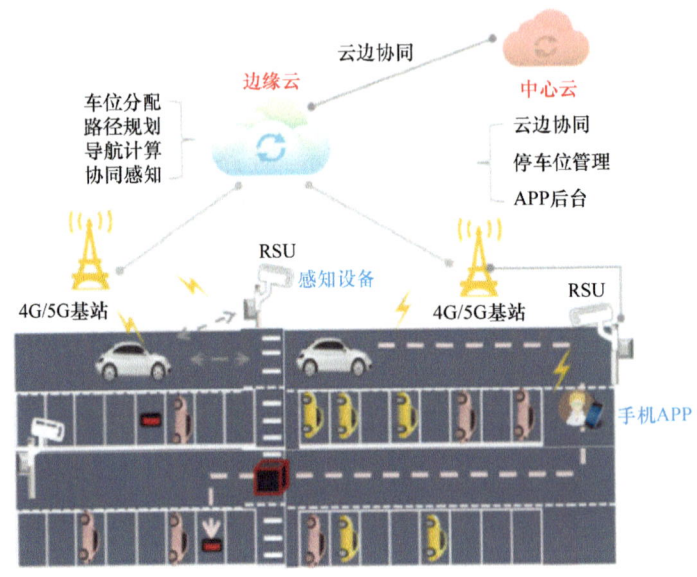

图 4-44 智慧停车场系统架构

车辆进入智慧停车场，启动自主泊车模式，接收到边缘云下发的指定空闲车位信息和准确的定位导航路径坐标集后，车辆沿着规划路径自主行驶，并结合路侧高精度定位进行实时路径校正。同时，场端感知单元可以检测行人和障碍物的位置，并通过网络控制车辆进行规避（视情制动或避让），最终准确完成停车入位。

在智慧停车场场景中，边缘云实现感知融合、导航和信息分发，实现行人和障碍物的低时延实时感知。另一方面，边缘云的超强算力支撑车辆实施轨迹对比，实现自动循迹行驶。

2. 城市快速公交系统

快速公交系统（Bus Rapid Transit，BRT，图 4-45）车速快、容量大、舒适性好、运行经济性好，在大城市得到了推广应用。由于 BRT 拥有专用道路和车站，行车环境相对简单，因此成为 5G 车路协同技术应用落地的最优示范场景之一。

第4章 网络通信技术

图 4-45 快速公交系统（BRT）

5G 车路协同是实现 BRT 智能化必不可少的技术路径，通过车和路侧交通基础设施、车和车以及车与智慧公交通大数据平台等进行实时信息交互，可获取更广范围的交通信息，可实现感知信息的共享，辅助车辆进行决策与控制。智慧公交通大数据平台通过交通流量分析，实现海量实时数据的智能、高效、可靠交互，如图 4-46 所示。

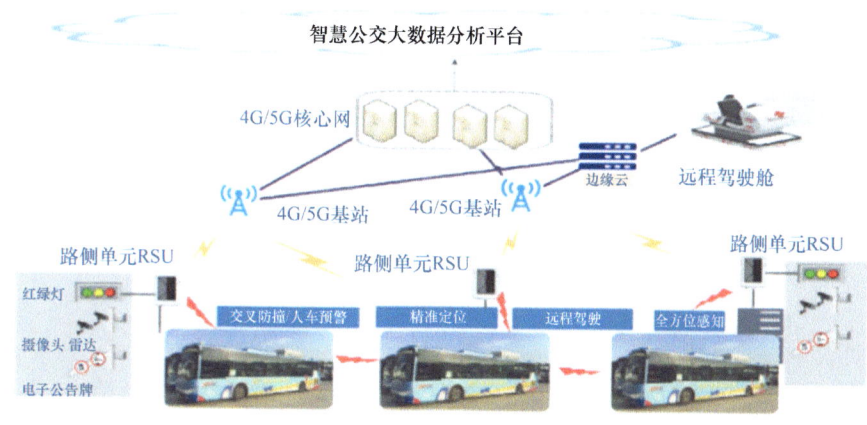

图 4-46 快速公交系统（BRT）架构

4.6 车路协同技术前瞻

4.6.1 大数据技术

1. 大数据的定义

大数据（Big Data 或 Mega Data，图 4-47）是指无法在可容忍的时间内使用常规软件完成存储、管理和处理的海量数据。大数据是需要新的处理模式才能展现出更强的决策力、洞察力和流程优化能力的海量的、高增长率和多样化的信息资产。

图 4-47　大数据

自动驾驶汽车每行驶 8h 将产生并消耗约 40TB 的数据，这意味着自动驾驶汽车将像依赖石油或电力一样依赖大数据的支持。自动驾驶汽车可以通过大数据分析，做出明确、合理的决策，保障汽车安全行驶。随着自动驾驶程度的不断提高，为自动驾驶提供支持的技术体系变得更加复杂，这就需要更多的数据支持。

大数据技术主要包括大数据采集、大数据预处理、大数据存储和大数据分析等。大数据采集是对各种来源的结构化和非结构化海量数据所进行的采集；大数据预处理指的是在进行数据分析之前，先对采集到的原始数据进行诸如"清洗、填补、平滑、合并以及规格化、一致性检验"等一系列操作，旨在提高数据质量，为后期分析工作奠定基础；大数据存储是指用存储器以数据库的形式存储采集到的数据；大数据分析是从可视化分析、数据挖掘算法、预测性分析、语义引擎、数据质量管理等方面，对杂乱无章的数据进行萃取、提炼和分析的过程。

2. **大数据的特点**

大数据的特点可以归纳为"5 个 V"（图 4-48）——Volume（规模性）、Velocity（高速性）、Variety（多样性）、真实性（Veracity）和 Value（价值性）。

图 4-48　大数据的特点

(1)规模性(Volume) 数量从太字节(TB)级别跃升到拍字节(PB)级别,集中储存/集中计算已经无法处理巨大的数据量。

(2)高速性(Velocity) 数据增长速度快,处理速度要求快;大数据往往需要在秒级时间范围从各种类型的数据中获得高价值的信息,这一点和传统的数据挖掘技术有着本质的不同。

(3)多样性(Variety) 数据的种类和来源多样化,非结构化数据的增长远大于结构化数据的增长,如互联网中有大量网络日志、视频、图片、地理位置信息等。

(4)真实性(Veracity) 大数据的准确性和置信度高,即数据质量高。大数据的内容与真实世界是息息相关的,通过大数据分析可以从庞大的网络数据中提取出能够解释和预测现实事件的有用信息。

(5)价值性(Value) 价值密度低,商业价值高;只要合理利用数据并对其进行准确的分析,将会带来很高的商业利益回报。

3. 大数据在自动驾驶领域的应用

大数据技术在自动驾驶领域的应用(图4-49)主要体现在以下几个方面。

(1)强化环境感知 尽管自动驾驶汽车配有雷达和视觉传感器,使它们能够感知周围的环境信息,但如果不能获得可靠的数据流并及时了解周围的情况,自动驾驶汽车就依然存在安全风险。未来的自动驾驶汽车可以依靠传感器和已有的大数据,将不同数据有效融合起来,建立一个基于大数据的感知系统,保障自动驾驶汽车的安全行驶。

图4-49 大数据技术在自动驾驶领域的作用

(2)优化行为决策 自动驾驶汽车在行驶过程中,在路况比较简单时,驾驶行为的决策是基于规则的判断。在更为复杂的交通场景(如交通拥堵情况)下,经过优化的、基于数据驱动的驾驶行为决策,将成为发展主流。

此外,将海量数据高效地传输到运营点和云集群中,将全部海量数据成体系地组织在一起,快速搜索,灵活使用,为数据流水线和各种业务应用(如训练平台、仿真平台、汽车标定平台)提供数据支撑,均为大数据技术的用武之地。

4.6.2 云计算技术

1. 云计算的定义

云计算(Cloud Computing,图4-50)属于分布式计算技术的一种。云计算通过网络"云"(由多部服务器组成的网络系统)将海量的数据计算处理任务(大程序)分解成若干个较小的数据计算处理任务(小程序),每一个小程序由一个服务器来完成计算。然后,再通过网络"云"将这些小程序的计算结果进行分析整合,并反馈给用户。

云计算技术采用任务分解、"蚂蚁搬山"的方式完成海量数据的计算处理,具有很强的数据处理能力。

图 4-50　云计算

云计算的内涵和外延是随着技术的发展不断深化的。

早期的云计算,就是简单的分布式计算,主要用于任务分发及计算结果的分析整合。因而,云计算又称为网格计算。通过这项技术,可以在很短的时间内(几秒钟)完成海量数据的计算和处理,因而具有强大的网络服务能力。

现阶段所说的云计算已经不再是单一的分布式计算,而是分布式计算、效用计算、负载均衡、并行计算、网络存储、热备份冗余和虚拟化等计算机技术混合演进并不断提升的结果。

"云"实质上就是一个网络,狭义上讲,云计算就是一种提供资源的网络,使用者可以随时获取"云"上的资源,按需求量使用,并且可以看成是无限可扩展的,只要按照使用量付费就可以。"云"就像自来水厂一样,用户可以随时接水,并且不限量,只需按照实际用水量,付费给自来水厂就可以。

从广义上说,云计算是与信息技术、程序软件、互联网相关的一种服务,学术界将这种计算资源共享池叫作"云"。云计算把许多计算资源整合起来,通过程序软件实现自动化管理,只需要很少的计算机参与,就能让资源被快速提取和应用。也就是说,计算能力作为一种商品,可以在互联网上流通,就像水、电、煤气一样,可以方便地取用,且价格较为低廉。

总之,云计算不是一种全新的网络技术,而是一种全新的网络应用理念,云计算的实质是以互联网为中心,在网站上提供快速且安全的计算服务与数据存储,而每一个用户都可以以低廉的价格享受这种计算服务。

2. 云计算的特点

云计算是一种新兴的共享基础架构的技术方法,可以将巨大的系统池(System Pool)连接在一起,以提供各种IT服务,具有弥漫性、无所不在的分布性和广泛的社会性。

简而言之,云计算具有支持异构基础资源、支持资源动态扩展、支持异构多业务体系、支持海量信息处理以及按需分配、按量计费等特点。

3. 云计算的应用

云计算技术在自动驾驶领域具有以下应用:

(1)海量数据存储备份　自动驾驶汽车实际运行中产生的各类数据对远程故障诊断、定期检测是必不可少的。但海量的数据存储、备份和分析则带来成本上的压力。云端存储和大数据分析能力极大降低了这方面的成本,并且能降低因数据丢失导致的风险。

（2）自动驾驶汽车的快速开发测试　自动驾驶汽车的功能设计、开发和测试环境的维护,其成本都是极其昂贵的,但使用效率并不高。使用云计算技术,可以快速地在云端搭建起虚拟开发测试环境,一旦新的功能和服务开发测试完成,就可以直接通过云端推送给用户。自动驾驶算法的研发流程（开发、训练、验证、调试）在云端实现,从而大幅提升算法迭代效率,云计算技术对于自动驾驶是非常重要的。

4.6.3　多接入边缘计算技术

多接入边缘计算（Multi-access Edge Computing,MEC）是一种网络架构（图4-51）,它为网络运营商和服务供应商提供云计算能力及网络边缘的IT服务环境。

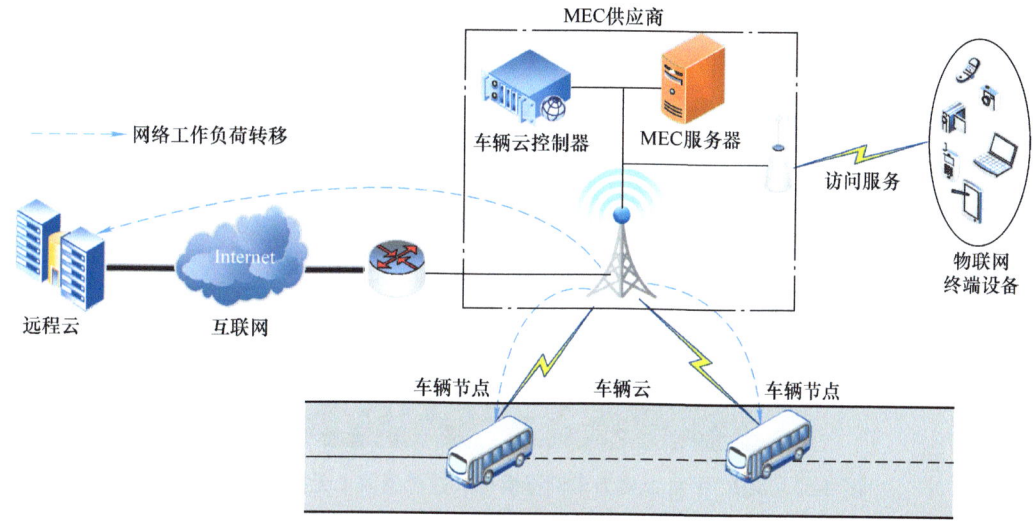

图4-51　多接入边缘计算网络架构

MEC与C-V2X融合是将C-V2X业务部署在MEC平台上,借助Uu接口或PC5接口支持实现"人-车-路-云"协同交互,可以降低端到端的数据传输时延、缓解终端或路侧智能设施的计算与存储压力,减少海量数据回传造成的网络负荷,提供具备本地特色的高质量服务。

MEC与C-V2X融合的场景如图4-52所示。

MEC与C-V2X融合的场景可按照路侧协同和车辆协同的程度进行分类。

无需路侧协同的C-V2X应用可以直接通过MEC平台为车辆或行人提供低时延、高性能服务（图4-53）;当路侧部署了能接入MEC平台的路侧雷达、摄像头、智能交通信号灯、智能化标志标识等智能设施时,相应的C-V2X应用可以借助路侧感知或采集的数据为车辆或行人提供更全面的信息服务。

在没有车辆协同时,单个车辆可以直接从MEC平台上部署的相应C-V2X应用获取服务;在多个车辆同时接入MEC平台时,相应的C-V2X应用可以基于多个车辆的状态信息,提供智能协同的信息服务。

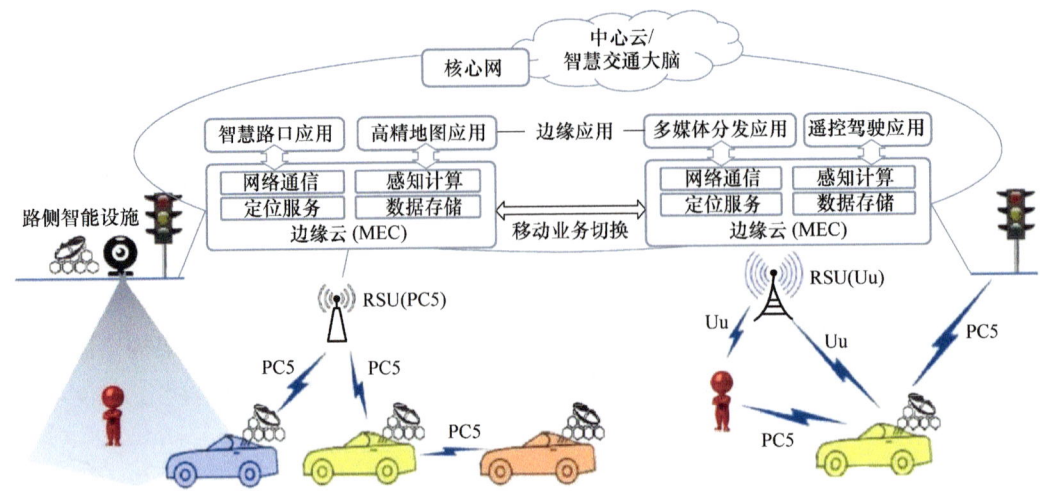

图 4-52 MEC 与 C-V2X 融合的场景

图 4-53 MEC 平台直接为车辆提供行人过街预警（无需路侧协同）

依据是否需要路侧协同以及车辆协同，将 MEC 与 C-V2X 融合场景分为"单车与 MEC 交互""单车与 MEC 及路侧智能设施交互""多车与 MEC 协同交互""多车与 MEC 及路侧智能设施协同交互"四大类，如图 4-54 所示。

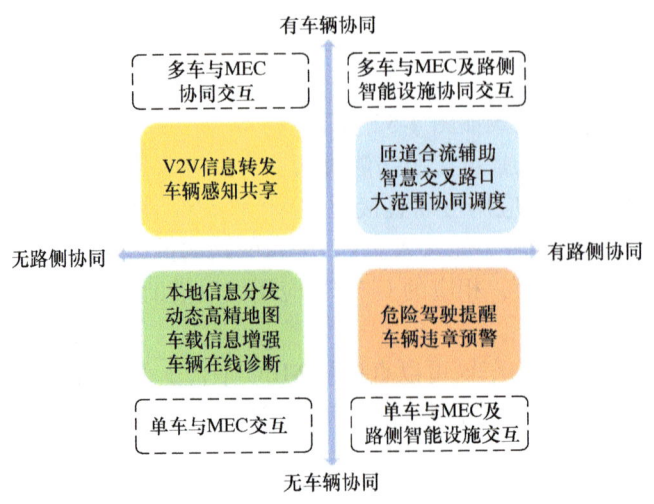

图 4-54 MEC 与 C-V2X 融合场景分类

1. 单车与 MEC 交互场景

在 C-V2X 应用中，本地信息分发、动态高精地图服务、信息增强功能、在线诊断等功能通过单车与 MEC 交互即可实现，其应用场景如图 4-55 所示。

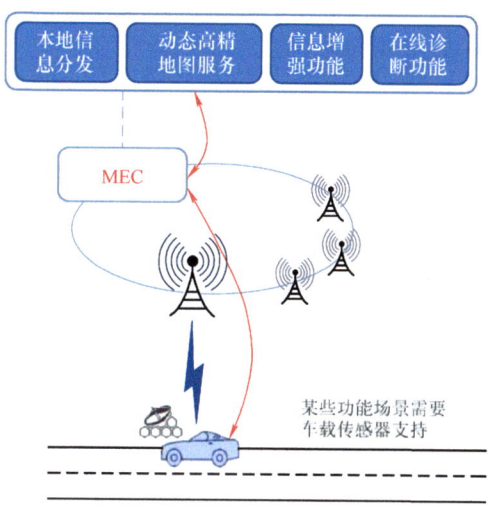

图 4-55 单车与 MEC 交互场景

（1）本地信息分发　MEC 作为信息分发的边缘节点，可实现在线分发和流量卸载等功能，可为车辆提供音视频等多媒体休闲娱乐信息服务、区域性商旅餐饮信息服务，或提供软件/固件升级等服务。

（2）动态高精地图服务　MEC 可以存储动态高精地图，为车辆分发高精地图信息，以减少时延并降低对核心网传输带宽的压力。在实际应用中，车辆向 MEC 发送自身具体位置以及目标地理区域信息，部署在 MEC 的地图服务程序即提取相应区域的高精地图信息并发送给车辆。

当车辆传感器检测到现实路况与高精地图存在偏差时，可将自身的感知信息上传至 MEC，以便对地图进行更新。随后 MEC 的地图服务程序即可将更新后的高精地图回传至中心云平台。

（3）车载信息增强功能　MEC 提供车载信息增强功能，车辆可将车载传感设备感知的视频/雷达信号等上传至 MEC。MEC 通过车载信息增强功能提供的视频分析、感知融合、AR⊖ 合成等多种应用实现信息增强，并将结果下发至车辆进行直观显示。

在此类场景中，MEC 提供用于视频分析、感知融合、AR 合成等多个应用的计算能力，同时提供低时延、高带宽的通信能力。

（4）车辆在线诊断功能　MEC 可支持自动驾驶在线诊断功能。当车辆处于自动驾驶状态时，可将其状态、决策等信息上传至 MEC，利用在线诊断功能对实时数据样本进行监控分析，用于试验、测试、评估或应对紧急情况处理。同时 MEC 可定期将样本及诊断结果汇总压缩后回传至中心云平台。

⊖ AR 是增强现实（Augmented Reality）的简称。AR 技术是一种能够实时计算摄像头图像的位置及角度并加以处理，将真实世界的信息与虚拟世界的信息实现无缝衔接的图像处理技术，其作用是在屏幕上将虚拟世界嵌套在现实世界中，达成虚拟世界与现实世界的无缝衔接与互动。

在单车与 MEC 交互场景中，车辆与部署在 MEC 上的服务进行交互，无须路侧智能设施及其他车辆参与。

2. 单车与 MEC 及路侧智能设施交互场景

在 C-V2X 应用中，危险驾驶提醒、车辆违章预警等功能可通过单车与路侧智能设施及 MEC 进行交互实现，其应用如图 4-56 所示。

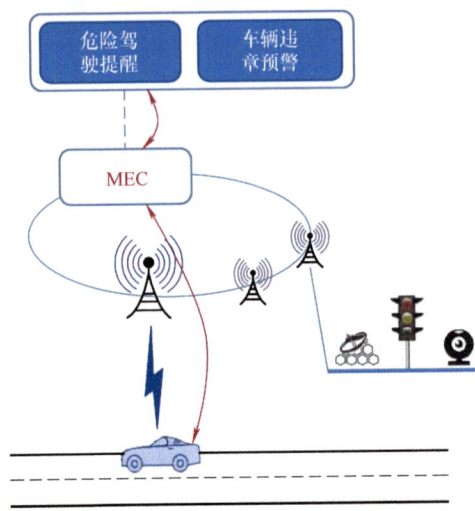

图 4-56　单车与 MEC 及路侧智能设施交互场景

（1）危险驾驶提醒　MEC 部署了危险驾驶提醒功能后，可结合路侧智能设施，通过车牌识别等功能分析车辆进入高速公路的时间，定期为驾驶人提供疲劳驾驶提醒；或在夜间通过视频分析，提醒驾驶人正确使用前照灯；或在感知到突发车辆事故时，提醒附近车辆谨慎驾驶；或在天气传感器感知到路面高温"镜面效应㊀"、雨雪大雾等恶劣天气时，提醒驾驶人安全驾驶。此外，MEC 可阶段性地将危险驾驶信息汇总后上传至中心云平台。

（2）车辆违章预警　MEC 部署了车辆违章预警功能后，可结合路侧智能设施，通过视频识别、雷达信号分析等应用程序实现车牌识别，并对超速、逆行、长期占据应急车道等违章行为进行判定，将违章预警信息下发给相应车辆，提醒驾驶人遵守交通法规。此外，MEC 可阶段性地将违章信息汇总后上传至中心云平台。

在单车与 MEC 及路侧智能设施交互的场景中，车辆、路侧智能设施与部署在 MEC 上的服务进行交互，无须其他车辆参与。

3. 多车与 MEC 协同交互场景

在 C-V2X 应用中，V2V 信息转发、车辆感知共享等功能可通过多车与 MEC 协同交互实现，其应用如图 4-57 所示。

（1）V2X 信息转发　MEC 部署了 V2X 信息转发功能后，可作为桥接节点，以 V2N2V 的方式实现车与车之间的通信，实时交流车辆状态信息（如车辆位置、行车速度、行驶方

㊀ 由于高温，导致路面表层空气和路面上层空气出现密度差，从而产生光线折射效应，使驾驶人在行车过程中看到虚幻的景象，这种现象称为路面的高温镜面效应。镜面效应多发生在夏季高温状态下的公路（特别是高速公路）上，其形成机理与海市蜃楼的形成机理是一致的，均源于光线折射效应。

向、是否在采取转向、制动操作以及是否开启危险报警信号灯等），确保行车安全。

（2）车辆感知共享　MEC 部署车辆感知共享功能后，可将自身的环境感知结果转发至周围其他车辆，用于扩展其他车辆的感知范围。也可以用于"穿透"场景，即当前车遮挡后车视野时，前车对前方路况进行视频监控并将视频实时传输至 MEC，MEC 的车辆感知共享功能将收到的视频实时转发至后方车辆，便于后方车辆利用视频扩展视野，以有效解决汽车行驶中的盲区问题，提高车辆的驾驶安全性。

在多车与 MEC 协同交互场景中，多个车辆与部署在 MEC 上的服务进行交互，无需路侧智能设施参与。

4. 多车与 MEC 及路侧智能设施协同交互场景

在 C-V2X 应用中，匝道合流辅助、智慧交叉路口、大范围协同调度等功能可通过多车与路侧智能设施及 MEC 进行协同交互实现，其应用如图 4-58 所示。

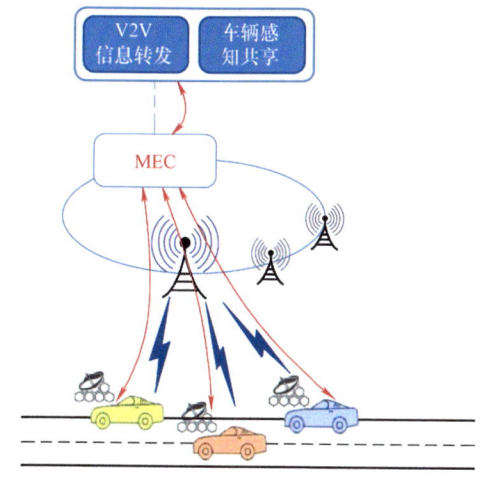

图 4-57　多车与 MEC 交互场景

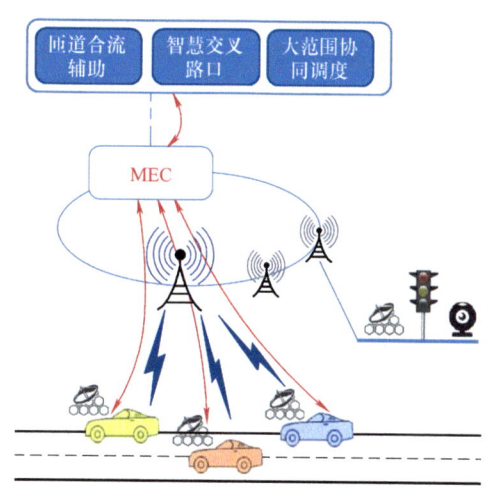

图 4-58　多车与 MEC 及路侧智能设施交互场景

（1）匝道合流辅助　MEC 部署匝道合流辅助功能后，在匝道合流汇入点部署监测装置（如摄像头）对主路车辆和匝道车辆同时进行监测，并将监测信息实时传输到 MEC，同时相关车辆也可以将车辆状态信息发送至 MEC。MEC 的匝道合流辅助功能利用视频分析、信息综合、路况预测等应用功能对车、人、障碍物等的位置、速度、方向角等进行分析和预测，并将合流点动态环境分析结果实时发送至相关车辆，以提升车辆对于周边环境的感知能力，减少交通事故，提高交通效率。

（2）智慧交叉路口　MEC 部署智慧交叉路口功能后，交叉路口处的路侧智能传感器（如摄像头、雷达等）将路口处探测的信息发送至 MEC，同时相关车辆也可以将车辆状态信息发送至 MEC。MEC 的智慧交叉路口功能通过信号处理、视频识别、信息综合等应用功能对交叉路口周边的车辆、行人等位置、速度和方向角等进行分析和预测，并将分析结果实时发送至相关车辆，以提升车辆通过交叉路口的安全性和舒适性；同时，MEC 还可以通过收集和分析相关信息，对交通信号灯的配时参数进行优化，以提高交叉路口的通行效率。

（3）大范围协同调度　MEC 部署大范围协同调度功能后，可在重点路段、大型收费站处借助视频传感信息,通过 MEC 进行路况分析和统一调度,实现大范围、大规模的车辆协同、绿波车速引导、车辆编队行驶等功能(图 4-59);或在城市级导航场景中,MEC 根据区域车辆密度、道路拥堵严重程度、拥堵节点位置以及车辆目标位置等信息,利用路径优化算法对车辆开展导航调度,避免拥堵进一步恶化。

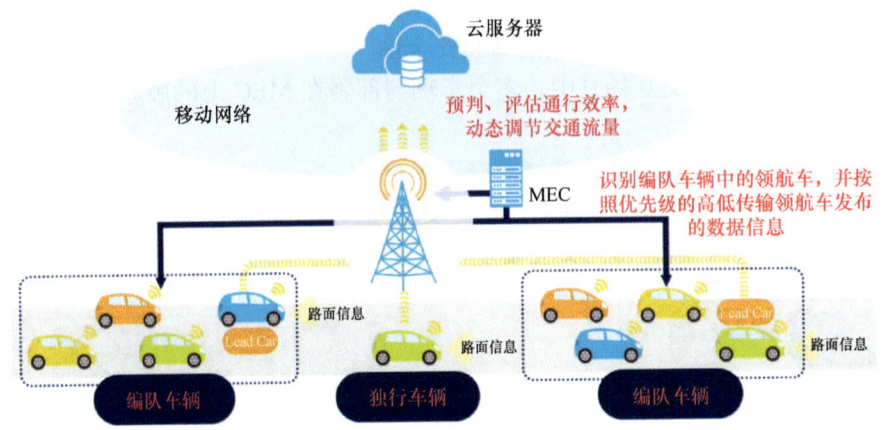

图 4-59 大范围协同调度

绿波车速引导(Green Light Optimal Speed Advisory,GLOSA。图 4-60)是一项能有效提升道路通行效率的车路协同功能,即车辆在指定道路上按照指示速度行驶,通过车路协同,确保车辆到达路口的时间与路口交通信号灯的变化(转换)时间匹配——车辆每到达一个路口正好遇到"绿灯"(图 4-61)。

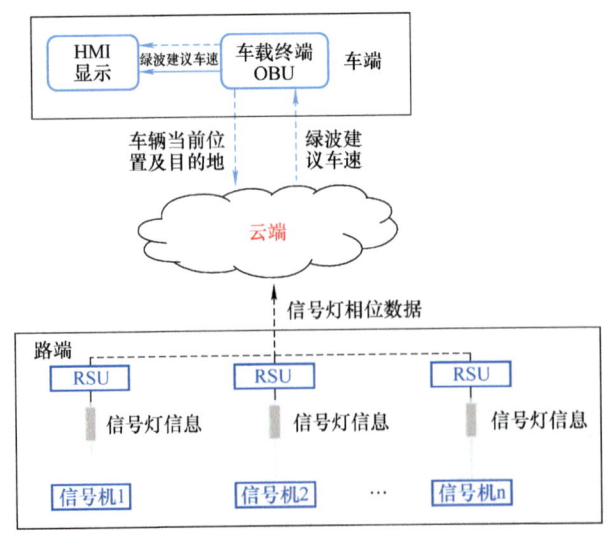

图 4-60 绿波车速引导系统架构

相较于传统的交通管理方法,基于车路协同的绿波车速引导功能通过车-路-云一体化的跨域感知和全域协调能力,能适应不同道路、不同流量条件等复杂的道路交通状况,具有明显的优势,可以显著提升道路通行效率、促进节能减排。

第4章 网络通信技术

图 4-61 车辆到达路口正好遇到"绿灯"(绿波车速引导)

思考与实训

1. 选择题

1）目前，在智能汽车上应用较为普遍且与自动驾驶技术密切相关的车载网络技术主要有（　　）、（　　）、（　　）以及车载以太网等。

A. CAN　　　　　　　　　　　　B. FlexRay
C. LIN　　　　　　　　　　　　　D. Automotive Ethernet

2）在 Ad-hoc 网络中，节点通过分层的网络协议和分布式算法相互协调，实现了网络的自动组织和运行。因此，Ad-hoc 网络也被称为（　　）或（　　）。

A. Multi-Hop Wireless Network　　　B. Infrastructure-less Network
C. Automotive Ethernet　　　　　　　D. Multi-access Edge Computing，MEC

3）在 V2X 通信领域，应用广泛且成熟稳定的通信技术有（　　）等。

A. DSRC　　　　　　　　　　　　B. 5G
C. LTE-V　　　　　　　　　　　　D. C-V2X

2. 问答题

1）什么是大数据技术？大数据技术在车联网中有哪些作用？
2）什么是云计算技术？云计算技术在车联网中有哪些作用？
3）什么是多接入边缘计算技术？多接入边缘计算技术在车联网中有哪些作用？

3. 实操题

去你所在城市的智能汽车自动驾驶示范区（如百度 Apollo 的北京、上海、广州、长沙、沧州、大连、沈阳示范区）观摩智能路侧设施的布置情况，加深对车联网技术的理解。

第 5 章

运动控制技术

学习目标
- 了解智能汽车运动控制的控制项目。
- 熟悉线控底盘技术的基本控制思想。
- 掌握智能汽车运动控制系统的基本构成。

5.1 概述

智能汽车的运动控制系统基于环境感知技术，根据控制策略来计算理想的目标轨迹，通过线控技术对车辆的纵向运动和横向运动实施动态调节，使车辆能够自动跟踪理想的目标轨迹行驶并确保行驶稳定性和乘坐舒适性。

智能汽车的运动控制基于线控（X-By-Wire）技术，因此，智能汽车的运动控制技术又称线控底盘技术。

线控技术又称电传控制技术，源于飞机的控制系统。线控技术将飞行员的操纵命令转化成电信号，通过导线传输控制指令，最后由控制器控制飞机飞行。

线控汽车采用同样的控制方式，可利用传感器感知驾驶人的驾驶意图，并将其通过导线输送给控制器，控制器控制执行机构工作，实现汽车的转向、制动、驱动等功能，从而取代传统汽车靠机械或液压机构来传递操纵信号的控制方式。从本质上讲，线控技术就是电子控制技术，线控底盘技术就是电控底盘技术。

线控底盘主要有五大系统，分别为线控转向、线控制动、线控加速、线控换档、线控悬架。从执行端来看，线控加速、线控换档、线控悬架系统虽然技术已经很成熟，但最为关键的线控转向和线控制动系统目前还没有一套可以适用于L4级自动驾驶的、性能稳定的量产产品。

智能汽车线控底盘技术特征如下：

1) 操纵机构和执行机构没有机械联结和机械能量的传递。
2) 操纵指令由传感元件感知，以电信号的形式由网络传输给电子控制器件及执行机构。
3) 执行机构使用外来能源完成操纵指令及相应的任务，其执行过程和结果受电子控制器件的监测和控制。

5.2 线控转向技术

5.2.1 线控转向系统

在自动驾驶汽车上，智能感知和控制单元通过线束将指令传输给转向、动力和制动系统来实现车辆的操控，因此，线控转向是自动驾驶汽车的关键技术之一。

第 5 章　运动控制技术

对于自动驾驶汽车，线控转向（Steering-By-Wire）技术是必不可少的。

线控转向就是把依靠转向管柱连接转向机构来实现转向的传统方式，转换成为通过传感器检测转向盘转角信号，并通过计算机控制伺服电动机来实现驱动转向机构的转向系统。驾驶人对转向盘的操作仅仅是驱动一个转角传感器，并由转向盘电动机提供转动阻尼和反馈，转向盘与转向机构之间没有任何刚性连接，如图5-1所示。

图 5-1　线控转向

线控转向系统取消了转向盘与转向执行机构之间的机械连接，采用电控技术来完成驾驶人转向指令的传输和路感反馈。

5.2.2　线控转向系统的组成

如图 5-2 所示，线控转向系统由转向盘模块、转向控制模块和转向执行模块组成。

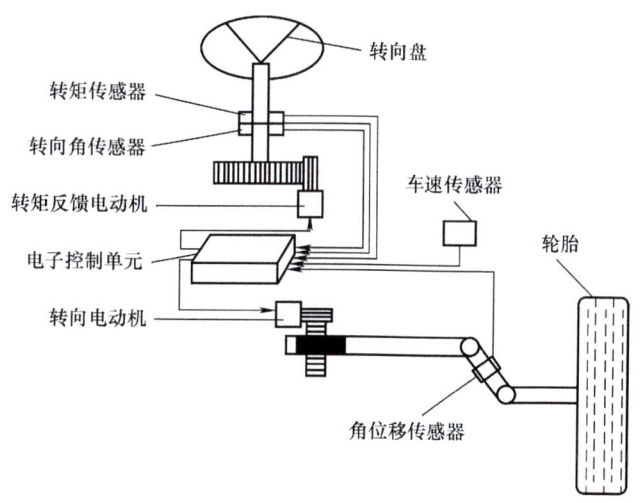

图 5-2　线控转向系统的组成

1. 转向盘模块

转向盘模块包括转向盘、转矩传感器、转向角传感器、转矩反馈电动机和机械传动装置。转向盘模块的主要作用是接收驾驶人输入的转向盘转角或转向力矩信号，并通过传感器将该信号转变为电信号传输给转向控制模块，由转向控制模块根据转向控制策略产生相

213

应的电信号,并传递给转向执行模块。同时,转矩反馈电动机根据转向控制模块发出的控制信号,产生相应的回正力矩给驾驶人,以提供不同工况下的路感信息。

2. 转向控制模块

转向控制模块包括车速传感器和电子控制单元,也可视情增加横摆角速度传感器、加速度传感器,以提高车辆的操纵稳定性。

转向控制模块是线控转向系统的决策中心和控制中心,通过采集各传感器信号,对驾驶人的驾驶意图和车辆当前状态进行评估和判断,根据预定的控制策略做出控制决策。转向控制模块一方面控制转向执行模块,确保车辆能够精准地实现驾驶人输入的转向指令,并确保车辆的操纵稳定性;另一方面,控制转矩反馈电动机,确保其能够给驾驶人以足够的、清晰的路感。

3. 转向执行模块

转向执行模块包括角位移传感器、转向电动机、齿轮齿条转向机构和其他机械转向装置等。其作用是接收转向控制模块发出的转向控制指令,并由转向电动机输出合适的转矩和转角,实现车轮转向。同时,转向轮角位移传感器实时监测转向轮的转动角度以及其变化率,并接收路面反馈信息,将其转化为电信号,作为路感信息回馈给转向控制模块。

此外,故障容错机制也是线控转向系统不可缺少的重要组成部分。故障容错机制时刻监控系统的运行状态,针对系统的不同故障形式采取不同的应对措施,在部分硬件或软件出现故障时,确保车辆仍然具备基本的转向能力。线控转向系统具有完善的故障自诊断能力,能在最大程度上确保系统的安全运行。图 5-3 所示为某汽车线控转向系统的实际组成。

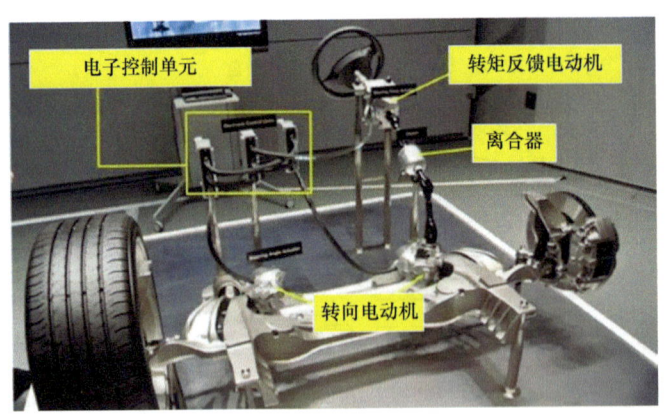

图 5-3 某汽车线控转向系统的实际组成

5.2.3 线控转向系统的工作原理

汽车线控转向系统的工作原理如图 5-4 所示。驾驶人进行转向操作时,通过转向盘输入转向的方向、角度、转向角速度以及转向力矩,转向盘模块中的传感器采集这一系列信号并将其传输到转向控制模块;转向控制模块随即处理这些信号并根据车速及其他相关信号进行转向传动机构传动比的计算,确定系统所需的转向轮转角;然后控制转向执行模块的转向电动机驱动转向机构工作,使转向轮产生系统所需的偏转角度,完成转向任务。

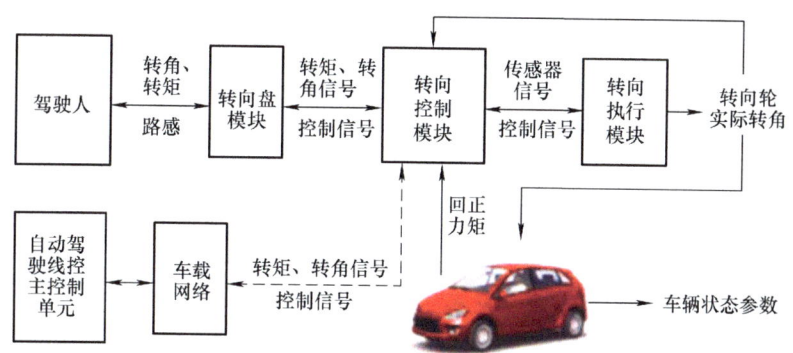

图 5-4　汽车线控转向系统的工作原理

与此同时，转向控制模块根据车辆的转向轮转角信号、轮胎力信号和驾驶人的意图，通过路感模拟决策发出指令控制转矩反馈电动机输出力矩，以反馈路面信息。

当智能汽车工作在自动（无人）驾驶状态时，自动驾驶线控系统主控制单元根据决策系统的控制决策，通过车载网络将转向指令（转矩、转角信号等）发送给转向控制模块，再由转向控制模块控制转向执行模块完成具体的转向任务。

对于线控系统而言，执行模块及其控制的执行机构，既可以接受来自驾驶人的指令（有人驾驶），又可以接受来自自动驾驶线控系统主控制单元的指令（无人驾驶）。这一特性，对于线控转向、线控制动、线控加速踏板控制等所有线控操作，都是一样的。

日产汽车公司在 2014 年推出的英菲尼迪 Q50 成为全球首个装备线控转向系统的量产车型，日产汽车公司称其为直接自适应转向系统（Direct Adaptive Steering，DAS）。DAS 线控转向系统的基本组成如图 5-5 所示。

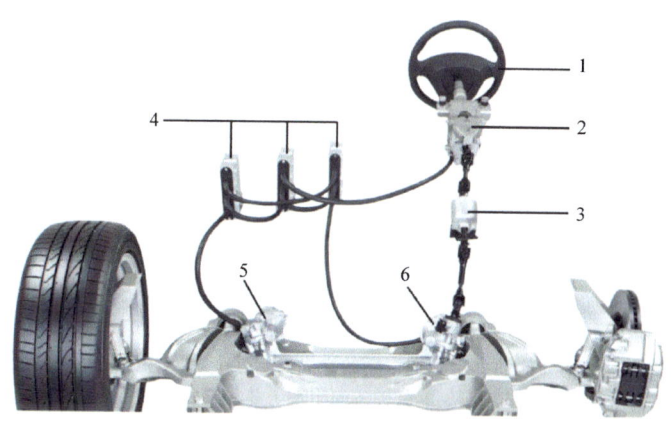

图 5-5　英菲尼迪 Q50 的线控转向系统

1—转向盘　2—转向盘模块　3—离合器　4—电子控制单元（3 个，冗余配置）　5，6—转向电动机（冗余配置）

整个系统依然保留了传统转向系统的机械结构，但仅作为线控系统失效时的冗余配置。在正常状态下，离合器处于分离状态，转向盘与转向传动轴、齿轮齿条机构脱开，系统工作在线控状态；当线控系统由于致命故障导致工作失效时，离合器自动转入接合状态，转向盘与转向传动轴、齿轮齿条机构恢复连接，系统转入传统的机械转向状态，确保车辆依然具有正常的转向能力。

5.2.4 线控转向系统的特点

与传统的机械转向系统相比较,线控转向系统具有以下特点:

1)线控转向系统采用电子控制单元实现对汽车转向的控制,理论上可以自由设计转向系统的角传动特性和力传动特性,具有传统转向系统不可比拟的性能优势。

2)提高汽车的操纵稳定性。线控转向系统不受传统转向系统结构形式的限制,可以设计出理想的转向传动机构传动比。线控转向系统使转向传动机构的传动比可以随着汽车运动状态的变化而变化,根据车速和转向盘转角等参数,通过控制策略给出与当前条件下最适合的传动比,从根本上解决汽车转向系统存在已久的"轻"与"飘"的矛盾⊖,既保证了转向轻便性,又保证了转向稳定性。

同时,线控转向系统还可以实时监控转向轮转角和汽车响应情况,并根据控制策略,主动做出补偿操作,提高了汽车的操纵稳定性。

3)优化驾驶路感。传统转向系统通过机械连接将车辆运动状态和路面信息反馈给驾驶人,不能主动过滤路面干扰因素。线控转向系统可以滤除路面颠簸等干扰因素,提取出最能够反映汽车实际行驶状态和路面信息的因素,作为路感模拟的依据,并考虑到驾驶人的习惯,由主控制器控制路感电动机产生良好的路感,提高驾驶人的驾驶体验。

4)节省空间,提高被动安全性。机械部件的减少,增加了驾驶人的活动空间,并方便了车内的总体布置;降低了转向系统的机械强度,使其在碰撞中更易变形,以便吸收冲击能量,在汽车发生碰撞事故时,大幅减轻转向系统对驾驶人的伤害。

5)提高转向效率,降低能源消耗。线控转向系统不依赖于机械传动,其总线信号的传输速度快,缩短了转向响应时间,转向效率得以提高。同时机械传动减少,传动效率提高,整车质量减小,降低了燃油消耗,更加节能环保。

5.3 线控制动技术

5.3.1 线控制动系统

1. 传统制动系统的组成

为确保制动效能并降低驾驶人的操作强度,传统制动系统(图 5-6)采用真空助力式

⊖ 汽车转向系统中转向助力的大小对车辆的操纵性能影响很大。在载荷恒定的情况下,转向助力越大,车辆在低速行驶时,转向盘的操作力就越小,转向轻便性就越好,此为"轻"。

但在车辆高速行驶时,过大的转向助力会导致车辆的操纵稳定性变差,些许的外来干扰(如侧向风作用、被同向车辆超车、与逆向车辆会车等)就会造成车辆的行驶方向出现(并非驾驶人期望的)变化,车辆犹如漂浮在道路上(车辆的稳定性显著变差),此为"飘"。

对于传统的转向系统,由于受机械结构的限制,在设计转向助力特性时,往往很难兼顾转向轻便性与操纵稳定性这对矛盾,导致转向系统如果低速轻便性好(转向轻便),则高速稳定性就差(转向发飘);如果高速稳定性好(转向稳定),则低速轻便性就差(转向沉重)。

线控转向系统摆脱了传统转向系统机械结构的限制,可以使转向系统的转向助力灵活变化——当车辆低速行驶时,可使转向助力变大,以确保转向轻便(轻);当车辆高速行驶时,可使转向助力变小,以确保转向稳定(不飘),从而彻底解决了汽车转向系统存在已久的"轻"与"飘"的矛盾,既能保证低速时的转向轻便性,又能保证高速时的转向稳定性。

尽管经过改良的电控机械式转向系统也能实现上述要求,但在系统的复杂程度和总体布置的灵活性等方面,线控转向系统依然具有不可比拟的优势。

液压（或气压）制动系统，利用汽油发动机进气管内节气门下方的真空度产生助力，协助驾驶人进行车辆制动。而柴油车辆及电动汽车则采用电动真空泵产生真空源，为真空助力器提供真空。

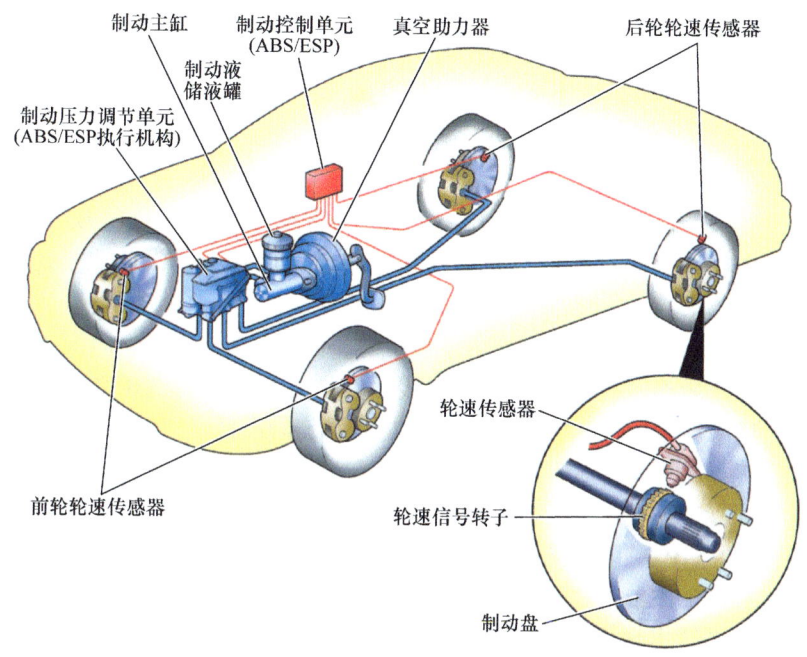

图 5-6　传统的汽车制动系统

2. 传统制动系统的缺点

传统的制动系统由驾驶人通过制动踏板操纵制动机构，借由制动踏板、真空助力器、制动主缸推杆等机械装置产生液压（或气压）制动作用，存在机械响应滞后（响应性差）等缺点，加之真空助力器体积庞大，需要较大的安装空间，于整车布置不利。此外，液压系统存在制动液泄漏风险，于环境保护不利。

采用线控制动系统，可以很好地解决上述问题。

3. 线控制动系统的工作原理

将制动踏板由制动踏板模拟器（内含制动踏板行程位置传感器）取代，踏板与制动系统之间没有任何刚性连接或液压连接，都可视为线控制动（Brake By Wire，BBW）。

如图 5-7 所示，在有人驾驶模式下，驾驶人踩下制动踏板，则由制动踏板模拟器中的制动踏板传感器检测、接收和分析驾驶人的制动意图，由线控制动控制单元产生制动指令，进而控制制动执行机构完成制动任务。同时，由制动踏板模拟器根据

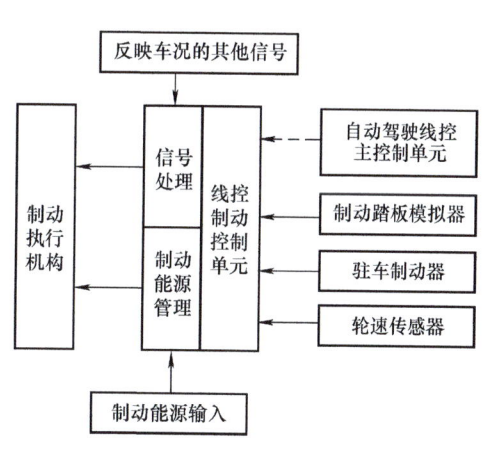

图 5-7　线控制动系统的工作原理

一定的算法输出模拟反馈给驾驶人。

在自动（无人）驾驶模式下，来自车辆自动驾驶主控制单元的制动指令传输至线控制动控制单元，再由线控制动控制单元产生制动指令，进而控制制动执行机构完成制动任务。

4. 汽车线控制动系统的特点

1）线控制动系统的制动踏板与制动执行机构实现了解耦，可以降低系统的复杂性，减少液压与机械控制装置，减少杠杆、轴承等金属连接件，减轻质量，降低制造成本。

2）线控制动系统具有精确的制动力调节能力，是电动汽车摩擦与回馈耦合制动系统的理想选择。

3）基于线控制动系统，不仅可以实现更高品质的 ABS/ESP/ESC/EPB 等高级安全功能，而且可以满足智能汽车对自适应巡航、自动紧急制动、自动泊车、自动（无人）驾驶等高级辅助驾驶功能的要求。

线控制动技术在 F1 赛车上的应用已经非常成熟，但因其成本问题，尚未在乘用车上普及。

早期的宝马 M3 曾经采用过线控制动方式，但是受制于当时电子系统可靠性和耐久性以及成本因素，后来新款的 M3 又改回了传统制动系统的设计。

5. 线控制动系统的分类

线控制动是自动驾驶汽车控制执行层中与行车安全密切相关的系统，也是技术难度最高的部分。受技术发展程度的限制并考虑到安全性和可靠性，目前线控制动系统出现了两种技术路线——电控液压式制动（Electro Hydraulic Brake，EHB）系统和电控机械式制动（Electro Mechanical Brake，EMB）系统（图 5-8）。

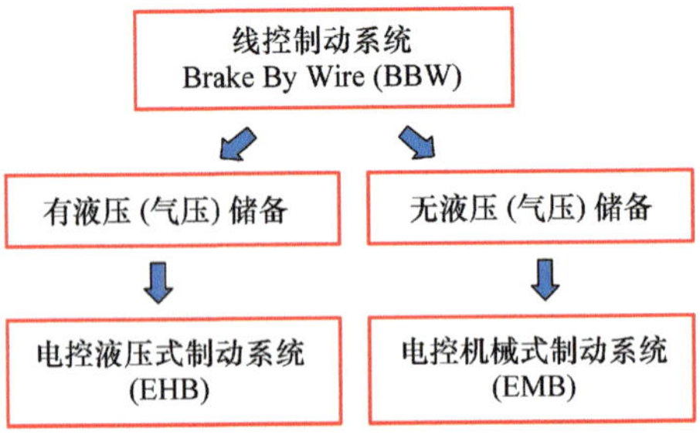

图 5-8 线控制动系统的两种技术路线

传统的由驾驶人操作的制动系统，其制动响应时间为 300~500ms，而采用线控技术的 EHB 系统，其制动响应时间为 120ms，EMB 系统的制动响应时间为 90ms。由此可见，采用线控制动技术之后，行车安全性可以显著提升。

5.3.2 电控液压式制动系统

1. 基本组成与工作原理

典型的电控液压式制动系统由制动踏板行程（位置）传感器、电子控制单元（EHB ECU）、执行机构（液压泵、备用阀和制动器）等组成。

EHB 是在传统的液压制动器的基础上发展来的，与传统制动系统相比，最大的区别在于：EHB 用电子元件替代传统制动系统中的部分机械元件，即用综合制动模块取代传统制动系统中的真空助力器、压力调节器和 ABS 模块。

如图 5-9 所示，制动踏板不再与制动主缸直接相连，而是采用电传制动踏板，即制动踏板与制动系统之间既无刚性的机械连接，也无液压连接（如果有也只是作为备用系统），而是仅连接着一个制动踏板行程（位置）传感器，用于给电子控制单元输入一个踏板行程（位置）信号。

如图 5-10 所示，EHB 正常工作时，制动踏板与制动器之间的液压连接断开，备用阀处于关闭状态。电子踏板配有踏板感觉模拟器和踏板行程（位置）传感器，EHB ECU 可以通过传感器信号判断驾驶人的制动意图，并通过电动机驱动液压泵进行制动。当 EHB 电子系统发生致命故障时，备用阀自动打开，EHB 系统则转变为传统的液压制动系统。

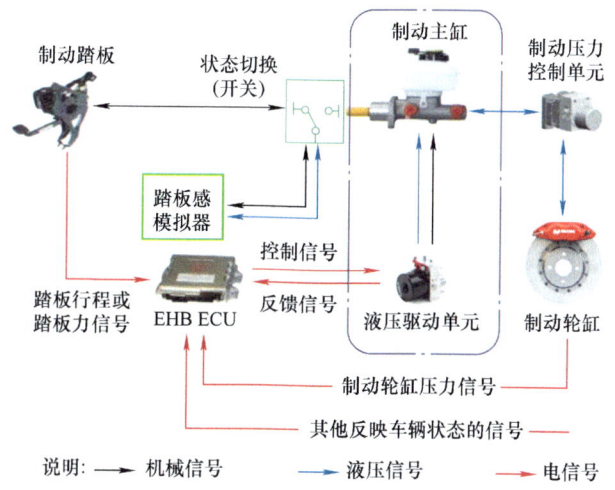

图 5-9　典型的电子液压制动系统的信号传输

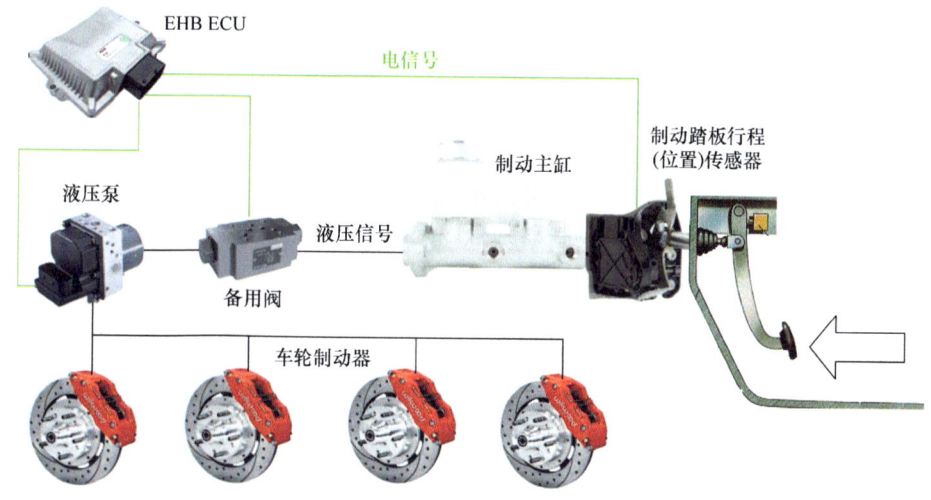

图 5-10　典型的电子液压制动系统的组成

2. 典型产品

EHB 系统由于具有冗余系统，所以安全性更具优势，且此类型产品的成熟度高，目前各大供应商都在推行其开发的产品，如博世的 iBooster、大陆的 MK C1、采埃孚的 IBC 等。

（1）博世 iBooster　德国博世公司于 2013 年正式推出 EHB 线控制动产品——iBooster（智能助力器），大众汽车公司目前所有新能源汽车均使用 iBooster。

iBooster 不依赖真空源，适用于所有形式的动力总成，包括混合动力汽车和纯电动汽车，具有多项产品优势。iBooster 利用传感器感知驾驶人踩下制动踏板的力度和速度，并将信号处理之后传给电控单元，电控单元控制助力电动机的输出转矩，在机电放大机构的驱动下，推动制动主缸和制动轮缸工作，从而实现线控制动。与传统的带有真空助力器的液压制动系统相比较，iBooster 的响应速度更快，并且能够精准地控制制动压力，更符合智能汽车自动驾驶的需要。

在第1代 iBooster 产品（图 5-11）中，制动助力从制动助力电动机（直流无刷电动机）到制动主缸活塞杆齿条，经历两级蜗轮蜗杆传动过程，实现了减速增矩。

图 5-11　第 1 代 iBooster

1—制动助力电动机控制器　2—制动主缸活塞杆齿条　3—制动踏板连接杆　4—制动踏板行程（位置）传感器　5—回位弹簧　6—制动主缸　7—二级减速增矩机构的中间齿轮轴　8—制动助力电动机（直流无刷电动机）

而在第 2 代 iBooster（图 5-12）产品中，则将两级蜗轮蜗杆传动改为齿轮丝杠传动，借助齿轮－梯形丝杠机构实现减速增矩，并将制动助力电动机的旋转运动转化为制动主缸活塞杆的平行移动，进而产生制动压力。制动踏板推杆与制动主缸活塞杆之间实现了解耦，从而实现了线控制动（图 5-13）。

由于是通过直流无刷电动机产生助力作用，因此，可以通过软件对助力电动机的助力特性进行设计，使制动强度变得灵活多样，相应地，也就具有灵活多样的踏板特性（如设置舒适型踏板特性和运动型踏板特性等供驾驶人选择）。

图 5-12　第 2 代 iBooster

此外，当将 iBooster 与混合动力汽车或纯电动汽车匹配时，还有利于进行制动能量回收。一般地，可将车辆制动减速度为 $0.3g$ 作为临界值。当车辆减速度小于 $0.3g$ 时，制动系统不会介入，此时车辆的减速制动可通过车辆驱动电机的能量回收来完成。如此设计，一方面可以最大限度地增加车辆的续驶里程，另一方面也可以延长制动摩擦片的使用寿命。

iBooster 通常与车身电子稳定控制（Electronic Stability Program，ESP）系统组合使用，当 iBooster 因故障失效时，ESP 开始发挥作用。但由于 ESP 也属于电控液压系统，也可能因故障而失效，且 ESP 在设计之初只是为自动紧急制动（Autonomous Emergency Braking，AEB）之类的场景设计的，故不能作为常规制动系统使用。为此，博世公司在第 2 代 iBooster 之后，便针对 L3/L4 级自动驾驶的需求，推出了一套新的线控制动系统——集成式动力制动器（Integrated Power Braker，IPB）。IPB（图5-14）是一套与真空助力器无关的电-液解决方案，将iBooster和ESP合二为一。由于采用集成设计，IPB的质量、体积减小，复杂性大大降低，动态性能更好。

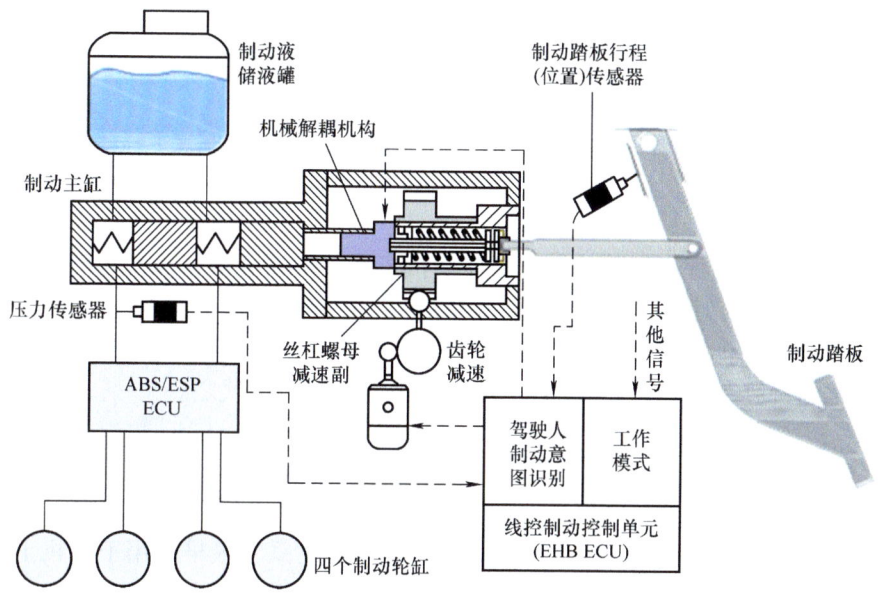

图 5-13　iBooster 的工作原理

图 5-14　博世公司的线控制动产品——集成式动力制动器（IPB）

目前，应用博世公司线控制动产品的量产车有特斯拉全系、大众全部新能源汽车、保时捷918、凯迪拉克CT6、雪佛兰的Bolt及Volt、本田CR-V、上汽荣威Ei5、比亚迪E6、蔚来ES8等。

（2）其他EHB产品　与博世iBooster相似的产品还有德国大陆集团的MK C1（图5-15）、采埃孚的集成控制式制动器（Integrated Brake Control，IBC，图5-16）等。

图 5-15　德国大陆集团的 MK C1

图 5-16　采埃孚的 IBC

现代汽车的电子化程度越来越高,新能源汽车和自动驾驶汽车的发展又进一步加快了这种趋势。由于 EHB 以液压为制动能源,液压的产生和电控化相对来说比较困难,很难与其他电控系统进行融合,而且液压系统的质量也对整车轻量化不利。因此,EHB 只能作为线控制动系统的过渡产品,未来将被电控机械式制动系统取而代之。

5.3.3　电控机械式制动系统

1. 基本组成与工作原理

电控机械式制动(Electro Mechanical Brake,EMB)系统最早应用于飞机上,如美国的 F-15 战斗机就采用了 EMB 制动技术,后来才逐渐运用到汽车(如 F1 赛车)上。

EMB 不是在传统液压制动系统上发展而来的,且与传统的制动系统有着极大的差别。EMB 完全抛弃了液压装置,用电控机械系统替代取而代之,其能源是电能,因此执行和控制机构需要重新设计。也就是说,EMB 取消了在汽车上使用 100 多年的液压制动管路,而是采用电动机直接给制动盘施加制动力,其工作原理与现在高端汽车上的电动驻车制动器极为相似。但与电动驻车制动器最大的不同是 EMB 需要能够产生足够大的制动力,且其制动特性要求高度可调,动作响应要非常迅速。

如图 5-17 所示,在 EMB 系统中,所有液压装置(包括制动主缸、制动轮缸、液压管路、真空助力器等)均被电控机械系统替代,盘式(或鼓式)制动器的调节器也被电动机驱动装置取代。EMB 系统的 ECU 通过制动器踏板传感器信号以及车速等反映行车状态的信号,驱动和控制制动执行机构的电动机来产生所需的制动力。

2. 优点

EMB 具有以下优点:

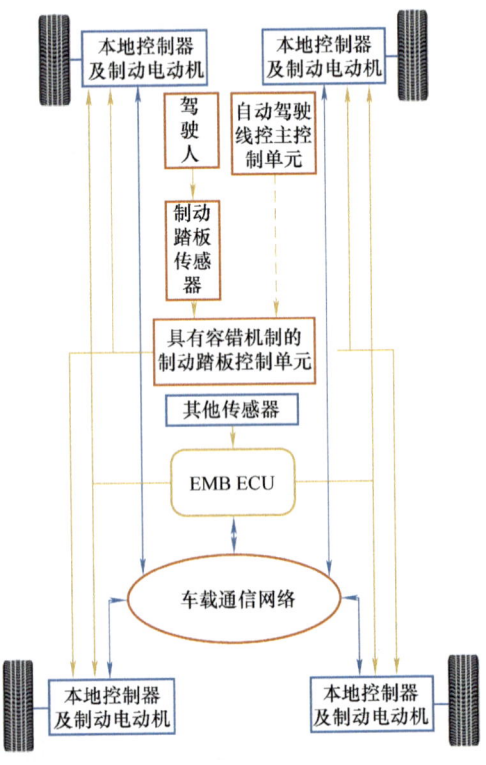

图 5-17　EMB 的工作原理与系统布局

1）执行机构和制动踏板之间无机械或液压连接，缩短了制动器的作用时间，作用时间在 100ms 以内，可有效缩短制动距离。

2）不需要真空助力器，整车布置更为灵活。

3）没有液压系统，系统质量小且环保（不存在制动液泄漏问题）。

4）在 ABS 模式下无回弹振动，可以消除噪声。

5）便于集成电子驻车制动、防抱死制动、制动力分配等附加功能。

3. 缺点

EMB 具有以下缺点：

1）无液压备用制动系统，对可靠性要求极高，包括稳定的电源系统、更高的总线通信容错能力和电子电路的抗干扰能力。

2）制动力不足，仅能适配小型乘用车，无法适配商用车。因轮毂处安装空间狭小，所以制动电动机体积不可能太大，需开发配备较高电压系统以增大电动机功率。

3）控制各个车轮的本地控制器及制动电动机均安装在轮毂内部，属于非簧载质量，加之制动电动机工作过程中的振动较大，这些对车辆的行驶平顺性和乘坐舒适性均有不利影响。

4）温度高、振动大，工作环境恶劣，严重制约 EMB 零部件的设计。EMB 制动器摩擦片及制动电动机的温度可能达到几百摄氏度，极易造成永磁电动机退磁。因受安装空间的限制，制动电动机只能采用永磁式结构，而目前性能最好的永久磁铁——钕铁硼（N35 牌号）的工作上限为 80℃，超过 310℃就会出现退磁现象（磁性消失），制动电动机即无法工作。另外，EMB 的部分电子器件需工作在制动器摩擦片附近，也无法承受几百摄氏度的高温，且因空间限制难以配置冷却系统。

有鉴于此，尽管 EMB 代表着线控制动的发展方向，但目前还处于研发阶段，尚无成熟的产品量产装车。

5.4 线控节气门技术

5.4.1 线控节气门

如图 5-18 所示，在早期生产的汽车上，驾驶人右脚操作的加速踏板与发动机进气系统节气门之间是采用机械拉杆或者拉索实现联动的。

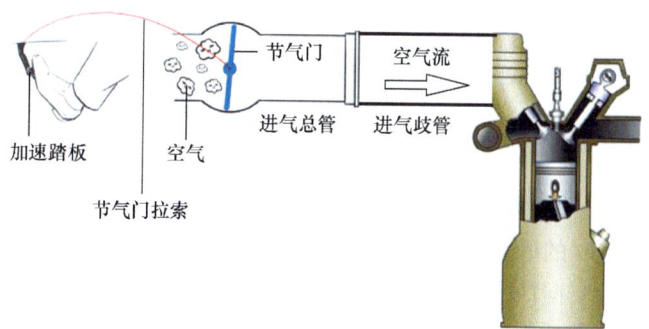

图 5-18 加速踏板与节气门之间采用拉索实现联动

节气门（Throttle）是发动机进气总管上的一个阀门，用于控制进入发动机的空气量，节气门开度越大，进入发动机的空气也就越多。相应地，发动机的转速也就越高，输出功率也就越大。

驾驶人踩下加速踏板，通过拉索使得节气门开度变大，进入发动机的空气流量增加，则供油量就会增大，发动机转速提高；反之，则转速下降。

如果用电线来代替拉索或者拉杆，在节气门侧装一个微型伺服电动机，用伺服电动机来控制节气门的开度变化，则称为线控节气门（Throttle-By-Wire）。

线控节气门的技术雏形出现较早，采用发动机后置后驱布局的大型客车（如市内公交车），由于驾驶人在车辆前部，而动力总成（发动机＋离合器＋变速器）布置在车辆后部，两者相距甚远，于是，便催生出发动机节气门、离合器和变速器换档机构的远程操作问题。受限于当时的技术条件，往往采用机械机构＋真空（或气压）控制的方案实现上述要求。此外，车速巡航控制系统（Cruise Control System，CCS）、牵引力控制系统（Traction Control System，TCS）等也属于使用较早的节气门远程控制范畴。

得益于技术进步，目前，绝大多数量产车都已经装备线控节气门系统。

5.4.2 线控节气门系统的组成与工作原理

1. 系统组成

线控节气门系统主要由加速踏板位置传感器、发动机控制单元、节气门体控制单元以及节气门伺服驱动电动机、节气门开启角度传感器等组成，如图5-19所示。对于具有自动驾驶功能的智能汽车，还有自动驾驶线控主控制单元、车载网关等相关控制器件。

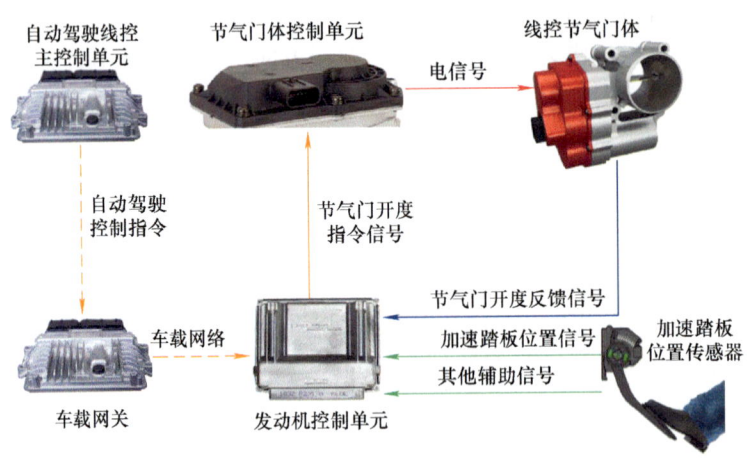

图5-19 线控节气门系统的组成

2. 工作原理

在有人驾驶模式下，驾驶人踩下加速踏板时，加速踏板位置传感器检测踏板的位置变化（即加速踏板被踩下时的偏转角度），并将其传给发动机控制单元。发动机控制单元接收加速踏板位置信号后，根据踏板偏转角度及其变化速度（偏转角度的加速度），就可以判断出驾驶人的操纵意图。然后根据既定的控制程序，向节气门体控制单元发出节气门开度指令信号。节气门体控制单元根据来自发动机控制单元的节气门开度指令信号，经运算及必要的功率放大后，驱动节气门伺服驱动电动机运转，进而控制节气门的开启角度做相应的变化，由此实现节气门的线控。

与此同时，节气门位置传感器实时监测节气门的实际开启角度，并将该信号反馈给发动机控制单元，以便及时修正。即节气门位置传感器在线控节气门系统中作为反馈信号存在，进一步提高了线控节气门系统的控制精度。

在有人驾驶模式下，线控节气门系统的信号流程如图 5-20 所示。

采用线控节气门技术之后，系统识别驾驶人的不合理操作就变得轻而易举了。当发动机控制单元识别出驾驶人的不合理操作时，会发出指令让节气门以预先设置的速度打开，而不是与驾驶人踩下加速踏板的速度同步。这样做除了能保护发动机、提高燃料经济性，还会使发动机转速的变化更滑顺滑、没有冲击和顿挫感，提高了车辆的驾乘舒适性。

在自动驾驶模式下，线控节气门系统的主令信号不再来自驾驶人，而是来自自动驾驶线控主控制单元。自动驾驶线控主控制单元通过网关以及车载网络将自动驾驶指令信号传给发动机控制单元，进而实现节气门线控和车辆的自动驾驶。

3. 主要器件

（1）加速踏板总成　如图 5-21 所示，加速踏板总成由加速踏板本体和加速踏板位置传感器两部分组成。其中，加速踏板位置传感器检测踏板的位置变化（即加速踏板被踩下时的偏转角度），并将其传给发动机控制单元，或将踏板偏转角度及角加速度分析处理之后直接转变成网络信号，上传至车载网络，供相关控制单元下载获取。

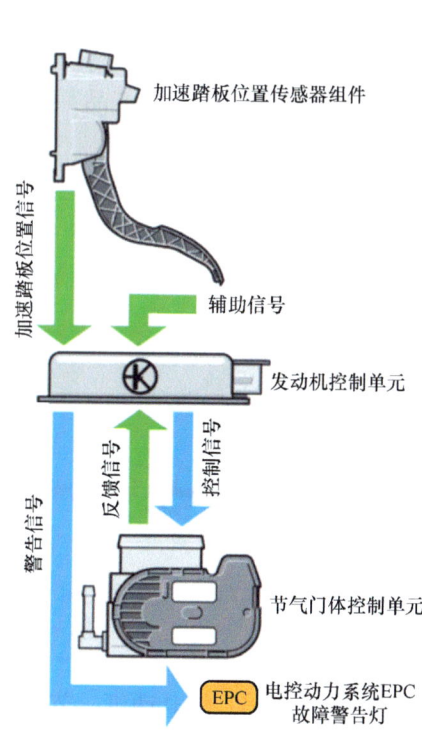

图 5-20　线控节气门系统的信号传输流程

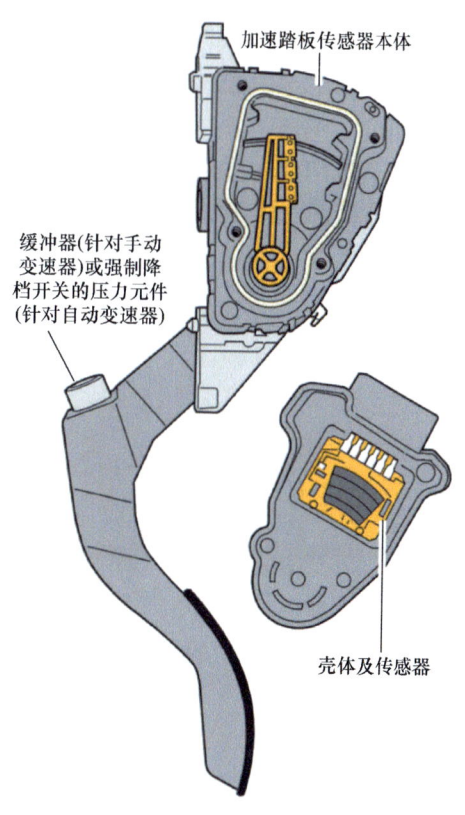

图 5-21　加速踏板总成

常用的加速踏板位置传感器有两种结构形式：一种是基于滑线变阻器原理的；另一种是基于霍尔效应原理的。

图 5-21 所示的大众车系的加速踏板位置传感器，基于滑线变阻器原理采用两个同轴偏转的滑线变阻器（互相验证）来检测加速踏板的位置变化。

如图 5-22 所示，日本丰田车系的加速踏板位置传感器基于霍尔效应原理，采用两个同轴偏转的霍尔式传感器（互相验证）来检测加速踏板的位置变化。

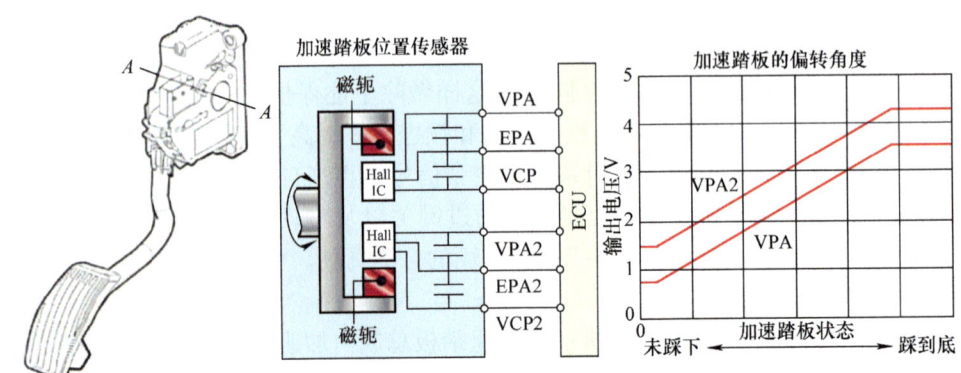

图 5-22　丰田传感器输出电压与踏板偏转角度的对应关系

A—A—加速踏板轴线　　Hall IC—霍尔式传感器集成电路器件
VCP、EPA 和 VPA—分别为第 1 个加速踏板位置传感器的电源端、搭铁端和电压信号输出端
VCP2、EPA2 和 VPA2—分别为第 2 个加速踏板位置传感器的电源端、搭铁端和电压信号输出端

（2）线控节气门体　如图 5-23 所示，线控节气门体一般由进气管本体、节气门、节气门开启角度传感器、节气门伺服驱动电动机及减速增矩机构组成。近年来，将节气门体控制单元与节气门体一体化安装的趋势越发明显，大多数厂商的线控节气门产品都实现了控制器与执行器的一体化安装，进一步减小了体积，丰富了控制功能。

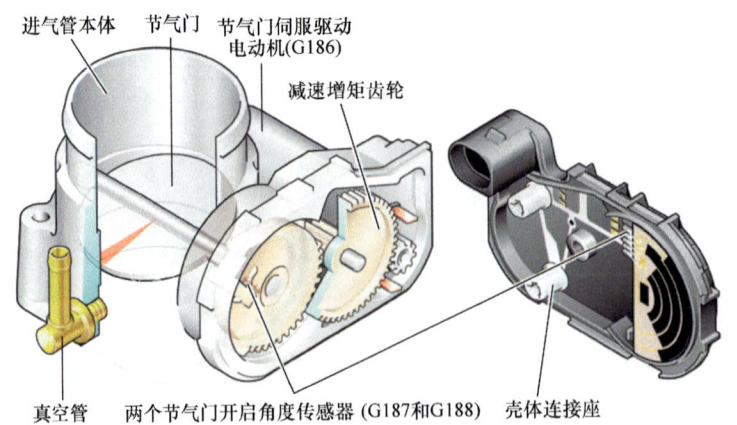

图 5-23　线控节气门体

节气门伺服驱动电动机多采用直流无刷电动机，也可以采用步进电动机。节气门开启角度传感器的结构形式、工作原理与加速踏板位置传感器相似，既有采用基于滑线变阻器原理的，也有采用基于霍尔效应原理的。

图 5-23 所示的大众车系的线控节气门体装备了两个同轴偏转的基于滑线变阻器原理的节气门开启角度传感器（互相验证），以此来检测节气门开启角度变化。

两个传感器 G187 和 G188 的阻值 - 节气门开启角度关系曲线如图 5-24 所示。

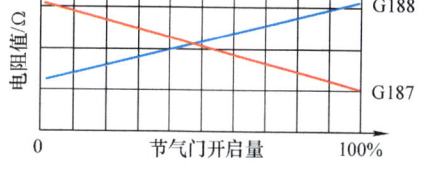

图 5-24　传感器 G187 和 G188 的阻值 - 节气门开启角度关系曲线

5.4.3　线控节气门的特点

1. 优点

1) 舒适性和经济性好。线控节气门可根据驾驶人踩下踏板的动作幅度判断驾驶人的操作意图，综合工况精确合理地控制节气门开度，以实现不同负荷和工况下发动机的空燃比都能接近于最佳理论状态，使燃油经济性和驾乘舒适性同时达到最佳状态。

2) 稳定性高且不易熄火。线控节气门系统在收到加速踏板信号后会进行分析判断，然后再给节气门执行单元发送合适指令保证发动机稳定运转。

2. 缺点

1) 工作原理相对较为复杂，成本提高。

2) 有延迟效应，没有机械直接驱动式节气门控制系统反应快。在装有线控节气门系统的汽车中，驾驶人不能直接控制节气门开度，也就无法直接控制发动机输出功率的大小，而是经由 ECU 分析给出汽车舒适性较好、燃料经济性较好的节气门控制指令，所以相对于直接控制式的节气门会有稍许延迟感。

3) 可靠性不如机械控制式的节气门驱动机构好。

5.4.4　纯电动汽车的加速踏板与车速控制

前面述及的线控节气门技术，是指传统的燃油汽车和混合动力汽车而言的。纯电动汽车线控节气门技术在实现手段上与传统的燃油汽车和混合动力汽车并无本质区别，但在控制对象和使用功能上，纯电动汽车线控节气门技术有其自身独有的特点，有必要单独予以介绍。

1. 加速踏板

如图 5-25 所示，纯电动汽车以电机为动力源，车上并无传统的内燃机，因此，也就不存在内燃机的节气门。对于纯电动汽车而言，驾驶人对车速的控制，是通过加速踏板来实现的。

故此，对于纯电动汽车"线控节气门"技术，应该称之为"线控加速踏板"（Accelerator Pedal-By-Wire）才更贴切一些。

但即便是"线控加速踏板"这一称谓，也是不准确的。这是因为，作为检测驾驶人操作意图的加速踏板总成（含加速踏板位置传感器），在纯电动汽车车速控制系统中，是作为主令传感器存在的，本身并非执行器件。换言之，加速踏板的输出信号是反映驾驶人操作意图的主令信号，并非受控器件，因此也就不能称为"线控加速踏板"。由此看来，"线控加速踏板"这一称谓只是一个广为流传的错误叫法罢了。

2. 纯电动汽车的常规车速控制

纯电动汽车的常规车速控制与传统燃油车的车速控制基本相同，并无显著区别。

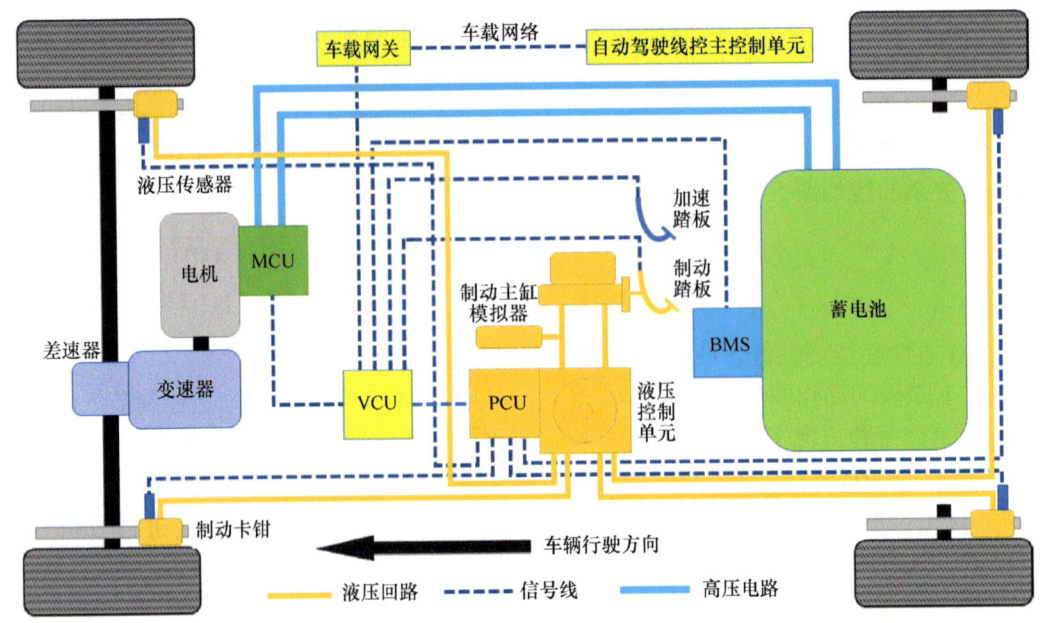

图 5-25 纯电动汽车的车速控制框图

MCU—电机控制单元（Motor Control Unit） VCU—整车控制单元（Vehicle Control Unit）
PCU—压力控制单元（Pressure Control Unit） BMS—动力蓄电池管理系统（Battery Management System）

如图 5-25 所示，在有人驾驶模式下，驾驶人踩下加速踏板，则加速踏板位置传感器检测踏板被踩下的偏转角及角加速度，分析驾驶人的操作意图，并将该信息传给整车控制单元（Vehicle Control Unit，VCU）。VCU 根据既定的控制程序，给电机控制单元（Motor Control Unit，MCU）发出指令信号，控制电机转速变化。驾驶人将加速踏板踩得越深、踩得越快，则电机转速越高、电机转速提升也越快——在不考虑变速器换档的情况下，这一控制过程与传统的燃油车完全一样。

当需要车辆匀速行驶时，驾驶人只要稳住加速踏板（即使加速踏板被踩下的幅度保持不变），则电机控制单元 MCU 根据当前行车阻力自动调整电机转速和输出转矩、确保车辆以当前的速度匀速行驶——这一控制过程与传统的燃油车完全一样。

当需要车辆减速时，驾驶人右脚松开加速踏板，踏板在回位弹簧的作用下自动回位，电机转速逐渐下降，车速也随之逐渐下降。

简而言之，对于纯电动汽车的常规车速控制方案而言，踩下加速踏板，电机加速，车速升高；稳住加速踏板，电机动态调速，车速保持稳定；松开加速踏板，电机减速乃至停转，车速平缓下降（类似滑行）；需要紧急制动时，只需松开加速踏板、迅速踩下制动踏板即可。

3. 纯电动汽车的"单踏板"车速控制

前已述及，纯电动汽车以电机为动力源，车上并无传统的内燃机。由电机学原理可知，对于一台具体的电机，在不同运行状态下，既可以作为电动机使用，也可以作为发电机使用。换言之，电机有两种不同的工况——电动机工况和发电机工况。相应地，以电机为动力源的纯电动汽车具有正常行驶和再生制动两种行驶模式。

（1）正常行驶模式 如图 5-26 所示，在正常行驶模式下，驾驶人踩下加速踏板，整车控制单元（VCU）给电机控制单元（MCU）发出指令信号，使来自动力蓄电池的直流电经电机控制单元处理、变换后提供给电机；电机得电运转，其转子输出转矩经过驱动桥减速增矩之后驱动车轮旋转、汽车行驶。此时，电机处于电动机工况。

（2）再生制动模式 如图5-26所示，在正常行驶过程中，如果需要车辆减速，则驾驶人松开加速踏板，整车控制单元（VCU）给电机控制单元（MCU）发出指令信号，切换电机的控制电路，使电机转入发电机工况运行。

此时由于惯性，车速仍然较高，车轮经驱动桥反向驱动电机转子旋转，系

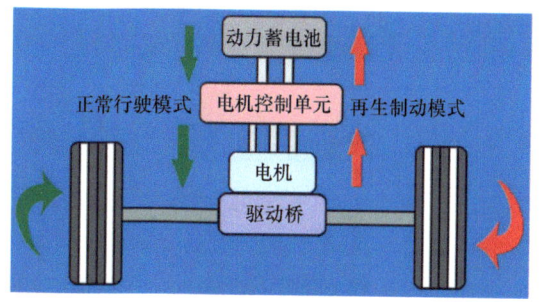

图5-26 纯电动汽车的正常行驶模式与再生制动模式

统变成了以车辆动能为能源，驱动处于发电机工况的电机发电。该电量可经相关电路进行处理后给动力蓄电池充电、以增加动力蓄电池的电力储备。这一过程称为再生制动过程，这一减速制动模式称为再生制动模式。

再生制动（Regenerative Brake）也称反馈制动，是指在制动工况下将电动机切换成发电机运转，利用车辆的惯性带动电动机转子旋转而产生反转力矩，将一部分的动能（或势能）转化为电能并加以储存或利用的过程。因此，再生制动过程既是一个制动过程，又是一个能量回收过程。

通过控制程序精准地控制再生制动过程，既可以做到车辆显著降速，又可以回收制动能量，增加车辆的续驶里程。

（3）"单踏板"车速控制 基于上述分析，在纯电动汽车上，仅利用一个加速踏板检测驾驶人的意图，再配以精准的控制程序，就可以实现对车速的控制——驾驶人踩下加速踏板，车辆加速行驶；驾驶人稳住加速踏板，车辆匀速行驶；驾驶人松开加速踏板，车辆减速行驶。这一车速控制方式，称为"单踏板"车速控制（图5-27）。

在"单踏板"车速控制方案中，踏板行程变化与电机动力变化的关系如图5-28所示。

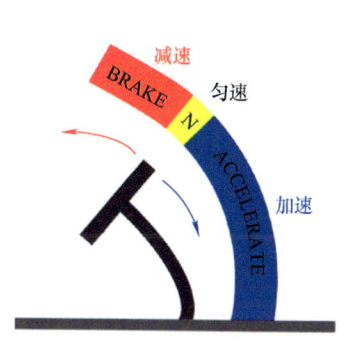

图5-27 "单踏板"车速控制

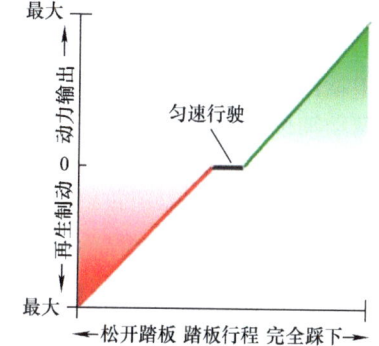

图5-28 踏板行程变化与电机动力变化的关系

需要指出的是，"单踏板"车速控制方案中，驾驶人松开加速踏板，车辆减速行驶乃至停车，仅适用于有前瞻性的车辆减速控制。对于特别急切的制动需求，驾驶人仍然需要踩下制动踏板，利用车辆的行车制动器完成紧急制动。

全球第一个装备单踏板车速控制功能的量产车型是日产（Nissan）公司的纯电动车聆风（LEAF），日产公司称其为电子踏板（e-Pedal），如图5-29所示。

图5-29　日产聆风（LEAF）纯电动车的电子踏板（e-Pedal）

驾驶人只需按下电子踏板（e-Pedal）选择按键（图5-30），加速踏板就会变成电子踏板，从而在根本上改变驾驶特性。

e-Pedal驾驶模式允许驾驶人仅用加速踏板就能够实现车辆的加速、恒速、制动乃至停止。驾驶人将脚从踏板上移开的速度越快，减速制动过程就越强烈。因此，在具有前瞻性的车速控制中，仅仅使用e-Pedal而不踩下制动踏板，也能使车辆可靠停止，甚至能够实现车辆驻坡以及驻坡再起步。在车辆减速的同时，制动信号灯会自动点亮，以提醒后面车辆本车正在减速制动，以避免追尾事故的发生。

图5-30　日产聆风（LEAF）纯电动车的电子踏板（e-Pedal）选择按键

e-Pedal可以满足日常驾驶中90%以上的车速控制需求，但对于特别急切的制动需求，驾驶人仍然需要踩下制动踏板，利用车辆的制动器完成紧急制动。因此，从这个意义上说，采用"单踏板"车速控制方案后，电子踏板变成了车速控制的"主踏板"，而制动踏板退化成为"制动辅助踏板"。

"单踏板"车速控制方案的优点是可以充分利用再生制动功能回收制动能量，有效增加车辆的续驶里程。同时，可以降低驾驶人的劳动强度，避免在常规加减速工况中频繁切换操作踏板，提高了驾驶舒适性。

此外，由于制动踏板的使用频率显著降低，使得制动系统的制动盘、摩擦片的使用寿命得以延长，维护保养费用大大降低。

但是，"单踏板"车速控制方案的缺点也是显而易见的。在传统汽车上，加速踏板用于车辆加速，制动踏板用于车辆减速制动，驾驶人在行车过程中，右脚在两个踏板上切换自如，早已形成肌肉记忆。而"单踏板"作为一种新型操作模式，集成了加速踏板和制动踏板的功能，改变了传统的驾驶方式，驾驶人在短时间内很难适应这种新的操作模式。

此外，在利用"单踏板"功能实施减速时，由于再生制动的介入，驾驶人会有明显的车辆被拖拽的感觉。再生制动、能量回收的强度越高，这种拖拽感越强，驾驶人会感觉很不适应。为此，绝大多数车辆均设有"单踏板"驾驶模式选择按键（如图5-30和图5-31所示），并允许驾驶人选择自己感觉合适的再生制动、能量回收强度。驾驶人如果不喜欢或者对单踏板感觉不适应，只需关掉"单踏板"驾驶模式即可恢复传统的驾驶方式。

在业界，唯有特斯拉汽车公司一直在采用"单踏板"驾驶模式，并将其再生制动、能量回收强度设置为最强，且驾驶人无法关掉这一功能，只能被迫适应特斯拉的"单踏板"驾驶模式。

图5-31　2022款雪佛兰Bolt EUV的"单踏板"驾驶模式按键

5.5　线控换档与线控悬架技术

5.5.1　线控换档技术

1. 基本组成与工作原理

线控换档（Shift-By-Wire）也称电子换档，是一种摒弃了复杂的机械结构，仅通过电控信号来实现传动机构（变速器）档位变化的操纵系统。

如图5-32所示，同其他线控技术一样，线控换档也是通过CAN总线实现与整车的通信，通过LIN总线实现背光灯随档位升高而提高亮度、面板按键照明等各种功能。

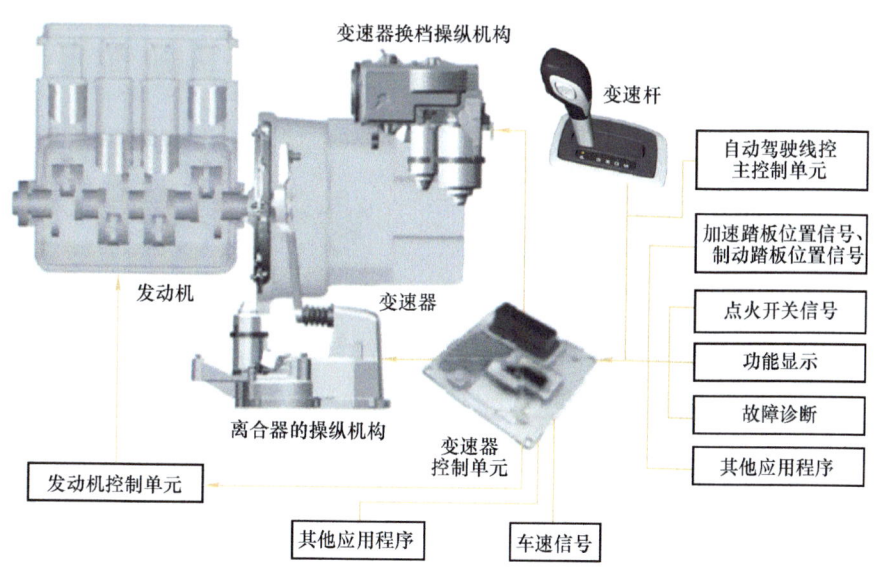

图5-32　线控换档框图

档位请求信号、车速信号、车门信号等各种元件的信号都会发送到CAN总线上，变速器控制单元（Transmission Control Unit，TCU）从CAN总线上接收自己需要的信号并进行分析，根据控制策略决定是否执行换档请求信号，并将实际档位信号发送给电子仪表，以便显示当前的变速器档位。

线控换档主要由变速杆（及其位置传感器）控制单元、变速器控制单元TCU、机电式离合器操纵机构和机电式变速器换档操纵机构组成。

在有人驾驶模式下，当驾驶人将变速杆置于D档（前进档）或R档（倒档）时，换档杆传感器就会将档位请求信号传送到TCU。同时，TCU会根据汽车上的其他信号（如发动机转速、车速、节气门开度以及安全带是否系上、车门开关信号等）进行分析，根据控制程序判断是否执行换档请求。

如果确认没有任何问题，TCU会发出指令，给变速器中离合器操纵机构、换档操纵机构的相应的电磁阀通电或断电，来控制各种液压控制阀的通断，从而实现档位的切换，并将当前的实际档位发送给仪表以便显示当前的变速器档位。同时，传感器从CAN总线上接收TCU发出的反馈档位信号，再通过LIN总线点亮副仪表板上的档位指示灯。

如果分析到有错误操作的存在，如在高速行驶中驾驶人突然挂入R档（倒档），会被TCU认为是错误信号，这种情况下TCU就不会给变速器发出换入R档的指令。

在自动驾驶模式下，变速器的换档指令信号来自自动驾驶主控制单元。除此之外，变速器的换档执行过程与有人驾驶模式并无区别。线控换档属于非常成熟的技术，目前装车率很高。

2. 常用的变速杆结构形式

由于线控换档取消了笨重的机械装置，布置较为灵活，各大主机厂推出了各式各样的、科技感十足的线控换档方式，大致分为以下四种。

（1）按键式　按键式线控换档方式如图5-33所示，代表车型有林肯Z、本田冠道等。

（2）旋钮式　旋钮式线控换档方式如图5-34所示，代表车型是长安福特金牛座、长安福特新蒙迪欧、长安奔奔、北汽EV200、北汽EC180等。

图5-33　按键式线控换档

图5-34　旋钮式线控换档

（3）怀档式　怀档式线控换档方式如图5-35所示，其变速杆在转向柱或转向盘上，处于驾驶人的怀抱之中，故名怀档式。采用怀档式线控换档方式的代表车型是宝马7系（E65/E66）和奔驰S级等。

（4）档杆式　档杆式线控换档方式如图5-36所示，代表车型有奥迪A8L、宝马5系、领克全系。

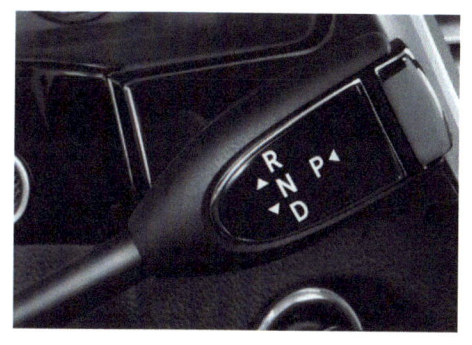

图 5-35 怀档式线控换档

图 5-36 档杆式线控换档（2009 款宝马 750i）

5.5.2 线控悬架技术

线控悬架（Suspension-By-Wire）是一种带有动力源的悬架，可根据汽车载荷、路面状况、行驶速度、起步、制动、转向等行车状态的变化，自动调整悬架的刚度、阻尼力及车身高度。

通常将用于提高平顺性的控制称为路面感应控制，而将用于提高稳定性的控制称为车身姿态控制。另外，车身高度也是线控悬架系统的重要控制项目之一。

1. 线控悬架的基本工作原理

当汽车在路面行驶时，传感器将汽车行驶的路面情况（汽车的振动）和车速及起步、加速、转向、制动等工况转变为电信号，输送给电子控制单元，电子控制单元将传感器输入的电信号进行综合处理，输出对悬架的刚度、阻尼及车身高度进行调节的控制信号。

典型线控空气悬架的工作原理如图 5-37 所示。

2. 线控悬架的典型产品

雷克萨斯 LS400 乘用车线控空气悬架系统的总体布置情况如图 5-38 所示。

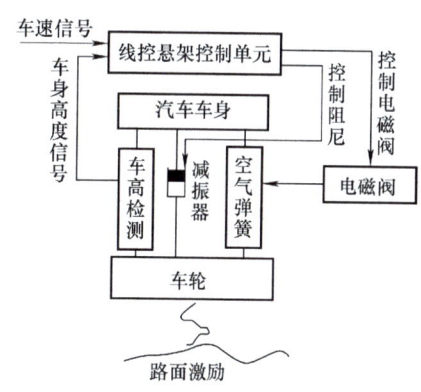

图 5-37 线控空气悬架的工作原理

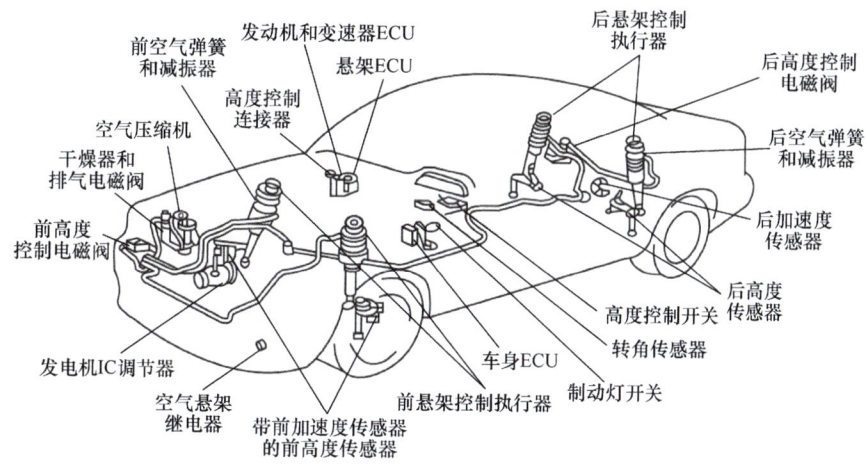

图 5-38 雷克萨斯 LS400 乘用车线控空气悬架系统的总体布置

线控空气悬架中储有起弹簧作用的压缩空气，弹簧刚度和汽车高度可根据驾驶条件自动控制。减振器的阻尼力也由电子控制系统进行控制，以抑制车辆侧倾、俯仰等姿态变化，提高车辆的乘坐舒适性和操纵稳定性。

线控空气悬架目前在高档乘用车中应用较多，技术也很成熟。由于线控悬架技术与自动驾驶功能关系不大，故本书不做深入讨论。

在智能（自动驾驶）汽车技术体系中，线控换档与线控悬架技术最为成熟，线控加速踏板技术在电动汽车中广泛应用，而与行车安全息息相关的线控转向和线控制动技术是近年来研究的热点和难点。

5.6 车辆运动控制

车辆运动控制（Vehicle Motion Control，VMC）业界习惯称之为底盘控制。VMC控制单元作为整个线控底盘系统的协调者，一方面承接了与ADAS的交互，另一方面建立了线控底盘各个子系统之间的联系，使各子系统能够产生交互作用。

VMC控制单元作为线控底盘的控制核心，承载着底盘的安全性、动态性能、舒适性等底盘核心指标，代表着线控底盘技术的发展水平。

5.6.1 车辆纵向运动控制

智能汽车自动驾驶技术的核心就是车辆运动控制。按照具体的控制方向不同，又可细分为纵向运动控制和横向运动控制。

纵向运动控制主要是控制车辆的驱动和制动。如图5-39所示，车辆的纵向运动控制主要是车辆行驶速度和车辆距障碍物的距离控制。巡航控制和紧急制动控制是车辆的纵向运动控制的核心内容，主要的控制参数包括车辆的位置变化、速度变化以及加速度的变化，具体的控制项目包括发动机和（或）电机、线控传动（线控换档）和线控制动等。

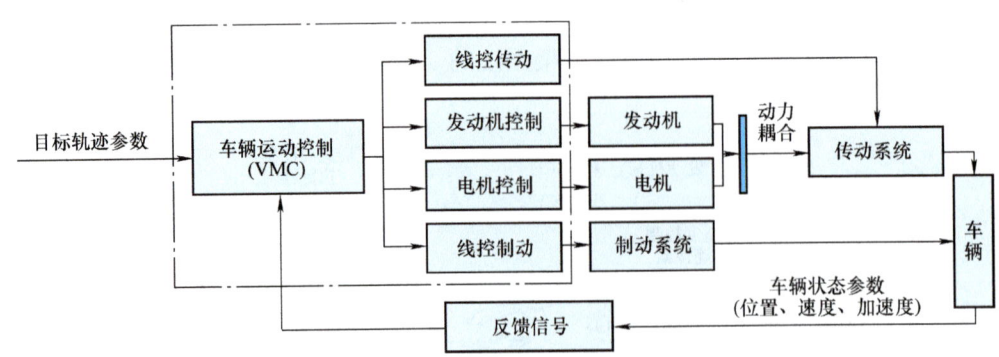

图 5-39 纵向运动控制的功能框图

5.6.2 车辆横向运动控制

横向运动控制主要是转向盘转角的动态调节和抗侧倾控制，其控制功能框图如图5-40所示。横向运动控制的主要目标是确保车辆自动保持系统设定的目标轨迹行驶，并在不同工况下具有良好的乘坐舒适性和操纵稳定性。

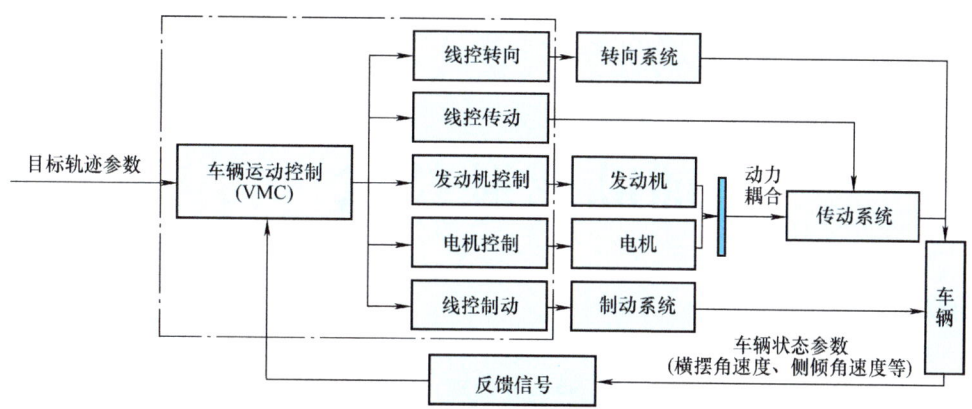

图 5-40 横向运动控制的功能框图

对比图 5-39 和图 5-40 可知，横向运动控制既涵盖了纵向运动控制的控制项目，又有自身特有的控制项目。横向运动控制比纵向运动控制更加复杂，实现了车辆的纵向运动控制和横向运动控制，就可以根据设定目标和约束条件实现车辆的自动驾驶。

实现纵向运动控制和横向运动控制的耦合，是实现车辆运动控制，进而实现自动驾驶的关键。

思考与实训

1. 选择题

1）智能汽车自动驾驶技术的核心就是车辆运动控制。按照具体的控制方向不同，又可细分为（　　）和（　　）。

A. 横向运动控制　　B. 加速控制　　C. 纵向运动控制　　D. 减速控制

2）智能汽车的纵向运动控制主要是控制车辆的（　　）和制动；横向运动控制主要是转向盘（　　）的动态调节和（　　）控制。

A. 转角　　B. 驱动　　C. 抗侧倾　　D. 抗颠簸

2. 问答题

1）简述线控转向系统的基本构成和工作原理。

2）简述线控制动系统的基本构成和工作原理。

3. 实操题

在实训场地试驾具有"单踏板"车速控制功能的教学车辆（或去当地汽车 4S 店预约试驾），感受和体会"单踏板"车速控制方案的独特之处。

第 6 章

辅助驾驶技术

【学习目标】
- 熟悉先进驾驶辅助系统的基本功能。
- 掌握先进驾驶辅助系统的组成和工作原理。
- 了解先进驾驶辅助系统的发展趋势。

6.1 先进驾驶辅助系统

在智能汽车技术领域，辅助驾驶技术也称驾驶辅助技术，旨在辅助驾驶人驾驶汽车，确保行车安全。辅助驾驶技术是自动驾驶技术的基础阶段，自动驾驶技术是辅助驾驶技术高阶体现。

目前，业界将功能丰富且较为成熟的辅助驾驶系统称为先进驾驶辅助系统。

6.1.1 基本功能

先进驾驶辅助系统（Advanced Driver Assistance Systems，ADAS）是一种利用安装在车上的各种传感器，在第一时间收集车内外环境数据，进行静、动态物体的辨识、探测与追踪等技术上的处理，从而能够让驾驶人在最短的时间内察觉到可能发生的危险，以引起注意并提高安全性的主动安全技术。

ADAS 采用的传感器主要有摄像头、毫米波雷达、激光雷达、超声波传感器等，可以探测光、热、压力或其他用于反映汽车状态的变量，通常位于车辆的前后保险杠、车外后视镜以及前后风窗玻璃上。

早期的 ADAS 主要以被动式报警为主，当车辆检测到潜在危险时，会发出声光警报以提醒驾驶人注意异常的车辆或道路情况。对于最新的 ADAS 来说，主动式干预也很常见。

ADAS 的基本功能包括前向碰撞预警、自动紧急制动、车道偏离预警、车道保持辅助、自适应巡航控制和智能泊车辅助等。

ADAS 采用了大量的摄像头、激光雷达和超声波传感器等设备（图 6-1），整个系统需要传输的实时数据也是海量的。

奥迪 A8 是第一款实现 L3 级自动驾驶的汽车（图 2-3），拥有多个第一，包括第一个使用激光雷达，第一个使用域控制器，第一个使用车载以太网做骨干网的运算架构等。奥迪 A8 的 ADAS 功能也更加丰富。

6.1.2 拓展功能

目前，ADAS 发展很快，在前向碰撞预警、自动紧急制动、车道偏离预警、车道保持辅助、自适应巡航控制和智能泊车辅助等基本功能的基础上,又开发出很多拓展功能。

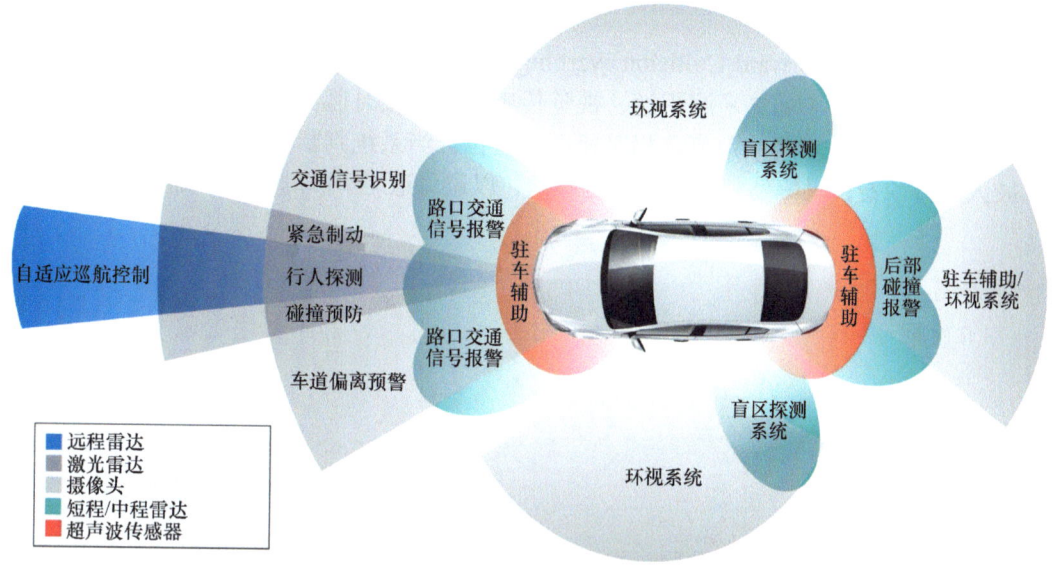

图 6-1　ADAS 系统采用了大量的摄像头、激光雷达和超声波传感器等设备

从广义上讲,导航与实时交通系统(Traffic Message Channel,TMC)、电子警察系统(Intelligent Speed Adaptation 或 Intelligent Speed Advice,ISA)、车联网(Vehicular Communication Systems)、夜视系统(Night Vision System,图 6-2)、自适应灯光控制(Adaptive Light Control)、行人保护系统(Pedestrian Protection System)、交通标志识别(Traffic Sign Recognition)、盲点探测(Blind Spot Detection)、驾驶人疲劳探测(Driver Drowsiness Detection)、下坡控制系统(Hill Descent Control)和电动汽车报警(Electric Vehicle Warning Sounds)系统等,均属于先进驾驶辅助系统的拓展功能。

图 6-2　夜视系统

6.2 前向碰撞预警系统

6.2.1 前向碰撞预警系统的作用

前向碰撞预警（Forward Collision Warning，FCW）系统（图6-3、图6-4和图6-5）主要是利用车载传感器（如毫米波雷达、视觉传感器等）实时监测前方车辆或行人，判断自车与前车（或行人）之间的距离、相对速度及方位，当系统判断存在潜在危险时，将对自车驾驶人进行预警，提醒驾驶人进行减速制动，以避免追尾事故的发生，确保行车安全。

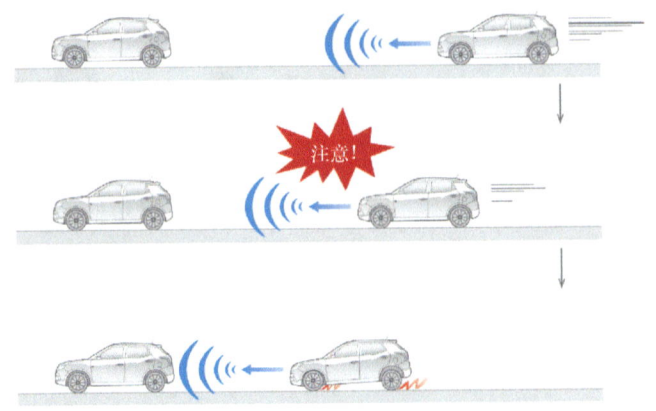

图6-3　前向碰撞预警系统（毫米波雷达检测车距）

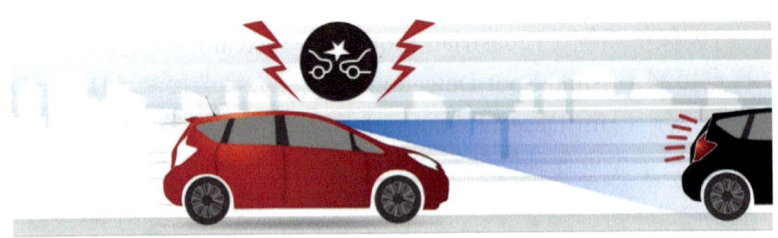

图6-4　前向碰撞预警系统（视觉传感器检测前车制动灯）

图6-5　前向碰撞预警系统（视觉传感器检测行人）

还可利用V2X通信技术及时在车辆之间交换和及时获取周围环境路况和车辆信息（图6-6），通过碰撞预警算法判断是否存在碰撞危险，并根据危险级别提前报警，从而使自车驾驶人及时采取规避措施，确保道路交通安全。

FCW 使用前置视觉传感器和毫米波雷达来监控前方的交通状况。如果前方车辆突然减速制动或两车相距过近，或检测到前方有行人，FCW 系统会发出声音和视觉预警信号（图 6-7 和图 6-8），以提示自车驾驶人实施减速制动。"制动（BRAKE）"一词将在多信息显示屏中闪烁，或在仪表板上闪烁前向碰撞报警灯，同时发出急促的报警铃声，以提醒驾驶人。为避免不必要的预警（即不报假警，不给驾驶人添乱），FCW 系统在本车车速低于 15km/h 时不会起作用。

图 6-6　利用 V2X 通信技术提前获取前车制动信息

图 6-7　FCW 系统发出声音和视觉预警信号

图 6-8　FCW 系统发出声音预警信号

6.2.2　前向碰撞预警系统的组成

前向碰撞预警系统由信息采集单元、电子控制单元和人机交互单元组成，如图 6-9 所示。

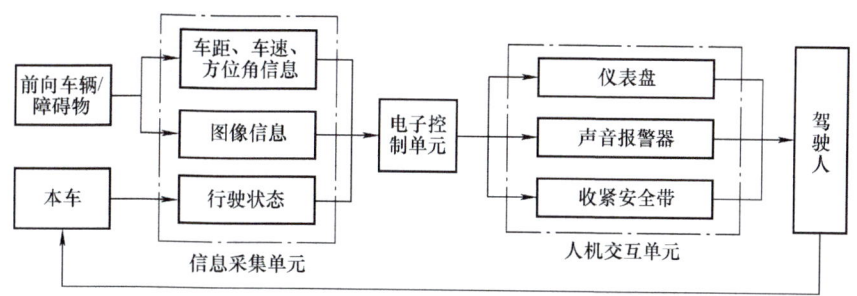

图 6-9　前向碰撞预警系统的组成

1. 信息采集单元

信息采集单元主要利用毫米波雷达采集前方车辆或障碍物的车距、车速和方位角信息；利用视觉传感器采集前方车辆或障碍物的图像信息（如识别前方车辆的制动信号灯亮起）；利用自车的车速传感器和加速度传感器采集自车的行车速度和加速度等信息。

2. 电子控制单元

电子控制单元主要对前方车辆或障碍物的图像信息和车速、车距等信息进行融合，确定障碍物的类型和距离，并结合自车行驶状态信息，采用相应的决策算法评估是否存在发生追尾撞车的风险。若存在发生追尾撞车的风险，则向人机交互单元发出预警指令。

3. 人机交互单元

人机交互单元主要接收来自电子控制单元的预警指令，根据预警程度或预警级别的定义，发布相应的预警信息，如在仪表板或抬头显示区域显示预警信息，或闪烁预警图标、发出预警声响，或收紧安全带等，提醒驾驶人及时采取措施进行规避。

驾驶人收到预警信息后，即对自车采取制动措施，以避免追尾事故的发生。若前后两车车距拉大，碰撞风险消失，则前向碰撞预警信息自行解除，恢复正常行车。

6.2.3 前向碰撞预警系统的原理

如图 6-10 所示，前向碰撞预警系统通过分析传感器获取的前方道路信息对前方车辆进行识别和跟踪，如果有车辆被识别出来，则对前方车距进行测量；同时利用车速估计，根据安全车距预警模型判断追尾可能，一旦存在追尾危险，便根据预警规则及时向自车驾驶人主动预警。

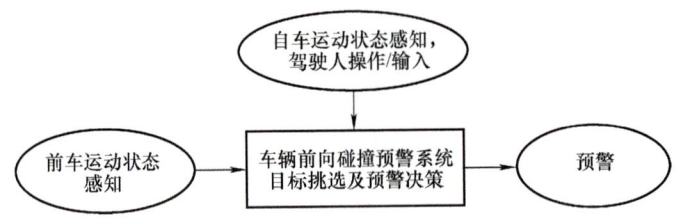

图 6-10 前向碰撞预警系统的原理

6.3 自动紧急制动系统

6.3.1 自动紧急制动系统的作用

自动紧急制动（Autonomous Emergency Braking，AEB）系统（图 6-11）是基于环境感知传感器（如毫米波雷达或视觉传感器）感知前方可能与车辆、行人或其他交通参与者发生碰撞风险，并通过系统自动触发执行机构来实施紧急制动，以避免碰撞或减轻碰撞程度的先进驾驶辅助系统。

图 6-11 自动紧急制动系统

自动紧急制动系统是建立在前向碰撞预警系统的基础上的。如果自车与前车车距过近，经预警后驾驶人未采取减速制动措施，或减速制动措施的强度不够，依然存在发生追尾撞车的危险，则自动紧急制动系统开始工作，车辆的制动系统自动实施制动措施，以避免发生追尾碰撞或尽可能地减轻碰撞程度。

装备自动紧急制动系统的汽车，相当于随车配备了一个驾驶教练员，在关键时刻能替驾驶人及时果断地采取制动措施。

6.3.2 自动紧急制动系统的组成

自动紧急制动系统主要由行车环境信息采集单元、电子控制单元和执行单元三部分组成，如图6-12所示。

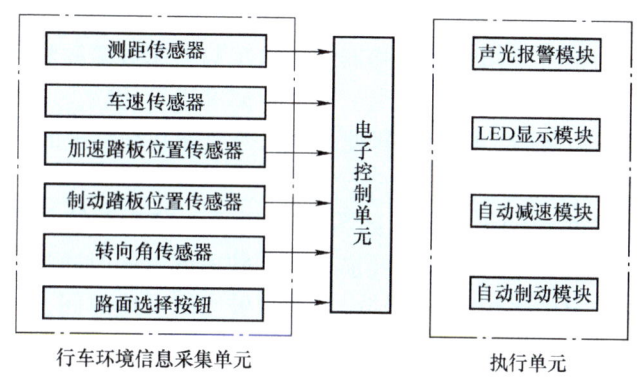

图6-12 自动紧急制动系统的组成

1. 行车环境信息采集单元

行车环境信息采集单元主要由测距传感器、车速传感器、加速踏板位置传感器、制动踏板位置传感器、转向角传感器以及路面选择按钮等组成。

测距传感器用于检测自车与前车（前方目标车辆）的相对距离和相对速度。目前，自动紧急制动系统多采用毫米波雷达、视觉传感器以及两者的融合来实现车距的检测。

车速传感器用于检测自车的行车速度，加速踏板位置传感器用于检测自车驾驶人在收到系统预警信息后是否及时松开了加速踏板，对自车实施减速操作。

制动踏板位置传感器用于检测自车驾驶人是否及时踩下了制动踏板，对自车实施制动操作。

转向角传感器用于检测车辆当前是否正处于弯道行驶或正处于超车状态，系统以此来判断是否需要进行预警抑制。

路面选择按钮用于驾驶人选择路面状况信息，以便于自动紧急制动系统对预警距离进行计算。需要采集的具体信息因系统的不同而异，但所有采集到的信息均会被送到电子控制单元。

2. 电子控制单元

电子控制单元接收到行车环境信息采集单元的检测信号后，综合收集到的数据信息，依照一定的算法程序对车辆行驶状况进行计算分析，判断车辆所适用的预警状态模型，并对执行单元发出相应的控制指令。

3. 执行单元

执行单元可由多个模块组成，如声光报警模块、LED 显示模块、自动减速模块和自动制动模块等，具体组成因系统的不同而异。执行单元用于接收来自电子控制单元的控制指令，并执行相应的控制动作，达到预期的预警效果，实现相应的车辆制动、避撞功能。

当系统检测到有追尾碰撞危险时，首先以声光报警的方式对驾驶人进行预警，提醒驾驶人及时减速或实施制动；当系统发出预警信息之后，若驾驶人未能及时松开加速踏板，则系统会发出自动减速的控制指令；在自车实施自动减速措施之后，若系统检测到仍然存在与汽车发生追尾碰撞危险时，则系统开始对自车实施强制制动，力求避免追尾事故的发生。

6.3.3 自动紧急制动系统的原理

汽车自动紧急制动系统采用测距传感器测出自车与前车或障碍物之间的距离，然后利用电子控制单元将测出的距离与报警距离、安全距离等进行比较，小于报警距离时就进行报警提示，而小于安全距离时，即使在驾驶人没来得及踩制动踏板的情况下，AEB 系统也会自行启动，使汽车自动制动，确保行车安全。

汽车自动紧急制动系统的工作过程如图 6-13 所示。AEB 系统从传感器检测到前方车辆开始，持续监测自车与前车的距离以及前车的行驶速度，同时通过车载网络系统获知自车的行驶速度，依据一定的决策算法，结合一般驾驶人的反应时间，判断当前形势并做出合适的应对措施。

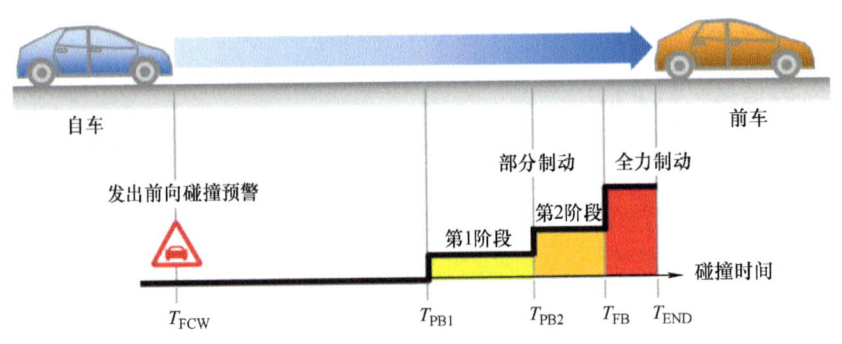

图 6-13 自动紧急制动系统的工作过程

如图 6-13 所示，自动紧急制动系统在 T_{FCW} 时刻发出前向碰撞预警信息，提醒驾驶人采取措施、控制车速。但可能由于驾驶人疏忽、走神，直到 T_{PB1} 时刻驾驶人仍未采取减速措施，此时，为避免发生追尾事故，AEB 系统果断采取自动制动措施，对车辆实施减速控制。

AEB 系统采取的减速控制分为部分制动和全力制动两个部分。其中，部分制动又分为两个阶段。从 T_{PB1} 时刻到 T_{PB2} 时刻这段时间里，由于前后两车车距尚远，为确保乘坐舒适性，AEB 系统主动控制自车的制动系统工作，但制动强度较低，以求在避免追尾事故的同时，保证自车具有良好的乘坐舒适性，此为部分制动的第 1 阶段。

在经过第 1 阶段的部分制动后，若前后两车仍在不断接近，依然存在追尾碰撞的风险时，则 AEB 系统从 T_{PB2} 时刻到 T_{FB} 时刻这段时间里，转入部分制动的第 2 阶段，制动强度有所提高，但仍然希望既能保证不发生碰撞，又能保持较好的乘坐舒适性。

在经过第 2 阶段的部分制动后,若前后两车仍在不断接近,追尾碰撞已经迫在眉睫时,则 AEB 系统从 T_{FB} 时刻到 T_{END} 时刻这段时间里,转入全力制动,制动强度达到最高,以求避免发生追尾事故。在全力制动阶段,以不发生碰撞事故为最高追求,不再考虑自车的乘坐舒适性。

6.4 车道偏离预警系统

6.4.1 车道偏离预警系统的作用

车道偏离预警(Lane Departure Warning,LDW)系统根据前方道路环境和自车的位置关系,判断自车偏离车道的行为并对驾驶人及时预警,从而防止由于驾驶人疏忽、走神导致自车偏离车道。

车道偏离预警系统通过传感器获取前方道路信息,结合车辆自身的行驶状态以及预警时间等相关参数,判断自车是否有偏离当前所处车道的趋势。如果车辆即将发生偏离,并且在驾驶人没有开启转向信号灯的情况下,则通过视觉、听觉或触觉的方式向驾驶人发出预警信息(声光报警或振动报警),如图 6-14 所示。

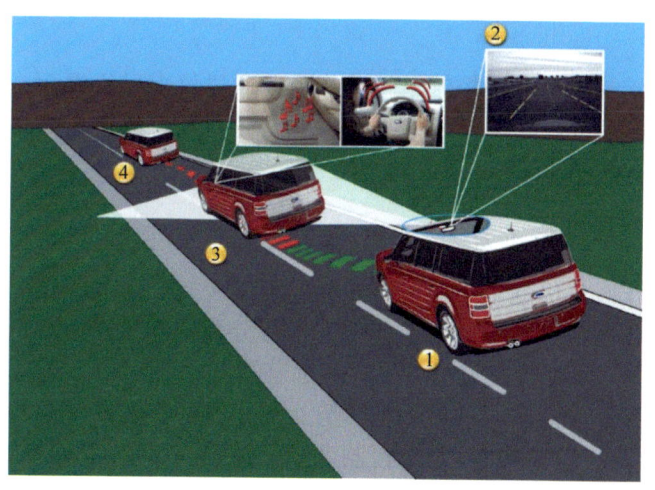

图 6-14 车道偏离预警系统

1—车辆出现偏离车道线的趋势(驾驶人疏忽、走神所致) 2—车道偏离预警系统实时监测车辆的行驶轨迹
3—车道偏离预警系统以语音+转向盘振动的方式向驾驶人发出预警信号(车辆已经偏离车道)
4—车辆驶回本车道(驾驶人得到预警提示后,及时修正了行驶方向)

车道偏离预警系统可以在行车过程中自动或手动开启,以监测车辆的行驶轨迹。不同厂商的车道偏离预警系统,其预警信号略有不同,大多采用仪表板警示图标、语音提示、转向盘振动或座椅振动等方式对驾驶人进行预警。

6.4.2 车道偏离预警系统的组成

车道偏离预警系统主要由信息采集单元、电子控制单元和人机交互单元三部分组成,如图 6-15 所示。在该系统中,所有信息均以数字信号的形式进行传输,通过车载网络技术实现。

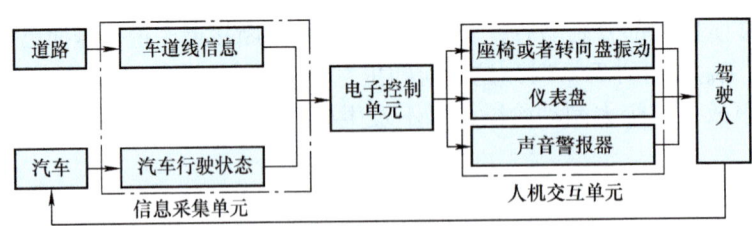

图 6-15　车道偏离预警系统的组成

1. 信息采集单元

信息采集单元主要用于车道线信息和车辆自身行驶状态信息的采集。车道线信息的采集多以视觉传感器定位的方式实现；车辆自身行驶状态信息的采集则通过车载网络技术，由车速传感器、加速度传感器和转向角度传感器获取。完成车道线信息和行驶状态信息采集后，信息采集单元将其传输给电子控制单元。

2. 电子控制单元

电子控制单元作为整个系统的核心，需要对所有信息进行集中处理（如进行必要的传感器误差修正等），并综合判断当前车辆是否存在非正常偏离车道的现象。如果出现了非正常的偏离车道现象，则向人机交互单元发出相应的预警指令。

3. 人机交互单元

人机交互单元接收来自电子控制单元的指令，通过仪表显示界面、语音提示、转向盘或座椅振动等方式向驾驶人发出预警信号，提醒驾驶人及时修正方向，并可根据车道线偏移量的大小实现不同程度的预警效果。

6.4.3　车道偏离预警系统的原理

当系统正常工作时，信息采集单元将采集车道线位置、车速、汽车转向角等信息，电子控制单元将所有数据转换到统一的坐标系下进行分析处理，从而获得汽车在当前车道中的位置参数，并判定汽车是否发生了非正常的车道偏离。

如果系统检测到驾驶人未开启转向信号灯，而车辆还在逐渐偏离当前车道线并有驶入临近车道的趋势时，系统即根据一定的控制算法，对当前车辆的行驶状态进行评估，若评估结果是车辆确有偏离本车车道线的趋势，则通过人机交互单元向驾驶人发出预警信号，提醒驾驶人及时修正方向。

在车道偏离预警系统中，常用的控制算法有车辆当前位置（Car's Current Position，CCP）算法、车辆跨越车道线时间（Time to Lane Crossing，TLC）算法和预瞄偏移量差异（Future Offset Difference，FOD）算法等。

如果驾驶人开启转向信号灯，正常进行变道行驶，则车道偏离预警系统不会做出任何提示。

基于视觉传感器的车道偏离预警系统的工作原理如图 6-16 所示。

该系统采用车载视觉传感器（摄像头）对自车行驶车道进行实时拍摄和监测，并将获取的图像信息输入电子控制单元，辨识和处理图像信息；根据识别到的车道标识线（图 6-17），判断车辆在当前时刻是否出现了车道偏离趋势。若出现了车道偏离趋势，则通过人机交互单元发出预警信息，提醒驾驶人及时修正行驶方向，确保行车安全。

图 6-16　基于视觉传感器的车道偏离预警系统的工作原理

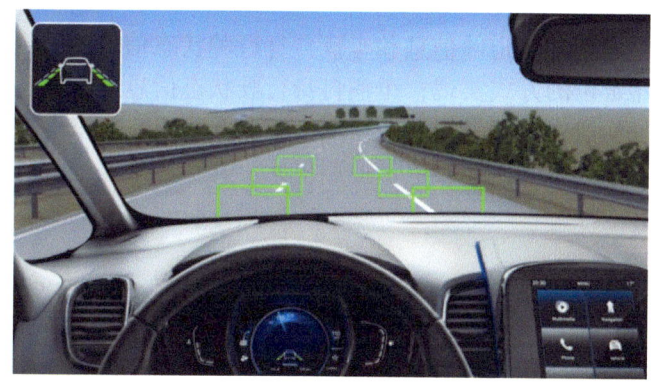

图 6-17　识别车道标识线

6.5　车道保持辅助系统

6.5.1　车道保持辅助系统的作用

车道保持辅助（Lane Keeping Assist，LKA）系统（图 6-18）能够实时监测车辆与车道边线的相对位置，持续或在必要情况下控制车辆横向运动，使车辆保持在原车道内行驶，从而减轻驾驶人负担，减少交通事故的发生。

车道保持辅助系统基于车道偏离预警系统，并在其基础上增加了车辆运动状态的辅助干预功能，进一步提高了车辆行驶安全性。

图 6-18　车道保持辅助系统

6.5.2 车道保持辅助系统的组成

车道保持辅助系统主要由信息采集单元、电子控制单元和执行单元等组成，如图 6-19 所示。在系统工作期间，驾驶人将会接收车道偏离的报警信息，并选择对转向系统和制动系统中的一项或多项动作进行控制，也可交由系统完全控制。

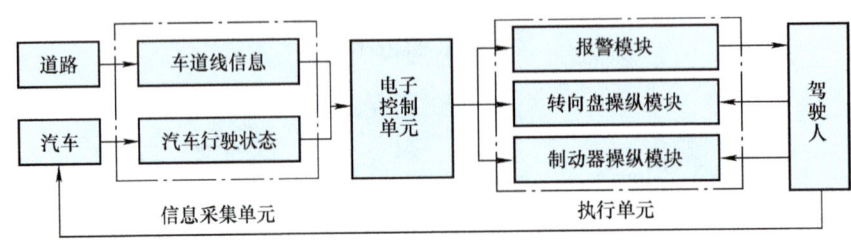

图 6-19　车道保持辅助系统的组成

在该系统中，所有信息均以数字信号的形式进行传输，通过车载网络技术实现。

1. 信息采集单元

信息采集单元主要用于车道线信息和车辆自身行驶状态信息的采集。车道线信息的采集，多以视觉传感器定位的方式实现；车辆自身行驶状态信息的采集，则通过车载网络技术，由车速传感器、加速度传感器和转向角度传感器获取。完成车道线信息和行驶状态信息采集后，信息采集单元将其传输给电子控制单元。其基本采集过程与车道偏离预警系统一致。

2. 电子控制单元

电子控制单元根据来自信息采集单元传来的数据信息，通过特定的决策算法，判断是否对车辆行驶状态进行干预。不同厂商的决策算法各有特色，决定着车道偏离修正的及时性和准确性。在车道保持辅助系统中，控制单元和决策算法的设计着重考虑运算的快速性，兼顾车辆的操纵稳定性和乘坐舒适性。

3. 执行单元

执行单元主要由报警模块、转向盘操纵模块和制动器操纵模块组成。执行单元接收来自电子控制单元的指令，由报警模块通过仪表显示界面、语音提示、转向盘或座椅振动等方式向驾驶人发出预警信号，提醒驾驶人及时修正方向，并可根据车道线偏移量的大小实现不同程度的预警效果。

如果预警信号发出后，驾驶人由于疏忽或者走神，未能及时做出反应，系统则视情及时通过转向盘操纵模块和制动器操纵模块完成转向盘的修正和适度制动，实现车辆横向运动和纵向运动的协同控制，确保车辆在执行 LKA 修正期间，仍然具有良好的行驶稳定性和乘坐舒适性。

6.5.3 车道保持辅助系统的原理

车道保持辅助系统可以在行车的全程或速度达到某一阈值后开启（该功能可以手动关闭），实时保持汽车的行驶轨迹。

当系统正常工作时，信息采集单元通过车载传感器采集车辆位置、车速、转向盘转角信息；电子控制单元对信息进行处理，判断汽车是否偏离行驶车道。当汽车行驶可能偏离车道线时,发出预警信息;当汽车距离偏离侧车道线小于一定阈值或已经有车轮偏离出车道线时,电子控制单元计算出适宜的辅助操舵力和减速度,根据车辆偏离车道线的程度,通过转向盘操纵模块和制动器操纵模块,以线控操作的形式对车辆施加操舵力和制动力,使汽车稳定地回到正常轨道。

若驾驶人开启转向信号灯,正常进行变线行驶,则系统不会做出任何提示。

车道保持辅助系统的工作过程如图 6-20 所示。在系统起作用时,对汽车进行连续拍照,可方便地分析其动态纠偏过程。

在图 6-20 中,第 2 个车影已经偏离了行驶车道,于是系统发出报警信息;第 3 个和第 4 个车影是系统主动进行车道偏离纠正(既有方向修正,也有制动减速过程)的过程;在第 5 个车影,汽车已经重新处于正确行驶路线上,车道保持辅助系统完美地完成了一个车道偏离纠正过程。

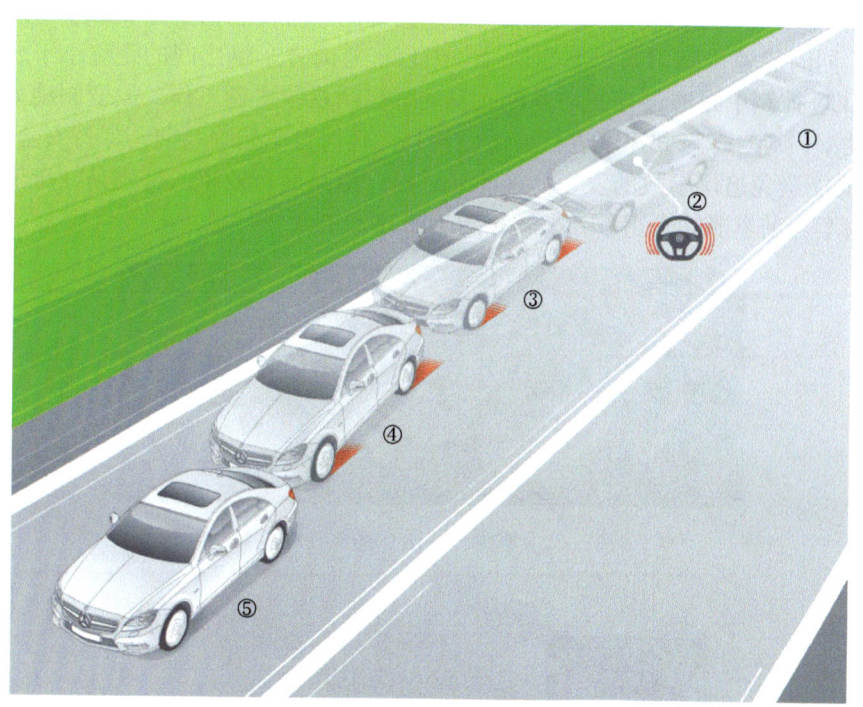

图 6-20 车道保持辅助系统的工作过程

6.6 自适应巡航控制系统

6.6.1 自适应巡航控制系统的作用

1. 作用

自适应巡航控制(Adaptive Cruise Control,ACC)系统(图 6-21)能够实时监测自车前方的行驶环境,在驾驶人设定的速度或车距范围内自动调整行车速度,主动适应前方车辆和(或)道路条件等引起的行驶环境的变化。在确保行车安全的同时,还能极大地提高道路通行效率,并显著提升车辆的驾乘舒适性。

图 6-21 自适应巡航控制系统

ACC 系统在汽车行驶过程中,安装在自车前部的车距传感器(图 6-22)持续扫描汽车前方道路,同时轮速传感器采集车速信号。当自车与前方车辆之间的距离小于或大于安全车距时,ACC 控制单元通过与制动系统、发动机控制系统协调工作,改变制动力矩和发动机的输出功率,对自车行驶速度进行自适应控制,确保自车始终与前车保持安全车距行驶。ACC 系统既能避免追尾事故的发生,又能显著提升道路通行效率。特别是在车辆编队行驶过程中,自车与前车能够真正做到如影相随(图 6-23)。

图 6-22 车距传感器(毫米波雷达)

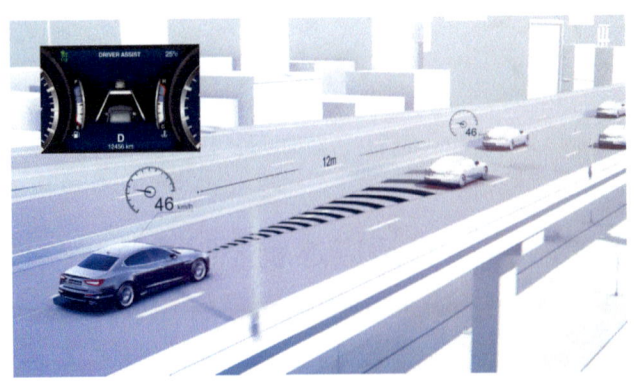

图 6-23 ACC 的编队行驶功能

如果自车车道内的前方没有其他车辆,则按照驾驶人设定的车速稳定行驶。

电动汽车的 ACC 系统与燃油汽车的 ACC 系统基本一致,只需将燃油汽车的发动机控制系统,转变成电动汽车的电机控制系统即可。

2. 分类

ACC 系统按照其车速控制范围不同，可分为基本型和全速控制型两种。

（1）基本型 ACC　基本型 ACC 系统一般在车速超过 30km/h 时才起作用。当车速低于 30km/h 时，则由驾驶人控制行车速度，ACC 系统不再干预。

（2）全速控制型 ACC　全速控制型 ACC 系统在车速低于 30km/h 甚至车辆停车时，系统依然可以实现对车距的精准控制。全速控制型 ACC 系统的控制能力更强，相应地，其技术难度和生产成本也更高一些。

6.6.2　自适应巡航控制系统的组成

1. 燃油汽车自适应巡航控制系统的组成

燃油汽车自适应巡航控制系统主要由信息感知单元、电子控制单元、执行单元和人机交互界面等组成，如图 6-24 所示。

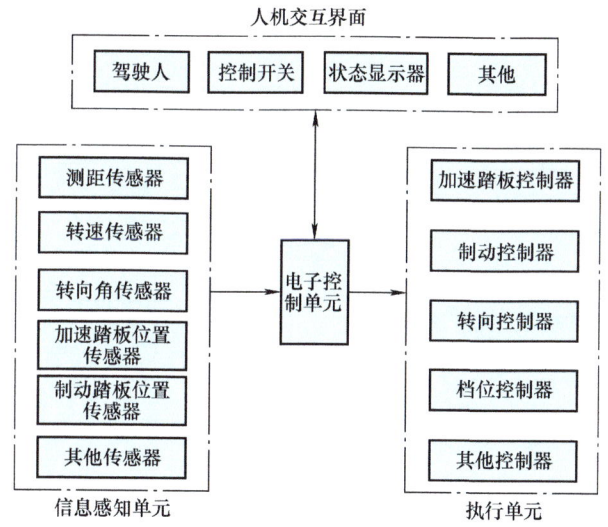

图 6-24　燃油汽车自适应巡航控制系统的组成

（1）信息感知单元　信息感知单元用于感知 ACC 系统需要的各种信息，主要由测距传感器、车轮转速传感器、转向角传感器、加速踏板传感器、制动踏板传感器等组成。测距传感器用于检测自车与前车之间的车距，多采用毫米波雷达，也可采用少线束激光雷达和视觉传感器；车轮转速传感器用于获取自车的实时行车速度，一般采用霍尔效应式车轮转速传感器，也可采用其他类型的转速传感器；转向角度传感器用于获取自车的转向信息；加速踏板传感器用于获取自车的节气门开度信号；制动踏板传感器用于获取制动踏板的动作信号。

信息感知单元将感知到的上述信息处理后，经车载网络系统将其传送给电子控制单元。

（2）电子控制单元　电子控制单元根据驾驶人设定的安全车距和行车速度，结合信息感知单元传送来的行驶环境信息，按照决策算法，经计算后做出控制决策，并将控制指令发送到执行单元。

当系统检测到自车与前车之间的距离小于驾驶人设定的安全距离时，电子控制单元计算实际车距与安全车距的差值以及车辆相对速度的变化，选择自动减速方式或向驾驶人发出预警信号，以提醒驾驶人及时采取应对措施。

（3）执行单元　执行单元接收来自电子控制单元的控制指令，以线控形式实现自车行车速度的动态调整。通过对加速踏板的动态调节，可实现发动机转速的动态调节，实现车辆加速、减速和恒速行驶；通过对制动器的控制，可适时对车辆实施减速控制或强制制动控制；通过对转向盘的控制，可控制车辆的行驶方向；通过对变速器档位的控制，可实现变速器的档位变换。

（4）人机交互界面　人机交互界面（图6-25）用于驾驶人设定相关参数以及系统状态信息的显示。驾驶人可通过设置在仪表盘或转向盘上的操作按键启动或清除ACC系统的控制指令。启动ACC系统时，驾驶人需要设定自车与前车之间的安全车距以及在巡航状态下的行车速度，否则ACC系统会将其设置为系统默认值。但驾驶人所设定的安全车距及巡航速度均以不允许违反当地的交通管理法规为限。

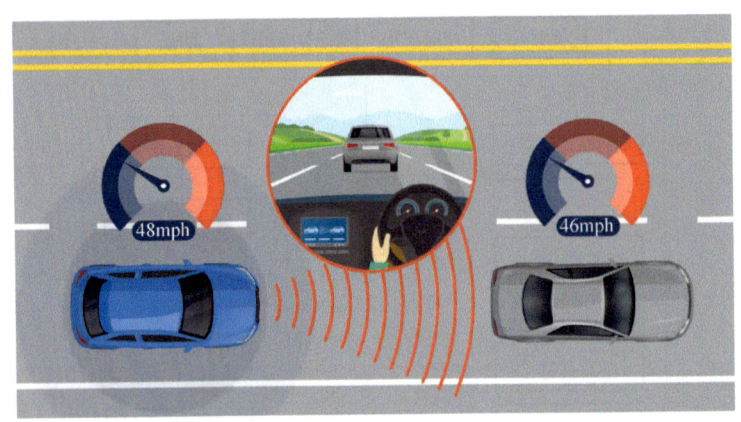

图6-25　人机交互界面

2.电动汽车自适应巡航控制系统的组成

电动汽车自适应巡航控制系统主要由信息感知单元、电子控制单元、执行单元和人机交互界面等组成，如图6-26所示。

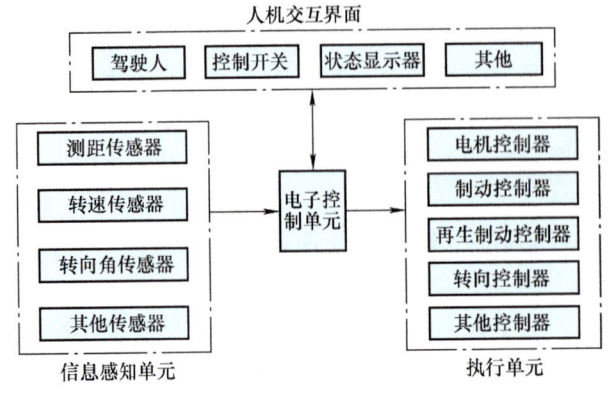

图6-26　电动汽车自适应巡航控制系统的组成

与燃油汽车的自适应巡航控制系统相比较，电动汽车 ACC 系统的信息感知单元没有节气门位置传感器，以加速踏板位置传感器取而代之；执行单元没有节气门控制器和档位控制器（电动汽车一般不设变速器，仅设置传动比固定的减速器，行车过程中驾驶人无需进行换档操作），但增设了电机控制器和再生制动控制器。

信息感知单元将各传感器测得的车距、车速、加速度等行车状态信息输送到电子控制单元。电子控制单元对自车的行驶环境及运动状态进行分析、计算、决策，输出转矩控制和制动控制信号。执行单元接受来自电子控制单元的控制指令，通过电机控制器和制动控制器动态调节自车的行驶速度；再生制动控制器视情控制再生制动的制动强度，尽可能多地回收制动能量，延长车辆的续驶里程；转向控制器视情控制车辆的行驶方向（多为方向微调、车道偏离修正等）；人机交互界面实现驾驶人与车辆之间的人机交互。

6.6.3 自适应巡航控制系统的原理

1. 燃油汽车自适应巡航控制系统的原理

燃油汽车自适应巡航控制系统的原理如图 6-27 所示。

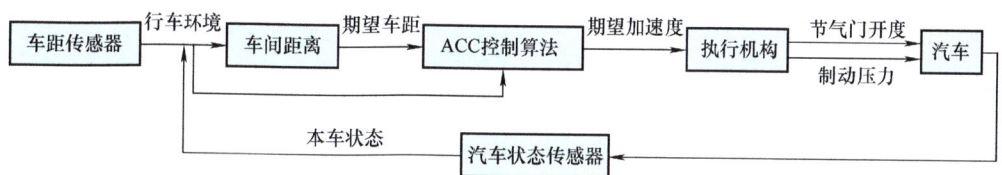

图 6-27 燃油汽车自适应巡航控制系统的原理

驾驶人启动 ACC 系统后，汽车在行驶过程中，安装在汽车前部的测距传感器持续扫描汽车前方道路环境；同时，转速传感器实时采集自车的行车速度信号。

如果自车前方没有其他车辆，或前方有其他车辆，但自车与前车相距甚远且前车行车速度很快时，系统会自动激活巡航控制模式，ACC 系统将根据驾驶人设定的车速和转速传感器采集到的车速信息，自动调节节气门开度（及/或制动系统），使自车按照驾驶人设定的车速以巡航状态行驶。

如果自车前方有其他车辆，且自车与前车相距较近或前车行车速度较慢时，系统会自动激活跟车控制模式，ACC 系统将根据驾驶人设定的安全车距和转速传感器采集到的车速信息，计算出期望车距，并将其与车距传感器测得的实际车距相比较，自动调节节气门开度或制动压力等参量，确保自车与前车以安全车距伴随行驶（图 6-23）。

同时，ACC 系统会将车辆当前的行驶状态信息显示在人机交互界面上，方便驾驶人随时掌握行车状态参数（如行车速度、变速器档位信息等）。

ACC 系统也具有紧急报警功能，当 ACC 系统出现故障或无法避免与前车相撞时，会及时向驾驶人发出预警信息，并将车辆的控制权力交还给驾驶人，由驾驶人处理紧急情况。

2. 电动汽车自适应巡航控制系统的原理

电动汽车自适应巡航控制系统的原理如图 6-28 所示。其工作原理与燃油汽车基本一致，差别在于燃油汽车是通过控制节气门开度来实现发动机输出转速和转矩的控制，而电动汽车控制的是电机的输出转速和转矩，同时还增加了电机的再生制动控制功能。

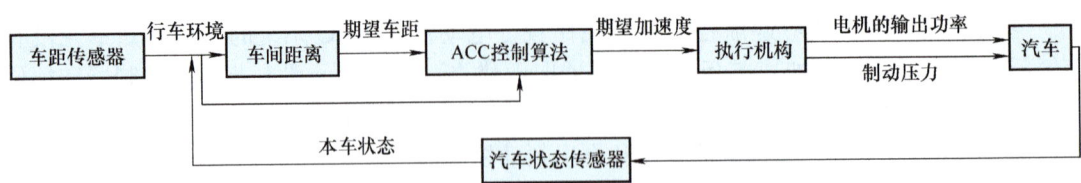

图 6-28 电动汽车自适应巡航控制系统的原理

6.7 智能泊车辅助系统

6.7.1 智能泊车辅助系统的作用

智能泊车辅助系统（Intelligent Parking Assist System，IPAS）能够利用车载传感器自动检测附近可用停车位，计算泊车轨迹，通过控制转向、制动、驱动及变速系统完成泊车入位；并且能够向驾驶人发出系统故障状态、危险预警等信息，如图 6-29 所示。

按照泊车入位的方式不同，智能泊车辅助系统又可分为平行泊车入位和垂直泊车入位两种模式。平行泊车入位是指系统具有平行靠左、靠右泊车入位的能力，即具备侧方位泊车入位能力；垂直泊车入位是指系统具有垂直靠左、靠右泊车入位的能力，即具备倒车入位能力。

图 6-29 智能泊车辅助系统

6.7.2 智能泊车辅助系统的组成

智能泊车辅助系统主要由信息感知单元、电子控制单元、执行单元和人机交互界面组成，如图 6-30 所示。

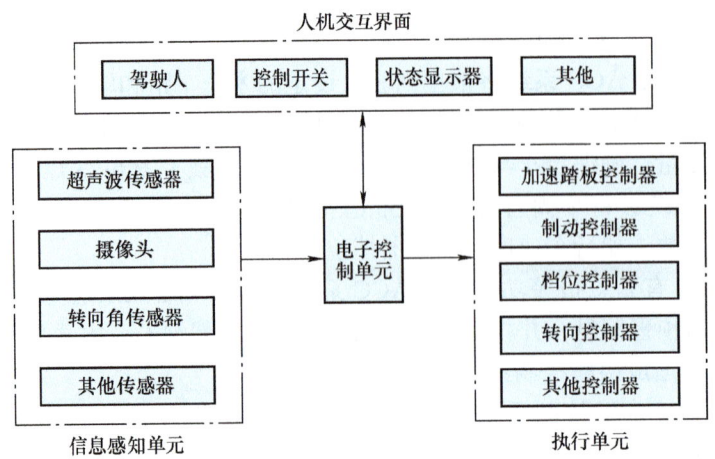

图 6-30 智能泊车辅助系统的组成

1. 信息感知单元

信息感知单元的主要任务是探测环境信息（如寻找可用车位），在泊车过程中实时探测车辆的位置信息和车身状态信息。在车位探测阶段，采集车位的长度和宽度。在泊车阶段，监测汽车相对于目标停车位的位置坐标，进而用于计算车身的角度和转角等信息，确保泊车过程的安全可靠。

2. 电子控制单元

电子控制单元是智能泊车辅助系统的核心部分，主要任务包括以下几个方面：首先，接收车位监测传感器采集到的信息，计算车位的有效长度和宽度，判断该车位是否可用；其次，规划泊车路径，根据停车位和汽车的相对位置，计算出最优泊车路径；第三，在泊车过程中，进行实时监测并及时做出必要的调整。

3. 执行单元

执行单元主要指汽车线控系统的控制器，如转向控制器、加速踏板控制器、制动控制器和档位控制器等。根据电子控制单元的决策信息，转向控制器将数字控制量转化为方向盘的角度，控制汽车的转向。加速踏板控制器、制动控制器和档位控制器互相配合，从而控制汽车泊车速度以及前进或倒车。汽车线控系统之间协调配合，控制汽车按照指定命令完成泊车过程。

4. 人机交互界面

人机交互界面用于接受驾驶人的初始操作指令，并在智能泊车过程中显示重要信息，以便驾驶人随时掌握系统的工作状态。

6.7.3 智能泊车辅助系统的原理

首先利用车载传感器扫描汽车周围环境，通过对环境区域的分析和建模，搜索有效泊车位。当确定目标车位后，系统提示驾驶人停车并启动自动泊车程序，根据所获取的车位大小、位置信息，由程序计算泊车路径，然后自动操纵汽车泊车入位。

智能泊车辅助系统泊车入位的工作过程如下：

1. 启动系统

车辆进入欲停车区域后减速慢行，驾驶人启动智能泊车辅助系统（图 6-31），或根据车速变化自动启动智能泊车辅助系统。

2. 车位检测

系统自动通过车载传感器（超声波雷达和摄像头）获取周围环境信息，识别出可供停车的目标车位（图 6-32）。

图 6-31　启动系统

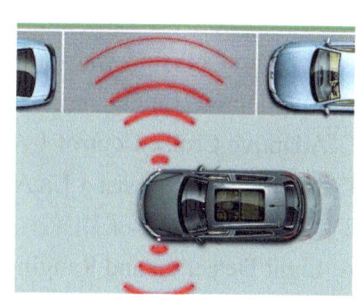

图 6-32　车位检测

3. 路径规划

根据车载传感器所获取的周围环境信息，电子控制单元对车辆和周围环境建模，计算和规划出一条能使车辆安全泊入车位的路径。

4. 路径跟踪

藉由线控系统，通过转向盘、加速踏板、制动系统的协调配合，使车辆追踪规划好的泊车路径，实现泊车入位（图6-33）。

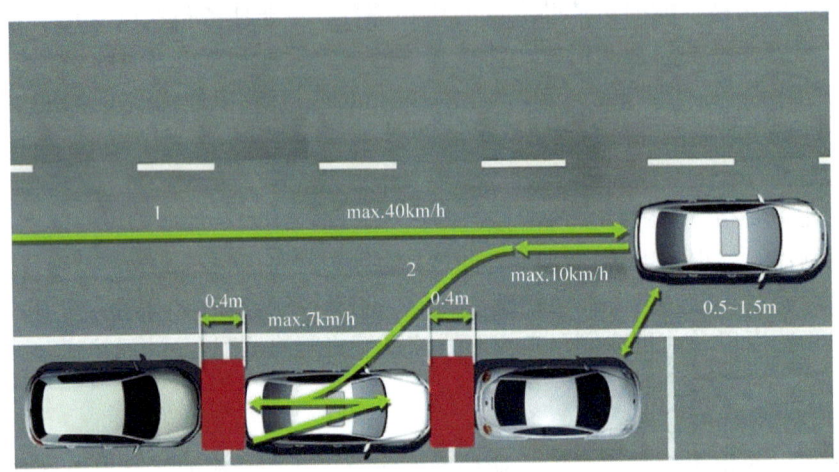

图6-33　泊车入位

在泊车入位过程中，车辆所有的操作均由智能泊车辅助系统自动完成，驾驶人只需发布主令信号即可。

近年来，在智能泊车辅助系统的基础上，业界又相继开发出自动泊车（Autonomous Parking System，APS）、远程遥控泊车（Remote Parking Assist，RPA）、自学习泊车（Home-zone Parking Assist，HPA。亦称记忆泊车）以及自动代客泊车（Autonomous Valet Parking，AVP）等系统，但其基本原理和IPAS功能都是相似的。

思考与实训

1. 选择题

1）在预防发生追尾事故方面，具有（　　）功能的汽车安全性更好；在预防侧向碰撞（自车偏出车道之外）方面，具有（　　）功能的汽车安全性更好；在车辆编队、长途行车过程中，驾驶具有（　　）功能的汽车，其安全性和舒适性更好。

　　A. Forward Collision Warning（FCW）

　　B. Autonomous Emergency Braking（AEB）

　　C. Adaptive Cruise Control（ACC）

　　D. Lane Keeping Assist（LKA）

2）汽车夜视系统是采用（　　）在光照不良的条件下获取道路信息的。

　　A. Light Detection and Ranging（LiDAR）

　　B. Ultrasound Radar

C. Millimeter-wave radar

D. Thermal Infrared Camera

2. 问答题

1）简述自动紧急制动系统的结构组成和工作原理。

2）简述车道保持辅助系统的结构组成和工作原理。

3）简述自适应巡航控制系统的结构组成和工作原理。

3. 实操题

在校内停车场，驾驶具有智能泊车功能的教学车辆，观摩和感受智能泊车辅助系统的工作过程，以加深对其工作原理的理解和认识。

第 7 章

自动驾驶技术

【学习目标】
- 了解智能汽车自动驾驶系统的组成。
- 熟悉百度 Apollo 自动驾驶系统的总体架构。
- 掌握百度 Apollo 自动驾驶系统的分析方法。

7.1 自动驾驶系统

7.1.1 美国 Waymo 自动驾驶系统

1. Waymo 公司

美国 Waymo 公司是一家极具实力的自动驾驶技术公司,原为谷歌(Google)公司的子公司,现在已经独立运营。Waymo 公司 2009 年开始自动驾驶技术研究,2010 年进行了自动驾驶汽车城市路况测试,2011 年获得自动驾驶汽车的政府授权。

2. Waymo 自动驾驶系统

Waymo 自动驾驶系统主要由环境感知模块、行为预测模块、规划模块、关键性安全模块、人机交互模块等组成。

Waymo 公司推出的自动驾驶汽车(图 7-1)已经在超过 25 个城市的公共道路上安全行驶 3200 万 km,另在模拟环境中安全行驶了数百亿 km。

此外,Waymo 公司已经在美国开始了 L4 级自动驾驶汽车的商业化运营。

图 7-1　Waymo 自动驾驶汽车

7.1.2 百度 Apollo 自动驾驶系统

1. 概况

作为全球领先的自动驾驶开放平台,百度阿波罗(Apollo)代表着中国自动驾驶汽车的最高水平。

百度 Apollo 已经在北京、长沙、美国加州等多地进行开放道路自动驾驶测试,在自动驾驶测试领域不断取得突破。2020 年,百度发布了汽车智能化乐高(Lego)式解决方案,如代客泊车(Apollo Valet Parking,AVP)系统和领航辅助驾驶(Apollo Navigation Pilot,ANP)系统等。

百度公司已与十余家汽车制造商签署了战略合作协议,提供高精地图、自主泊车、领航辅助驾驶等汽车智能化服务。2022年6月,百度公司联合吉利汽车公司正式推出首款汽车机器人概念车——集度 ROBO-01（图 7-2）,以加速智能驾驶技术的普及和应用。

2. 发展历程

Apollo 是百度发布的一款面向汽车行业和自动驾驶领域合作伙伴的开源软件平台。早在 2013 年百度就组建了自动驾驶研究团队,经过几年的努力,于 2017 年正式对外发布了全球第一个自动驾驶开放平台——Apollo 自动驾驶开放平台。

图 7-2　汽车机器人概念车——集度 ROBO-01

此后,百度不断深化自动驾驶技术研究,Apollo 版本不断推陈出新。当前,已经由 Apollo 1.0 更新到了 Apollo 7.0 版本。在版本更新的同时,Apollo 系统的功能也在不断丰富和完善,包括智能新模型、安全无人化、系统新升级等。

7.2　百度 Apollo7.0 系统架构

百度 Apollo7.0 自动驾驶、车路协同系统架构如图 7-3 所示。

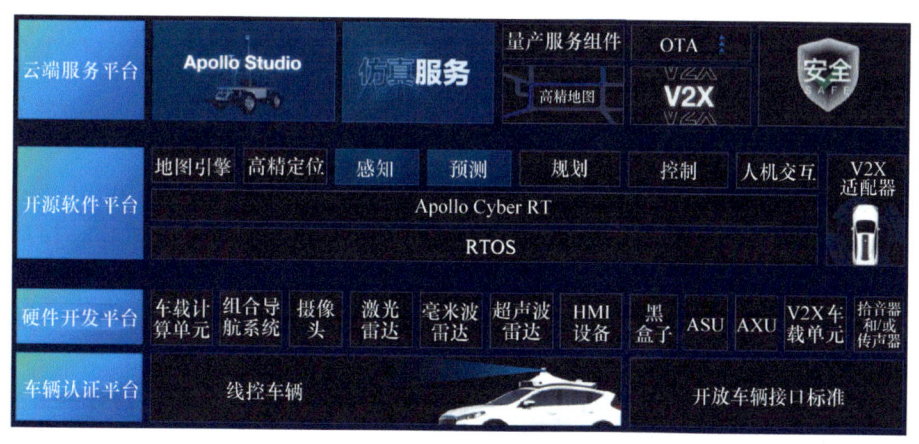

图 7-3　百度 Apollo7.0 自动驾驶、车路协同系统架构图

百度 Apollo7.0 自动驾驶、车路协同系统架构分为车辆认证平台、硬件开发平台、开源软件平台和云端服务平台四层,其中除了云端服务平台是运行在云端的,其他三层都属于车端系统。

车辆认证平台主要由线控车辆及开放车辆接口标准两部分组成,用于线控车辆的登记认证。

硬件开发平台属于自动驾驶系统所依赖的硬件层,包含了整个系统的所有硬件设备。

开源软件平台是自动驾驶系统最为重要的软件层。除此之外,开源软件平台还设置有 V2X 适配器,用于实现 V2X 通信的适配。

云端服务平台用于提供云端服务，属于系统后台部分，为整个系统的正常运行提供后台技术支持。

7.2.1 车辆认证平台

车辆认证平台（Reference Vehicle Platform）主要由线控车辆及开放车辆接口标准两部分组成，用于线控车辆的登记认证。不开放这个接口，就无法控制汽车。

车辆认证平台提供标准化的自动驾驶系统与车辆接口，执行线控车辆的认证登记工作，车企 / 车辆提供方可以方便地将车企开发的车辆控制平台接入 Apollo 7.0 系统，从而覆盖更广泛的自动驾驶开发者人群，加速自动驾驶能力的上车部署。

车企 / 车辆提供方将车辆相关内容（包括但不限于 CAN、BUS、DBC 文件、车辆动力学参数等）上传至 Apollo 车辆认证平台，视为授权 Apollo 开放车辆认证平台对其提供的相关内容依据平台要求进行处理并向开发者开放、使用。

7.2.2 硬件开发平台

硬件开发平台（Hardware Dev Platform）属于自动驾驶系统所依赖的硬件层，主要包括车载计算单元、组合导航系统、摄像头、激光雷达、毫米波雷达、超声波传感器、HMI 设备、黑盒子、ASU、AXU、V2X 车载单元、受话器以及工控机等。

硬件开发平台采用的硬件设备，可以根据设计需要选用不同的产品，以满足不同客户的需求。换言之，在 Apollo7.0 系统中，硬件属于可选件。

1. 车载计算单元

作为百度 Apollo 自动驾驶系统的专用计算平台，Apollo 车载计算单元（Apollo Computing Unit，ACU。图 7-4）具备全面的 AI 能力，涵盖高精地图和定位、环境感知、规划控制等功能。

ACU 分为多个系列产品，包括 ACU-Basic、ACU-Advanced 和 ACU-Professional 三个系列，支持 5 路摄像头，12 路超声波传感器，并预留了毫米波雷达和激光雷达接口。

其中，ACU-Advanced 是业内首创的自主代客泊车产品（Automated Valet Parking，AVP）专用车载计算平台，提供软、硬件一体化的系统解决方案。

2. 组合导航系统

组合导航系统采用微机电（MEMS）陀螺仪惯性导航与卫星导航相结合的方式，为自动驾驶汽车提供定位和导航服务。

可适配 Apollo7.0 自动驾驶系统的组合导航系统有 NV-GI120（图 7-5）、Newton-M1、ProPak6、PwrPak 7D 等产品。

图 7-4　Apollo 车载计算单元（ACU）

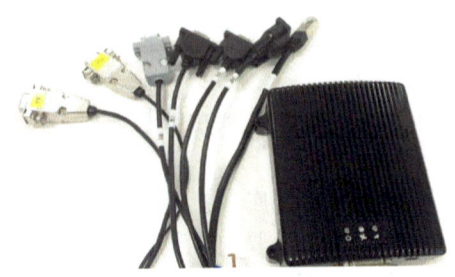

图 7-5　NV-GI120 组合导航系统

NV-GI120是北京耐威时代科技有限公司针对自动驾驶汽车推出的定位、定姿、导航系统，有高精度的GNSS板卡和高精度MEMS陀螺仪，具备实时姿态和位置解算能力，同时也可输出传感器和板卡的原始数据，以便进行后处理和高精度解算。

NV-GI120的产品集成度高，将天线、GPS、IMU都集成到一个盒子里，实现了"传感器+计算单元+算法"的高度集成，特别适合匹配Apollo7.0自动驾驶系统。

3. 摄像头

可适配Apollo7.0自动驾驶系统的摄像头产品很多，仅举三例进行说明。

（1）MARS摄像头系统　美国安森美半导体(ON Semiconductor)公司推出的模块化汽车参考系统（Modular Automotive Reference System，MARS）是为成像模组开发者和软件开发者提供的一套系统解决方案。

MARS系统（图7-6）能以不同的镜头、图像传感器、图像信号处理器（Image Signal Processor，ISP）和通信方式选择配置摄像头，用于快速配型和试验。MARS系统非常灵活，可用于全系列的汽车摄像头应用，包括先进驾驶辅助系统（ADAS）、环视和后视系统、车舱内摄像头（用于手势识别、驾驶人眼睛监控或光照水平检测）和自动驾驶系统等。

（2）Wissen Camera系统　Wissen Camera（图7-7）是百度公司与美国维森科技（Wissen Technologies）公司联合开发的产品。该产品为30mm×30mm自带同轴线缆的摄像头模组，采用YUV422数据格式输出1080p高清图像，具有高动态范围大（超过100dB高动态范围）、支持外部触发、支持OTA固件在线升级特性，可以很好地适配Apollo7.0系统。

图7-6　安森美半导体公司的MARS系统

图7-7　Wissen Camera

在实际应用中，使用3个Wissen Camera彼此配合，能更好地检测交通信号灯。

（3）LI-USB30-AR023ZWDR摄像头　美国嘉骏科技公司（Leopard Imaging Inc）的LI-USB30-AR023ZWDR摄像头（图7-8）支持USB视频类（USB Video Class，UVC）协议，支持外界触发和软触发，支持注册表访问功能，采用基于USB 3.0的非压缩YUV高速图像传输，像素大小为3.0μm×3.0μm，清晰度高，可充分满足自动驾驶领域的需要。

4. 激光雷达

对于激光雷达，可选产品比较多。

（1）Velodyne激光雷达　作为车载激光雷达的头部生产商，美国Velodyne公司的多款激光雷达均可适配Apollo7.0自动驾驶系统。

图7-8　美国嘉骏科技公司的LI-USB30-AR023ZWDR摄像头

1）VLS-128 激光雷达。美国 Velodyne 公司的 VLS-128 激光雷达（图 2-57）可以在长距离（300m）和 360°的水平视场范围内获得实时的、准确的距离和相对反射率测量，从而获得周围场景非常密集和全面的 3D 数据，探测范围大、点云密度高，广泛应用于汽车自动驾驶、建筑测量、测绘、高精地图、机器人导航避障、环境 3D 建模、工业自动化等领域。

2）HDL-64E S3 激光雷达。美国 Velodyne 公司的 HDL-64E S3 高分辨率、高性能激光雷达（图 7-9）可以捕捉到周围环境的高清实时 3D 信息。HDL-64E S3 探测距离不小于 120m，测距精度为 ±2cm，扫描速率 2.2×10^6 point/s，扫描频率为 5～20Hz，非常适用于自动驾驶汽车导航、3D 测绘以及工业自动化等行业应用。

此外，Apollo7.0 还可以选装、匹配 Velodyne 公司的 ULTRA Puck VLP-32C、PUCK VLP-16、VLP-16 Puck LITE（图 7-10）、PUCK Hi-Res 等型号的激光雷达。

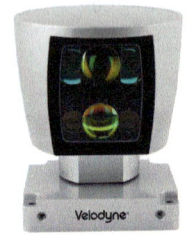
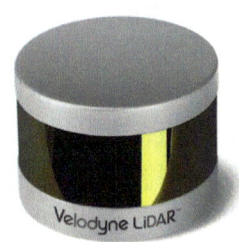

图 7-9　Velodyne 公司 HDL-64E S3 激光雷达　　图 7-10　Velodyne 公司 VLP-16 Puck LITE 激光雷达

（2）LeddarTech 激光雷达　加拿大 LeddarTech 公司的固态激光雷达可适配 Apollo7.0 自动驾驶系统。

1）M16-LSR 激光雷达。LeddarTech 公司的 M16-LSR 固态激光雷达（图 7-11）为 16 线束雷达，可以探测到 165m 以内的动态或静态障碍物，数据更新率达 100Hz，在智能汽车自动驾驶领域应用广泛。

2）LEDDAR VU8 激光雷达。LeddarTech 公司的 LEDDAR VU8 固态激光雷达（图 7-12）为 8 线束雷达，可以探测到 185m 以内的动态或静态障碍物，数据更新率达 100Hz，外形小巧、安装方便，在智能汽车自动驾驶领域应用广泛。

图 7-11　LeddarTech 公司 M16-LSR 固态激光雷达　　图 7-12　LeddarTech 公司 VU8 固态激光雷达

（3）法雷奥激光雷达　法国法雷奥（Valeo）公司的 Scala 2 激光雷达（图 7-13）为 16 线束雷达，拥有 145°的水平视场角（FOV），可以探测到 150m 以内的动态或静态障碍物，是自动驾驶系统的核心传感器之一。

（4）镭神智能C16系列激光雷达　深圳市镭神智能系统有限公司研发的C16系列16线束激光雷达（图7-14）拥有实时、360°、3D坐标和距离探测等特点，具有优异的性价比，运用领域非常广泛，可以很好地适配Apollo7.0自动驾驶系统。

图7-13　法雷奥Scala 2激光雷达

图7-14　镭神智能C16系列激光雷达

除上述产品之外，上海禾赛科技公司的潘多拉（Pandora）系列、速腾聚创公司的Rs-LiDAR-16系列以及Innovusion公司的激光雷达均可适配Apollo7.0自动驾驶系统。

5. 毫米波雷达

可适配Apollo7.0自动驾驶系统的毫米波雷达产品也有很多，仅举两例进行说明。

（1）大陆ARS408-21毫米波雷达　德国大陆（Continental）公司的ARS408-21毫米波雷达（图2-36和图2-37）可同时实现开阔的视角和远距离检测，在自适应巡航控制、前向碰撞预警和自动紧急制动系统应用广泛。ARS408-21毫米波雷达对静物的检测和区分能力很强，具有自身的独特优势。

（2）理工雷科B01HC毫米波雷达　北京理工雷科电子信息技术有限公司自主研发的B01HC型77GHz毫米波汽车防撞雷达（图7-15）采用了多输入、多输出（Multiple Input Multiple Output，MIMO）虚拟孔径技术，实现了更好的精度、更高的角度分辨率，更小的体积，并兼容了近远距探测功能，可在全工况条件下，对车辆行驶环境和其他车辆目标进行实时探测，是自动驾驶及ADAS系统的核心传感器之一。

图7-15　理工雷科B01HC毫米波雷达

6. 超声波传感器

超声波传感器布置在车辆四周，可以在低速情况向对车辆四周障碍物进行扫描检测，实时输出车辆周边障碍物的信息，有效预防车辆发生碰撞事故。

Apollo自动驾驶系统匹配的超声波传感器是百度公司在广州优保爱驾科技有限公司订制的，按照安装位置分成前后和侧面两种类型，其技术参数见表7-1。

7. HMI设备

汽车的人机交互界面（Human Machine Interface，HMI）与计算机的人机交互界面（Human Computer Interaction，HCI）同源，主要用于用户与机器、系统之间的交互。人机交互界面通常是指用户可感知的部分。用户通过人机交互界面与机器系统交流，并进行操作。小到收音机的播放按键，大到汽车的中控台或飞机、宇宙飞船的仪表板，都可称为HMI设备。

表 7-1　超声波传感器系统技术参数

	前后超声波传感器	侧面超声波传感器	控制器
工作电压 /V	8～16		9～16
标称电压 /V	12		
测试电压 /V	13.5		
工作温度 /℃	−40～+85		
通信方式	CAN		
水平视场角 /(°)	90±10	50±5	—
垂直视场角 /(°)	45±5	50±5	—
探测距离 /cm	20～300		
工作频率 /kHz	58±1	48±1	
防尘 / 防水能力	IP67		—

汽车领域的 HMI（图 7-16）以人机工程学为基础，研究人与汽车之间的交互关系，是一项涉及多学科（工程学、社会心理学、交互设计、视觉设计和工业设计等）的系统性工程，包括人与车的交互阶段、交互模式、设计范畴等。

图 7-16　百度 Apollo 自动驾驶汽车的 HMI

百度 Apollo 自动驾驶系统中的 HMI 硬件设备，可提供可视化输出（如规划轨迹、汽车定位、底盘状态等）；为用户提供人机交互界面，以查看硬件状态，打开 / 关闭模块以及启动自动驾驶系统等。

在百度 Apollo 自动驾驶汽车上，乘客可以通过 Apollo GO APP，并由 HMI 设备完成人机交互。

近年来，随着汽车智能化、网联化技术的快速发展，汽车 HMI 领域也发生了很大的变化，逐渐衍生出一个新的技术领域——汽车智能座舱（Automobile intelligent cockpit，图 7-17）。

8. 黑盒子

Apollo 自动驾驶系统的黑盒子（Black Box，也称黑匣子，图 7-18）与飞机上的黑匣子类似，是一款针对自动驾驶汽车数据记录的软硬件产品，对关键行车数据及传感器数据进行加密存储和访问控制，为还原事故真相和责任判定提供依据。

图 7-17　汽车智能座舱

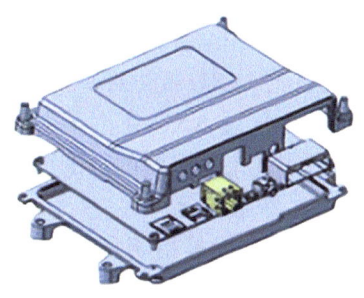

图 7-18　Apollo 黑匣子（百度自研产品）

9. ASU

Apollo 传感器单元（Apollo Sensor Unit，ASU，图 7-19）与工控机（Industrial PC，IPC）协同工作，以实现在 Apollo 自动驾驶平台上的传感器数据融合、车辆控制和网络访问。

ASU 系统提供多种接口以收集来自不同传感器的数据，包括摄像头、激光雷达、毫米波雷达和超声波传感器。该系统同样使用 GNSS 接收器的秒脉冲（Pulse Per Second，PPS）和推荐定位（Global Positioning system Recommended Minimum Specific，GPRMC）信号实现摄像头和激光雷达的数据同步。

ASU 和 IPC 的通信通过 PCI Express 接口实现。ASU 收集传感器数据并通过 PCI Express 接口传输给 IPC，IPC 通过 ASU 发送车辆控制指令，该指令基于控制器局域网协议（CAN 协议）。

图 7-19　Apollo 传感器单元（ASU）

应用以太网的激光雷达连接，应用 4G LTE 模块的 WWAN 网关和应用 Wi-Fi 模块的 Wi-Fi 访问将在未来的 Apollo 版本中发布。

10. AXU

Apollo 扩展单元（Apollo Extension Unit，AXU，图 7-20）用于提高自动驾驶系统的计算能力和扩展存储容量。常用的加速器件有图形处理器（Graphics Processing Unit，GPU）、现场可编程逻辑门阵列（Field Programmable Gate Array，FPGA）模块等。

图 7-20　Apollo 扩展单元（AXU）

AXU 与 ASU 相结合，为自动驾驶传感器和数据加速增加可插拔且可编程的功能。这两个系统与 IPC 相结合就可以满足自动驾驶计算平台的所有需求。

具体来说，AXU 提供计算加速、升级数据分析及处理、安全存储功能，并且支持多接口。为进一步扩展 AXU 在汽车上的应用能力，还可为其增设冷却回路（采用冷却液进行冷却降温）使其工作温度的范围扩展为 -20℃～70℃。

11. V2X 车载单元

V2X 车载单元是指实现 V2X 通信功能的车载单元（On-Board Unit，OBU）。OBU 安装在车上，亦称车端单元。路侧单元（Road Side Unit，RSU）安装在道路侧方或者安装在跨路横杆之上，也称路端单元。

OBU 与 RSU 之间以无线方式进行通信，可进一步提高智能汽车的环境感知水平，并可大幅度提升交通效率。

12. 受话器

Apollo7.0 系统通过音频设备集成了紧急车辆检测功能。在车上安装受话器（Microphone）来收集自动驾驶车辆周围的音频信号，并对录音进行分析和处理，以检测周围是否存在紧急车辆（如消防车、救护车、警用车辆等）。

若检测到本车周围存在紧急车辆，则自动进行避让。

13. 工控机

Apollo7.0 系统可选配的工控机（Industrial PC，IPC）有宸联科技（上海）有限公司生产的 Nuvo-6108GC 和 Nuvo-8108GC 两个型号。

Nuvo-6108GC（图 7-21）是第一款支持高端显卡的工业级、宽温型图形处理器（Graphics Processing Unit，GPU）嵌入式工控机，在人工智能、虚拟现实、自动驾驶和统一计算设备架构（Compute Unified Device Architecture，CUDA）等领域应用广泛。

Nuvo-8108GC（图 7-22）是一款工业级 GPU 运算人工智能平台，支持 250W NVIDIA GPU 及英特尔至强 E 系列或第九代酷睿处理器，其宽温、高效能散热系统拥有专利技术，系统可在 -25℃～60℃宽温区间稳定运行。支持 8～48V 宽电压区间直流输入，内置点火信号电源控制功能，并配置有防振阻尼支架，是自动驾驶、人工智能等应用领域的最佳解决方案。

图 7-21　Nuvo-6108GC IPC

图 7-22　Nuvo-8108GC IPC

7.2.3 开源软件平台

开源软件平台（Open Software Platform）是自动驾驶系统最为重要的软件层。这一层又分为三个子层，最底层是实时操作系统（RTOS），用于整个系统的实时操作管理；第二层是运行软件所需的框架环境（Runtime Framework），称为 Apollo Cyber RT；第三层是软件平台的各个子模块（地图引擎、高精定位、感知、预测、规划、控制、人机交互等）。除此之外，开源软件平台还设置有 V2X 适配器，用于实现 V2X 通信的适配。

1. RTOS

实时操作系统（Real Time Operation System，RTOS）用于整个系统的实时操作管理，可确保在给定的时间内完成特定的任务。

如图 7-23 所示，当传感器检测到自车前方的移动障碍物时，短时间内基于 RTOS 软件模块，需要分析出障碍物是行人、车辆或其他物体，预测该障碍物未来的运动方向和速度，以此确定自车（也称主车、本车）是减速还是紧急停车。然后，车辆需要按照上述决策执行对应的操作。在上述过程中，实时性（也称实效性）是系统稳定性和驾驶安全性的基本保障。

如图 7-24 所示，Apollo 的 RTOS 系统是 Ubuntu Linux 操作系统与 Apollo 内核相结合的产物。Ubuntu 是一个以桌面应用为主的 Linux 操作系统，是业内顶级 Linux 发行版本之一，也是目前最流行的操作系统。原始的 Ubuntu 系统其实并不是实时操作系统，百度通过加入 Apollo 设计的内核，使其化身为实时操作系统。

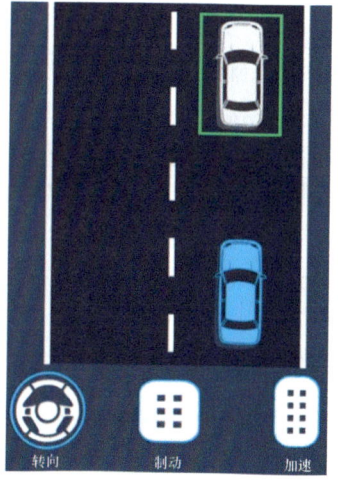
图 7-23　基于实时操作系统（RTOS）的车辆操控

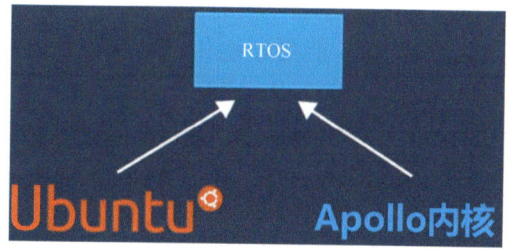
图 7-24　RTOS 系统与 Ubuntu、Apollo 内核的关系

2. Apollo Cyber RT

（1）Cyber RT 的功能　Apollo Cyber RT 是全球首个面向自动驾驶的高性能开源计算框架，该系统框架是 Apollo 开源软件平台的一部分，作为运行时计算框架（Runtime Framework），处于实时操作系统（RTOS）和应用模块之间。

Cyber RT 是百度 Apollo 推出的代替机器人操作系统（Robot Operating System，ROS）的消息中间件，是专门为自动驾驶场景设计的。Cyber RT 基于中心化的计算模型，针对自动驾驶系统的高并发、低延迟、高吞吐的特点进行了大幅优化。

Cyber RT 是一个分布式收发消息和调度框架,同时对外提供一系列的工具和接口来解决开发和定位问题。

Cyber RT 的功能主要包括以下几个方面:

1)消息队列。主要作用是接收和发送各个节点的消息,涉及消息的发布、订阅以及消息的缓存(buffer)等。

2)实时调度。主要作用是调度处理上述消息的算法模块,保证算法模块能够实时调度和处理消息。

3)用户接口。Cyber RT 提供了各种灵活的用户接口。

4)开发工具。Cyber RT 提供了一系列开发工具,包括消息监控(Cyber_monitor)、消息可视化(Cyber_visualizer)、录制/回放工具(Cyber_recorder)和 ROS 包录制(Rosbag_to_recorder)等。

自动驾驶系统的各个模块通过 Cyber RT 进行消息的订阅和发布,因此,Cyber RT 实现了自动驾驶系统软件的中间层功能。

(2)Cyber RT 的特点　Cyber RT 是 Apollo 自有的操作系统,是在 ROS 的基础上进行二次开发的版本。

ROS(Robot Operating System,机器人操作系统)是面向机器人控制开发的操作系统,它提供一系列程序库和工具以帮助软件开发者创建机器人应用软件。ROS 提供了硬件抽象、设备驱动、库函数、可视化、消息传递和软件包管理等诸多功能。ROS 遵守 BSD 软件开源许可协议,该协议最早由美国加州大学伯克利分校提出,故名 Berkly Software Distribution,略作 BSD。

ROS 在机器人领域有着悠久的历史,目前有三、四千个基础库支持应用程序的快速开发,ROS 根据功能将自治系统划分为多个模块,每个模块负责接收、处理和发布自己的消息。由于这些模块彼此独立,只能通过运行时框架进行通信,因此调整任何单一模块都会很容易。这一工作机制与微服务(Micro-service)工作机制极为相似——通过高内聚、低耦合的方式实现各个模块的稳定性。

为了使 ROS 能更好地和自动驾驶系统相结合,Apollo 对 ROS 作了大幅度的改进,升级后被称为 Apollo Cyber RT。

Apollo Cyber RT 在共享内存、去中心化和数据兼容方面具有突出特点。

1)共享内存。共享内存降低了需要访问不同模块时的数据复制需求,对于一对多的传输方案,共享内存支持"一次写入、多次读取"的模式(图 7-25)。例如,当系统接收到一帧激光雷达点云数据后,该帧点云数据可以同时用于障碍物检测、定位、交通信号灯识别和图形用户界面(Graphical User Interface,GUI。亦称图形用户接口)工具,而需要该帧点云数据的模块只需自行读取即可。

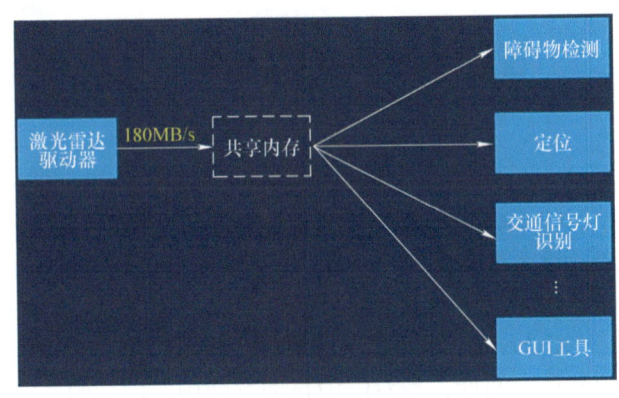

图 7-25　共享内存

共享内存这一特点与消息队列遥测传输（Message Queuing Telemetry Transport，MQTT）机制的发布－订阅模式非常相似，一方在一个主题内发送消息，系统内的其他器件只要订阅该主题即可得到自己需要的消息。这样做的最大好处就是可以更加高效地进行数据传输，显著提升通信速率。

2）去中心化。去中心化解决了单节点故障的问题。ROS系统的控制是由许多主节点完成的，每个主节点都有对应的功能。如图7-26所示，ROS管理器作为ROS系统的一个主节点，控制着若干个子节点，其中有的子节点负责车辆运动控制，有的子节点负责路径规划，有的子节点负责摄像头管理，有的子节点负责将控制命令发送到CAN总线上等。

不难看出，在ROS系统中，各个子节点的正常工作，过度依赖主节点（如图7-26中的ROS管理器）的正常工作。一旦主节点因故障而失效，那么，与该主节点相关的所有子节点都将陷入瘫痪。

为规避上述风险、提高可靠性，确保系统正常工作，Apollo将所有主节点置于一个公共域（Domain）中（图7-27）。公共域内的每一个主节点都有关于该公共域中其他主节点的信息。这样一来，即便是某个主节点发生了故障，与故障主节点相关的子节点，也可以在公共域内其他正常工作的主节点内，获取维持自身正常工作所需的数据或控制指令。这种设计，Apollo称之为去中心化。

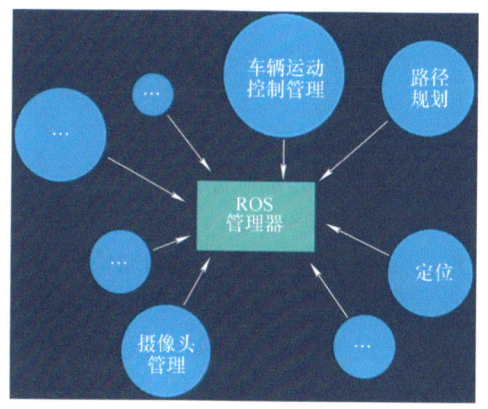

图7-26　ROS系统的控制过度依赖主节点（ROS管理器）

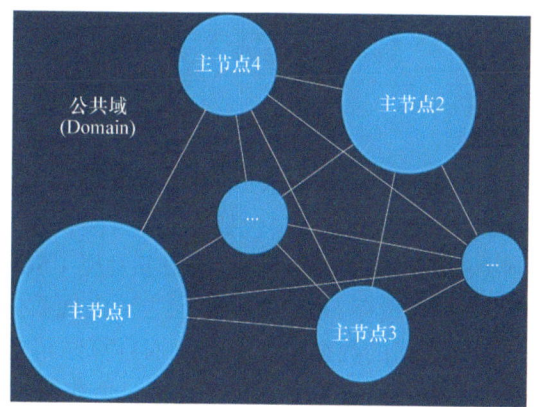

图7-27　公共域与各个主节点之间的关系

Apollo通过这种去中心化的设计，用公共域取代了原来的ROS主节点，也就消除了单个主节点故障带来的风险。

3）数据兼容。对于自动驾驶系统而言，由于项目自身规模很大，因此，数据兼容性就显得尤为重要。不同的ROS节点通过名为ROS消息的接口语言相互通信，ROS消息需要使用通用接口语言，使每个节点都可以解读来自其他节点的消息数据。

如果消息文件的格式发生了变化，与节点期望的格式稍有不同，就会造成通信失败，这就导致了严重的兼容性问题。例如，当对一个通信接口进行升级时，如果数据格式不统一，则很可能导致系统崩溃。对此，常见的解决方法是通过一次又一次的数据转换来拼凑出合适的数据，并且还需要考虑之前所记录的测试数据需要适应新的消息格式。这种做法的弊端显而易见，不一定是最优解。

Apollo 使用一种名为 Protobuf 的接口语言来替代原生 ROS 消息，Protobuf 是 Protocol Buffers（协议缓冲器）的缩写形式，是 Google 公司开发的一种数据描述语言，其功能类似于可扩展标记语言（EXtensible Markup Language，XML），能够将结构化数据进行序列化，可用于数据存储、通信协议等领域。

Protobuf 可以将新的字段添加到消息格式中而不会破坏向后兼容性，新的二进制文件可以在解析过程中接受旧的消息格式，Protobuf 很好地解决了数据兼容问题。

（3）Cyber RT 的架构　Cyber RT 的架构如图 7-28 所示。

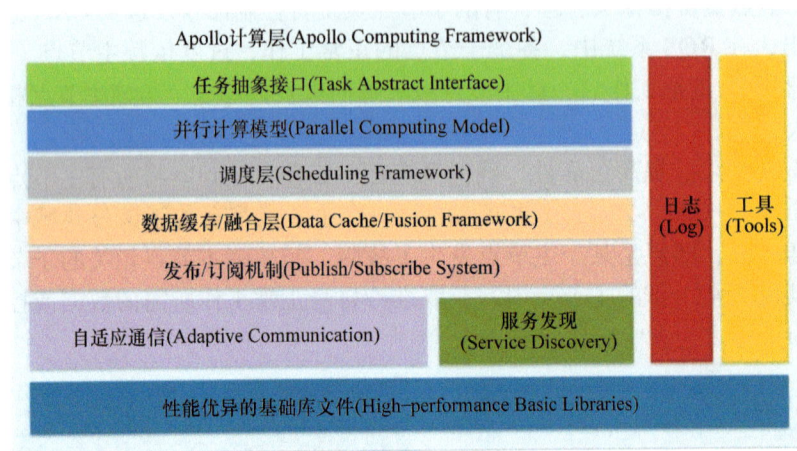

图 7-28　Cyber RT 的架构

1）基础库。Cyber RT 为了高性能和减少依赖，建立了自己的基础库文件。

2）通信层。通信层包括发布/订阅机制（Publish/Subscribe System）、服务器/用户端机制（Service/Client System）、服务发现（Service Discovery）机制、自适应的通信机制等。

3）数据缓存/融合层。该层主要实现数据的缓存与数据融合（Data Cache/Fusion）。多路传感器之间的数据需要融合，而且算法可能需要缓存一定的数据。例如，在典型的仿真应用中，不同算法模块之间需要有一个数据桥梁，以便实现数据共享和融合，而数据缓存/融合层就起到了这个作用。

4）计算层。计算层主要包括计算模型、任务以及任务调度等。

5）接口。Cyber RT 为开发者提供了元件、组件（Component）类，开发者的算法业务模块只需要继承该类，实现其中的虚拟文件系统接口（proc 接口）即可。该接口类似于 ROS 的回调函数（Callback），消息通过参数的方式传输。

此外，Cyber RT 也提供了并行计算的相关接口以及用于开发调试、录制回放的工具。

3. 软件模块

开源软件平台的软件模块包括地图引擎、高精定位、感知、预测、规划、控制、人机交互、V2X 适配器等诸多模块。

（1）地图引擎模块　地图引擎模块（Map Engine Module）的主要功能是加载 Opendrive 格式的地图，并且提供一系列的应用程序编程接口（Application Programming Interface，API）给其他模块使用。

Map Engine 的代码目录结构如图 7-29 所示。

```
├── data              // 生成好的地图
│   └── demo
├── hdmap             // 高精地图
│   ├── adapter       // 从xml文件读取地图(opendrive保存格式为xml)
│   │   └── xml_parser
│   └── test-data
├── pnc_map           // 给规划控制模块用的地图
│   └── testdata
├── proto             // 地图各元素的消息格式(人行横道，车道线等)
├── relative_map      // 相对地图
│   ├── common
│   ├── conf
│   ├── dag
│   ├── launch
│   ├── proto
│   ├── testdata
│   │   └── multi_lane_map
│   └── tools
├── testdata          // 测试数据?
│   └── navigation_dummy
└── tools             // 工具
```

图 7-29　Map Engine 的代码目录结构

Apollo 的高精地图采用了 Opendrive 格式，Opendrive 是一个统一的地图标准，这样就能充分保证地图的通用性。其中 Map 模块主要提供的功能是读取高精地图，并且转换成 Apollo 程序中的 Map 对象。简而言之，就是将 XML 格式的 Opendrive 高精地图，读取为 Apollo 程序能够识别的格式。

地图的读取在 adapter 中，其中 xml_parser 目录提供解析 XML 的能力。

而 http://opendrive_adapter.cc 则实现了地图的加载，转换为程序中的 Map 对象，然后地图在 http://hdmap_impl.cc 中提供一系列 API 接口给其他模块使用。

地图消息格式位于 proto 目录下。map.proto 分为地图头部信息和结构体两部分，头部信息主要体现地图的基本信息，如版本、发布时间、投影方法、地图大小、生产厂家等。结构体主要表征道路的不同组成部分，如人行横道、路口区域、车道、停车观察、交通信号灯、让行标志、重叠区域、禁止停车、减速带、一般道路、停车区域、公路边的小路、非铺装人行路等。

（2）高精定位模块　高精定位模块（Localization Module）主要实现以下两个功能：

1）输出车辆的定位（位置）信息，以供规划模块（PlanningModule）使用。

2）输出车辆的姿态、速度信息，以供控制模块（Control Module）使用。

在高精定位模块中，主要采用 RTK（GNSS+IMU 定位）实时定位、正态分布变换（Normal Distributions Transform，NDT）定位（点云定位）和多传感器融合（Multi-Sensor Fusion，MSF）定位（上述两种方式的融合定位）三种方法实施车辆定位。其中，MSF 定位方法没有开放源码，是以动态库的方式提供的。

高精定位模块的目录结构如图 7-30 所示。其中，RTK、NDT、MSF 这三个目录分别代表了不同的定位方法，而 Proto 是消息的格式定义，Common 和 Conf 主要用于存放一些配置信息和消息主题（Topic）。

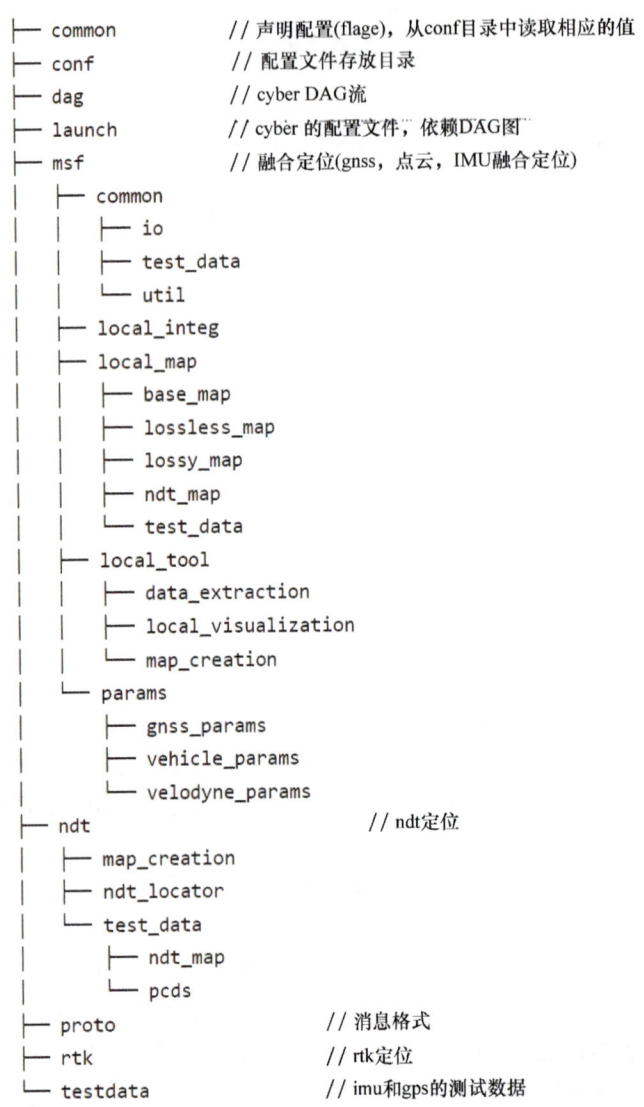

图 7-30　高精定位模块的目录结构

下面以 RTK 定位方式为例，说明定位模块相应软件的调用方法。

RTK 模块相对比较简单，目录结构如图 7-31 所示。在 http://rtk_localization_component.cc 中可以看到，class RTK Localization( ) 实际上是 RTK Localization Component( ) 中的一个属性 localization_（图 7-32）。Apollo 模块的架构大部分都是这样，即一个模块负责发布接收消息，一个模块负责实现具体的功能，后面的模块在前面的模块中注册为一个属性。

定位模块的具体类图如图 7-33 所示。其中 RTKLocalization 首先读取驱动模块发布的 GNSS 消息，然后再调用 GPS Callback 输出车辆的具体位置信息。

第 7 章　自动驾驶技术

```
├── BUILD                              // bazel编译文件
├── rtk_localization.cc                // rtk定位功能实现模块
├── rtk_localization_component.cc      // rtk消息发布模块
├── rtk_localization_component.h
├── rtk_localization.h
└── rtk_localization_test.cc           // 测试
```

图 7-31　RTK 模块的目录结构

```
RTKLocalizationComponent::RTKLocalizationComponent()
    : localization_(new RTKLocalization()) {}
```

图 7-32　后面的模块在前面的模块中注册为一个属性

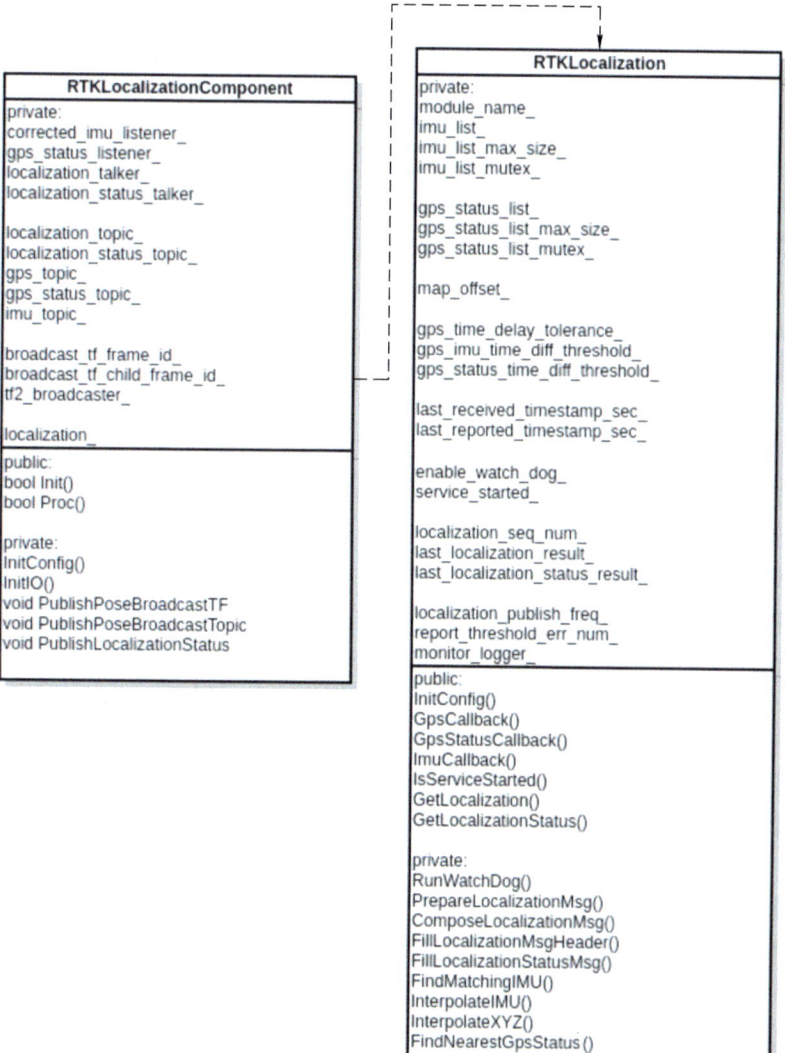

图 7-33　定位模块的具体类图

其具体流程如下：

1）通过回调读取 GNSS 驱动程序发布的消息。如图 7-34 所示，在 GNSSDriver 中的 DataParser 类中通过 PublishCorrimu 发布 IMU 的消息，在 RTKLocalizationComponent::InitIO 中已经绑定了回调程序。

```
corrected_imu_listener_ = node_->CreateReader<localization::CorrectedImu>(
    imu_topic_, std::bind(&RTKLocalization::ImuCallback, localization_.get(),
                          std::placeholders::_1));
```

图 7-34　通过回调读取 GNSS 驱动程序发布的消息

当读取 imu_topic_ 消息时，通过调用 imuCallback 执行回调操作，即可将数据置于 imu_list_ 中。

2）通过 Gps Callback 返回位置信息，其函数调用顺序如图 7-35 所示。

（3）感知模块

1）基本作用。感知模块（Perception Module）的主要作用是接受传感器的输入，通过该模块中检测→跟踪→融合算法的处理，输出最终的感知结果给下游模块（即预测模块、规划模块和控制模块）。

感知模块的输入参数主要有：

① 摄像头数据（焦距为 6mm 或者 12mm）。

② 激光雷达数据（旋转式机械雷达，16 线或者 128 线）。

③ 毫米波雷达数据。

④ 毫米波雷达的外部参数。这里的外部参数主要指毫米波雷达坐标系与激光雷达坐标系（Sensor Base）的位置变换关系，一般用 4×4 齐次坐标表示旋转量和平移量。

⑤ 摄像头的内部参数及外部参数（外部参数定义同上，内部参数主要指摄像头的光心位置、焦距及畸变系数）。

⑥ 自车的速度及角速度。

感知模块的输出参量主要有：

① 目标障碍物的 3D 属性，主要包括轨迹识别代号（Track ID）、速度矢量、类别、尺寸等。

② 交通信号灯的检测和识别结果。

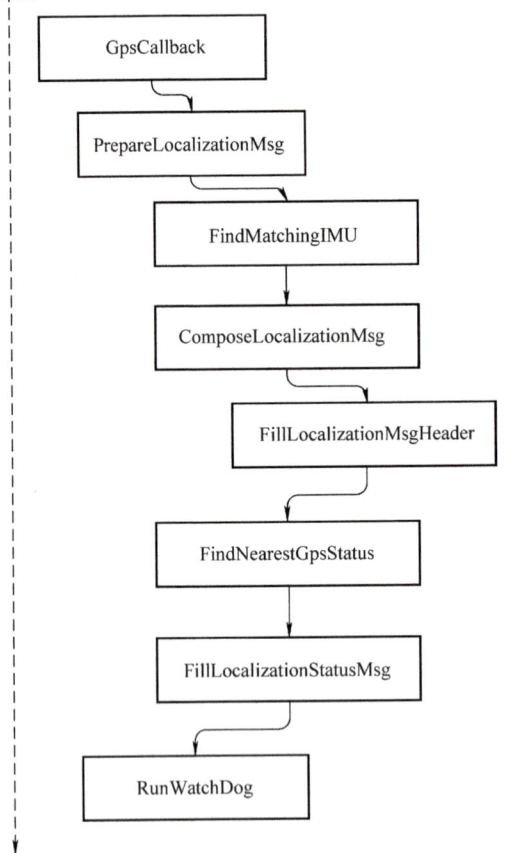

图 7-35　Gps Callback 函数的调用顺序

2）感知模块的目录结构。感知模块根目录 root path: apollo/modules/perception 下的主要文件见表 7-2。

第 7 章　自动驾驶技术

表 7-2　感知模块的目录结构

类别	目录	功　　能
算法核心模块	apollo/modules/perception/camera:	视觉算法核心模块
	apollo/modules/perception/lidar:	激光雷达算法核心模块
	apollo/modules/perception/radar:	毫米波雷达算法核心模块
	apollo/modules/perception/fusion:	多传感器融合算法核心模块
功能核心模块	apollo/modules/perception/onboard:	将算法核心模块组成功能组件
基础公用模块	apollo/modules/perception/base:	存储摄像头模型、点云工具、lane/land_mark 等数据结构定义
	apollo/modules/perception/common:	图像/点云处理、几何及图像模型相关处理的一些公用库，其中 i_lib 主要负责 RANSAC，Lane/Plane fitting 的基础算法
	apollo/modules/perception/inference:	AI 推理引擎的封装及实现 layer 的 cuda 代码，目前支持 caffe、onnx、TensorRT 格式的模型
	apollo/modules/perception/lib:	config/registerer 管理及 thread 相关处理的封装
数据及配置参数模块	apollo/modules/perception/data:	相机内外参数
	apollo/modules/perception/production:	各模块输入输出配置文件、AI 模型、传感器参数（与上面 data 有重复部分）及 launch file
	apollo/modules/perception/proto：	算法模块的配置参数
HDMap 处理模块	apollo/modules/perception/map:	处理 HD-Map 信息
工具类模块	apollo/modules/perception/testdata：	UT 测试数据
	apollo/modules/perception/tool：	Benchmark、eval 相关工具

视觉算法核心模块、激光雷达算法核心模块、毫米波雷达算法核心模块和多传感器融合算法核心模块之间的关系如图 7-36 所示。

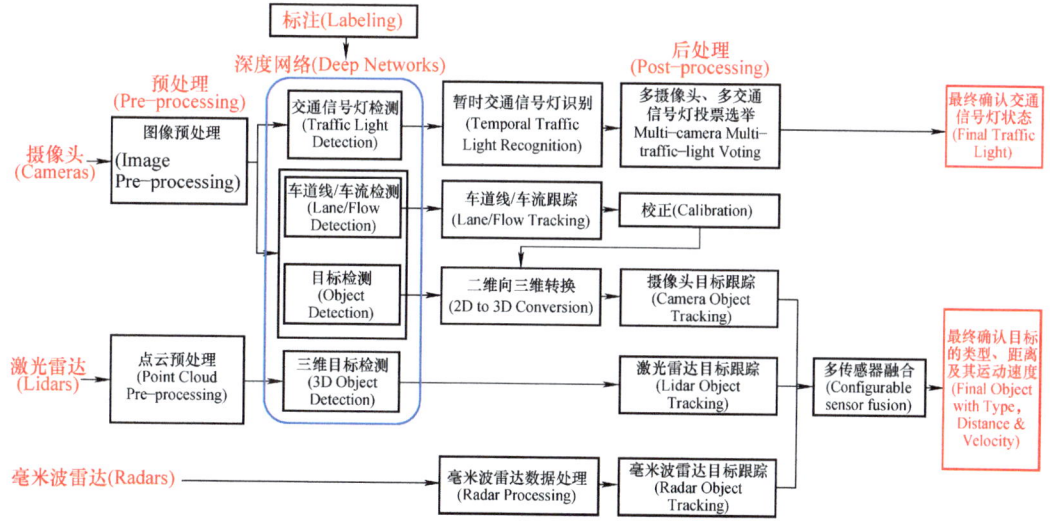

图 7-36　各种算法核心模块之间的关系

（4）预测模块

1）主要功能。预测模块（Prediction Module）的主要功能是预测障碍物未来的运动轨迹和运动趋势，包括车辆、行人以及非机动车等。预测模块承接的上游模块是感知、定位和高精地图，然后通过预测算法给出障碍物未来的运动轨迹和运动趋势，输出给下游的规划模块。在自动驾驶系统中，可以通过预测自车周围障碍物的运动趋势，帮助自车做出决策，更好地实现自动驾驶。

在 Apollo7.0 版本中，预测模块里新增了一个重要的特性，就是交互式的预测（图 7-37）。所谓交互式预测，是指在预测过程中，既要考虑到障碍物（障碍车）的运动趋势，也要考虑到障碍物和自车的互动情况，从而使预测和规划的轨迹更加平稳和准确。

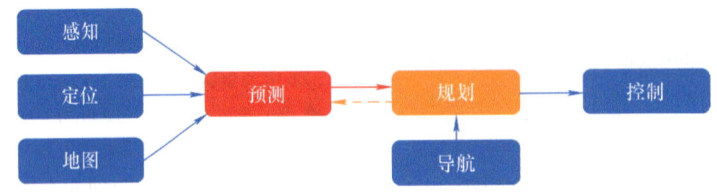

图 7-37　交互式预测示意图

2）总体结构。预测模块（Prediction Module）总体结构如图 7-38 所示。

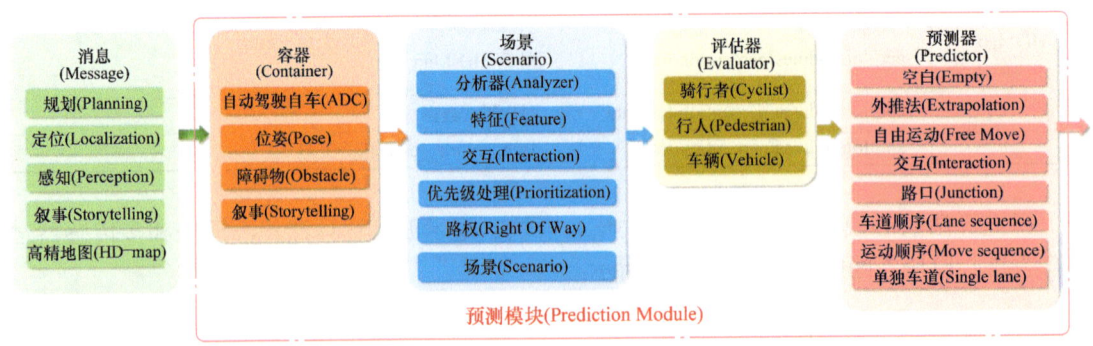

图 7-38　预测模块的总体结构

虚线框左侧的消息来自预测模块所依赖的上游模块，包括规划、定位、感知、叙事（Storytelling）和高精地图。预测模块的下游是规划模块，其中叙事（Storytelling）是根据自车的状态或者位置去做场景分析的。这里主要是针对两个场景，交叉路口和车道行驶场景。

虚线框内表示的是预测模块的工作流程，主要由容器、场景、评估器和预测器四部分组成。

① 容器。容器（Container）是一种沙箱（Sand-box）技术，主要作用是将应用软件运行其中，并使之与外界隔离；同时，也便于该沙箱被转移到其它宿主机器上。容器技术通过名称空间（Namespace）、控制组（Control groups）、更改根目录（Chroot）⊖ 技术等将资源、文件、设备、状态和配置划分到一个独立的、与外界隔绝的空间，使应用软件可以在该空间内正常运行，并便于移植。

简而言之，容器就是一个盛装应用软件的箱子，箱子里面有软件运行所需的依赖库和配置。开发人员可以把这个箱子搬到任何机器（计算机）上，而不影响里面应用软件的正

⊖ Chroot 就是 Change Root Directory，亦即改变程序执行时所参考的根目录位置。Chroot 技术可以限制用户权限，提高系统的安全性。

常运行。

容器(图7-39)主要用于处理来自上游模块的消息,输出信息主要有自动驾驶自车(Autonomous Driving Car,ADC)的轨迹、自车的位置、障碍物的信息、障碍物与相关的车道信息,还有与自车相关的车道信息等。此外,输出信息中还有叙事,其作用是根据自车的位置去判断当前的场景。

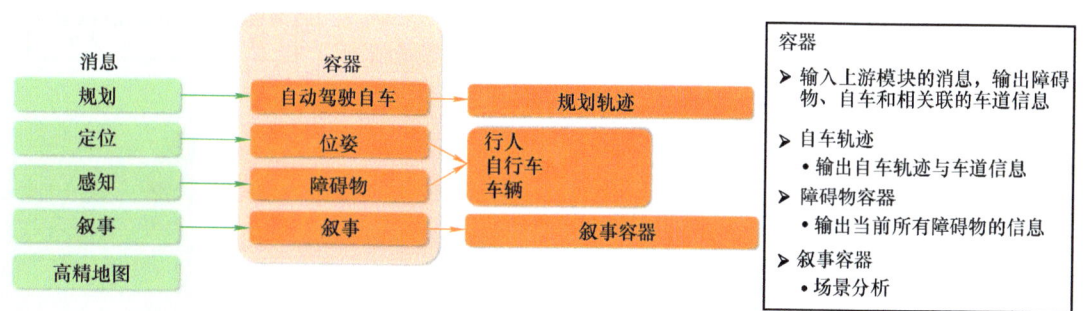

图7-39 容器框图

② 场景。场景(Scenario)不只是包含一些场景特征,还有与场景相关联的信息,如根据障碍车的位置和道路条件去判断它对自车的影响(图7-40)。在Apollo 7.0版本中新增了交互(Interaction)功能,也就是交互式标志位,用于交互式预测。系统根据障碍物的位置、车道与自车的关系会判断优先级(Priority),优先级分为三级——"谨慎处理""正常"和"可以忽略不计"。

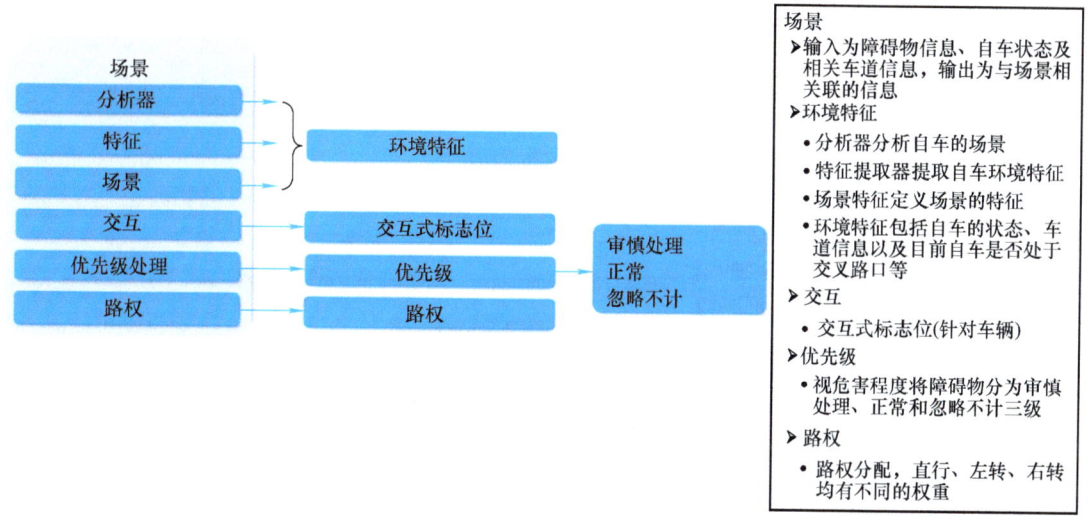

图7-40 场景框图

此外,还有路权问题,系统会根据车辆所在道路的不同属性(如左转、右转等)赋予车辆不同的权重(也称权值)。

③ 评估器。评估器(Evaluator)就是预测模型,也就是机器学习或者深度学习的模型,用于预测障碍物未来的轨迹或意图(运动趋势)。评估器(图7-41)主要分为骑行者

（自行车）、行人和车辆三大类，未知（Unknown）是检测模块无法检测出障碍物的具体类别之后设立的一个预测结果。

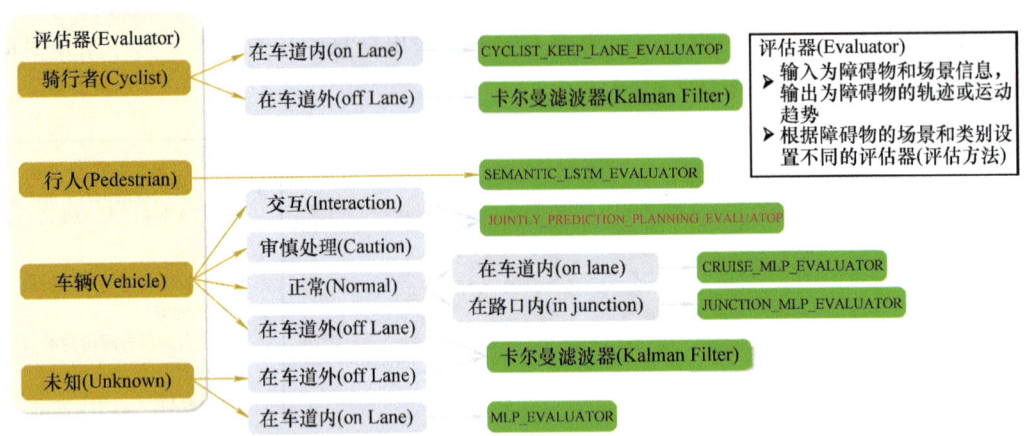

图 7-41　评估器框图

预测模型主要有两种：一种是预测障碍物的意图（即运动趋势）；另一种是预测障碍物未来几秒内的轨迹。预测障碍物意图主要是预测障碍物出现在每个车道序列的概率。

④ 预测器。预测器（Predictor，图 7-42）的作用是在评估器获取障碍物预测轨迹或运动趋势后，进行障碍物轨迹延伸处理，最终生成障碍物在未来 8s 内的运动轨迹（时间点的间隔是 100ms），以便自车做出正确的驾驶决策。

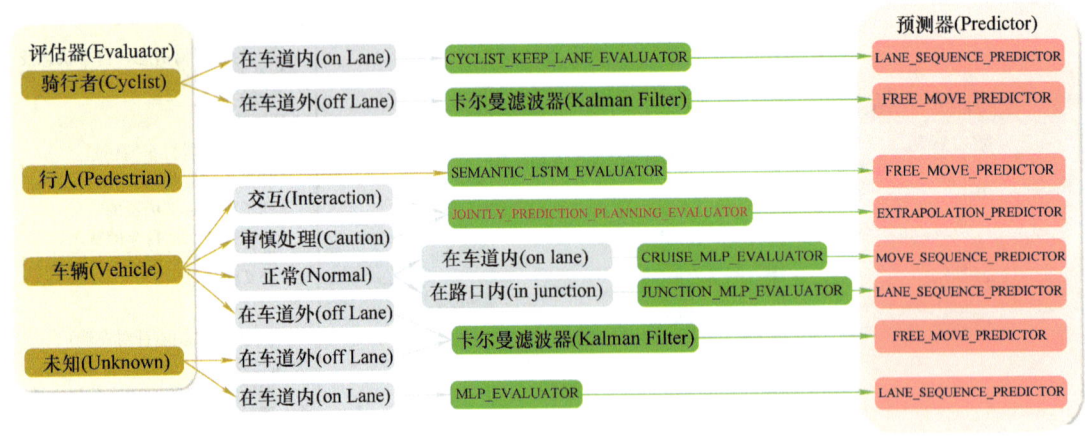

图 7-42　预测器框图

（5）规划模块　规划模块（Planning Module）用于执行车辆行驶轨迹的规划。主要在考虑障碍物、行车速度、动力学约束的情况下，尽量按照规划路径进行轨迹规划。轨迹规划的核心是解决车辆该如何行驶的问题。

规划模块的上游是定位（Localization）、预测（Prediction）、导航（Routing，也称路由）模块，而下游是控制（Control）模块，其主要作用就是根据给定的这些信息计算出可供控制（Control）模块执行的一条局部的、安全且舒适的行驶路径。

规划模块的内部结构及其与其他模块的交互关系如图 7-43 所示。

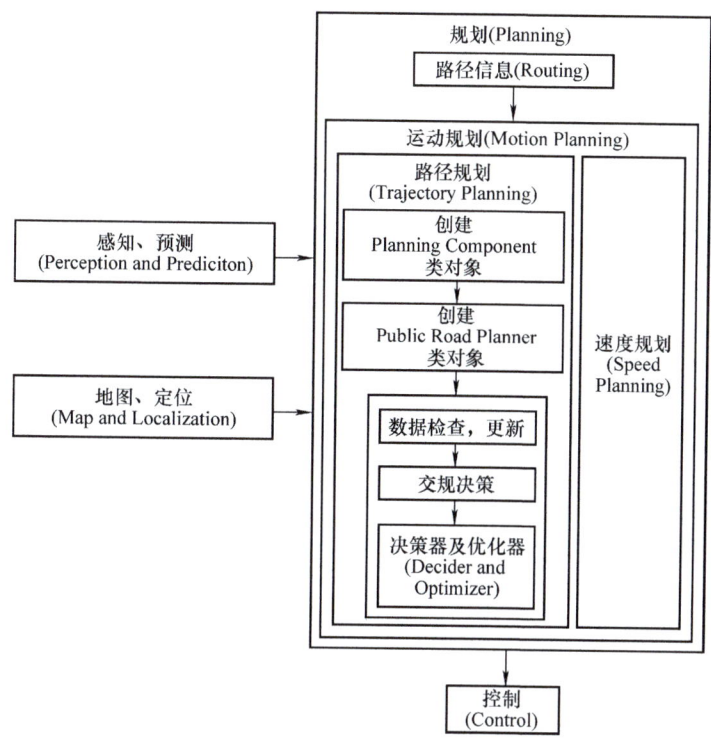

图 7-43　规划模块结构框图

在 Apollo 的平台上,规划分为三种模式:
1)On Lane Planning(车道规划,可用于城区及高速公路等各种复杂道路)。
2)Navi Planning(导航规划,主要用于高速公路)。
3)Open Space Planning(开放空间规划,用于自主泊车及狭窄路段的掉头)。

在 Apollo 规划模块中,设计有四种规划算法:公路规划器(Public Road Planner,是 Apollo 的默认规划器);栅格规划器(Lattice Planner,主要用于局部轨迹规划)、导航规划器(Navi Planner,主要用于高速公路场景);实时规划器(RTK Planner,属于循迹算法,使用较少)。

(6)控制模块　Apollo 中的控制模块(Control Module,图 7-44)相对比较简单,其主要功能是根据读取的操作踏板信息(Pad Message)、底盘(Chassis)信息、规划(Planning)模块输出的自动驾驶自车轨迹(ADC Trajectory)以及预估位置(Localization Estimate)信息,产生相应的控制命令(Control Command)并发送出去。

(7)人机交互模块　Apollo 中的人机交互(Human-Machine Interaction,HMI)模块或 Dream View 模块是一个 Web 应用程序,主要实现以下功能:
1)可视化自动驾驶模块的输出,如规划轨迹、车辆定位、底盘状态等。
2)为用户提供人机交互界面,以便查看硬件状态,打开/关闭模块以及启动自动驾驶系统。

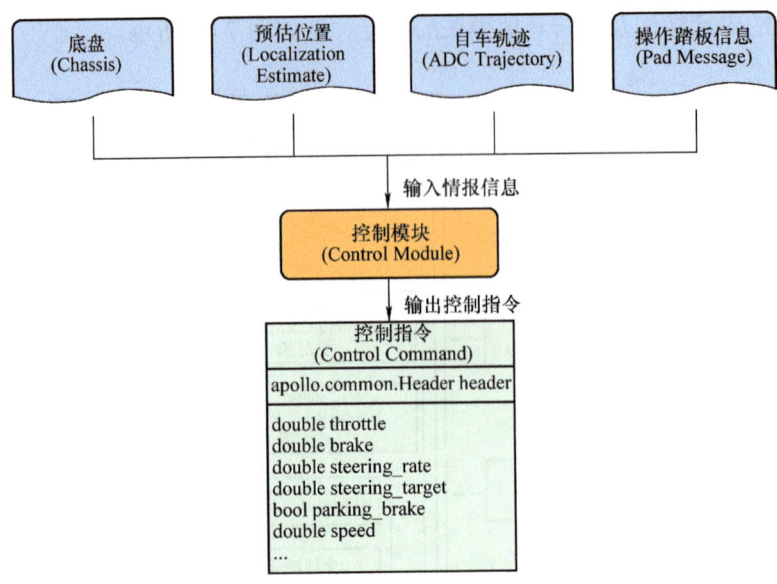

图 7-44 控制模块

3）提供调试工具，如规划和控制模块监控器（PnC Monitor），以有效跟踪模块问题。

（8）V2X 适配器模块　V2X 适配器模块用于实现车路协同控制。车路协同由硬件、软件和云服务平台共同实现。在硬件方面，包括硬件设备和所有 LTE-V2X 和 DSRC 所需的驱动及协议栈；而软件平台则采用 Apollo V2X 适配器，内置安全和数据融合功能。云服务平台为车联网提供路侧服务，如交通信号灯控制器和路侧设备等。

V2X 通过 V2V、V2I、V2N 之间的连接与信息共享构建智能车路协同系统（Intelligent Vehicle Infrastructure Cooperative Systems，IVICS），以期进一步提升自动驾驶汽车的环境感知能力。

7.2.4　云端服务平台

云端服务平台（Cloud Service Platform）用于提供云端服务，主要由云端实验室（Apollo Studio）、仿真服务、量产服务组件、高精地图（HD Map）、空中软件升级（OTA）、V2X 以及安全（Security）系统等组成。

云端服务平台不仅提供了数据存储功能，还提供了有助于研发人员快速构建自动驾驶系统的常用工具。

1. Apollo Studio

（1）Apollo Studio 的发展演进　从技术演进的脉络来看，Apollo 7.0 的云端实验室（Apollo Studio）是从 6.0 版本中的数据流水线（Apollo Data Pipeline）服务升级而成的。Apollo Studio 涵盖开发者从上机到上车实践的全流程云端工具链，可为开发者提供一站式实践体验。

Apollo Studio 是一套独立而完整的集成开发环境，使用 Python 作为第一编程语言。区别于其他 Python 开发工具，Apollo Studio 除了支持 Python 标准库内的所有功能之外，还支持使用任意 .Net 编程语言（C#、VB.Net、VC.Net 等）来直接编写或封装成动态链接库等方式对 Python 标准库进行功能扩充。Apollo Studio 在此编程优势的基础上，还预先内置了诸多功能模块，旨在使用户尽可能地减少编程和进行底层功能调试的时间，可以更多地专注于业务层逻辑，从而以"短、平、快"的方式达到预期设计目的。

（2）Apollo Studio 的特点　Apollo Studio 尽可能地使用通用硬件，弱化对特定硬件产品的依赖性；同时也尽可能地使用行业标准，来提升其普适性；当遇到特殊定制的产品时，将尽可能使用插件扩展的形式来扩充功能，以期为不同的用户需求提供个性化的服务。

（3）Apollo Studio 的功能　Apollo Studio 包括但不限于以下功能：

1）硬件支持。支持 X86 硬件架构的计算机。

2）系统支持。支持 Windows 7/8/10，64 位操作系统。

3）协议标准支持。支持 Modbus RTU/TCP、OPC DA/UA、MQTT、FTP、TCP/IP、Serial、HTTP、Webservice 等协议。

4）数据存储支持。支持 Oracle、MySQL、SQLServer、SQLite、Access、Excel、CSV、TXT 等。

5）扩展性支持。支持完整的 Python 3 标准库，支持 .Net 的动态链接库（Dynamic-Link Library，DLL）组件调用（C/C++ 组件可以通过 .Net 映射调用）。

6）稳定性好。Apollo Studio 内部使用沙箱（Sand-box）模式运行用户自定义的脚本文件，脚本流程与 Apollo Studio 完全隔离，保障系统稳定性，脚本调试过程中遇到的异常也会被底层系统所捕捉，帮助用户快速找到并分析解决问题。

7）易于快速部署。ApolloStudio 支持在 Windows 系统上直接生成 EXE 可执行程序，同时支持"一键打包"功能，将项目文件编译、加密、发布、打包等一系列操作集成在一起，从而实现快速部署。

（4）Apollo Studio 的应用领域　在工业技术领域，Apollo Studio 目前已广泛应用于自动化测控、工业物联网边缘计算、智慧工厂数据采集、非标工作站过程控制等诸多细分领域作为标准平台进行项目开发应用。

2. 仿真服务

Apollo 7.0 的仿真服务（Simulation Service）是业界首个 PnC（Planning and Control，规划与控制）强化学习模型训练与仿真测试平台，具有数据真实、功能强大、测试标准全面、架构可扩展等多重优势，有望为强化学习研究提供统一的验证标准。

仿真服务是 Apollo 云端服务平台提供的非常重要的工具，该平台允许每个开发者出于自身的需求来构建仿真环境。除此之外，该平台还有大量的驾驶数据，开发人员可以将其用于检验和验证自动驾驶软件系统。

仿真环境可以使开发者查看环境，还可以了解道路情况及各种具体应用场景。仿真服务平台支持开发者配置不同的驾驶场景，如障碍物、路线和交通信号灯状态等。执行模式为开发者提供了一个在多场景中运行的完整设置。

在执行模式中，开发者可以在 Apollo 仿真环境中上传和验证模块。自动评分系统可依照几个指标对场景进行评估，包括碰撞检测、交通信号灯识别、速度限制、障碍物检测和行车路线逻辑等。3D 可视化程序可以描述实时路况，在显示自动驾驶汽车行驶状态的同时，还可使模块输出可视化。

数据对于自动驾驶汽车而言是非常重要的，Apollo 的数据平台提供了非常丰富的数据。仿真场景的数据有两个不同的来源，分别是记录场景和虚拟场景。

场景数据可以用于重放在实际道路测试中已经观察到的传感器数据。基于来自虚拟场景的数据，可以使用虚拟编辑器创建新的驾驶场景，这有助于快速检验与验证各种算法。

除此之外，为了训练深度学习网络类的机器学习模型，数据平台还提供了带标签的注释数据，如交通信号灯数据、带边界框的障碍物数据以及语义分割数据等。

清华大学智能产业研究院（Institute for AI Industry Research of Tsinghua University，AIR）联合百度 Apollo，依托北京市高级别自动驾驶示范区，于 2022 年推出了全球首个车路协同自动驾驶数据集——DAIR-V2X，为车路协同自动驾驶技术的深入发展提供了有力的数据支撑。

3. 量产服务组件

量产服务组件（Production Component）是云端服务平台为某一款自动驾驶汽车（图 7-45）投入量产准备的工具软件库，主要包括线下装配工具、传感器标定工具、初装验证工具、闭环验证工具、设备管理工具等，以便实现标准化适配和批量集成。

量产服务组件可确保量产车型投入生产时，既能保证产品质量，又能大大提高生产效率，为用户提供优质产品。

图 7-45　百度推出的城市场景 L4 级自动驾驶量产车型（阿波龙城市公交车）

4. 高精地图

（1）高精地图的作用　对于 L3、L4 级别的自动驾驶车辆而言，高精地图属于自动驾驶系统的标准配置。

高精地图（High Definition Map，HD Map）并非单指其精度高，而主要体现在以下两个特征上：其一，高精地图对道路环境的描述更加全面，能够全面准确地描述车道、车道的边界线、道路上各种交通设施和人行道；其二，高精地图对实时性的要求更高，能实时反映当前道路状况。

高精地图对于定位、感知、规划、决策、仿真和安全的技术要求都是不可缺少的。

1）定位。使用来自传感器收集到的地标（Land-marks）信息，与高精地图里预存的地标信息进行匹配就能得到车辆自身的精确位置。高精地图可提供标准的车辆位置信息，如采用单目摄像头拍摄道路标志线（虚线和实线），然后将采集的道路标志线图像与高精地图做比对，通过特定的算法可以知道本车当前在道路中的第几条车道，即可解决车辆的横向定位问题。车辆的纵向定位可以借助交通信号灯、路灯灯杆等予以解决。

2)感知。环境感知模块的各个传感器都有自己局限性(如探测距离、障碍物彼此遮挡或光照条件的限制等),高精地图可以为传感器融合提供一个新的数据源,作为感知系统的冗余配置,提高了环境感知精度。

此外,高精地图可以通过锁定感兴趣区域(Region Of Interest,ROI)缩小传感器的探测范围,提高探测精度和探测速度,节省了计算资源。

因此,从这个意义上看,高精地图又被称为自动驾驶系统"看不见的传感器"。

3)规划。通过高精地图,可以找到合适的车辆可行驶区域,与运动物体(目标)的历史数据一起进行车辆的轨迹规划。如果车辆在路上发现前面有事故或道路施工,高精地图还可提供变道支持。

4)决策。车辆行至十字路口,高精地图会采集安全岛(复杂的十字路口一般都会设置安全岛)信息,车辆在决策过程中需要参考安全岛等重要因素,以利决策。

自动驾驶系统的几个重要模块,都离不开高精地图的支持。有了高精地图,可以节省很多传感器的成本,这也是加速自动驾驶汽车投入量产的有效手段。

5)仿真。自动驾驶汽车的成本很高,开发者很难把所有的控制策略迭代都放到实车上测试,故需非常强大的仿真系统。高精地图为仿真系统提供了底层的基础结构,能让仿真系统更好地模拟真实的道路场景,这就大大降低了自动驾驶汽车的研发成本。

6)安全。联网的自动驾驶车辆可能遭受来自传感器、操作系统、控制系统和通信系统四个维度的攻击。针对上述四个维度的攻击,目前还没有全面有效的防御手段可以从根本上杜绝此类问题的发生。处于云端服务平台的高精地图能够提供精准的道路信息,对于提高自动驾驶系统的安全性极为有利。

(2)高精地图的规范

1)格式。Apollo高精地图采用XML文件格式的数据组织方式,是基于国际通用的OpenDrive规范,并根据Apollo自动驾驶业务需求拓展修改而成的。

Apollo高精地图文件的整体结构如图7-46所示。

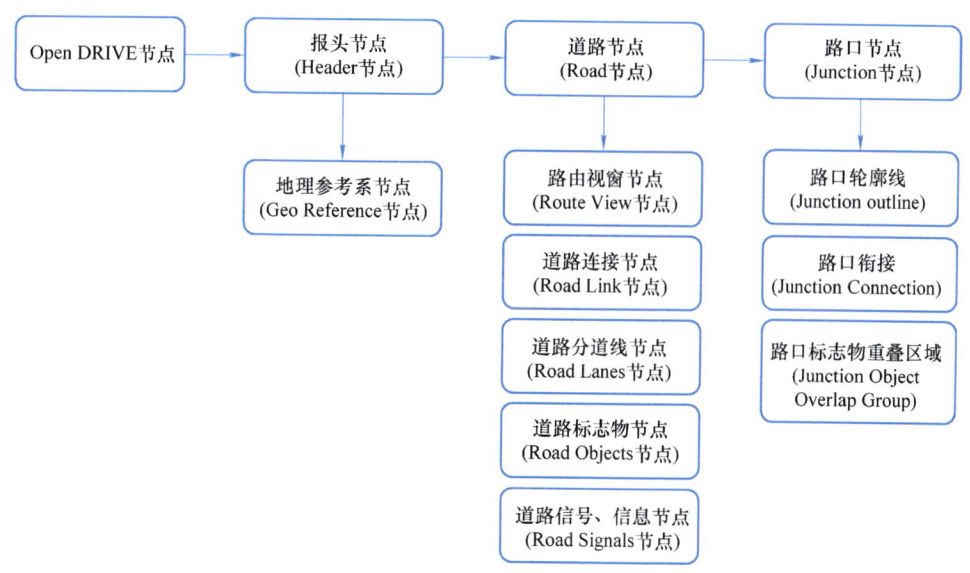

图7-46 Apollo高精地图文件的整体结构

2）坐标。Apollo 高精地图坐标采用 WGS84 经纬度坐标系表示。WGS84 是一种大地坐标系，也是 GPS/BDS 全球卫星定位系统使用的坐标系。

3）车道。道路的参考线（Reference Line）存储在识别号（Identity Document，ID）为 0 的车道中，其他车道只存储当前车道的一个边界。例如，reference line 右侧的车道只存储车道的右侧边界，车道的变化用车道横向偏移（Lane Offset）来表示（图 7-47）。

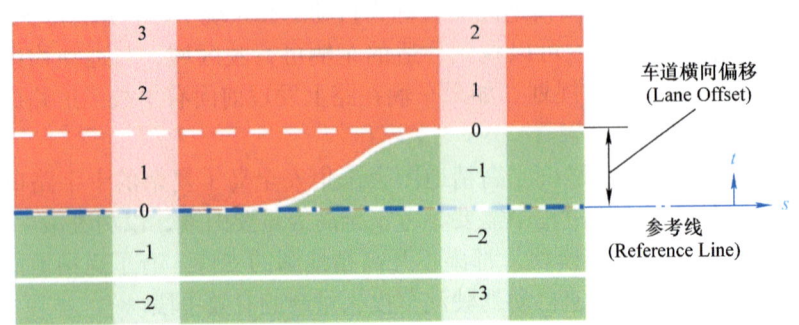

图 7-47　道路的参考线存储在 ID 为 0 的车道中

车道 ID 的命名规则如下：车道 ID 在车道区域（Lane Section）内是唯一的，不可重名；车道 ID 的数值是连续的；reference line 所在车道（lane）的 ID 为 0；reference line 左侧 lane 的 ID 向左侧依次递增（正 t 轴方向）；reference line 右侧 lane 的 ID 向右侧依次递减（负 t 轴方向）；reference line 必须定义在 < center > 节点内；车道总数目没有限制。Reference line 自身必须为 Lane 0。

4）路口区域。路口区域用交叉点或称结合点结构表达。在 Junction 内，驶入道路（Incoming Road）通过联络道路（Connecting Roads）与驶出道路（out-going）相连。图 7-48 展示了一个比较复杂的路口的表达方法。

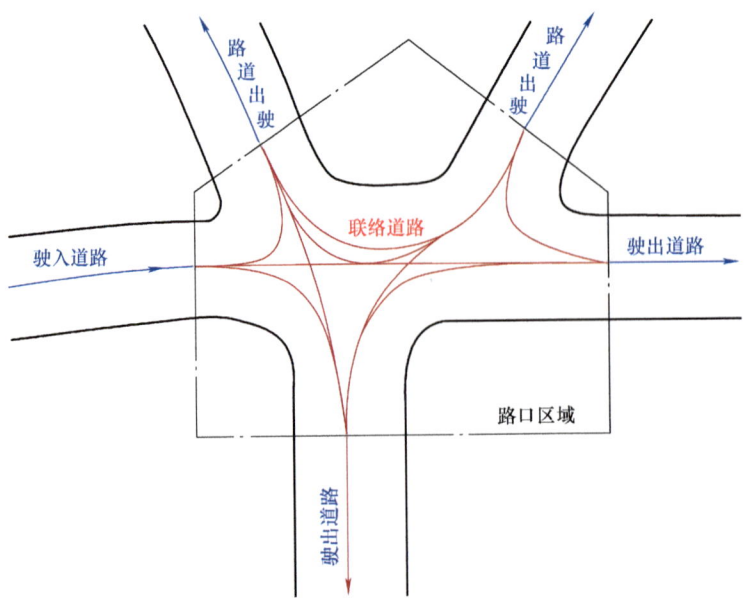

图 7-48　路口区域用 Junction 结构表达

（3）高精地图与地图引擎的关系　在Apollo7.0中，将事先做好的高精地图存储在云端服务平台（高精地图的动态更新也在该平台内完成），而地图引擎则位于开源软件平台。云端服务平台相当于一个智能仓库，用于存储包括高精地图在内各种重要的数据。同时，云端服务平台可以和V2X通信等模块联动，传递动态信息。

而位于开源软件平台的地图引擎的作用是对高精地图进行加载和解析，亦即将处于云端服务平台的XML格式的Open drive高精地图，解析为Apollo程序能够识别的格式，为自动驾驶系统提供地图支持。

5. OTA

（1）功能　OTA的英文全称是Over-the-Air，即空中下载之意，是指通过网络从远程服务器下载新的软件更新包对自身系统进行升级。

（2）优点　OTA这个概念是从智能手机领域移植过来的，其内涵也与智能手机软件系统的OTA升级相似。OTA升级对于智能汽车而言，益处颇多。

1）快速修复系统缺陷。传统汽车在用户使用中如果出现了汽车电控系统方面的缺陷，汽车制造商往往通过将存在质量缺陷的汽车进行召回、返厂（或4S店）进行整车电控系统升级，而OTA技术则可以通过远程快速发送数据包的形式完成缺陷修复，可有效避免持续数月的进厂召回带来的经济损失。

2）快速迭代、提升产品和使用体验。由于在产品设计中硬件的超前配备，智能汽车操作系统可以通过一次次的OTA升级，不断给车主开启新功能，优化产品体验，进行快速迭代，提供更加优质的系统服务，让车主感受到智能汽车"常开常新"的驾驶体验。

（3）升级方式　智能汽车OTA升级分为两类，其一是固件在线升级（Firmware Over the Air，FOTA），指的是给智能汽车的某一个设备（如发动机、驱动电机、变速器、底盘等核心零部件）、ECU闪存下载完整的固件镜像，或者修补现有固件、更新闪存。而固件之外的软件更新（如对导航和应用程序APP等车载娱乐系统升级），则称为软件在线升级（Software Over the Air，SOTA）。

无论是FOTA还是SOTA，在实际操作中都被分成生成更新包、传输更新包和安装更新包三个阶段（图7-49）。

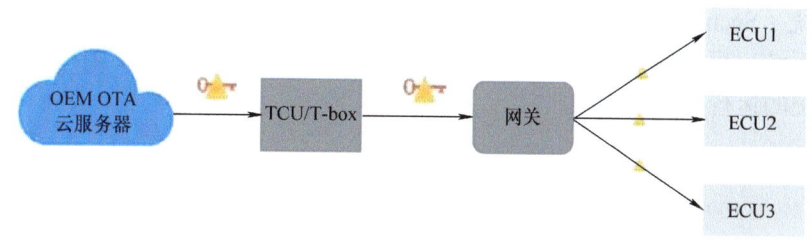

图7-49　OTA流程示意图

1）生成更新包。供应商（Original Equipment Manufacturer，OEM）提供的更新包里既有需要修复的缺陷或需要增加的新功能，还有分发包的更新顺序、更新前和更新后需要做哪些验证检查等文件。

2）传输更新包。更新包生成之后，会被发到一个OTA云服务器平台上。在汽车行业，这个平台一般由OEM管理。在收到更新请求后，更新包通过网络传输到远程信息处理控制单元（Telematics Control Unit，TCU，也称 Telematics-box，T-box）和网关，经 TCU/T-box 和网关审查通过后，被下载到合适的车载模块和特定的电子控制单元（ECU）内。一辆智能汽车可能有多个设备需要更新，车端会安装 3G/4G/Wi-Fi 通信模块，由网关统一下载接收更新包，然后再做具体分发。

3）安装更新包。下载好的更新包会正式更新，用新的高版本镜像文件替换旧版本文件。整个过程会有更新软件随时监督：正确的更新包是否已被正确安装、更新任务是否已经顺利执行完毕等。OTA 的过程可以不是连续的，并且能支持任意点对点的软件版本更新。

需要注意的是，在 FOTA 的升级过程中，就像智能手机系统升级需关机重启一样，智能汽车在 FOTA 升级期间是不能行驶的。

6. V2X

如图 7-50 所示，云端服务平台上的 V2X 车路云协同技术提供全局视野，为自动驾驶与智能交通提供泛在连接技术与端到端的应用服务。

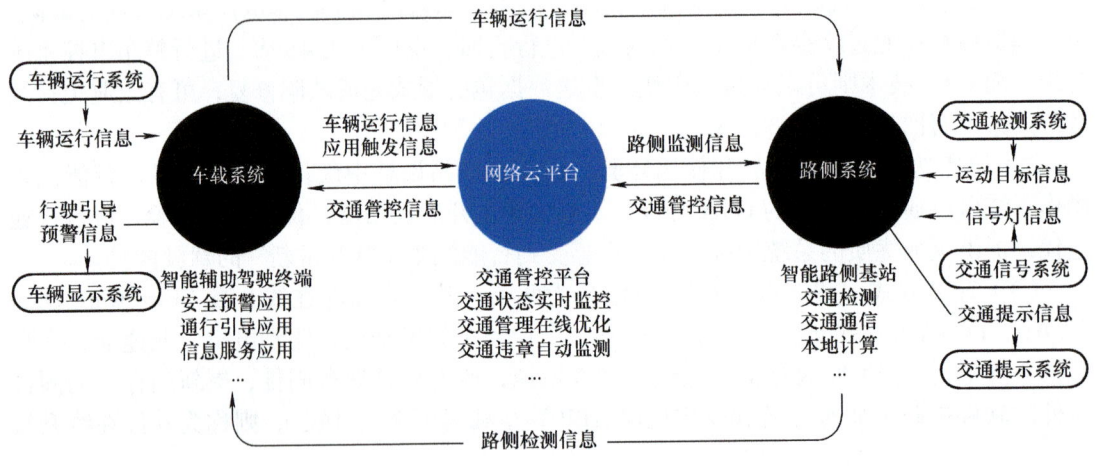

图 7-50　V2X 信息交互

7. 安全

安全系统（Security System）为整个 Apollo 自动驾驶系统提供安全保障，实时监控整个网络通信系统，可及时发现并阻止异常的网络行为、非可信车辆的操作指令，确保整个网络通信系统的运行安全。

思考与实训

1. 选择题

1）百度 Apollo7.0 车路协同系统架构分为车辆认证平台、硬件开发平台、开源软件平台和云端服务平台四层。其中属于车端系统的是（　　　）。

　　A. 车辆认证平台　　　　　　　　　　B. 硬件开发平台
　　C. 开源软件平台　　　　　　　　　　D. 云端服务平台

2）Cyber RT 是 Apollo 自有的操作系统，是在 ROS 的基础上进行二次开发的版本，在（　　）、（　　）和（　　）方面具有突出特点。

A. 权力集中 B. 共享内存
C. 去中心化 D. 数据兼容

2. 问答题

1）简述百度 Apollo7.0 车路协同系统四大平台的基本功能。

2）简述百度 Apollo7.0 车路协同系统中预测模块的工作流程。

3. 实操题

在百度 Apollo 官方网站进行注册，登录 Apollo Studio 仿真平台，充分利用其资源进行自动驾驶仿真训练，以加深对智能汽车自动驾驶技术的理解。

附录

智能汽车技术实训指导书

1. 实训目的

通过进行智能汽车技术实训，进一步深化对智能汽车技术的理解和认识，熟悉智能汽车的环境感知技术、定位导航技术、网络通信技术、运动控制技术和自动驾驶技术，积累初步的智能汽车自动驾驶系统开发、调试和维护经验，切实培养和提高智能汽车自动驾驶系统的技术应用能力。

2. 实训项目

（1）Apollo 开发套件的硬件认识与整车部署。
（2）Apollo 开发套件的硬件集成与软件部署。
（3）Apollo 自动驾驶系统定位模块的配置与调试。
（4）Apollo 自动驾驶系统的动力学标定与调试。
（5）Apollo 自动驾驶系统的车辆循迹行驶与调试。

3. 实训时间

鉴于智能汽车技术实训内容丰富、项目繁多且耗时较长，对学生的实际动手能力的培养和锻炼意义重大，因此，智能汽车技术实训应在课程结束后集中进行，实训时间定为1周。

4. 实训器材

1）为确保实训质量、提高实训效率，百度公司面向市场推出了自动驾驶开发套件（Autonomous Driving Development Kit），简称 Apollo D-KIT。

Apollo D-KIT 是全球首款自动驾驶开发套件，包含适配 Apollo 开源软件的线控底盘及整套传感器硬件，集软（件）、硬（件）、车（辆）于一体，可以帮助开发者（学生或研发人员）快速进入实车验证环节，加速自动驾驶技术的研发进程。

目前，Apollo D-KIT 分为简装版（D-KIT Lite，附图1）、标准版（D-KIT Standard，附图2）和高级版（D-KIT Advanced，附图3）三种。三种 Apollo D-KIT 的基本功能相同，但具体技术指标逐级提高，以适应不同层次的应用需求。

在开展实训教学过程中，指导教师可视本校的实际情况，选用 ApolloD-KIT 开发套件2套或本校自行研制的实训教学用车2辆。

2）学生自备笔记本电脑，安装 Apollo 自动驾驶系统软件，并与 Apollo 云端服务平台联网。

3）相关技术资料及辅助工具若干。

5. 实训要求

1）熟悉智能汽车自动驾驶系统的工作原理、结构组成及元器件在实车上的布置情况。

2）能够正确、熟练地查找、使用技术资料（可以是电子版本的，也可以是纸质的），正确、熟练地使用相关仪器设备及工具。

附图 1　Apollo D-KIT 简装版（D-KIT Lite）

附图 2　Apollo D-KIT 标准版（D-KIT Standard）

附图 3　Apollo D-KIT 高级版（D-KIT Advanced）

3）能够按照正确的方法和步骤完成实训任务。

4）应能在规定的时间内独立或协作完成实训任务（具体时间由指导教师视实训项目的难易程度酌定）。

5）在实训过程中应注意人身安全，爱护教学车辆及实训设备，杜绝人为损坏。

6）每个实训项目完成之后，应将实训内容、过程、方法以及简要的调试思路和体会填写在实训作业单内，以利总结提高。

6. 成绩评定

每个实训项目按满分 100 分计，学生的实训成绩由指导教师视其具体表现（对所做实训项目的熟悉程度、对仪器设备的使用是否正确、熟练，能否正确、熟练地查找、使用技术资料等）和完成情况酌情评定。

智能汽车技术

智能汽车技术实训作业单（范例）

实训日期：　　年　　月　　日

实训项目	Apollo 开发套件的硬件认识与整车部署		
学生姓名		学号	

实训成绩		指导教师签字	

参考文献

[1] 凌永成. 车载网络技术 [M]. 2版. 北京：机械工业出版社，2022.

[2] 凌永成. 汽车电子控制技术 [M]. 4版. 北京：北京大学出版社，2021.

[3] 凌永成. 汽车电气设备 [M]. 4版. 北京：北京大学出版社，2021.

[4] 凌永成. 汽车空调技术 [M]. 2版. 北京：机械工业出版社，2020.

[5] 崔胜民. 智能网联汽车技术 [M]. 北京：机械工业出版社，2020.

[6] 朱冰. 智能汽车技术 [M]. 北京：机械工业出版社，2020.

[7] 李开复. 人工智能 [M]. 北京：文化发展出版社，2017.

[8] 张恒嘉. 基于ECER131的商用车AEB系统性能试验研究 [J]. 中国测试，2018，44（2）：140-146.

[9] KARSTEN B. A deep learning approach to traffic lights: Detection, tracking and classification. Published in: 2017 IEEE International Conference on Robotics and Automation（ICRA）. [C/OL]（2017-7-24）[2022-03-20]. https://dl.acm.org/doi/10.1109/1CRA.2017.7989163.

版权声明

本作品的创作倾注了作者的大量心血,所形成的内容序化与文字表述均为创作成果,受《中华人民共和国著作权法》保护。

机械工业出版社依法对本作品享有专有出版权。任何未经许可的复制、销售或通过信息网络传播本作品的行为,以及篡改、剽窃、不当引用本作品的行为,均违反《中华人民共和国著作权法》,其行为人应承担相应的法律责任。

为维护市场秩序,保护权利人的合法权利,我社将依法查处和打击侵权盗版的单位和个人。欢迎社会各界人士积极举报侵权盗版行为。

举报电话:010-88379353、13683016884

邮箱:13744491@qq.com

通信地址:北京市西城区百万庄大街 22 号机械工业出版社汽车分社

邮编:100037

未经许可,不得以任何方式复制或抄袭本作品之部分或全部内容。

版权所有,侵权必究。